JN051415

スピードマスター

ITパスポート試験
テキスト&問題集

七訂版

ITパスポート試験教育研究会 ［編］

実教出版

　本書は，経済産業省 IT パスポート試験のシラバスにそって，学習内容ならびに問題を出題分野ごとにまとめて編集しています。本書を有効に活用することにより，見事 IT パスポート試験に合格されることを祈念しております。

○学習内容の解説

　テクノロジ系→マネジメント系→ストラテジ系の順に解説しています。概ね各節の頭にその節の学習内容がイメージできるように「この節のまとめ」を記載しています。

　側注には，本文に関連した項目や，シラバスには記載されていなくても試験で必要となる知識などを記載しています。

○練習問題

　学習してきた内容の理解度を確認するための問題です。オリジナルの問題に加え，過去の試験に出題された問題の中でも基礎的な内容を問う問題を掲載しています。

　なお，過去問題等をそのまま使用している場合は，各問題にその旨を表示しています。各試験の略称は以下の通りです。

　IP：IT パスポート試験　H24 以降の問題は IPA[*1] の Web ページで公表された問題

　サンプル：IPA 発表の IT パスポート試験のサンプル問題およびシラバス収録のサンプル問題

　AD：初級システムアドミニストレータ試験

　FE：基本情報技術者試験

○確認問題

　学習範囲に関連した内容で，過去に出題された問題を中心として本試験合格に必要とされるレベルの問題を掲載しています。

○模擬試験問題（1 回分 100 題）

　実際の試験と同一の出題範囲の問題数で構成した模擬試験問題(1 回分 100 題)を最後に収録しています。本番へ向けての力だめしに最適です。

○解答・解説

　「練習問題」「確認問題」および「模擬試験問題」の解答・解説は別冊の解答・解説に収録しています。

＊1：独立行政法人情報処理推進機構。IT パスポート試験を含む情報処理技術者試験を実施している組織。

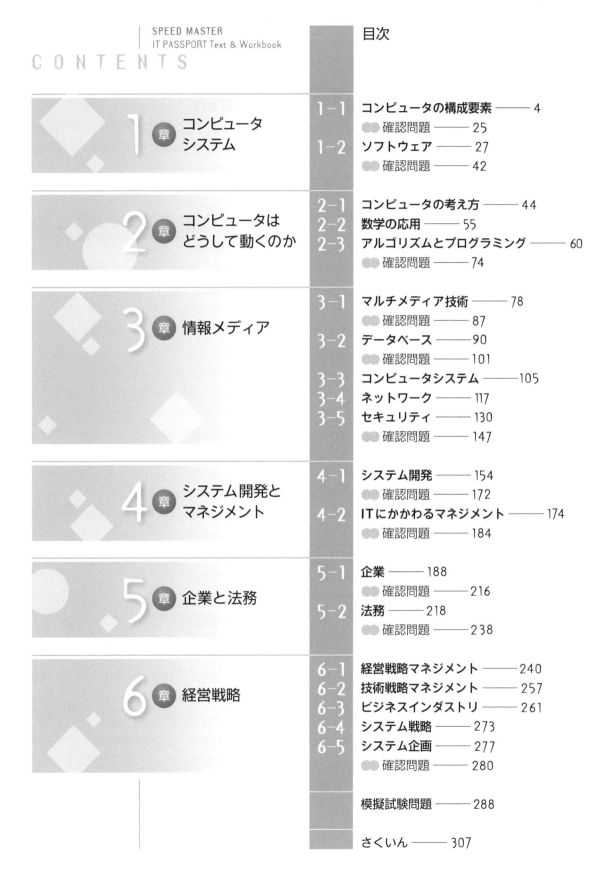

SPEED MASTER
IT PASSPORT Text & Workbook

CONTENTS

目次

コンピュータシステム

1-1 コンピュータの構成要素

業務で利用するコンピュータ機器は，それぞれの特徴を理解することで最適な選択が可能になる。ここでは，カタログに示されている仕様を理解するための，基本的な知識を学習する。

この節のまとめ

カタログから見るコンピュータの基本知識

キーワード

□コンピュータの種類
　組み込み LSI　モバイル PC
　デスクトップ型 PC
　ノート型 PC　サーバ
　メインフレーム
　スーパコンピュータ
□コンピュータの構成
　五大装置　バス
　CPU　プロセッサの性能
□メモリの種類と性能
　メインメモリ　RAM　ROM
　レジスタ　キャッシュメモリ
　半導体メモリ　2次キャッシュ
□補助記憶装置
　ハードディスク装置
　CD・DVD（-RAM　-R　-RW）
　SD　SSD
□入出力インタフェース
　シリアル・パラレル転送
　USB　アナログ RGB
　IEEE1394　HDMI 端子
□出力装置
　ディスプレイ（液晶・有機 EL）
　DLP　タッチパネル
　解像度　ドット　ピクセル
　RGB　CMYK
□プリンタ
　インクジェット　レーザ
　ドットインパクト　熱転写
□入力装置
　キーボード　マウス
　スティック　タブレット
　スキャナ　ディジタルカメラ
□PC カード
　インタフェース　ネットワーク
　データ通信　補助記憶装置

● **コンピュータ本体の仕様**

PC の仕様書ポイント
OS の種類……Windows, Mac, Linux, UNIX など
CPU の性能……インテル(R) Core＊＊
　プロセッサ（＊.＊GHz, ＊MB　L3 キャッシュ）
メモリ……＊GB（＊GB×3）　トリプルチャネル
　DDR＊ SDRAM メモリ
ハードディスク……＊TB SATA HDD（＊＊＊＊回転）
　光学ドライブ：DVD スーパマルチドライブ
グラフィック……NVIDIA(R) GeForce(R) GTS
　＊＊＊＊MB（DVI×2/TV-Out 付）

● **周辺機器の仕様**

ディジタル
オーディオ
プレーヤー

スキャナ

Blu-ray Disc ドライブ

メディア対応スロット

インクジェットプリンタ

◉ 1-1-1 ● コンピュータの種類と特徴

　現代，暮らしのさまざまな場面でコンピュータが活用されている。主なコンピュータとして次のようなものがある。

1. コンピュータの種類

組み込み LSI

　組み込み LSI とは，産業用ロボットや家電製品などに内蔵され，特定機能を持つ組み込みシステムを制御するための OS のこと。「組み込み OS」ともいう。

▶**LSI**（Large Scale Integration）
LSI とは，IC（集積回路）のうち，素子の集積度が 1000 個〜10 万個程度のもの。

デスクトップ型 PC

　拡張性に富むが，電力消費や発熱が大きく，主に据え置いて使用する PC 全体を指す。本体の置き方によって「タワー型 PC」と呼ばれるものもある。

ノート型 PC

　大きさや重さにさまざまな形態があり，用途も異なる。A4 判サイズ以上の製品は画面も広く，周辺機器も充実しており，各部品の性能も高いことが多い。重量もさまざまで携帯に適さないものもある。

▶**モバイル**
情報・通信機器や移動体通信システムを持つ端末の総称。

▶**スマートデバイス**
スマートフォンやタブレット端末の総称。

▶**ゲーム用 PC**
メモリやグラフィックス機能が優れている。

▶**一体型 PC**
周辺装置がモニタの裏などに内蔵されている。

▶**タッチパネル式**
ディスプレイ上を指でタッチすることで操作ができる。

タブレット端末

　画面をタッチしたり，専用のペンで操作したりするコンピュータのこと。スマートフォンと比較してビジネス用ソフトウェアの利用環境がよい。電話機能はないがソフトウェアで対応することができる。

スマートフォン

　ブラウザを内蔵しインターネットに接続ができる携帯電話の総称。
　タッチパネルで，画面の拡大やスクロールなど直感的な操作が可能である。

▶**PDA**（Personal Digital Assistants）：携帯情報端末
コンパクトで携帯可能な情報通信機器のこと。スケジュール管理などのソフトウェア機能を利用できる。

▶ファイルサーバ
ファイルの保存や提供を目的とし
たコンピュータのこと。
▶メールサーバ
電子メールの送信や受信を管理す
るコンピュータのこと。
▶ブレードサーバ
CPU，メモリ，ストレージなど
をブレードと呼ばれる小型の基盤
に搭載して，複数差し込んで利用
するコンピュータのこと。処理性
能や記憶容量に応じてブレードを
追加することで，柔軟な運用が可
能になる。

ウェアラブル端末

ウェアラブル端末とは，腕や頭部など，身体に装着して利用するデバイスの総称をいい，体調管理機能の付いた腕時計やVR対応の眼鏡などが一例である。

サーバ

サーバとは，ネットワークを通してクライアント（利用者）へファイルやサービスを提供するコンピュータのこと。目的によって多岐にわたり利用される。

2. コンピュータの構成要素と五大装置

　一般的にコンピュータと呼ばれているものは，ハードウェアとも呼ばれるLSIをはじめとする高速演算装置や，それらに付随した周辺装置の総称である。
　コンピュータを利用する際の主な構成要素のことを**五大装置**と呼び，下記の表の通りである。

▶中央処理装置
制御装置と演算装置から構成され
た装置のこと。

名　称	説　明
演算装置	四則演算や条件判定等を行う装置
制御装置	各装置の動作を管理する装置。一般的に演算装置と合わせてCPU（中央処理装置）と呼ばれる
記憶装置	演算結果や入力データを記憶する装置。さらに主記憶装置と補助記憶装置に分類されるが，現在ではハード本体に双方とも格納されているケースが多い
出力装置	演算装置で求めた処理の結果を表示する装置
入力装置	データの入力や，読み込みを行う装置

■五大装置の構成

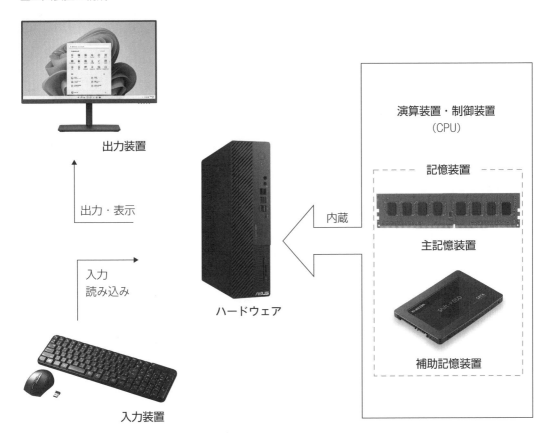

出力装置

出力・表示

入力
読み込み

入力装置

内蔵

ハードウェア

演算装置・制御装置
（CPU）

記憶装置

主記憶装置

補助記憶装置

⦿ 1-1-2 ● プロセッサ

1. プロセッサの役割

　プロセッサとは，CPU(中央処理装置)の別称でもあり，演算装置と制御装置を集約した装置である。コンピュータの中枢装置であり，演算や他の装置の制御を管理している。

2. プロセッサの活用

（1）マルチコアプロセッサ

　一つの機器の中に複数のプロセッサを内蔵したもの。分散して演算を行うことが可能なため，高速処理が可能となっている。なお，一つのプロセッサで稼働しているものはシングルコアプロセッサと呼ばれる。

（2）GPU

　3Dグラフィックスをはじめとする画像処理に特化した処理装置のことである。GPUの性能が高いほど鮮明で複雑な映像表現が可能となる。CPUは複雑で並列処理の少ない演算を得意としているが，GPUは単純で並列処理の多い演算が得意であるため，双方を組み合わせて活用されている。

3. クロック周波数

CPU が 1 秒間に打刻する信号数をクロック周波数と呼ぶ。各装置への命令はクロック周波数をもとに同期されているため，一般的に CPU のクロック周波数が高いほど高速な処理が可能である。

■クロック周波数のイメージ

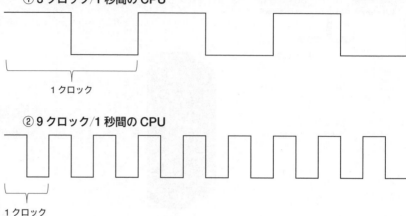

① 3 クロック/1 秒間の CPU

1 クロック

② 9 クロック/1 秒間の CPU

1 クロック

また，クロック周波数の単位には Hz(ヘルツ)が用いられ，信号数が多いことから GHz や MHz と表現される。

■数値と単位の関連表

キロ （k）	メガ （m）	ギガ （g）	テラ （t）
1,000 10^3	1,000,000 10^6	1,000,000,000 10^9	1,000,000,000,000 10^{12}

◉ 1-1-3 ● 記憶装置とメモリ

1. 揮発性メモリと不揮発性メモリ

記憶装置は，大きく分けて主記憶装置と補助記憶装置に区分される。主記憶装置はメモリとも呼ばれ，コンピュータの電源を落とすと記憶したデータが失われる性質を持つ(揮発性メモリ)。レジスタという記憶領域を持ち，容量は限られているが，高速で CPU とデータのやり取りを行うことができる。

対して，補助記憶装置はコンピュータからの電気供給がなくてもデータを保持できるメモリ(不揮発性メモリ)であり，主記憶装置と比べてデータの転送が低速であるが大容量の記憶領域を持っていることが一般的である。コンピュータはこれら相互の特徴を活用している。

■メモリの種類と特徴

名　称	説　　明
RAM	データの読み出しと書き込みが可能な揮発性メモリ。主記憶装置に分類される CPU と直接データのやり取りを行うための作業領域として用いられる。
ROM	Read Only Memory の略であり，読み出し専用のメモリである。音楽 CD やゲームソフトなども ROM の一種であり，データの書き込みが不可能である不揮発性メモリである。
DDR3 SDRAM	SDRAM の一種であり，クロック周波がオンになったときとオフになったときの双方でデータの転送が可能である。DDR SDRAM 規格の第 3 世代であり，1 世代目の 4 倍，2 世代目の 2 倍の処理速度を持つ。
DDR4 SDRAM	揮発性である主記憶装置に分類され，半導体技術協会 JEDEC によって現在広く普及している DDR SDRAM の規格である。1 世代前の DDR3 SDRAM よりも 2 倍の処理速度を持ち，さらに省電力となっている。
DIMM	主記憶装置に分類され，複数の DRAM あるいは DDR SDRAM を 1 枚の基板上へ搭載した揮発性メモリである。
SO-DIMM	DIMM を小型化したものであり，ノート型 PC 等の小型 PC などに利用される。大きさは DIMM の半分ほどである。

▶DRAM

RAM の一種。時間経過とともに記憶したデータが失われてしまうため，リフレッシュと呼ばれる書き直しの作業が必要な揮発性メモリ。

▶SRAM

RAM の一種。DRAM よりもデータ転送が高速でリフレッシュの必要もないが，記憶容量の拡張が困難で高価である。

▶SDRAM

同期型 DRAM とも呼ばれ，クロック周波数に合わせて動作するため DRAM よりも高速な処理が可能になる。

■SDRAM と DDR SDRAM 規格の動作比較　※矢印(→)が同期可能箇所

SDRAM の動作

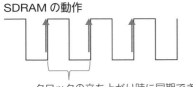

クロックの立ち上がり時に同期できる

DDR SDRAM 規格の動作

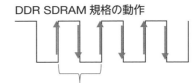

クロックの立ち上がりと立ち下がり時に同期できる

2.　キャッシュメモリ

　CPU と主記憶装置(メモリ)の間に設置された SRAM のことである。データの読み込みと書き込みが高速な SRAM の特性を用いて，使用頻度の高いデータを格納して処理時間を短縮することができる。しかし，記憶容量はそれほど大きくないため，目的のデータがキャッシュメモリにない場合はメモリまでアクセスする必要がある。

■キャッシュメモリの動作イメージ

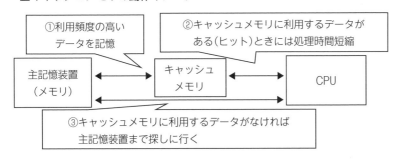

なお，実際にはキャッシュメモリを複数用意しておくことも多く，一つ目の
キャッシュメモリに目的のデータがなかった場合に利用する２次キャッシュ
メモリもある。

例1　次の表の組み合わせのうち，実行メモリアクセス時間が最も短くなる
組み合わせを考えてみよう。

	キャッシュメモリ		主記憶
	アクセス時間（ナノ秒）	ヒット率（％）	アクセス時間（ナノ秒）
ア	10	60	70
イ	10	70	70
ウ	20	70	50
エ	20	80	50

アクセス時間＝データを読み書きする時間

ヒット率＝目的のデータがキャッシュメモリ内にある確率

▶主記憶装置にアクセスする割合
は次の式で求める。
（１－ヒット率）

【計算】

ア　$10 \times 0.6 + 70 \times (1 - 0.6) = 6 + 28 = 34$ ns

イ　$10 \times 0.7 + 70 \times (1 - 0.7) = 7 + 21 = 28$ ns

ウ　$20 \times 0.7 + 50 \times (1 - 0.7) = 14 + 15 = 29$ ns

エ　$20 \times 0.8 + 50 \times (1 - 0.8) = 16 + 10 = 26$ ns

　　したがって，エの組み合わせが最も短くなる。

・練習問題・

● **1**　PC やスマートフォンなどの表示画面の画像処理用のチップとして用いられているほか，AI にお
ける膨大な計算処理にも利用されているものはどれか。 （R2 秋 IP）

　ア　AR　　イ　DVI　　ウ　GPU　　エ　MPEG

● **2**　次の媒体のうち，揮発性の記憶媒体はどれか。

　ア　DVD　　イ　SRAM　　ウ　磁気ディスク　　エ　フラッシュメモリ

● **3**　CPU に搭載された１次と２次のキャッシュメモリに関する記述のうち，適切なものはどれか。

（H30 秋 IP）

　ア　１次キャッシュメモリは，２次キャッシュメモリよりも容量が大きい。

　イ　２次キャッシュメモリは，メインメモリよりも読み書き速度が遅い。

　ウ　CPU がデータを読み出すとき，まず１次キャッシュメモリにアクセスし，データが無い場合は
　　２次キャッシュメモリにアクセスする。

　エ　処理に必要な全てのデータは，プログラム開始時に１次又は２次キャッシュメモリ上に存在し
　　なければならない。

● **4**　CPU のクロックに関する説明のうち，適切なものはどれか。 （R3 春 IP）

　ア　USB 接続された周辺機器と CPU の間のデータ転送速度は，クロックの周波数によって決まる。

　イ　クロックの間隔が短いほど命令実行に時間が掛かる。

　ウ　クロックは，次に実行すべき命令の格納位置を記録する。

　エ　クロックは，命令実行のタイミングを調整する。

◎ 1-1-4 ● 補助記憶装置と記憶媒体

1. ハードディスク（磁気ディスク）

ハードディスクとは，磁性体をコーティングした高速で回転するディスク(円盤)上にデータを記憶する装置である。先にあげたメモリや半導体ディスクとは素材が違い，安価で大量の記憶容量を持つ装置である。

■ハードディスク装置の名称

セクタ：ハードディスク上の最小記憶単位。セクタがディスク１周分集まり，トラックとなる。

トラック：ディスクを構成する円状の記憶領域。

シリンダ：複数枚重なっている円盤の同位置トラックを円筒状に捉えたもの。

アクセスアーム：磁気ヘッドを所定の位置まで移動させる装置。

磁気ヘッド：データを読み書きする装置。

ハードディスク装置

■装置の処理時間の名称

平均シーク時間：データの読み出し位置を探す平均時間(アクセスアームが一番外側から内側まで移動する時間の半分)。

平均回転待ち時間：ディスクが回転して，ヘッドの下にデータが移動するまでの平均時間(1回転の半分の時間)。

データ転送時間：データを読み書きする時間。

伝送効率：伝送速度は回線が混雑しているとき，計算上の速度より遅くなることがある。利用状況により平均的な数値をもとに計算した割合。

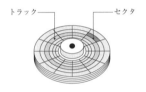

(1) ハードディスクの記憶容量とアクセス時間の計算

例1 次のような仕様のハードディスクにおいて，記憶容量とアクセス時間を求めよ。

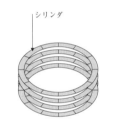

```
＜ハードディスクの仕様＞
1パック当たりのシリンダ数      3000（シリンダ）
1シリンダ当たりのトラック数      20（トラック）
1トラック当たりのセクタ数        40（セクタ）
1セクタ当たりのバイト数         512（バイト）
```

① 1パック当たりのハードディスクに記録できる容量を求める。

シリンダ数×トラック数×セクタ数×バイト数/セクタ

　　3000　×　20　×　40　×　　512　　＝1,228,800,000（約 1.2 G）

② 1レコード 800 バイトのレコードを何レコード記憶できるかを求める。

1レコードに必要なセクタ数	800÷512≒2(切り上げ)
1トラックに記憶できるレコード数	40÷2＝20
1シリンダに記憶できるレコード数	20×20＝400
1パックに記憶できるレコード数	400×3000＝1,200,000

③各装置の処理時間が次のようなとき，1レコードのアクセス時間を求める。

位置決め時間（平均シーク時間）	20ミリ秒
ディスクの回転速度	3000回転/1分間
1レコードのデータ転送時間	15ミリ秒

平均回転待ち時間の計算

60秒÷3000＝0.02秒（20ミリ秒）

20ミリ秒÷2＝10ミリ秒（平均回転待ち時間＝半回転するための時間）

アクセス時間

位置決め時間＋平均回転待ち時間＋データ転送時間＝アクセス時間

20 ＋ 10 ＋ 15 ＝ 45ミリ秒

回転待ち時間
レコード
シーク時間
アクセスアーム
磁気ヘッド

▶カードリーダ
対応メモリカードに注意する。

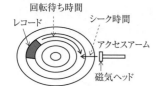

・SDカード
・SDHCカード
・SDXCカード
・MiniSDカード
・MicroSDカード
・コンパクトフラッシュ
・メモリスティックPro
・メモリスティックDuo
・マルチメディアカード

▶bps（bit Per Second）
データ転送速度を表す単位。1秒当たりに転送することのできるビット数を指す。

2. SSD（Solid State Drive）

ハードディスクと比較して高速・省電力・小型で耐久性にも優れている。よってハードディスクに代わり広く普及し始めている補助記憶装置である。

3. SSHD（Solid State Hybrid Drive）

ハードディスクとSSDを組み合わせた外部記憶装置。低単価のハードディスクと高単価で高速なSSDの利点を組み合わせたハイブリット型の記憶装置。SSDをキャッシュメモリのような位置づけで利用する。

4. SD（Secure Digital memory card）

サンディスク社，松下電器産業(現パナソニック)，東芝の3社が共同開発したメモリカードの規格。MMC(マルチメディアカード)の仕様をベースとしているため，SDメモリカードスロットにMMCを差し込んで使用することができる。ただし，著作権保護機能を必要とする音楽データなどは，記録できないようになっている。

5. USBメモリ

USBポートへ差し込んで利用する携帯型補助記憶装置。フラッシュメモリを内蔵し，非常に小型で軽量な持ち運びに優れた補助記憶装置である。

6. クラウドストレージ

前述のような物理的補助記憶装置を用いず，インターネット(クラウド)上へデータの保存が行えるサービス。GoogleDrive等をはじめ，SNSなども付随される。

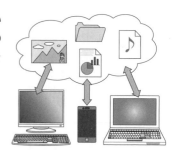

7. 光ディスク装置と媒体

　光ディスクとは，レーザ光を利用してデータの記録や読み出しを行う記憶媒体の総称をいう。媒体の種類は多様で記憶容量や読み書き速度も向上している。

(1) CD（Compact Disc）

■CD-R の書き込み方式

　記録面となる有機色素の反射層に強いレーザを照射して記録膜を熱し，化学変化を起こしてデータを書き込む。化学変化を起こした部分は元に戻らないので，一度しかデータを書き込むことはできない。

■CD-RW の書き込み方式

　記録層にレーザを当てて結晶状態と非結晶状態を作り，両者の反射率の違いを利用して再生を行う相変化記録という方式。約 1000 回の書き換えが可能となる。

(2) DVD（Digtal Versatile Disc）

　CD と同じ光ディスクで，形状も同じ直径 12 cm の円盤である。DVD は CD と違い両面・2 層記録が可能であり，DVD-ROM の場合，最大記憶容量は片面 1 層記録で 4.7 GB，片面 2 層記録で 8.5 GB，両面各 1 層記録で 9.4 GB 両面 2 層で 17 GB となっている。

　DVD には CD と同様に読み込み専用と書込型があり，読み書きには専用の装置が必要である。各装置によって対応メディアが異なるので注意を要する。

(3) Blu-ray Disc

　Blu-ray Disc とは，ソニー，松下電器産業（現パナソニック）など 9 社が共同開発した，書き換え可能な大容量相変化光ディスクのことである。DVD を超える容量を実現する「次世代 DVD」規格。

　形状は CD や DVD と同じ直径 12 cm の光ディスクだが，記録容量が 25 GB（単層），データ転送が最大 144 Mbps と高速大容量であるのが特徴。波長の短い青紫色レーザを採用し，トラックピッチを DVD の約半分の 0.32 μm に，最短ピット長を 0.14 μm 前後に縮小し記録密度を高めている。

▶CD の種類

CD-ROM（Read Only Memory）
読み込み専用の CD。650 MB と 700 MB がある。
CD-R（Recordable）
一度だけ書き込める CD で，追記のみ可能。
CD-RW（ReWritable）
繰り返し書き込める CD。

▶DVD の種類

DVD-ROM（Read Only Memory）
読み込み専用の DVD。
DVD-R（Recordable）
一度だけ書き込める DVD で追記のみ可能。
DVD-RW（ReWritable）
繰り返し書き込める DVD。
DVD-RAM（Random Access Memory）
ファイル単位で繰り返し書き込める DVD。

記録方式	容量（CD との比較）	再生時間
片面 1 層	4.7 GB（CD7 枚分）	133 分
片面 2 層	8.5 GB（CD13 枚分）	242 分
両面 1 層	9.4 GB（CD14 枚分）	266 分
両面 2 層	17 GB（CD26 枚分）	484 分

DVD-5

4.7GB
レーザ光

DVD-9

8.5GB
レーザ光　レーザ光

DVD-10
レーザ光
9.4GB
レーザ光

DVD-18
レーザ光　レーザ光
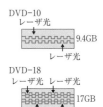
17GB
レーザ光　レーザ光

● **1** 回転数が 4,200 回/分で，平均位置決め時間が 5 ミリ秒の磁気ディスク装置がある。この磁気ディスク装置の平均待ち時間は約何ミリ秒か。ここで，平均待ち時間は，平均位置決め時間と平均回転待ち時間の合計である。 (H22 春 FE)

　ア　7　　イ　10　　ウ　12　　エ　14

● **2** 表の仕様の磁気ディスク装置に，1 レコードが 500 バイトのレコード 50 万件を順編成で記録したい。50 レコードを 1 ブロックとして記録するときに必要なシリンダ数は幾つか。ここで，一つのブロックは複数のセクタにまたがってもよいが，最後のセクタで余った部分は利用できない。 (H17 秋 FE)

　ア　960
　イ　977
　ウ　980
　エ　1,000

トラック数/シリンダ	20
セクタ数/トラック	25
バイト数/セクタ	512

● **3** 記録媒体の記録層として有機色素を使い，レーザ光によってピットと呼ばれる焦げ跡を作ってデータを記録する光ディスクはどれか。 (H20 秋 FE)

　ア　CD-R　　イ　CD-RW　　ウ　DVD-RAM　　エ　DVD-ROM

● **4** DVD の大容量化を可能にしている理由のうち，適切なものはどれか。 (H14 秋 FE)

　ア　磁気ヘッドの磁化強度を複数もつ。　　イ　磁気ヘッドの磁化方向を複数もつ。
　ウ　レーザ光線の光度が強い。　　　　　　エ　レーザ光線の波長が短い。

1-1-5 ● 出力装置

1. ディスプレイとグラフィックスカード
(1) ディスプレイ
①液晶ディスプレイ

液晶を利用した表示装置。ガラス板の間に特殊な液体を封入し，電圧をかけ，液晶分子の向きを変えて，画像を表示する構造になっている。液晶自体は発光しないため，蛍光灯や LED など**バックライト**の光を使用する。

STN 方式	単純マトリクス方式を用いるため製造コストは安いが，表示品質は TFT の方が高い。
DSTN 方式	STN 方式の改良型。STN に比べ電圧を加える時間が倍になり，コントラストが改善されている。TFT 方式よりは表示品質は劣るが，コストが低いため，低価格のノート型 PC に用いられている。
TFT 方式	ガラス基盤上にシリコンなどで構築された薄膜状のトランジスタを利用したもの。液晶パネルなどに使われる。

②有機 EL（Organic Electro-Luminescence）エレクトロルミネッセンス

　炭素原子を持つ有機化合物による**発光ダイオード（LED）**により発光する。液晶に比べて鮮明な画像を表示できる。視野角や解像度，コントラストが高く，低消費電力で，ディスプレイの厚さをミリサイズ以下に抑えられる等の特徴を持つ。オーディオプレーヤーや携帯電話などの小型の表示画面に利用されている。

③プロジェクタ（projector）

　プロジェクタとはディスプレイ装置の一種で，画像や映像を大型スクリーンなどに投影することにより表示する装置である。プロジェクタにはいろいろな種類があるが，現在では，PC や DVD プレイヤー，スマートフォンなどとも接続できる。

▶**仕様書のポイント**

明るさ：5,000 lm（ルーメン）
数値が大きい程明るい。
解像度：WUXGA　WIDE 画面対応
ワイド表示に対応している。

④タッチパネルディスプレイ

　タッチパネルの種類と特徴には次のようなものがある。

方式	抵抗膜方式	静電容量方式	電磁誘導方式	超音波表面弾性波方式	赤外線走査方式
主な用途	PDA，カーナビ，スマートフォン，携帯電話	スマートフォン，携帯電話，POS	タブレットPC，プリクラ端末	POS，ATM，キオスク端末	ATM，キオスク端末，産業用ロボット制御機器

▶**タッチパネルディスプレイを使用したスマートフォン**

（2）解像度ドットとピクセル

　解像度とは，ディスプレイの表示，プリンタの印刷，スキャナの読み込み精度などに用いられる規格をいい，**ドット**と**ピクセル**で表現される。

①ドット

　絵や文字を表示・印字・読み取るときに表現できる点のことをドットという。解像度はドット数が多ければ密度が高くなり鮮明な表現ができる。このときの単位を dpi（ドット／インチ）といい縦横で解像度を表す。

②ピクセル

　ドットに色情報をもたせたものをピクセルという。ピクセルは画素ともいいピクセルの数と表現できる色情報の量で，鮮明なカラーの表現が可能になる。このときの単位を ppi（ピクセル／インチ）といい縦横で解像度を表す。

③**解像度と情報量**

　情報を表す単位にビットがある。通常 8 ビットをまとめて 1 バイトと表現する。解像度が高くなると必要な情報量が増加する。1 ドットを白黒で表現する場合は 1 ドット＝ 1 ビットで表現できるが，ピクセルの場合，色数によって情報量が変化する。例えば 256 色を表すために必要なビット数を求めるためには，色数を 2^n で表現すればよい。256 色の場合 1 ピクセルあたり 8 ビット必要になる。

▶**アスペクト比率**

画面の幅と高さの数値比率をいう。頭に「W」が付くのは，ワイド画面の規格を表す。「4：3」の解像度の縦幅を基準にして，横方向に解像度を引き伸ばしたものをいう。規格に合わないサイズについては「＋」を付けて区別している。

　画面が 4：3　標準のディスプレイ解像度　640 × 480・1024 × 768

　画面が 16：9　ワイドのディスプレイ解像度

▶**ディスプレイの解像度の規格**

規　格	解像度（ピクセル）
VGA	640× 480
SVGA	800× 600
XGA	1024× 768
SXGA	1280×1200
UXGA	1600×1200
QXGA	2048×1536
WXGA＋	1440× 900
WSXGA＋	1680×1050
WUXGA	1920×1200

■解像度による映像名称の関連表

名　称	説　明
2 K	横方向 1,920×縦方向 1,080 の解像度を持つ映像の名称。横方向に約 2,000 の解像度を持つことから 2 K 映像と呼ばれている。フルハイビジョンとも呼ぶ。
4 K	2 K 映像の 2 倍（横方向 3,840×縦方向 2,160）の解像度を持つ。より鮮明な映像を出力でき，近年テレビ放送などでも導入されている。
8 K	4 K 映像のさらに 2 倍（横方向 7,680×縦方向 4,320）の解像度を持つ。現在，市場に普及しているビデオカメラやテレビ等の映像媒体で最も高画質である。

─ コラム ─

スキャナの読み込み規格（dpi） 1 インチ＝約 2.5 cm
横 2.0 インチ×縦 1.0 インチの場合の読み込み解像度
300 dpi　300×2＝　600　300×1＝300　　600×300＝180,000　　18 万ピクセル
600 dpi　600×2＝1,200　600×1＝600　1,200×600＝720,000　　72 万ピクセル

▶**JPEG サイズ**
1/10～1/100 に圧縮。
▶**RAW サイズ**
圧縮をしていないサイズ。
▶**dpi とは**
1 インチあたりの「点」の数。
1 inch ＝ 2.54 cm。
▶**A4 サイズの原稿**
（210×148 mm は 82.7×58.5 inch）

（3）画像を表現する情報量の計算例

　画像サイズが縦 600 ピクセル，横 800 ピクセルの場合，標準の 256 色を表示するために必要な情報量をバイトで求める手順は次のようになる。

① 画像サイズから計算されるピクセル数は 480,000 ピクセル（画素）になる（600×800＝480,000）。ここで 1 ピクセルを表示するために必要な情報量（ビット）を単純に 1 ビットとすると，480,000 ビット必要になる。

② 標準の 256 色を表現するのに必要なビット数を計算する。
　256＝2^8＝8 ビット（0～255 通り）。

③ したがって画像の情報量の計算は，次のとおりである。
　600×800×8＝3,840,000（ビット）。これをバイトに換算する。
　3,840,000÷8＝480,000（バイト）＝480 k（バイト）
　1（バイト）＝8 ビット

（4）RGB と CMYK

　ディスプレイで色を表現するとき，光の 3 原色と呼ばれる赤(R)・緑(G)・青(B) の 3 色の組み合わせですべての色を表現する。

　プリンタでは，藍色(Cyan)，赤紫色(Magenta)，黄色(Yellow)，黒(Key plate) の配合比率を変化させて，すべての色を表現する。CMY でもすべての色を表現できるが，黒を美しく印刷するために原色の黒が加えられている。

▶**コンピュータが扱う色情報の種類と範囲**
8 ビットカラー　2^8＝256 色を表現（0～255 通り）
16 ビットカラー　2^{16}＝65,536 色を表現（トゥルーカラー）
24 ビットカラー　2^{24}＝16,777,216 色を表現（ハイカラー）

R （Red）	赤
G （Green）	緑
B （Blue）	青

C （Cyan）	シアン	（藍色）
M （Magenta）	マゼンタ	（赤紫色）
Y （Yellow）	イエロー	（黄色）
K （Key plate）	ブラック	（黒色）

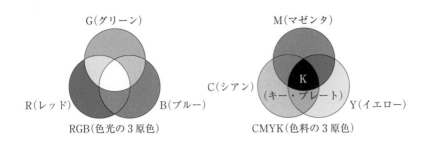

G(グリーン) M(マゼンタ)

R(レッド) B(ブルー) C(シアン) Y(イエロー)

RGB(色光の3原色) CMYK(色料の3原色)

K(キー・プレート)

▶3原色と光の強調
RGBに光の強弱を加えて表現
16ビットカラーでは
$R : 2^5 + G : 2^6 + B : 2^5 = 2^{16}$
24ビットカラーでは
$R : 2^8 + G : 2^8 + B : 2^8 = 2^{24}$
例 RGBの明るさによる色
「0, 0, 0」黒
「255, 255, 255」白

2. プリンタ

①インクジェットプリンタ

インクを用紙に吹き付けて印刷する方式。水に溶ける染料系と溶けにくい顔料系がある。また用紙の種類によって普通紙や光沢写真用紙などがあり高画質の印刷が可能である。コピーやスキャナ,FAX機能を持つ複合機が主流である。

▶インクジェットプリンタ

②レーザプリンタ

レーザ光線と感光ドラムを用いて,紙にトナー(インクの粉)を付着させ焼き付けることで印刷する装置。カラー印刷は1回に1色,計4回の印刷工程を繰り返すので,モノクロ印刷に比べて時間がかかるが,高画質が得られやすい。

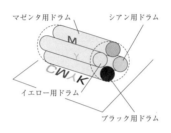

マゼンタ用ドラム　シアン用ドラム
M
Y
C W A K
イエロー用ドラム
ブラック用ドラム

▶レーザプリンタ

③ドットインパクトプリンタ

複数のピンを押し出してインクリボンを叩き印刷する装置。複写用紙などの印刷に適している。ドット(点の画像)が粗く,業務用にのみ利用されている。

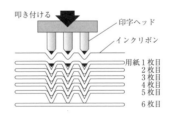

叩き付ける　印字ヘッド
インクリボン
用紙1枚目
2枚目
3枚目
4枚目
5枚目
6枚目

▶ドットインパクトプリンタ

④熱転写プリンタ

インクフィルムを熱で溶かし印刷する装置。染料の種類によって溶融型や昇華型があり,ディジタルカメラの高精度の写真印刷などは昇華型でインクが高価であり専用のプリンタが使用される。

熱転写プリンタの原理(断面図)

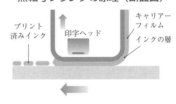

プリント済みインク　印字ヘッド　キャリアーフィルム　インクの層

▶熱転写プリンタ

⑤3Dプリンタ

3D-CADや3D-CGソフトで作成された三次元の形状データをもとに,3Dプリンタへ立体情報を出力して,立体の製品を造形する装置。

製造過程によって,次のように立体化する方式がある。

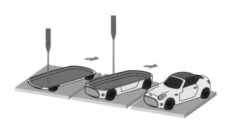

熱溶解積層法 … 溶融樹脂を押し出して積み重ねる方式
インクジェット方式 … 溶融樹脂を紫外線で硬化または接着する方式
光造形 … 溶融樹脂をレーザで硬化する方式
粉末石膏造形 … 石膏の粉を接着する方式
粉末焼結造形 … レーザで焼結する方式

◎ 1-1-6 ● 入力装置

1. 代表的な入力装置
①キーボード

▶QWERTY 配列
上から2段目の左から6文字が
「QWERTY」であることから，
QWERTY 配列と呼ばれる。

アルファベットの配列は QWERTY 配列が標準
として採用されているが，日本では，日本語入力
機能を追加した JIS 規格のキーボードが利用され
ている。数字入力用の 10 キーを持つものをフル
キーボードという。
接続方式：USB　Bluetooth

②マウス

画面上の矢印を移動させて操作を行う装置。
ボール方式・光学式・赤外線方式・Bluetooth
対応の機種もある。
接続方式：USB　Bluetooth

③タッチパネル

指先や専用のペンで画面に触れることで入力を
行う装置。表示装置（ディスプレイ）と入力装置
が一体化したもので，指が触れた位置をセンサー
で検知して，どの表示要素が指定されたかを特定
し，対応する動作を行う。

2. 画像を入力する装置
①スキャナ

手書き文書や写真などをディジタル情報として
読み込む光学式の読み取り装置。画像を点の情報
に置き換えて読み取る。フラットベット型やハン
ディースキャナなどもある。解像度は標準
300 dpi～4800 dpi。
接続方式：USB　IEEE1394

②ディジタルカメラ・ディジタルビデオカメラ

ディジタルカメラ(静止画像用)やディジタルビデオカメラ(動画用)がある。

ディジタルカメラとは，従来の一眼レフカメラの記録部分を電子回路に置き換えたものである。

ディジタルビデオカメラとは，映像や音声をディジタルデータとして記録するものである。

いずれもアナログ方式と比較して，画質の劣化がないなどの特徴をもつ。

・対応メディア

カメラ：SD　xD　MMC　MS-PRO　MD　SM　CF　SDHC など各種
ビデオ：BD　DV　DVD　HDD　miniDV　メディアカード

③バーコードリーダ

商品識別用のバーコードを読み取る装置。JAN コードは 13 けたの標準タイプと 8 けたの短縮タイプがある。商品コードと 1 けたのチェックディジットが付加されている。代表的な例として POS システムに利用されている。
接続方式：USB　Bluetooth　IEEE.802.15.4

④ Web カメラ

コンピュータに内蔵された，あるいは接続したカメラからインターネットを通して転送・配信が行える装置。SNS でのライブ配信やリモートワークなどで活用されている。

◉ 1-1-7 ● 入出力インタフェース

コンピュータと周辺機器(デバイス)を接続するものをインタフェースと呼ぶ。近年では無線インタフェースも急速に普及し，用途に応じて多様に活用されている。また，これらをコンピュータへ接続することで，自動的にドライバが設定され，人間が煩わしい作業を介さずに利用できるデバイスドライバも近年一般化されている。

(1) 有線インタフェース

① USB コネクタ

　キーボードやマウス，プリンタなどコンピュータの周辺機器をはじめ，電子データの転送で幅広く利用されている。プラグアンドプレイによって接続した瞬間に動作させることも容易で，ハブを用いて拡張を広げていくことで一つのポートへ最大 127 台の USB を接続することができる。

　現代ではスーパースピードといわれる最大 5 Gbps の転送速度を持つ USB 3 規格が主流であるが，近年 20 Gbps の転送速度を持つ USB4 も普及している。

コンピュータ側
（ダウンストリーム）

デバイス側
（アップストリーム）

② IEEE1394

　DV 端子ともいわれ，ディジタルカメラ等メディア機器とコンピュータの接続へ多く利用されており，家庭での家電どうしの接続などで活用の幅が広がっている。Fire Wire, i.Link 等の別称も多い。

　拡張機を用いたツリー方式では 63 台，数珠繋ぎ状にしたデイジーチェーン方式では 17 台まで接続が可能である。

③ PCMCIA

　コンピュータへ差し込んで利用する，ブレード式のメモリや機能の拡張インタフェースである。PC カードやバスカードと呼ばれることが一般的であるが，米国の PC カード規格標準化団体（PCMCIA）が規定したことから PCMCIA カードとも呼ばれている。日本の電子情報技術産業協会（JEITA）と協働し，多様なコンピュータの互換性を維持している。

④ アナログ RGB

　ディスプレイへの映像転送装置の一つ。15 本のピンで色情報や垂直方向・縦方向のデータを伝送するが，解像度の高いディスプレイには適しておらず，現代では対応している機器が減少している。

⑤ DVI（Digital Visual Interface）

　アナログ信号，ディジタル信号のどちらにも適応した有線型インタフェース。アナログデータは伝送の際に圧縮・解凍の工程が加わるために解像度が低下するが，DVI は無圧縮での映像データ転送が可能なため，より高画質な映像を出力できる。ディジタル信号のみに対応した型もある。

⑥ディスプレイポート（DisplayPort）

DVI の後継機器として開発された有線型インタフェース。ディジタル信号での映像データ転送に用いられ，ディスプレイポート 1 本で音声データも伝送が可能になっている。

⑦ HDMI

テレビやテレビゲーム機，プロジェクターなど，近年多くの機器への導入が広まっている有線インタフェースである。ケーブル 1 本で映像・音声データの転送に加えて制御信号も伝送できるため，機器の電源等の管理も可能である。

（2）データの転送方式

コンピュータ本体と周辺機器を接続するデータ転送方式。データをやり取りするとき，データの転送方式により用途や役割が異なる。

①シリアル転送方式

1 本の信号線を使って 1 ビットずつデータを転送する方式。パラレル転送方式に比べ，転送速度は遅いが，最大伝送距離は長い。コンピュータ内部のデータ転送はパラレル方式だったが，近年はシリアル転送が主流になっている（RS-232C，IrDA，USB，IEEE 1394）。

②パラレル転送方式

複数の信号線を使って同時に複数のビットを転送する方式。シリアル転送方式に比べ，転送速度は高速だが，最大伝送距離は短い。PC 用としては，プリンタなどとの接続に使われている（SCSI IDE）。

（3）内部インタフェース

インタフェースとは，複数の装置を接続して通信する際の規約で，コネクタの形状や電気信号の形式などを定めている。コンピュータ内部のデータ伝送，コンピュータと周辺機器のデータ伝送，コンピュータ間の通信など，用途に合わせてさまざまなインタフェースがある。

① IDE／ATA

PC とハードディスクを接続する方式の一つ。ANSI によって標準化された。BIOS によって直接制御でき，SCSI などほかの方式に比べて構造がシンプルである。その後改良された規格に EIDE がある。

	IDE	EIDE
最大接続機器数	2 台まで	4 台まで
接続機器	ハードディスクの接続	ディスク以外の機器も可（CD-ROM ドライブ等）
最大容量	528 MB	8.4 GB
追加の規格化		ATA-2 と ATAPI

・シリアル転送方式

データ送信側　データ受信側

信号線（接続ケーブル）

10101010　11100011　00001111　11000011

・パラレル転送方式

データ送信側　データ受信側

信号線（接続ケーブル）

▶パラレル方式に比べ，シリアル方式の方が，データ転送の構造が単純である。このため，大容量データのやりとりが必要になった近年では，パラレル方式よりも，シリアル方式の方がタイムロスが少ない。

▶ANSI
アメリカ規格協会

▶IDE
(Integrated Drive Electronics)

▶ATA
ANSI によって標準化された IDE の規格。AT Attachment

▶EIDE
(Enhanced Integrated Drive Electronics)

②シリアル転送規格

　従来の IDE コントローラによるハードディスクの信号線と電源ラインを PC
と接続するコネクタの規格。

③ **ATAPI（AT Attachment Packet Interface）**

　CD-ROM やテープドライブなど，ハードディスク以外のデバイスも接続で
きるパケット型の接続インタフェースの規格。

④**外付けハードディスクの接続(eSATA)**

　PC に外付けハード
ディスクなどを接続する
ための Serial ATA（SATA）
インタフェースの規格の
一種。内蔵機器向けの
Serial ATA とは端子の形
状等が異なる。電源を落
とさずに機器の接続や切
り離しができるホットプ
ラグに対応している。

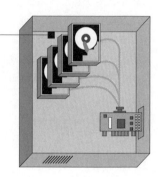

SAS または SATA
ディスクドライブ

(4) 無線インタフェース

① **IrDA（Infrared Data Association）**

　赤外線を利用した短距離無線通信である。機器に搭載された赤外線ポートを
向かい合わせることで最大 5 m 程度の距離で通信が行える。携帯電話やディ
ジタルカメラ等を代表に広く利用されてきたが近年では他の規格への移植が広
まっている。

② **Bluetooth**

　10～100 m ほどの距離で通信可能な無線インタフェースである。省電力であ
る特性からイヤホンやコンピュータの周辺機器など，多様に利用されている。

③ **RFID**

　IC チップを搭載したタグ（RF タグ）へ対応するリーダー・ライターを用いて
データの読み書きを行える無線インタフェース。通信距離は数十 m におよび，
複数のタグを一括してスキャンすることが可能なため，生活のさまざまな場面
で普及している。

④ **NFC（Near Field Communication）**

　RFID 規格の一部を指し，基本的な動作の原理は同様である。分類の基準と
して，NFC の通信距離は最大でも 10 cm 程度の超近距離通信規格を指してい
る。代表例として，非接触型 IC カードとも呼ばれる交通機関の IC カードや電
子マネーなどがある。

IC カード乗車券

◎ 1-1-8 ● IoT デバイス

1. IoT（Internet of Things）

　IoT とは直訳で「モノのインターネット」といわれ，さまざまなものがインターネットへ繋がり，相互に情報の共有を図る仕組みである。さまざまなセンサから受け取った情報をインターネット経由で遠隔地へ送信し，受信者が情報をもとに対応できるようになっている。

2. さまざまなセンサ

　IoT デバイスへ搭載し，情報を収集するためのセンサとして，以下のようなものがある。

　　光学センサ … 光を用いて物体の動作や大きさを検知する。
　　画像センサ … 画像を用いて物体の変化の様子を検知する。
　　赤外線センサ … 赤外線を用いて物体の動作を検知する。
　　磁気センサ … 磁界の変化や大きさを検知する。
　　加速度センサ … 物体の移動速度を検知する。
　　ジャイロセンサ … 物体の傾きを検知する。
　　超音波センサ … 超音波を発信し，反射した音波で物体の大きさや動きを検知する。
　　温度センサ … 空間の温度の変化を検知する。
　　湿度センサ … 空間の湿度の変化を検知する。
　　圧力センサ … 気体や液体の圧力変化を検知する。
　　煙センサ … 煙の有無を検知するセンサ。

3. アクチュエータ

　電気信号を力学エネルギーへ変換する装置のことをアクチュエータと呼び，IoT 端末で検知した信号をもとに物体を動かすためのものである。空気圧シリンダや油圧シリンダを用いて少ない力で動作させるための工夫もされている。

● **1** IoT デバイスと IoT サーバで構成され，IoT デバイスが計測した外気温を IoT サーバへ送り，IoT サーバからの指示で IoT デバイスに搭載されたモータが窓を開閉するシステムがある。このシステムにおけるアクチュエータの役割として，適切なものはどれか。　　　　　　　　　　　(R2 秋 IP)

　ア　IoT デバイスから送られてくる外気温のデータを受信する。
　イ　IoT デバイスに対して窓の開閉指示を送信する。
　ウ　外気温を電気信号に変換する。
　エ　窓を開閉する。

● **2** NFC に関する記述として，適切なものはどれか。　　　　　　　　　　　(H30 秋 IP)

　ア　10 cm 程度の近距離での通信を行うものであり，IC カードや IC タグのデータの読み書きに利用されている。
　イ　数十 m のエリアで通信を行うことができ，無線 LAN に利用されている。
　ウ　赤外線を利用して通信を行うものであり，携帯電話のデータ交換などに利用されている。
　エ　複数の人工衛星からの電波を受信することができ，カーナビの位置計測に利用されている。

● **3** HDMI の説明として，適切なものはどれか。　　　　　　　　　　　(H26 春 IP)

　ア　映像，音声及び制御信号を 1 本のケーブルで入出力する AV 機器向けのインタフェースである。
　イ　携帯電話間での情報交換などで使用される赤外線を用いたインタフェースである。
　ウ　外付けハードディスクなどをケーブルで接続するシリアルインタフェースである。
　エ　多少の遮蔽物があっても通信可能な，電波を利用した無線インタフェースである。

● **4** 3D プリンタの特徴として，適切なものはどれか。　　　　　　　　　　　(H31 春 IP)

　ア　3D 効果がある画像を，平面に印刷する。
　イ　3 次元データを用いて，立体物を造形する。
　ウ　立体物の曲面などに，画像を印刷する。
　エ　レーザによって，空間に立体画像を表示する。

1. CPU 内部にある高速小容量の記憶回路であり，演算や制御に関わるデータを一時的に記憶するのに用いられるものはどれか。 (R3 春 IP)

    ア GPU　イ SSD　ウ 主記憶　エ レジスタ

2. 次の記憶装置のうち，アクセス時間が最も短いものはどれか。 (H31 春 IP)

    ア HDD　イ SSD　ウ キャッシュメモリ　エ 主記憶

3. CPU，主記憶，HDD などのコンピュータを構成する要素を 1 枚の基板上に実装し，複数枚の基板をラック内部に搭載するなどの形態がある，省スペース化を実現しているサーバを何と呼ぶか。 (R3 春 IP)

    ア DNS サーバ　イ FTP サーバ　ウ Web サーバ　エ ブレードサーバ

4. 仮想記憶を利用したコンピュータで，主記憶と補助記憶の間で内容の入替えが頻繁に行われていることが原因で処理性能が低下していることが分かった。この処理性能が低下している原因を除去する対策として，最も適切なものはどれか。ここで，このコンピュータの補助記憶装置は 1 台だけである。 (R2 秋 IP)

    ア 演算能力の高い CPU と交換する。
    イ 仮想記憶の容量を増やす。
    ウ 主記憶装置の容量を増やす。
    エ 補助記憶装置を大きな容量の装置に交換する。

5. オンラインストレージに関する記述のうち，適切でないものはどれか。 (H31 春 IP)

    ア インターネットに接続していれば，PC からだけでなく，スマートフォンやタブレットからでも利用可能である。
    イ 制限された容量と機能の範囲内で，無料で利用できるサービスがある。
    ウ 登録された複数の利用者が同じファイルを共有して，編集できるサービスがある。
    エ 利用者の PC やタブレットに内蔵された補助記憶装置の容量を増やせば，オンラインストレージの容量も自動的に増える。

6. NFC に準拠した無線通信方式を利用したものはどれか。 (H31 春 IP)

    ア ETC 車載器との無線通信
    イ エアコンのリモートコントロール
    ウ カーナビの位置計測
    エ 交通系の IC 乗車券による改札

7. RFID の活用によって可能となる事柄として，適切なものはどれか。 (R1 秋 IP)

    ア 移動しているタクシーの現在位置をリアルタイムで把握する。
    イ インターネット販売などで情報を暗号化して通信の安全を確保する。
    ウ 入館時に指紋や虹彩といった身体的特徴を識別して個人を認証する。
    エ 本の貸し出し時や返却の際に複数の本を一度にまとめて処理する。

8. IoT機器やスマートフォンなどの端末に搭載されているGPS機能を利用して，この端末が自らの位置情報を得る仕組みとして，適切なものはどれか。 (R2 秋 IP)

- ア 端末の位置情報の通知要求を電波に乗せて人工衛星に送信し，これに対する応答を受信することによって位置情報を得る。
- イ 端末の位置情報の通知要求を電波に乗せて地上の無線基地局に送信し，これに対する応答を受信することによって位置情報を得る。
- ウ 三つ以上の人工衛星が発信している電波を受信して，電波の発信時刻と受信時刻の差などから端末の位置情報を得る。
- エ 三つ以上の地上の無線基地局が発信している電波を受信して，電波の発信時刻と受信時刻の差などから端末の位置情報を得る。

9. PCの周辺装置を利用可能にするためのデバイスドライバに関する記述のうち，適切なものはどれか。 (R1 秋 IP)

- ア HDDを初期化してOSを再インストールした場合，OSとは別にインストールしていたデバイスドライバは再インストールする必要がある。
- イ 新しいアプリケーションソフトウェアをインストールした場合，そのソフトウェアが使用する全てのデバイスドライバを再インストールする必要がある。
- ウ 不要になったデバイスドライバであっても，一度インストールしたデバイスドライバを利用者が削除することはできない。
- エ プリンタのデバイスドライバを一つだけインストールしていれば，メーカや機種を問わず全てのプリンタが使用できる。

10. IoT機器やスマートフォンなどの端末に搭載されているGPS機能を利用して，この端末が自らの位置情報を得る仕組みとして，適切なものはどれか。 (R2 秋 IP)

- ア 端末の位置情報の通知要求を電波に乗せて人工衛星に送信し，これに対する応答を受信することによって位置情報を得る。
- イ 端末の位置情報の通知要求を電波に乗せて地上の無線基地局に送信し，これに対する応答を受信することによって位置情報を得る。
- ウ 三つ以上の人工衛星が発信している電波を受信して，電波の発信時刻と受信時刻の差などから端末の位置情報を得る。
- エ 三つ以上の地上の無線基地局が発信している電波を受信して，電波の発信時刻と受信時刻の差などから端末の位置情報を得る。

1-2 ソフトウェア

コンピュータは，ハードウェアとソフトウェアの二つの要素から構成されている。ソフトウェアはハードウェアを有効に利用するため，さまざまな用途向けに高度な機能の開発が進められている。本来，ハードウェアはソフトウェアがなければ利用できなかったが，ハードウェアの進歩によって，ソフトウェアがハードウェアに移植されるケースも多く，広義の意味でのソフトウェアは，時代の進歩によって分類や名称が異なることがある。

ここでは，コンピュータを利用する目的や用途によって整理してみよう。

この節のまとめ

キーワード

▶OS の機能
- □ユーザインタフェース
- □CUI
- □GUI
- □マルチタスク
- □ディレクトリ管理
- □ルートディレクトリ
- □カレントディレクトリ

▶ソフトウェアパッケージ
- □システムソフト
- □アプリケーションソフト
- □ユーティリティソフト
- □ビジネスソフト
- □オフィスソフト
- □グラフィックスソフト
- □通信ソフト
- □業務ソフト
- □言語ソフト
- □オーサリングツール
- □オープンソースソフトウェア

▶表計算ソフトウェア
- □絶対アドレス
- □相対アドレス
- □集計関数
- □SUM AVERAGE
- □MAX MIN
- □COUNT COUNTA
- □INT ROUND
- □IF (AND OR NOT)
- □VLOOKUP HLOOKUP
- □INDEX
- □昇順 降順

ソフトウェアの分類

▶32 ビット OS
32 ビットマイクロプロセッサに
対応した OS で，一般のパーソナ
ルコンピュータに搭載されている。
▶64 ビット OS
64 ビットマイクロプロセッサに
対応した OS で，高い処理性能や
大容量のデータを扱う。
▶組み込み OS
産業機器や家電製品，医療機器な
どに内蔵されるマイクロコン
ピュータを制御するための OS
で，応答時間が速く，少ないメモ
リで動作する。
▶スマートデバイス OS
スマートフォン，PDA などの携
帯端末用の汎用 OS

▶マルチタスク図

同一メモリ内でタスクを同時に実行する

▶タスクの状態遷移

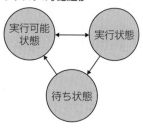

実行可能状態：CPU の待ち行列
に並び，いつでも実行が可能な状
態
実行状態：実行中の状態
待ち状態：割り込みが発生し，そ
の終了を待つ状態

1. OS（Operating System）とは

キーボードによる入力やディスプレイへの出力などの入出力管理，メモリや
ハードディスクの記憶管理など，コンピュータシステム全体を管理するソフト
ウェアを OS という。

2. OS の代表的な機能

（1）ユーザインタフェース

ユーザインタフェースとは，見やすい表示画面やわかりやすい操作手順など，
OS がユーザに対して提供する使いやすい操作環境のことである。ユーザイン
タフェースには大きく分けて，文字ベースの CUI とグラフィックベースの
GUI がある。

① CUI（Character-based User Interface）

キーボードを用いてコマンド入力の操作を行うインタフェースのこと。画面
上にプロンプトと呼ばれる文字列が表示され，ユーザはキーボードからコマン
ド（命令）を入力し，コンピュータに指示を与える。コンピュータはユーザの入
力に対して処理過程や結果を出力し，対話式に作業を進めていく。

② GUI（Graphical User Interface）

ユーザが利用しやすいようにグラフィックを多用し，視覚的な操作をマウス
などのポインティングデバイスによって行うことができるインタフェースのこ
と。

（2）プロセス管理

「プロセス」とは OS から見たプログラムの実行単位のことであり，同義語
として「タスク」や「スレッド」ともいう。プロセス管理で最も重要な機能に，
複数のプログラムを同時並行的に実行する機能がある。

①マルチタスク

1 台のコンピュータで同時に複数の処理を並行して行う機能をマルチタスク
という。CPU の処理時間を非常に短い単位に分割し，複数のアプリケーショ
ンソフトに順番に割り当てることによって，複数の処理を同時に行っているよ
うにみせている。その反面，多くのアプリケーションソフトを同時に起動する
と，個々のアプリケーションソフトの動作は遅くなる。

②マルチスレッド

1 つのアプリケーションソフトがスレッドと呼ばれる処理単位を複数実行
し，並行して複数の処理を行うことをマルチスレッドという。アプリケーショ
ンソフト内でのマルチタスク処理にあたる。マルチタスクと同じように，
CPU の処理時間を非常に短い単位に分割し，複数のスレッドに順番に割り当
てることによって，複数の処理を同時に行っているようにみせている。

(3) 記憶管理

データやプログラムの保存・呼出を管理することを**記憶管理**という。ハードディスクやメモリなどへデータを記憶する実記憶管理の他に次の機能がある。

①仮想記憶

ハードディスクをメインメモリの代用として利用する機能を**仮想記憶**という。この機能を利用して実際のメモリ容量以上のメモリ領域を確保することができる。ハードディスク上に**スワップファイル**と呼ばれる専用の領域を用意して，メモリ容量が不足したときに，メモリ領域の内容をスワップファイルとして一時的にハードディスクに退避させ，必要に応じてメモリに書き戻すことができる。スワップファイルの内容を入れ替える動作を**スワッピング**といい，メモリ容量が少ないとスワップ動作が頻繁に発生し，逆に性能が低下する場合がある。

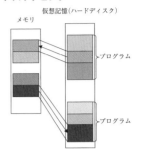

▶スワッピング

②フラグメンテーション（断片化）

コンピュータを長期に渡り利用した際に，磁気ディスクへデータの書き込みと削除が繰り返され，データの記憶場所が点在化する現象。連続した領域へデータを記憶できないため，処理能力が大きく下がってしまう。

これを改善するために，コンピュータを再起動し，ディスクの記憶領域を整理することをデフラグメンテーション（デフラグ）という。

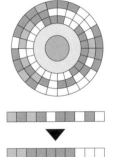

▶フラグメンテーション

断片化した状態

デフラグ実行後

断片化したファイルを読み書きするためには，磁気ヘッドが頻繁に移動する必要があり，そのために時間がかかってしまう。

(4) ユーザ管理

ユーザとは，コンピュータやシステムを利用する人のことをいい，OS は個々の利用者の識別や権限の管理などを行う。

①アカウントの管理

アカウントは，コンピュータの利用者を識別するために与えられた，ユーザ ID やパスワードをセットにしたもので，ユーザ(利用者)が利用するための権利を意味している。

パスワード，ユーザ設定などの個人情報を**プロファイル**と呼ばれる特別なフォルダに保存して管理している。

②ユーザ別のアクセス権の管理

コンピュータの利用者に与えられた，ファイルや周辺機器などを利用する権限を**アクセス権**という。多くの OS には，そのコンピュータを利用するユーザについて個々にアクセス権を設定する機能がある。

ファイルやフォルダについては「読み込み」「書き込み」など細かく設定できる。**マルチユーザ**のシステムでは，個々のユーザは自分の作成したファイルやフォルダへの完全なアクセス権と，一般のソフトウェアの実行権限が与えられている。**管理者**はすべての資源への完全な権限を持っており，他のユーザの権限を変更することができる。

▶マルチユーザ
複数のユーザが同じ環境のもとでコンピュータを利用できる状態をいう。

（5）ファイル管理

ファイルとは，記憶装置に記録されたデータのまとまりをいい，OS はデータをファイル単位で管理する。

①ファイル共有

ファイル共有とは，ネットワーク経由で複数の人がファイルにアクセスできる状態をいう。

②ディレクトリ管理

ディレクトリとは，ハードディスク等の記憶装置で，ファイルを分類・整理するための保管場所をいう。OS は同様の概念を**フォルダ**と呼ぶ。

> ▶root
> 英語で「根」という意味。

■ルートディレクトリ（root directory）

ルートディレクトリとは，ツリー型ディレクトリ構造の最上層にあるディレクトリのことをいう。コンピュータ上のすべてのファイルは必ずディレクトリに記憶される。

■サブディレクトリ（sub directory）

ディレクトリの中に作成したディレクトリのことで，ルートディレクトリ以外のディレクトリをサブディレクトリという。このような構造をツリー型ディレクトリ構造という。

■カレントディレクトリ（current directory）

カレントディレクトリとは，ユーザが現在作業を行っているディレクトリのこと。コマンドやファイル名などを入力する際に，相対パスの基準となる。

③パス（path）

> ▶パス
> 外部記憶装置内でファイルやフォルダの所在を示す文字列。ファイルやフォルダのコンピュータ内での住所にあたる。

■絶対パス

絶対パスとは，ハードディスクなどでファイルやフォルダの所在を示す文字列の表記法の一つ。装置内の最上位階層から目的のファイルやフォルダまでのすべての道筋を記述する方式。

■相対パス

相対パスとは，現在使用している位置から，目的のファイルやフォルダまでの道筋を記述する方式。

④階層型ファイルシステム

階層型ファイルシステムにおいて，ルートディレクトリおよびカレントディレクトリから，ファイル C2 を指定するときのパスの記述は次のとおりとなる。ここで，ファイルの指定は，次の方法によるものとする。

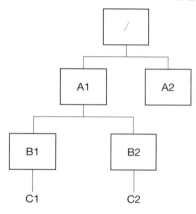

1）ファイルは，"ディレクトリ名/…/ディレクトリ名" のように，経路上のディレクトリを順に "/" で区切って並べた後に "/" とファイル名を指定する。

2）カレントディレクトリは "." で表す。

3）1 階層上のディレクトリは ".." で表す。

4）始まりが "/" のときは，左端にルートディレクトリが省略されているものとする。

5）始まりが "/"，"."，".." のいずれでもないときは，左端にカレントディレクトリ配下であることを示す "./" が省略されているものとする。また，図中の⬚はディレクトリを表すものとする。

絶対パス指定の場合（ルートディレクトリから C2 を指定）　　　　/A1/B2/C2

相対パス指定の場合（B1 から C2 を指定）　　　　　　　　../B2/C2

⑤ファイル拡張子

拡張子とはファイルの保存形式を表したものであり，ファイル名の「.(ピリオド)」以降へ付属する文字でどのような保存形式か識別できるようになっている。

⑥アーカイブ

データを長期的に保存する際に，データを圧縮してデータ容量を下げること。データの圧縮に用いるソフトのことを**アーカイバ**といい，圧縮データを再び利用する際には，解凍と呼ばれる手順でデータを復元する必要がある。

(6) 入出力管理

CPU・メモリ・入出力装置などを利用するために，OS や基本ソフトと連携して，データの入出力や各入出力装置を制御管理することを**入出力管理**という。

① BÍOS（Basic Input Output System）

パソコンに接続されているハードディスクや CD-ROM などの周辺装置を制御し，これらの機器に対する基本的な入出力機能を OS やアプリケーションソフトに提供するソフトウェアのこと。パソコンではマザーボード上に装着されたフラッシュメモリなどに記憶され，内容の変更も可能である。

②デバイス（Device）

コンピュータが利用できる周辺装置のこと。本体内のハードディスクやキーボード，マウス，プリンタ等，コンピュータに接続して利用できる機器をいう。

③デバイスドライバ（Device Driver）

パソコンに接続した装置を制御し，利用できるようにするためのソフトウェアのこと。デバイスドライバとはソフトウェアの総称で，ディスプレイドライバ・サウンドドライバ・プリンタドライバなど周辺装置の名前がつく。周辺装置を接続したときには，デバイスドライバをインストールする必要がある。ドライバは定期的にバージョンアップを行うことで，使用できる機能が増えることがある。また，OS が単独ですべてのデバイスをサポートすることはできないため，デバイスドライバは OS の種類ごとに用意する必要がある。

パソコンにつながっている代表的なデバイス

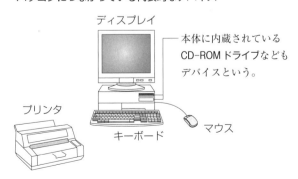

ディスプレイ

本体に内蔵されている CD-ROM ドライブなどもデバイスという。

プリンタ

キーボード　　マウス

▶拡張子
ファイル名のうち，「.」（ピリオド）で区切られた一番右側の部分をいい，ファイルの種類を表す。ファイル名が「word.txt」の場合，「txt」が拡張子になる。

▶ PC の起動順序
　　　BIOS
　　　　↓
　　　OS
　　　　↓
アプリケーション

▶プラグイン（Plug-in）
アプリケーションソフトに追加機能を提供するための小さなプログラムのこと。もとから搭載されている機能だけでは実現できない，動画や高品質の音声の再生など，さまざまな機能がプラグインを追加することによって実現することができる。プログラムはインターネットを通じて入手することができる。

▶パッチ（Patch）
一旦完成したプログラムの一部の変更点のみを修正するプログラムファイルで，パッチファイルと呼ばれている。

▶プラグアンドプレイ
(Plug and Play)
インストールの手間を省き，ハードウェアをコネクタへ差し込むだけで，自動的にインストールされ，使用できるようにする仕組み。

3. OS の代表的な種類

Windows

米マイクロソフト社が開発した OS。PC/AT 互換機に搭載されたインテル社の CPU 上で利用されていたが，他社の CPU 上でも稼働が可能になった。

- ・GUI 環境およびマルチタスク機能を持っている。
- ・マルチユーザ対応も可能で，複数のユーザが個別に個人のファイルや設定情報を保存できる。

Mac OS

米 Apple 社が開発した Macintosh 用 OS。UNIX 系 OS を基盤にしているため CUI の対話式の操作も可能。特に GUI 環境の歴史は古く，印刷製版やデザイン分野で広く利用されている。

- ・GUI 環境およびマルチタスク機能を持っている。
- ・マルチユーザ対応も可能で，複数のユーザが個別に個人のファイルや設定情報を保存できる。

UNIX

米 AT&T 社のベル研究所で開発された OS。ハードウェアに依存しない C 言語によって記述されており，移植性が高くソースコードが比較的コンパクトであるのが特徴である。また，開発当初にソースコードが公開されたことから，大学やコンピュータメーカーによって，独自の拡張機能が付加され広く普及した。

代表的なものとして，オラクル社の Solaris，フリーソフトの Free BSD などがある。

Linux

Linux は UNIX 互換の OS。フリーソフトウェアとして公開され，その後多くの開発者によって改良が重ねられた。ネットワーク機能やセキュリティに優れ，大学等を中心に広く普及しており，企業のインターネットサーバとしても採用されている。携帯電話やディジタル家電など組み込み機器の OS としても普及している。ソースコードは自由に改変・再配布することができるが，その際，無償で公開することが義務づけられている。

- ・GUI，CUI 環境およびマルチタスク機能を持っている。

Chrome OS

Google 社が Linux をベースにして開発した OS。Google Chrome ブラウザをユーザインタフェースとして使用する。アプリケーションは Google が提供するウェブアプリケーションを利用する。また，Android スマートフォンで提供するアプリケーションの実行が可能で，データは Google ドライブに一定量無料で保存される。

ノート型 PC の Chromebook が発売されており，起動時間が短く，アプリケーションの読み込み速度も早い。セキュリティの面でもウ

イルス対策機能が充実しており，OS のアップデートも無料でサポートしている。

4. スマートデバイスの OS

^{アンドロイド}
Android

　Google 社が Linux を携帯端末用に改良して作った OS。Linux 同様，OS のライセンス料金がかからないため，コストを抑え無料で関連アプリを開発できる。スマートフォンやタブレットなどを開発する各メーカーが独自に改良できるため，サービスの幅と質は常に更新されている。

- -

^{アイオーエス}
iOS

　アップル社が開発した OS。PC 用の OS である OS X をベースに「iPhone」「iPad」「iPod touch」などに搭載されており，それらの端末を総称して「iOS 端末」とも呼び，アップル製品にのみに搭載されている。

◎ 1-2-2 ● オフィスツールソフトウェアの種類

　一般的に，コンピュータ本体やその周辺機器は，ハードウェアと称される。このハードウェアだけではコンピュータとしての役割を満足に果たすことができないため，目的に応じたソフトウェアを導入していく必要がある。現代，市場には多様なソフトウェアが混在しているため，適切なハードウェアとソフトウェアを選定していく必要がある。

1. ソフトウェアの種類

　ソフトウェアの種類は大きく次の二つに分けられる。一つはオペレーティングソフト(OS)やユーティリティソフトなどの基本ソフトウェアで**システムソフト**という。もう一つは，文書の作成，数値計算など，ある特定の目的のために設計されたソフトウェアで**アプリケーションソフト**といい，応用ソフトとも呼ばれている。OS(基本ソフト)に，ユーザが必要とするソフトウェアを組み込んで利用する。

(1) ユーティリティソフト

　アプリケーションソフトの中でも，ファイル圧縮やコンピュータウイルス駆除，メモリ管理など，OS や他のアプリケーションソフトの持つ機能を補い，性能や操作性を向上させるためのソフトを特に**ユーティリティソフト**という。

①**ウイルス対策ソフト**

　コンピュータウイルスからデータを守るとともに，ウイルスを駆除・隔離するためのソフトウェア。ウイルス対策ソフトを常に最新の状態に保つためには，定期的なアップデートが必要である。

②バックアップソフト

バックアップソフトとは，コンピュータに保存されたデータやプログラムを，破損やコンピュータウイルス感染などの事態に備え，別の記憶媒体に保存するために使用するソフトウェア。

■フルバックアップ

更新の有無に関わらず，すべてのデータを複製しなおすこと。全体を複製することから時間と容量に負荷がかかる特徴がある。

■差分バックアップ

フルバックアップからの変更・追加分をバックアップしていくこと。期間が経過するごとにバックアップのデータ量が大きくなる。リストア(データを元の状態に戻すこと)が簡単な手順で行える。

■増分バックアップ

前回のバックアップデータからの変更・追加分をバックアップしていくこと。バックアップのデータが比較的小さい。増分データを順にリストアするため処理が複雑になる。

③データ消去ソフト

消去したデータは特殊なソフトによって回復することができるため，ハードディスクドライブのデータを完全に消去するためのソフトウェアが必要である。

(2) オフィスツール

①ワードプロセッサソフト

文書作成や編集を行うソフトウェア。ワープロソフトで使用するフォントの種類や文書作成機能には次のようなものがある。

■プロポーショナルフォント

文字ごとに最適な幅が設定されたフォント。

■等幅フォント

すべての文字を同じ幅で表現するフォント。

■ビットマップフォント

文字の形を小さな正方形の点(ドット)の集まりとして表現するフォント。高速処理が可能な反面，拡大・縮小すると文字の形が崩れてしまうという欠点がある。

■アウトラインフォント

文字の形を，基準となる点の座標と輪郭線の集まりとして表現するフォント。表示や印刷に時間がかかるが，拡大・縮小しても美しい出力が可能である。

■ワープロソフトの禁則処理

禁則処理とは，ワープロソフトなどで，行頭にある「。」「，」や行末にある「(」や「【」などの文字を前の行や次の行に送ることで，見た目に整った文書になるように字詰めや文の長さを調整すること。

■差し込み印刷

ワープロソフトなどで作成した文書に，他のファイルに保存されているデータを埋め込んで印刷すること。

▶世代管理
ファイルは更新した日付の記録などで管理される。最新のバックアップ時点のみではなく，より以前のデータを保存することで数世代まで保存するように設定する方法をいう。

▶フォント
文字の形や書体のこと。フォントにはゴシック体，明朝体など多くの種類があり，文章の種類に応じて使い分ける。

▶OS に依存するフォント
OS の内部コードで Unicode が採用されて以降，機種依存文字は解消されつつあるが，Unicode に対応していないソフトウェア，Web サイトでは，丸囲み数字やローマ数字などは，メールで使用すると現在でも文字化けが生じることがある。

▶マクロ
ワープロソフトや表計算ソフトなどで，よく使う処理手順をプログラムとして記述して自動化する機能。プログラムの記述に使う言語をマクロ言語という。マクロとして保存しておけば，必要なときに実行できる。プログラムは他のデータと一緒にファイルに保存される。

②表計算ソフト

データを表形式で扱い，多様な関数を使用して集計・分析が行えるソフトウェア。詳細は p.39 参照。

③プレゼンテーションソフト

スライドを使用して，発表を見やすく分かりやすく表示する機能を持つソフトウェア。文書だけでなく，目的に合った図表・イラスト・グラフなどのビジュアルなツールを使って視聴者の理解を助ける機能を持つ。

④データベースソフト

大量のデータを一元的に管理し，データを抽出・加工する機能や，データの共有機能を持つソフトウェア。詳細は p.90 参照。

（3）グラフィックソフト

画像や動画データを編集加工するためのソフトウェアで，代表的なソフトウェアには次のような種類のソフトがある。詳細は p.86 参照。

①ペイント系ソフトウェア

ペイントショップなどに代表される，イラストや絵を筆やクレヨンなどのツールを使用して作成するソフトウェア。

②ドロー系ソフトウェア

イラストレータや CAD に代表される，直線・曲線・円などを組み合わせて作成するソフトウェア。

③フォトレタッチソフト

フォトショップに代表される，ディジタルカメラなどで撮影された画像データを加工・編集するソフトウェア。

④動画編集ソフト

ディジタルビデオなどで撮影された動画データを編集して，オリジナル画像を作成し PC に保存できる形式に変換するためのソフトウェア。

⑤3D グラフィックスソフト

3D 映画などに代表される，CG（Computer Graphics）画像やポスターなどを作成するためのソフトウェア。

（4）通信ソフト

インターネットなどのネットワーク上で使用される，通信処理のためのソフトウェア。代表的なものに次のソフトウェアがある。

①Web ブラウザ

Google Chrome，Microsoft Edge，Apple Safari に代表される，Web ページや Web コンテンツを閲覧するためのソフトウェア。さまざまなメーカや販売会社などのベンダが作成した Web ブラウザがある。

②電子メールソフト

電子メールを利用する際に使用するソフトウェアでメーラーともいう。インターネットのプロバイダが提供するメーラーの他に，Google や Yahoo などのポータルサイト上で利用できるメーラーなどがある。

▶シソーラス
言葉を同義語や意味上の類似関係，包含関係などによって分類した辞書，あるいはデータベースのことである。一般的な辞書では，言葉は 50 音順に整理されているが，シソーラスでは言葉が大分類から小分類にかけて体系的に整理されている。そのため同義語から広義・狭義の類義語などを効率的に調べることが可能となっている。

▶あいまい検索
検索条件が完全一致しない対象を，一定のルールのもとで抽出する検索方法のこと。

▶ CAD
建築物や工業製品の設計に用いられるソフトウェア。

▶Web コンテンツ
ネット上で提供されるニュースや音楽などの情報。

▶ベンダ
製品を販売するメーカや代理店。

▶ポータルサイト
インターネットを利用する際に，入口となる Web サイトのこと。

（5）業務用ソフト

企業の業務に利用されるビジネスソフトウェア。業種や職種によって多くの種類がある。ビジネスソフトでは，自分の会社の業務に適した処理ができるようにカスタマイズして利用することもある。

①会計・財務ソフト

主に企業の会計処理や財務管理，財務分析などを目的とするソフトウェア。

②販売管理ソフト

顧客管理・売上管理・在庫管理などを目的とするソフトウェア。

③人事管理ソフト

組織の人事管理・給与管理などを目的とするソフトウェア。

④グループウェア

企業内 LAN を活用して情報共有や電子会議，会議室の予約など，共同作業の場を提供することによって，組織としての業務効率を高めることを支援するソフトウェア。

（6）言語処理ソフト

コンピュータシステムの開発などで使用されるプログラムを，作成・編集・翻訳するためのソフトウェアを**言語処理ソフト**という。

① C 言語

UNIX に代表されるプログラム言語。移植性に優れ広く利用されている。GUI の開発に適した C^{++} や C# などもある。

② COBOL

事務計算処理に優れており，企業の基幹システムの開発に使用される言語。

③ Fortran

科学技術計算に優れており，スーパーコンピュータに使用される言語。

④ Java

オブジェクト指向プログラミングに優れており，Web 上での開発に使用される言語。詳細は p.71 参照。

（7）オーサリングソフト

文字や図形，静止画像，動画像，音声など複数の素材を組み合わせて編集し，コンテンツを作成することを**オーサリング**といい，オーサリングのためのソフトを**オーサリングソフト**，または**オーサリングツール**という。

（8）オープンソースソフトウェア（OSS：Open Source Software）

利用が無償，ソースコードが公開され，誰もがコードの改変と再配布可能といった特徴を持つソフトウェアのことである。用途に応じて多様な OSS が存在している。

▶カスタマイズ
ユーザの利用方法によってソフトウェアを作り変えること。
自社の業務にアレンジすること。

▶スクリプト言語
機械語への変換作業を省略して簡単に実行できるようにした簡易プログラミング言語のこと。プロセスを自動化して簡単に実行できるようにしたものをスクリプトという。特に，Web ページ上で，HTMLだけではできないさまざまな機能を利用するための簡易的なプログラムをスクリプトということがある。スクリプトを記述するための言語（スクリプト言語）には Perlや VBScript，JavaScript などがある。

■用途に応じた代表的な OSS

利　用	OSS 名称
OS	Linux，Solaris
Web ブラウザ	FireFox
メール	Thunderbird
文書作成 表計算	OpenOffice
データベース管理システム	MySQL
Web サーバ	Apache

　また，類似したソフトウェアも多くあるため，それぞれの特性を確認しておく必要がある。

■ソフトウェアと関連情報表

名　称	備　考
OSS	利用が無償，コードが公開されており改変も可能，再配布可能なソフトウェア。著作権は放棄されていない。
フリーウェア	利用が無償であり，著作権も放棄されているソフトウェア。
シェアウェア	試用期間や基本部分は無償だが，追加する期間や要素は有料となるソフトウェア。
パブリックドメインソフトウェア	著作権が放棄されている OSS。OSS 同様に無償，コードの改変可能，再配布可能の性質を持つ。

(9) パッケージソフトの選択基準と導入の考慮点

　パッケージソフトの導入に際しては，次のような点に考慮して，企業内のソフトウェアを効率的に管理するために標準化を検討する必要がある。

・**価格**：ライセンスコスト，導入費用，ネットワークの構築・設定費用等。

・**サービス**：サポート体制や別途費用も含めた研修サービスの充実度。

・**信頼性**：利用や運用面で安心できる内容か。

・**性能**：業務要件や機能要件を定め，PC 間の互換性やパッケージソフトとの適応度，カスタマイズの対応度。

・**保守性**：障害発生時の保守の容易性や点検整備の頻度等。

▶ライセンスコスト
利用ユーザ数に応じた費用。

● **1** OSS(Open Source Software)に関する記述として，適切なものはどれか。 (R3 春 IP)

  ア ソースコードを公開しているソフトウェアは，全て OSS である。

  イ 著作権が放棄されており，誰でも自由に利用可能である。

  ウ どのソフトウェアも，個人が無償で開発している。

  エ 利用に当たり，有償サポートが提供される製品がある。

● **2** OSS(Open Source Software)に関する記述のうち，適切なものだけを全て挙げたものはどれか。 (R1 秋 IP)

  ① Web サーバとして広く用いられている Apache HTTP Server は OSS である。

  ② Web ブラウザである Internet Explorer は OSS である。

  ③ ワープロソフトや表計算ソフト，プレゼンテーションソフトなどを含むビジネス統合パッケージは開発されていない。

  ア ①　　イ ①，②　　ウ ②，③　　エ ③

● **3** マルチメディアオーサリングツールの利用目的はどれか。 (サンプル)

  ア 画像，音声，文字などの素材を組み合わせて，マルチメディアコンテンツを作成する。

  イ 画像，音声，文字などのマルチメディア情報を扱うネットワーク環境を構築する。

  ウ 画像，音声，文字などのマルチメディア情報をインターネットで検索する。

  エ 画像，音声，文字などのマルチメディア情報からなるデータベースを構築する。

● **4** 表計算ソフトを用いて，ワークシートに示す各商品の月別売上額データを用いた計算を行う。セル E2 に式 "条件付個数（B2：D2，＞15000）" を入力した後，セル E3 と E4 に複写したとき，セル E4 に表示される値はどれか。 (R2 秋 IP)

	A	B	C	D	E
1	商品名	1 月売上額	2 月売上額	3 月売上額	条件付個数
2	商品 A	10,000	15,000	20,000	
3	商品 B	5,000	10,000	5,000	
4	商品 C	10,000	20,000	30,000	

  ア 0　　イ 1　　ウ 2　　エ 3

● **5** OSS(Open Source Software)を利用することのメリットはどれか。 (H29 秋 IP)

  ア 開発元から導入時に技術サポートを無償で受けられる。

  イ ソースコードが公開されていないので，ウイルスに感染しにくい。

  ウ ソフトウェアの不具合による損害の補償が受けられる。

  エ ライセンス条件に従えば，利用者の環境に合わせてソースコードを改変できる。

◉ 1-2-3 ● 表計算ソフトの利用

1. 表計算ソフトの値と式

①数値・文字・日付形式

表計算ソフトの**シート**を構成しているマス目を**セル**といい，ここに数値や文字，日付などを入力する。セルは列（A～）と行（1～）の組み合わせによって判別される。

	A	B
1		
2	データ形式	表示結果
3	数値	123
4	文字	ABC
5	日付	12月24日

②四則演算の指定方法

表計算ソフトでは，セル番地を指定して四則演算を行うとき，次のような演算子を使用する。

	A	B	C	D	E
1					
2	Aの値	Bの値	計算式	結果	
3	2	2	＝A3＋B3	4	＋加算
4	3	2	＝A4－B4	1	－減算
5	4	2	＝A5＊B5	8	＊乗算
6	8	2	＝A6／B6	4	／除算
7	2	3	＝A7＾B7	8	＾べき乗

③アドレス指定

表計算のアドレス指定には，**相対アドレス**と**絶対アドレス**の二つがある。

計算式を他のセルにコピーした場合，相対アドレスでは基の位置を基点にして，自動的にセルが変化するのに対して，絶対アドレスで指定したセル番地は変化しない。表計算ではそれぞれの特性を組み合わせて利用される。

	A	B	C
1	生活費の割合		
2			
3	項目	金額	割合
4	食費	30,000	26%
5	住居費	60,000	51%
6	衣服費	12,000	10%
7	交通費	10,000	9%
8	その他	5,000	4%
9	合計	117,000	100%

■計算式

大学生の平均的な生活費で，全体の支出に対する各項目の割合を計算する。

セル B9（合計）の計算式　＝SUM（B4：B8）

セル C4（割合）の計算式　＝B4/B$9　または　B4/SUM（B$4：B$8）

▶**表計算ソフトの表の構成**

セル：シートを構成するマス

行：横方向のレコード

列：レコードを構成する項目

シート：一枚単位の計算表

ブック：ファイル

▶**再計算機能**

セルの数値を変えると自動的に計算をやり直す機能をいう。

▶**演算順序**

1. べき乗　$A^N \rightarrow A^N$
2. 乗除　$A*N, A/N$
3. 加減　$A+N, A-N$

▶**絶対セル参照**

表計算ソフトのワークシート上で，他のセルの値を絶対位置を用いて参照する方法。参照セルの位置は固定されており，他のセルにコピーしても，常に参照セルの位置は一定となる。列のみ，あるいは行のみを絶対セル参照とし，もう片方を相対セル参照と指定することもできる。

▶**試験での表記**

＝合計（B4：B8）

＝B4/合計（B$4：B$8）

2. 表計算ソフトの代表的な機能

（1）代表的な関数の利用

表計算ではセルに関数を入力して利用することができる。

表1

	A	B	C	D
1	IT パスポート模擬試験			
2				
3	氏名	第1回	第2回	平均
4	秋田　将大	86	82	84.0
5	加藤　瑞季	81	56	68.5
6	佐藤　千晶		73	73.0
7	田中　彩乃	79	68	73.5
8	早川　菜摘	71	63	67.0
9	合計	317	342	
10	平均	79.3	68.4	73.2
11	最高	86	82	84
12	最低	71	56	67
13	受験者数	4	5	
14	登録者数	5	5	

■表1の計算式

① SUM 関数（合計：一定範囲の合計を求める）
  セル B9　=SUM(B4：B8)
② AVERAGE 関数（平均：一定範囲の平均を求める）
③ ROUND 関数（四捨五入：計算結果を指定する）
  セル B10　=ROUND(AVERAGE(B4：B8)，1)
④ MAX 関数（最高：一定範囲の最高を求める）
  セル B11　=MAX(B4：B8)
⑤ MIN 関数（最小：一定範囲の最小を求める）
  セル B12　=MIN(B4：B8)
⑥ COUNT 関数（数値列カウント：数値が入力されたセル数を求める）
  セル B13　=COUNT(B4：B8)
⑦ COUNTA 関数（文字列カウント：文字が入力されたセル数を求める）
  セル B14　=COUNTA(A4：A8)

■表2の計算式

セル B1 に入力された金額を基に，B4以下に関数を入力し紙幣・硬貨の枚数を表示する。

⑧ INT 関数（計算結果のうち，小数以下を切り捨てて整数表示する）
  セル B4　=INT(B$1/A4)
⑨ MOD 関数（数値1を数値2で割った余りを求める）
  セル B5　=INT(MOD(B$1，A4)/A5)

▶ROUNDUP （数値，桁数）
小数点以下の指定切り上げ
▶ROUNDDOWN （数値，桁数）
小数点以下の指定切り捨て
▶NOT （条件を満たさない）
＝ IF（NOT（条件式），"真"，"偽"）
▶COUNTIF （範囲，条件）
条件に一致するセルの個数を求める。
▶SUMIF （範囲，条件，合計範囲）
条件に一致するセルの値を合計する。
▶AVERAGEIF （範囲，条件，平均対象範囲）
条件に一致するセルの値の平均を求める。

表2

	A	B
1	金額	16,789
2		
3	金種	枚数
4	10,000	1
5	5,000	1
6	1,000	1
7	500	1
8	100	2
9	50	1
10	10	3
11	5	1
12	1	4

（2）条件判定の関数

複雑な判定によって結果を表示する場合には，IF 関数を使用する。

■表3の判定結果

表3

	A	B	C	D	E
1					
2	IT パスポート模擬試験				
3	氏名	第1回	第2回	平均	評価
4	秋田　将大	86	82	84.0	A
5	加藤　瑞季	81	56	68.5	B
6	佐藤　千晶		73	73.0	C

① IF(AND)関数

第1・2回ともに 80 点以上は A を，片方のみの場合は B を，それ以外を C と表示する。
  セル E4 に入力する関数式
  =IF(AND(B4>=80，C4>=80)，"A"，
  IF(AND(B4<80，C4<80)，"C"，"B"))

AND　両方の条件が成立した場合には A を表示する。
OR　片方のみ条件が成立した場合には B を表示する。

（3）セルの参照

表4のように，売上表の商品コードを基に商品表を照合し，商品コードに該当する商品名や単価を表示することを参照という。

■表4の参照結果

① VLOOKUP 関数

商品コードを基に，売上表を参照し，商品名と単価を表示する。また，金額によって送料表を参照し，該当する送料を表示する。

表4

	A	B	C	D	E	F
1	売上表					
2	商品コード	商品名	単価	数量	金額	送料
3	TV24BS	衛星 TV	200,000	1	200,000	無料
4	DVDBL30	DVD プレイヤー	20,000	2	40,000	5,000
5	DLP5000	プロジェクタ	90,000	2	180,000	12,000
6						
7	商品表				送料表	
8	商品コード	商品名	単価		金額	送料
9	DLP5000	プロジェクタ	90,000		0	5,000
10	TV24BS	衛星 TV	200,000		50,000	8,000
11	PC64wn	パソコン 64	60,000		100,000	12,000
12	DVDBL30	DVD プレイヤー	20,000		200,000	無料

セル B3　＝VLOOKUP（A3，A9：B12，2，0）

セル C3　＝VLOOKUP（A3，A9：C12，3，0）

セル F3　＝VLOOKUP（E3，E9：F12，2，1）

（照合値，照合範囲，列番号，［引数］）

■照合値と照合範囲のデータの関係

VLOOKUP 関数で参照する場合，照合範囲のデータが昇順に並んでいる場合とランダムに並んでいる場合で引数の指定が異なる。引数が 0 の場合は，照合値と一致したデータのみを検索することになる。

0：照合範囲がランダムの場合　　1：照合範囲が昇順の場合

（4）ピボットデータ・ピボットテーブルの利用

ピボットテーブルは，大量のデータを基にさまざまな集計を行い，分析できる機能をいう。売上データを基に「商品別売上金額」や「支店別売上金額」などの複数の項目別に集計し，それらのデータを用いてグラフを作成することができる。

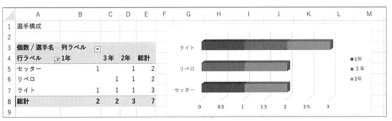

▶HLOOKUP（検索値，範囲，行番号，［検索の型］）

VLOOKUP 関数の照合が行方向を参照するのに対して，HLOOKUP 関数では，下図のように列方向を参照する。どちらもデータの並びや表示形式によって使い分ける。

	A	B	C
1			
2	商品コード	DLP5000	TV24BS
3	商品名	プロジェクタ	衛星 TV
4	単価	90,000	200,000

▶INDEX（配列，行番号，［列番号］）

INDEX 関数では，行と列の組み合わせでデータを参照する。

＝INDEX（範囲，3，2）

		支店別		
		1	2	3
商品別	1			
	2			
	3			
	4			

▶引数

関数式にオプションとして指定する値のこと。基本的な場合は省略が可能である。

▶データの整列

昇順　特定の項目のデータが小さい値から大きい値に並んでいる。

降順　特定の項目のデータが大きい値から小さい値に並んでいる。

1. PC の OS に関する記述のうち，適切なものはどれか。 (H22 春 IP)

　ア　OS が異なっていても OS とアプリケーションプログラム間のインタフェースは統一されているので，アプリケーションプログラムは OS の種別を意識せずに処理を行うことができる。

　イ　OS はアプリケーションプログラムに対して，CPU やメモリ，補助記憶装置などのコンピュータ資源を割り当てる。

　ウ　OS はファイルの文字コードを自動変換する機能をもつので，アプリケーションプログラムは，ファイルにアクセスするときにファイル名や入出力データの文字コード種別の違いを意識しなくても処理できる。

　エ　アプリケーションプログラムが自由に OS の各種機能を利用できるようにするために，OS には，そのソースコードの公開が義務付けられている。

2. 仮想記憶を利用したコンピュータで，主記憶と補助記憶の間で内容の入替えが頻繁に行われていることが原因で処理性能が低下していることが分かった。この処理性能が低下している原因を除去する対策として，最も適切なものはどれか。ここで，このコンピュータの補助記憶装置は 1 台だけである。 (R2 秋 IP)

　ア　演算能力の高い CPU と交換する。　　イ　仮想記憶の容量を増やす。

　ウ　主記憶装置の容量を増やす。　　　　エ　補助記憶装置を大きな容量の装置に交換する。

3. マルチスレッドの説明として，適切なものはどれか。 (H30 秋 IP)

　ア　CPU に複数のコア（演算回路）を搭載していること

　イ　ハードディスクなどの外部記憶装置を利用して，主記憶よりも大きな容量の記憶空間を実現すること

　ウ　一つのアプリケーションプログラムを複数の処理単位に分けて，それらを並列に処理すること

　エ　一つのデータを分割して，複数のハードディスクに並列に書き込むこと

4. 多くのファイルの保存や保管のために，複数のファイルを一つにまとめることを何と呼ぶか。

(R3 春 IP)

　ア　アーカイブ　　　　イ　関係データベース

　ウ　ストライピング　　エ　スワッピング

5. 利用者が PC の電源を入れてから，その PC が使える状態になるまでを四つの段階に分けたとき，最初に実行される段階はどれか。 (H28 春 IP)

　ア　BIOS の読込み

　イ　OS の読込み

　ウ　ウイルス対策ソフトなどの常駐アプリケーションソフトの読込み

　エ　デバイスドライバの読込み

6. セル D2 と E2 に設定した 2 種類の税率で，商品 A と商品 B の税込み価格を計算する。セル D4 に入力する正しい計算式は $B4＊(1.0＋D$2)であるが，誤って $B4＊(1.0＋$D$2)と入力した。セル D4 に入力した計算式を，セル D5，E4 及び E5 に複写したとき，セル E5 に表示される数値はどれか。

(H30 秋 IP)

	A	B	C	D	E
1				税率 1	税率 2
2			税率	0.05	0.1
3	商品名	税抜き価格		税込み価格 1	税込み価格 2
4	商品 A	500			
5	商品 B	600			

ア 525 イ 550 ウ 630 エ 660

7. ワープロソフト，プレゼンテーションソフトで作成した文書や Web ページに貼り付けて，表現力を向上させる画像データのことを何と呼ぶか。 (H26 春 IP)

　　ア　CSS　　　　　　　　イ　キャプチャ
　　ウ　クリップアート　　　エ　テンプレート

8. OSS(Open Source Software)に関する記述として，適切なものはどれか。 (R2 秋 IP)

　　ア　製品によっては，企業の社員が業務として開発に参加している。
　　イ　ソースコードだけが公開されており，実行形式での配布は禁じられている。
　　ウ　どの製品も，ISO で定められたオープンソースライセンスによって同じ条件で提供されている。
　　エ　ビジネス用途での利用は禁じられている。

9. 次のソフトウェアの組合せのうち，OSS(Open Source Software)だけの組合せはどれか。

(H28 春 IP)

　　ア　Internet Explorer，Linux，PostgreSQL
　　イ　Internet Explorer，PostgreSQL，Windows
　　ウ　Firefox，Linux，Thunderbird
　　エ　Firefox，Thunderbird，Windows

10. Web サイトからファイルをダウンロードしながら，その間に表計算ソフトでデータ処理を行うというように，1 台の PC で，複数のアプリケーションプログラムを少しずつ互い違いに並行して実行する OS の機能を何と呼ぶか。 (H29 春 IP)

　　ア　仮想現実　　　　　　　イ　デュアルコア
　　ウ　デュアルシステム　　　エ　マルチタスク

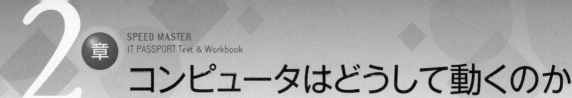

コンピュータはどうして動くのか

2-1 コンピュータの考え方

この節のまとめ

コンピュータ内部の処理はすべて 2 進数で行う

2 進数はけた数が長いので
4 けたの 2 進数と対応する
16 進数で表現することが多い

コンピュータ内部の表現

キーボードから入力

| A |

→ | A を JIS コードで表した例
0100　0001 | → | 16 進数では
41 |

| 2 | | 3 |

→ | 23 を固定小数点数値で表した例
0001　0111 | → | 16 進数では
17 |

赤色を指定

→ | 赤色を表した例
1111　1111　0000　0000　0000　0000 | → | 16 進数では
FF0000 |

論理演算子を用いた Web 検索

●AND 演算

| IT AND パスポート | 検索 |

IT パスポート 試験情報
XXXXXXXXXXXXXXXXXXXXXXXXXXXXXXXX
XXXXXXXXXXXXXX
IT パスポート 試験対策は○○
XXXXXXXXXXXXXXXXXXXXXXXXXXXXXXXX
XXXXXXXXXXXXXXXXXXXXXXXX
IT パスポート 試験とは
XXXXXXXXXXXXXXXXXXXXXXXXXXXXXXX
XXXXXXXX
IT は ビジネスへのパスポート
XXXXXXXXXXXXXXXXXXXXXXXXXXXX

IT とパスポートの両方のキーワードを含む
ページが表示される

●OR 演算

| IT OR パスポート | 検索 |

パスポートの申請方法について
XXXXXXXXXXXXXXXXXXXXXXXXXXXXXXXX
IT 情報専門サイトの○○
XXXXXXXXXXXXXXXXXXXXXXXXXXXXXXXX
XXXXXXXXXXXXXXXXXXXXXXXXXXXXXXXX
IT パスポート 試験情報
XXXXXXXXXXXXXXXXXXXXXXXXXXXXXXX
XXXXXXXXXX
資格取得は○○ パスポート
XXXXXXXXXXXXXXXXXXXXXXXXXXXXXXXX

IT かパスポートのいずれかのキーワードを
含むページが表示される

◎ 2-1-1 ● 基数変換

1. 基数と基数変換

　私たちが日常使用している **10 進数**は，0 から 9 の 10 種類の数字を使用し，10 になると次のけたに繰り上がり，さらに 100 になるとその次のけたへと繰り上がる。10 進数のそれぞれのけたには下位のけたから順に 10^0，10^1，10^2 …の重みが付いている。このときの 10 のことを**基数**という。

　コンピュータでは，電流の流れの有無や，光の点灯・消灯などを 0 と 1 に割り当て，0 と 1 の 2 種類の数字を使用する **2 進数**を利用する。2 進数の基数は 2 のため，各けたには下位のけたから順に 2^0，2^1，2^2 …の重みが付いている。

　10 進数や 2 進数以外にも基数が 4 の **4 進数**や，基数が 8 の **8 進数**，基数が 16 の **16 進数**などがある。

　なお，10 進数から 2 進数のように，お互いに基数を変換する作業を**基数変換**という。

▶ 4 進数は 0 から 3 の 4 種類，8 進数は 0 から 7 の 8 種類，16 進数は 0〜15 の 16 種類の数字を各けたで使用する。

■ 10 進数の表現

$$\begin{array}{ccc} 10^2 & 10^1 & 10^0 \\ \| & \| & \| \\ 100 & 10 & 1 \\ \times & \times & \times \\ 3 & 6 & 5 \end{array}$$

各けたの重み

■ 2 進数の表現

$$\begin{array}{ccccc} 2^4 & 2^3 & 2^2 & 2^1 & 2^0 \\ \| & \| & \| & \| & \| \\ 16 & 8 & 4 & 2 & 1 \\ \times & \times & \times & \times & \times \\ 1 & 0 & 1 & 1 & 0 \end{array}$$

2. 整数の 10 進数を 2 進数に変換する

　整数の 10 進数を 2 進数に変換するには，例 1 のように，10 進数を 2 進数の基数である 2 で割り続け，一番下の余りから順に並べる。

例 1　　10 進数の 20 を 2 進数に変換する。

① 10 進数の 20 を 2 で割る。
② ①で求めた商を 2 で割る。
③ 以下 1 つ前の商を 2 で割り続ける。

④ 商が 0 になったら一番下の余りが左端になるようにして順に右へと並べる。

$$\begin{array}{r} 2)\underline{20} \quad \text{余り} \\ 2)\underline{10} \cdots 0 \\ 2)\underline{5} \cdots 0 \\ 2)\underline{2} \cdots 1 \\ 2)\underline{1} \cdots 0 \\ 0 \cdots 1 \end{array}$$

答え：　1 0 1 0 0

3. 小数の 10 進数を 2 進数に変換する

　小数の 10 進数を 2 進数にするには，例 2 のように，小数の部分に基数の 2 を掛け続け，整数部分を順に並べる。

例 2　　10 進数の 0.375 を 2 進数に変換する。

① 10 進数に基数の 2 を乗じる。
② ①の答えのうち，小数の部分のみを 2 倍する。
③ ②の作業を答えが 1 になるまで繰り返す。
④ 最後に①から順に答えの 1 の位を並べる。

$0.375 \times 2 = \underline{0}.75$
$0.75 \ \times 2 = \underline{1}.5$
$0.5 \ \ \times 2 = \underline{1}$

答え：　0.011

▶ 整数の 10 進数を 4 進数や 16 進数に変換する方法も 2 進数に変換する方法と同様である。違いは 2 で割る代わりに，それぞれの基数で割ることである。また，小数の 10 進数を変換するときには，2 倍する代わりに，それぞれの基数を乗じる。

（例）10 進数の 30 を 4 進数にする。

① 　4)30 　余り
② 　4)\underline{7} \cdots 2
③ 　4)\underline{1} \cdots 3
④ 　　0 \cdots 1

答え：1 3 2

4. 整数の2進数を10進数に変換する

　整数の2進数を10進数に変換するには，2進数の各けたの数値と，各けたの重みを乗算し，これを加算すればよい。

例3　2進数の11010を10進数に変換する。

$$2^4 \quad 2^3 \quad 2^2 \quad 2^1 \quad 2^0$$

$$16 \quad 8 \quad 4 \quad 2 \quad 1$$ ⎱ 重み（左のけたは2倍）

$$\times \quad \times \quad \times \quad \times \quad \times$$ ⎱ ①各けたの値と重みをかけ算する

$$1 \quad 1 \quad 0 \quad 1 \quad 0$$

$$\downarrow \quad \downarrow \quad \downarrow \quad \downarrow \quad \downarrow$$

$$16 \quad 8 \quad 0 \quad 2 \quad 0$$

$16 + 8 + 0 + 2 + 0$ …②かけ算した答えの和を求める。　答え：26

5. 小数の2進数を10進数に変換する

　小数の2進数を10進数に変換するのも同じ方法で行う。なお，小数の重みは，2^{-1}，2^{-2}，2^{-3} と右へ行くごとに $\frac{1}{2}$ 倍になる。

例4　2進数の0.011を10進数にする。

$$2^0 \quad 2^{-1} \quad 2^{-2} \quad 2^{-3}$$

$$1 \quad \frac{1}{2} \quad \frac{1}{4} \quad \frac{1}{8}$$ ⎱ 重み（右のけたは $\frac{1}{2}$ 倍）

$$1 \quad 0.5 \quad 0.25 \quad 0.125$$ ⎱ ①各けたの値と重みをかけ算する

$$\times \quad \times \quad \times$$

$$0. \quad 0 \quad 1 \quad 1$$

$$\downarrow \quad \downarrow \quad \downarrow \quad \downarrow$$

$$0 \quad 0 \quad 0.25 \quad 0.125$$

$0 + 0 + 0.25 + 0.125$ …②かけ算した答えの和を求める　答え：0.375

6. 2進数を16進数に変換する

　16進数は，0から15までの16種類の数値で表す。なお，10から15は，AからFに置き換えて表現する。16進数の1けたは2進数の4けたと一致することから，互いに変換しやすいため，2進数を4けたずつにまとめて16進数で表現することが多い。

例5　2進数の1001101101を16進数に変換する。

①右端から4けたずつに区切る。　　　　　　　　　0010　0110　1101

②①で区切ったそれぞれを10進数に変換する。　　　　2　　　6　　　13

　なお，10以上の場合は，　　　　　　　　　　　　　　　　　　↓

　10＝A，11＝B，12＝C，13＝D，14＝E，15＝F に　　　　D（置き換える）

　置き換える

③②をつなげる。　　　　　　　　　　　　　　　　　　　　答え：26D

▶ 10進数と16進数と2進数

10進数	16進数	2進数
0	0	0000
1	1	0001
2	2	0010
3	3	0011
4	4	0100
5	5	0101
6	6	0110
7	7	0111
8	8	1000
9	9	1001
10	A	1010
11	B	1011
12	C	1100
13	D	1101
14	E	1110
15	F	1111

▶ 4進数は2進数の2けたと，8進数は2進数の3けたと一致するので，16進数と同様に変換が可能。
（例）2進数の110100を4進数に変換する。

11 01 00 …2けたずつ区切る
3　1　0　　答え：310

7. 16進数を2進数に変換する

16進数は，4けたの2進数と対応しているので，16進数の各けたを4けたの2進数に変換する。

例6 16進数の 26D を2進数に変換する。

①各けたを4けたの2進数にする。

```
    2    6    D
    ↓    ↓    ↓  （D は 13 を意味する）
  0010 0110 1101
```

②①の2進数をつなげる。　　答え：001001101101

（注）左端の 00 は省略可

▶4進数は2けたの2進数に，8進数は3けたの2進数に変換してつなげる。
（例）8進数の 53 を2進数にする。
```
    5      3
   101    011   答え：101011
```

・**練習問題**・　● **1**　次の表は同じ数値を2進数，10進数，16進数で表した表である。空欄を埋めて表を完成させなさい。

	2進数	10進数	16進数
1	10110	（ 1 ）	（ 2 ）
2	（ 3 ）	382	（ 4 ）
3	（ 5 ）	（ 6 ）	F4C

◉ 2-1-2 ● 2進数の計算

1. 2進数の加減算

2進数は，2になると次のけたへ繰り上がることに注意して計算する。同様に引き算では，上位のけたから借りる値は2となる。

例1 2進数の 110＋11 はいくつか。

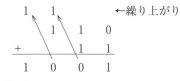

←繰り上がり

答え：1001

例2 2進数の 110－11 はいくつか。

←上位からの借り

答え：11

▶計算は，2進数でも10進数でも答えは変わらない。私たちは10進数での計算に慣れているので，複雑な計算は1度10進数に変換して計算した方が間違えが少ない。
例1 を10進数で計算する。
①2進数を10進数に変換する。
　2進数の 110→10進数の6
　2進数の 11 →10進数の3
②10進数で計算する。6＋3＝9
③10進数の9を2進数に変換する。
```
  2） 9
  2） 4 … 1
  2） 2 … 0
  2） 1 … 0
      0 … 1   答え：1001
```

2. シフト演算

シフト演算とは，各けたの数値を左右にずらす（シフトする）ことである。10進数では，左に1けたシフトするたびに**10倍(10^1)** となり，右に1けたシフトすると$\frac{1}{10}$(10^{-1}) となる。

▶ 10進数の5×11＝55をシフト演算を利用して計算する例。
① 1けた左へシフトする。

   5 … もとの数
  50 ← もとの数の10倍になる

② ①の計算結果にもとの数の5を加算する。

    50 … ①の答え
  ＋ 5 … もとの数
    55
   ↑
 10倍＋1倍で11倍になる。

2進数では，左に1けたシフトするたびに2倍(2^1)，右に1けたシフトするたびに $\frac{1}{2}$ (2^{-1}) となる。これを応用してシフト演算と加減算の組み合わせにより，乗算や除算を行うことができる。

例3 10進数の2,400を左右にシフトする。

●左にシフト

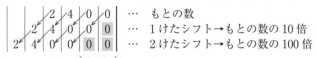

空いたけたには0を補う

●右にシフト

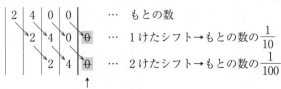

あふれたけたは切り捨て

例4 2進数の1000を左右にシフトする。

●左にシフト

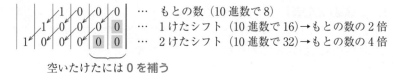

空いたけたには0を補う

●右にシフト

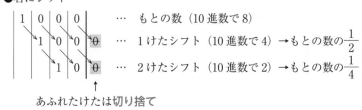

あふれたけたは切り捨て

・練習問題・

● **1** 次の計算をしなさい。

  1 2進数の1101と10進数の36の和は，2進数でいくつか。

  2 2進数の1010から2進数の101を引いた値は2進数でいくつか。

● **2** 次の1から3に答えなさい。

  1 2進数を3ビット左にシフトすると，もとの値の何倍になるか。

  2 10進数を2けた右にシフトすると，もとの値の何倍になるか。

  3 2進数の1001を左に2ビットシフトするといくつか。ただし，あふれはないものとする。

◎ 2-1-3 ● 2進数での各種表現

1. 2進数で表現できる組み合わせ

2進数の1けたを1ビットという。2進数は各けたを0と1で表すので、0を黒、1を白と決めれば、1ビットで2種類の色を表現できる。同様に、2ビットでは4種類、3ビットでは8種類、4ビットでは16種類と、2進数で表現できる種類は、けた数(ビット数)が1ビット増えるごとに2倍になることが分かる。

したがって、Nビットの2進数で表現できる種類は、以下の式となる。

Nビットの2進数での表現数＝2^N 種類

コンピュータで扱う色の種類や、文字コードのけた数、数値を表現するけた数などは、この2進数で表現できる数が基本となっている。いくつかの例を紹介する。

例1 1ピクセルの色を256色で表現するには何ビット必要か。

最初に、$2^N \geq 256$ になるNを探す。

$2^8 = 256$ なので、N＝8で、<u>答えは8ビット</u>

例2 アルファベットの大文字、AからZを表現するには何ビット必要か。

AからZは26種類。
したがって、$2^N \geq 26$ を探す。

$2^5 = 32$ なので、N＝5で、<u>答えは5ビット</u>

2. 負の表現と補数

補数とは、ある基準の値にするためにもとの数に補う数を言う。
補数には2つの考え方がある。
① それぞれのけたを最大の数になるように補うもの。
② 次のけたへ繰り上がりさせるための数を補うものである。 ⤵ +1の関係

①と②の値は、①＋1＝②という関係が成り立つ。10進数では**9の補数**が①、**10の補数**が②にあたる。また、2進数では**1の補数**が①、**2の補数**が②にあたる。

コンピュータ内部で負の数を表現する方法にはいくつかあるが、最も代表的なものは、2の補数で表現する方法である。また、引き算を補数を用いた加算で計算することもできる[※1]。

例3 10進数の365を9の補数と10の補数で表す。

■ 9の補数

```
   3 6 5  … もとの数
 + 6 3 4  … 9の補数
   9 9 9
   ↑すべてのけたが9となる
```

■ 10の補数

```
   3 6 5  … もとの数
 + 6 3 5  … 10の補数
 1 0 0 0
   ↑すべてのけたが10となり繰り上がる
```

※ 10の補数は、9の補数＋1

▶ **各ビットでの表現できる組み合わせと種類数**
2ビット：4種類
　00,01,10,11
3ビット：8種類
　000,001,010,011,
　100,101,110,111
4ビット：16種類
　0000,0001,0010,0011,0100,
　0101,0110,0111,1000,1001,
　1010,1011,1100,1101,1110,
　1111

▶ 2進数以外の組み合わせの種類数は、基数をM、けた数をNとすると、M^N 種類で表すことができる。
したがって、10進数で3けたならば、10^3 となり、1,000種類を表現できる。

▶ 256色で保存する画像を8ビットカラーと呼ぶことがあるのは、**例1** から来ている。

▶ AからZの大文字・小文字を記憶するには、26種類×2＝52種類必要。$2^N \geq 52$ を探す。$2^6＝64$ なので、6ビット必要。ただし、記号や数字を含めると12種類以上あるので、アルファベットを用いる米国の文字コードは7ビットの文字コードを使用している。

▶ [※1] **補数を加算することで引き算を行う例**
10進数の765－238＝527を補数を用いて計算する。
① 238を10の補数にする。 762
② 765＋補数の762を計算する。
```
  765
 +762  … 238の10の補数
 +527
  ↑
```
③ 繰り上がった1000を無視すると、引き算の答えになる。
※ 説明は10進数で行ったが、2進数でも同様である。

3. 1の補数と2の補数

2進数の1の補数は,もとの数の0と1を反転したものである。また,2の補数は1の補数に1を加えたものである。

例4 2進数の10011101の1の補数と2の補数を求める。

①もとの数の0と1を反転する … 01100010 (1の補数)
②①で求めた1の補数に+1する … $\underline{\qquad +1}$
01100011 (2の補数)

4. 数値表現

コンピュータ内部で数値を表現する代表的な形式を3種類紹介する。

(1) 固定小数点数値

固定小数点数値は,左端を符号ビットとし,残りけたで数値を2進数で表したものである。保存できる数値の範囲は狭いが計算は速い。なお,小数点の位置は固定する。

固定小数点数値の負の数の表現の仕方にはいくつかあるが,2の補数を用いることが多い。

例5 +45を8ビットの固定小数点数値で表した例

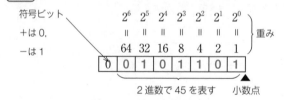

例6 −45を8ビットの固定小数点数値で表した例(負の表現を2の補数で表す)

①符号を無視し,45を2進数で表す(左側の余ったけたは0で埋める)。

②①を2の補数にする。

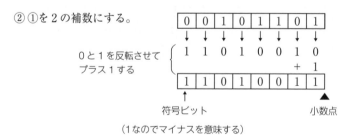

（2）浮動小数点数値

　浮動小数点数値は，±0.xxx × 2^x のような形で表現する数値である。非常に小さな値から大きな値までを幅広く表現することができるが，さまざまな誤差が発生しやすいことや，計算速度が遅いなどのデメリットもある。なお，浮動小数点数値では，どのような数も必ず±0.xxx × 2^x のような形に変換する。この作業を**正規化**という。

▶ **2進数で小数を表すときの誤差**
10進数の0.2を2進数に変換すると，0.00110011…と限りなく続く。けた数は決められているので，途中で切り捨てられて誤差が生じる場合がある。これを丸め誤差という。浮動小数点数値以外でも，2進数を小数で表す場合には，同様の誤差が発生する可能性がある。

例7　　+0.75×2^4 を浮動小数点数値で表した例

0	0	0	0	0	0	1	0	0	1	1	0	0	0	0	0	0	0

符号部　　　　指数部　　　　　▲　　仮数部（有効数値部）
＋　　　　　　4乗を表す　　　　　　0.75を小数で表す

（3）2進化10進数値

　10進数の各けたを4ビットの2進数で表す形式を**2進化10進数値**という。事務処理のようにけた数の大きな10進数を扱うのに適している。2進化10進数値には，10進数の1けたを4ビットで表す**パック形式**や，8ビットで表す**ゾーン形式**などがあり，用途に応じて使い分けられている。

▶ **10進数と4けたの2進数の対応**

10進数	2進数	10進数	2進数
0	0000	5	0101
1	0001	6	0110
2	0010	7	0111
3	0011	8	1000
4	0100	9	1001

例8　　+154を2進化10進数値で表した例（パック形式）
　　　　パック形式は，4ビットで10進数の1けたを表す

0	0	0	1	0	1	0	1	0	1	0	1	0	0	1	1	0	0

　　　1　　　　　5　　　　　4　　　　　＋
　　　　　　　　　　　　　　　　符号を表す

例9　　+154を2進化10進数値で表した例（ゾーン形式）
　　　　ゾーン形式は，8ビットで10進数の1けたを表す

0	0	1	1	0	0	0	1	0	0	1	1	0	1	0	1	1	1	0	0	0	1	0	0

ゾーン部　　1　　ゾーン部　　5　　符号(＋)　　4
　　1　　　　　　　5　　　　　　　4

5.　文字コード

　コンピュータで使用する文字には，1文字ごとに2進数の**文字コード**が割り振られている。文字コードにはいくつもの種類があるが，代表的なものを紹介する。

（1）ASCII コード

　ASCIIコードは，ANSI（アメリカ規格協会）が定めた7ビットの文字コードである。英字，数字，記号，制御コードなどで構成されている。通常はエラーチェック用に1ビットを付加して8ビット（1バイト）で使用する。

▶ ASCII：American Standard Code for Infomation Interchange

（2）EUC コード

　EUCコードは，拡張UNIXコードとも呼ばれ，アルファベットしか扱えなかったUNIX上で日本語などの1バイト以上必要な言語に対応できるようにした文字コードである。EUCコードは可変長コードで，ASCIIコードに対応した1バイトのコードから3バイトのコードまである。

▶ EUC：Extended Unix Code

▶ JIS：Japan Industrial Standard

(3) JIS コード

JIS コードは，JIS（日本工業規格）で定められた文字コードである。漢字を含まない 1 バイトのコードと，漢字を含んだ 2 バイトのコードがある。

(4) Unicode（ユニコード）

Unicode は，世界中で使われるすべての文字を，共通の文字コードとして利用できるように考えられた 2 バイトの文字コード。現在では ISO（国際標準化機構）の文字コードとなっている。

・練習問題・

● **1** 200 通りの数値を 2 進数で表すには最低何ビット必要か。
● **2** 8 ビットの 2 進数 01100011 の 2 の補数を答えなさい。
● **3** 8 ビットの固定小数点数値で，負の数を表しているものは，アからエのうちのどれか。
　ア　00110100　　イ　10110100　　ウ　00110101　　エ　00000000
● **4** 次の文字コードのうち，漢字を表現することの<u>できないもの</u>は，アからエのうちのどれか。
　ア　Unicode　　イ　EUC コード　　ウ　ASCII コード　　エ　JIS コード

◉ 2-1-4 ● 論理演算

1. 論理演算とは

コンピュータの世界では計算することを演算と呼ぶ。コンピュータができる演算には，私たちが日常行っている四則演算のほかに，論理演算がある。

論理演算は，2 進数の 1 けたを対象とする演算で，演算結果は 0 か 1 のいずれかで，けた上がりをしない。2 進数を対象とするために 1 が真，0 が偽を表すとすると，論理演算は真偽（真実か嘘か）を演算するといえる。

代表的な論理演算には，AND 演算，OR 演算，XOR 演算，NOT 演算がある。なお，論理演算の結果を表す表を真理値表という。また，論理演算はベン図で表すと理解しやすい。

2. 論理演算の種類

それぞれの論理演算は以下のとおりである。

(1) AND 演算

AND 演算は，論理積ともいう。演算する 2 つの値が両方とも 1（真）ならば演算結果が 1（真）となり，それ以外はすべて 0（偽）となる。「〜かつ〜」や，「〜なお，かつ〜」を意味する。

▶論理演算回路
コンピュータの内部は IC（集積回路）や LSI（大規模集積回路）で構成されている。IC や LSI の内部は論理演算回路の組み合わせで作られている。これらの回路図は以下のような ML（ミル）記号で表す。

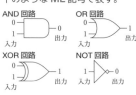

▶上記の記号を用いて，2 進数の 1 けたの加算を行う半加算器の回路図は以下のようになる。

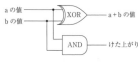

■真理値表

a の値	b の値	a AND b の演算結果
1	1	1（真）
0	1	0（偽）
1	0	0（偽）
0	0	0（偽）

■ベン図

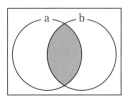

(2) OR 演算

OR 演算は，論理和ともいう。演算する2つの値のうち，いずれかに1（真）があれば，演算結果が1（真）となり，すべてが0のときのみ演算結果が0（偽）となる。「～または～」を意味する。

■真理値表

aの値	bの値	a OR bの演算結果
1	1	1（真）
0	1	1（真）
1	0	1（真）
0	0	0（偽）

■ベン図

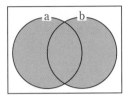

(3) XOR 演算

XOR 演算は，排他的論理和ともいう。演算する2つの値が1（真）と1（真），0（偽）と0（偽）のように等しいとき，演算結果が0（偽）となり，演算する2つの値が異なれば1（真）となる。「他を除外する」という意味がある。

■真理値表

aの値	bの値	a XOR bの演算結果
1	1	0（偽）
0	1	1（真）
1	0	1（真）
0	0	0（偽）

■ベン図

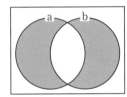

(4) NOT 演算

NOT 演算は，論理否定ともいう。演算する値は1つしかなく，1（真）が入力されれば0（偽）を，0（偽）が入力されれば1（真）というように0と1を反転する。「～でない」を意味する。

■真理値表

aの値	NOT aの演算結果
1	0（偽）
0	1（真）

■ベン図

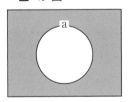

▶それ以外の論理演算

・NAND 演算（Not AND）
NAND 演算は，AND 演算の演算結果を NOT（反転）する。

▶真理値表

aの値	bの値	a NAND bの演算結果
1	1	0（偽）
0	1	1（真）
1	0	1（真）
0	0	1（真）

▶ベン図

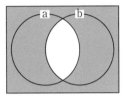

・NOR 演算（Not OR）
NOR 演算は，OR 演算の演算結果を NOT（反転）する。

▶真理値表

aの値	bの値	a NOR bの演算結果
1	1	0（偽）
0	1	0（偽）
1	0	0（偽）
0	0	1（真）

▶ベン図

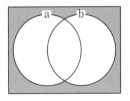

3. 論理演算のしかた

論理演算は，2進数1けたの演算を行う。そのため，複数のけたの論理演算は，それぞれのけたごとに論理演算を行う。

例1 101 AND 110 の演算結果を求めよ。

```
        1   0   1
  AND   1   1   0
        1   0   0
        ↑   ↑   ↑
```
それぞれのけたで AND 演算を行う

例2 100 OR 001 の演算結果を求めよ。

```
        1   0   0
OR      0   0   1
        1   0   1
        ↑   ↑   ↑
```
それぞれのけたで OR 演算を行う

論理演算の優先順は次のとおりである。

高 ─────────→ 低
( )→ NOT → AND → OR

論理演算でも算術演算同様に（　　）を用いることができる。その場合には，（　　）の中を優先する。また，AND 演算と OR 演算を組み合わせるときには，AND 演算を優先する。

例3 1 OR 0 AND 1 の演算結果を求めよ。

```
1  OR   0  AND  1
↓    OR     0          ・・・①最初に 0 AND 1 を行う。
     1                 ・・・②次に 1 OR ①の演算結果を行う。
```

例4 （1 OR 0）AND 1 の演算結果を求めよ。

```
(1  OR  0)    AND  1
    1    AND       ↓    ・・・①最初に（ ）の中を行う。
         1            ・・・②次に①の演算結果 AND 1 を行う。
```

・練習問題・

● **1** 次の真理値表に対応する論理演算子を語群から選びなさい。

(1)

入力1	入力2	演算結果
0	0	0
1	0	0
0	1	0
1	1	1

(2)

入力1	入力2	演算結果
0	0	0
1	0	1
0	1	1
1	1	1

(3)

入力	演算結果
1	0
0	1

ア　否定（NOT）　　イ　論理和（OR）　　ウ　論理積（AND）

● **2** 101・011 の演算結果はいくつか。ただし，・は論理積(AND)を意味する。

● **3** A ＝1，B ＝1，C ＝0 のとき，A・B ⊕ C の演算結果はいくつか。ただし，⊕は論理和（OR），・は論理積（AND）を意味する。

数学の応用

この節のまとめ

● 統計

ある集団を対象に集めたデータから特徴的な傾向や規則性を把握する手法。

● グラフ理論

いくつかの点とそれを結ぶ線で構成される図形を用いた数学理論。

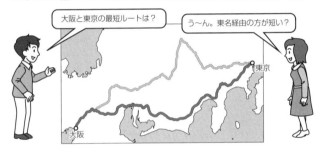

● 待ち行列理論

効率的に待ち時間を短縮するための解決方法を求める理論。

● 最適化問題

ある問題の最適解を制約条件内で求める手法。

2-2-1 統計の基礎

1. 統計とは

統計とは，ある集団を対象に集めたデータを，集計・加工して数値化し，個々のデータからは気がつかない特徴的な傾向や，規則性を客観的に把握する手法である。ここでは，統計で用いる基本的な内容を紹介する。

2. 主な統計量

分析の対象となるすべてのデータを母集団という。例えば，日本国民の性質を把握するのであれば，母集団は日本国民全員となる。母集団から一部のデータを抽出し，統計量を求めるためのデータの集まりを標本という。また，標本

の数を**標本数**という。ここでは，以下のデータを標本として，それぞれの統計量を求める。

```
─────── 標本 ───────
標本数＝15
1，1，1，2，2，2，2，3，3，3，6，8，8，9，9
```

（1）平均値

　平均値は，ある集団のばらつきを平らにならすことによって得られる統計的な指標である。データの中心的傾向を示す。**標本の合計値÷標本数**で求める。

例1　上記の標本の平均値を求める。

$(1+1+1+2+2+2+2+3+3+3+6+8+8+9+9)÷15＝4$

（2）メジアン

　メジアンは**中央値**ともいう。データを昇順に並べたときに中央にある値である。なお，データ数が偶数のときは中央の2つの値の平均値となる。

例2　上記の標本のメジアンを求める。

標本は既に整列済みなので，中央に位置するのは3である。

$$1\ 1\ 1\ 2\ 2\ 2\ 2\ \boxed{3}\ 3\ 3\ 6\ 8\ 8\ 9\ 9$$

中央値＝3

（3）モード

　最も出現回数の多い値を**モード**という。**最頻値**，流行値ともいう。

例3　上記の標本のモードを求める。

　標本をデータごとの出現回数にまとめると，2が4回で最も頻繁に出現していることが分かる。したがって，モードは2である。

値	1	2	3	4	5	6	7	8	9
出現回数	3回	4回	3回	0回	0回	1回	0回	2回	2回

最も出現回数が多い

▶**レンジ**
レンジ（範囲）は，標本の中の最大値から最小値を引いた値である。上記の標本では，最大値が9，最小値が1なので，レンジは$9-1＝8$となる。

▶**標準偏差**
標準偏差は，分散同様に平均値を中心としたデータのばらつきを見るために利用される。標準偏差は，$\sqrt{分散}$で求める。

（4）分散

　分散は，平均値を中心にしたデータのばらつき具合を見るために使われる。この数値が大きいと平均値を中心にデータが広い範囲にわたって散らばっていることを意味する。反対に，この数値が小さいと平均付近にデータが固まっていることを意味する。分散の求め方は，各データと平均値との差を2乗して**偏差**を求め，偏差の合計をデータ数で割って求める。

例4　上記の標本の分散を求める。

①平均との差を求める。例1から平均は4

	1	1	1	2	2	2	2	3	3	3	6	8	8	9	9
平均との差	−3	−3	−3	−2	−2	−2	−2	−1	−1	−1	2	4	4	5	5

②偏差を求める。偏差は各データの平均値との差の2乗

偏差 9 9 9 4 4 4 4 1 1 1 4 16 16 25 25

③偏差の合計を求める。 ②の合計は 132

④偏差の合計÷データ数で分散を求める。 $\underline{132 \div 15 = 8.8}$

3. 度数分布とヒストグラム

度数分布とは，データの値とその出現回数を集計する統計手法である。データのばらつきや，最も頻度の高い値，平均との差などを容易に知ることができる。集計結果を値（0〜9，10〜19 のように区間とする場合もある）と回数で表にしたものを**度数分布表**といい，それをグラフ化したものを**ヒストグラム**という。ヒストグラムの形が 例5 のグラフのように，平均値を頂点に左右対称に釣り鐘型になるものを特に**正規分布**という。

▶正規分布は，平均値周辺にデータが集中している状態である。したがって，分散の値は小さくなる。反対に次のグラフのような状態では，平均値周辺のデータが最も少なく，データが散らばった状態になるために，分散の値は大きくなる。

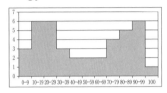

> **例5** 次のデータは，あるテストの点数である。このデータをもとに，度数分布表とヒストグラムを作成する。

43	39	67	14	82	9	47	58	61	48	41	71	59	25	67	61	62	81	11	64
54	92	29	30	43	89	73	48	35	56	54	75	58	29	53	55	75	48	35	39

度数分布表

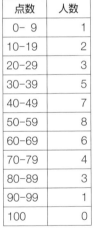

点数	人数
0- 9	1
10-19	2
20-29	3
30-39	5
40-49	7
50-59	8
60-69	6
70-79	4
80-89	3
90-99	1
100	0

度数分布表をもとに作成したヒストグラム

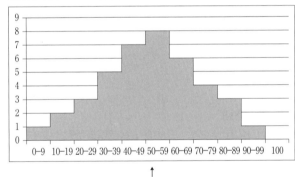

平均値を頂点として左右対称の釣り鐘型になった状態を，正規分布という。

・練習問題・ 次のデータを用いて，1 から 4 を答えなさい。

データ 8 2 2 4 3 3 4 6 6 2

● **1** 平均値を求めなさい。
● **2** メジアンを求めなさい。
● **3** モードを求めなさい。
● **4** 分散を求めなさい。

◎2-2-2 ● グラフ理論

▶グラフ理論でいう「グラフ」は，折れ線グラフや棒グラフのような量の変化を視覚的に表すときに用いられるものとは異なるので注意。

▶点のことを**頂点**ともいい，線のことを**辺**ともいう。

1. グラフ理論とは

グラフ理論とは，いくつかの点（ノード）と，それらの点を結ぶ線（エッジ）で構成される図形を用いた数学理論の一つである。グラフ理論の応用範囲はネットワークやAI，鉄道の路線図を用いた最短経路探索など幅広い分野におよぶ。

(1) ノードとエッジ

ノードは点や丸で表し，エッジはノード間を結ぶ線である。一つのエッジの両端には必ずノードが存在する。なお，両端のノードが同一のノードでもよく，この形態を**ループ**という。エッジには重みと呼ばれるコストを数字で付けることができる。重みの大きさで距離や時間を表すことで経路探索などに応用できる。

■**ノードとエッジの表現**

①向きがない　　　②向きがある　　　③ループ（両端のノードが同一）

④向きがない（重み付き）　　　⑤向きがある（重み付き）

▶**有向グラフ**

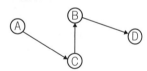

▶**無向グラフ**

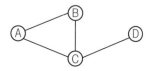

▶隣接行列の表現では，始点や終点のノード名は表示せず，以下のようになる。

①

$$\begin{pmatrix} 0 & 0 & 1 & 0 \\ 0 & 0 & 0 & 1 \\ 0 & 1 & 0 & 0 \\ 0 & 0 & 0 & 0 \end{pmatrix}$$

②

$$\begin{pmatrix} 0 & 1 & 1 & 0 \\ 1 & 0 & 1 & 0 \\ 1 & 1 & 0 & 1 \\ 0 & 0 & 1 & 0 \end{pmatrix}$$

(2) 有向グラフと無向グラフ

すべてのエッジに向きがあるものを**有向グラフ**という。有向グラフは始点と終点が矢印によって明示される一方通行のグラフである。また，すべてのエッジに向きがない**無向グラフ**では，両方のノードが始点にも終点にもなる。

(3) 隣接行列

グラフはノードどうしを対応させた**隣接行列**で表すことができる。行を始点，列を終点として接続の有無を1（接続あり）か0（接続なし）などで表す。なお，エッジに重みがある場合には重みで表す。

無向グラフの場合には向きがないために始点と終点の区別がないので，行から列を見た場合と列から行を見た場合での区別はない。

①上記の有向グラフの隣接行列の例　　　②上記の無向グラフの隣接行列の例

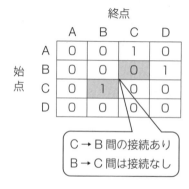 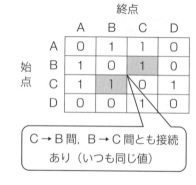

1. 待ち行列理論

　店先などで順番待ちをしている行列を見かけることがある。お客が長時間待つのはあまり好ましいものではないため，待ち時間を短くする工夫が必要である。これには，レジや窓口の数を増やすなど，一人当たりの接客時間が短くなるように改善すればよいが窓口の数を増やすと費用もかかる。お客の待ち時間を少なくしつつ，効率的なサービスを提供するにはどうすればよいかという問題に対して，**待ち行列理論**という考え方が使われる。待ち行列理論は，ネットワーク上のサービスを最も効率的に提供するためなどにも利用されている。

　待ち行例理論の中で代表的なものに M/M/1 モデルがある。M/M/1 モデルでは「窓口に人がやってくる間隔をランダム」「窓口での利用時間をランダム」「窓口の数は一つ」の条件を満たす行列について分析する。

　単位時間あたりに窓口に来る人数を処理できる人数で割ったものを利用率といい，M/M/1 モデルにおける平均の待ち時間は利用率を用いて，

　　利用率 /（1−利用率）×平均サービス時間 で表される。

2. 最適化問題

　最適化問題とは，制約条件の中で最も良い結果（最適解）を求める手法をいう。最適化問題では制約条件や，目的関数を数式で表すため，数理最適化とも言われる。

　例えば，仕入れ価格の総額が 100 万円未満で，販売利益の総額が最大となる商品の組み合わせを求める場合，制約条件は仕入れ価格の総額が 100 万円未満である。また，目的関数は販売利益の総額となる。この商品以外の商品も取り扱っている場合，制約条件に当てはまる商品の組み合わせは無数に存在する。そのため最適化問題は，コンピュータを使用して最適化のアルゴリズムに従って求めることが多い。

▶表計算ソフトの機能のソルバーは，最適化問題を求める簡易的な機能である。

3. 数値解析と数式処理

①数値解析

　データの集計（和，平均など），データの並べ替え（昇順・降順など），**ランキング**（等級・順位づけなど）がある。

②数式処理

　線形代数とは，現実世界のさまざまな現象を，**行列**（変数によって表す関数のようなもの）と方向性を示す**ベクトル**に抽象化して解析や分析をする。

　関数は y＝f(x) で表される f() の部分をいい，これは，「何らかの値 x を入力したら，別の値 y を出力する」ということを表している。線形代数では $\vec{y}=A\vec{x}$ で表す。（A は行列（関数），ベクトル $\vec{x}$ が入力，ベクトル $\vec{y}$ が出力）

　そのとき，XY 座標で表される曲線の接点での傾きを**微分**（変化の割合など），XY 座標で表される面積を**積分**（積算合計など）で表現する統計調査では対象全体を調べるのではなく，標本調査（一部抽出したデータ）で実施される。調査を行うため必ずしも一致しないことを標本誤差といい表やグラフで示される。

2 3 アルゴリズムとプログラミング

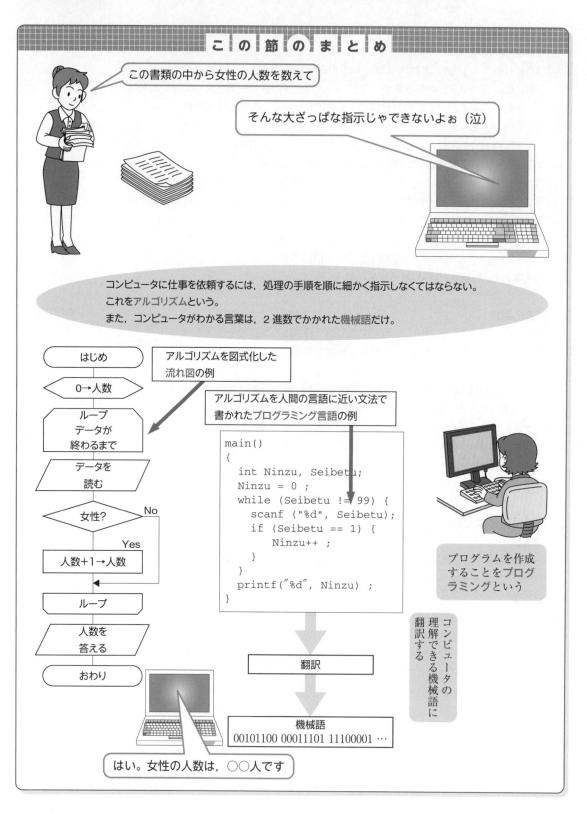

この節のまとめ

この書類の中から女性の人数を数えて

そんな大ざっぱな指示じゃできないよぉ（泣）

コンピュータに仕事を依頼するには，処理の手順を順に細かく指示しなくてはならない。
これをアルゴリズムという。
また，コンピュータがわかる言葉は，2進数でかかれた機械語だけ。

アルゴリズムを図式化した
流れ図の例

はじめ

0→人数

ループ
データが
終わるまで

データを
読む

女性？ ── No

Yes

人数+1→人数

ループ

人数を
答える

おわり

アルゴリズムを人間の言語に近い文法で
書かれたプログラミング言語の例

```
main()
{
  int Ninzu, Seibetu;
  Ninzu = 0 ;
  while (Seibetu != 99) {
    scanf ("%d", Seibetu);
    if (Seibetu == 1) {
        Ninzu++ ;
    }
  }
  printf ("%d", Ninzu) ;
}
```

プログラムを作成
することをプログ
ラミングという

翻訳

コンピュータの理解できる機械語に翻訳する

機械語
00101100 00011101 11100001 …

はい。女性の人数は，○○人です

1. アルゴリズムとデータ構造

ある目的のための処理手順を**アルゴリズム**という。ある処理をコンピュータを使って行うためには，アルゴリズムを**プログラミング言語**の文法にしたがって記述してコンピュータに指示を与える。この作業を**プログラミング**という。

プログラミングでは，考えをまとめるために**流れ図**や**疑似言語**を使って処理手順を整理してからプログラミング言語でプログラムを書いた方が，作業の効率がよい場合もあるので，流れ図や疑似言語の書き方も理解するとよい。

処理を行う過程では，データを一時的に記憶することが多い。データの記憶のさせ方には**変数**や**配列**をはじめ，**リスト**や**キュー**，**スタック**などの形式がある。これらを**データ構造**といい，それぞれのデータ構造の特徴に応じて使い分ける。使用するデータ構造によって，利用できるアルゴリズムが特定されることも多く，両者は密接な関係にある。

2. データ構造の種類

(1) 変数

プログラムを実行中に，文字や数値などのデータを一時的に記憶する領域を変数という。数学の「変数」とは異なり，ここでの変数は一つの値を記憶することができる箱と考えるとよい。変数には名前を付けることができる。これを**変数名**という。また，整数値や文字だけを記憶するなど，どのような性質のデータを記憶するかを定めることができる。これを**データ型**という。

▶データ型には，整数を記憶できる**整数型**，小数を記憶できる**実数型**，真 (true) か偽 (false) のどちらかの値を記憶できる**論理型**，文字列を記憶できる**文字型**などがある。

(2) レコード

1 件分のデータの集まりを**レコード**という。通常，レコードは複数の項目（**フィールド**）から構成されている。なお，レコードの集まりを**ファイル**という。

▶レコードとほぼ同じもので，**構造体**と呼ぶプログラミング言語もある。

■レコードとファイル

(3) 配列

ほとんどのプログラミング言語で利用できる基本的なデータ構造で，同じ型のデータを連続的に並べ，**添字**により識別する。添字が 1 つのものを **1 次元配列**，添字が 2 つのものを **2 次元配列**という。

▶添字を**インデックス**と呼ぶこともある。

■1 次元配列

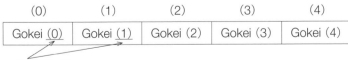

添字（1 つ）

■2次元配列

	(0)	(1)	(2)	(3)	(4)
(0)	Gokei (0,0)	Gokei (0,1)	Gokei (0,2)	Gokei (0,3)	Gokei (0,4)
(1)	Gokei (1,0)	Gokei (1,1)	Gokei (1,2)	Gokei (1,3)	Gokei (1,4)
(2)	Gokei (2,0)	Gokei (2,1)	Gokei (2,2)	Gokei (2,3)	Gokei (2,4)

添字（2つ）

(4) リスト

前後のデータの所在地を**ポインタ**により連結するデータ構造で，データの削除や挿入が容易である。次のデータの所在地を示すポインタしかないものを**単方向リスト**，次のデータの所在地を示すポインタと1つ前のデータの所在地を示すポインタの両方がある**双方向リスト**などがある。

▶**循環リスト**

最後のデータのポインタに，先頭のデータの所在地が記されているもの。つまり，大阪の次ポインタに先頭のデータである東京の所在地の3を入れればよい。

▶**木構造**

リスト構造の応用で，右ポインタ，左ポインタとすると，以下の図のような木を逆さまにしたような木構造となる。
木構造のうち，親から最大で2つまでしか分岐しないものを2分木という。また，2つより多く分岐する木構造を多分木という。

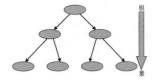

木構造(2分木)

■単方向リスト

東京→名古屋→京都→大阪の順。

ルート：3　←先頭のデータの所在地

番地	データ	次ポインタ
1	大阪	－
2	京都	1
3	東京	6
4		
5		
6	名古屋	2

←最後のデータを意味する（次はない）

↑
次のデータの所在地

東京と名古屋の間に横浜を挿入

ルート：3

番地	データ	次ポインタ
1	大阪	－
2	京都	1
3	東京	6 → 5
4		
5	横浜	6
6	名古屋	2

※空いている場所に横浜を入れ東京の次ポインタを変更する。

■双方向リスト

ルート：3　←先頭のデータの所在地

番地	データ	前ポインタ	次ポインタ
1	大阪	2	－
2	京都	6	1
3	東京	－	6
4			
5			
6	名古屋	3	2

最後のデータを意味する。（次はない）

先頭のデータを意味する。（前はない）

↑
1つ前のデータの所在地

次のデータの所在地

(5) キュー（待ち行列）

キューとは，先に入力されたデータが先に出力される先入先出法のデータ構造。

■キューの動作

最も先に入れたデータを取り出す

▶先入先出法
FIFO（First In First Out）

(6) スタック

スタックとは，最も後に入力されたデータが先に出力される後入先出法のデータ構造。

■スタックの動作

上に順に積み重ね，一番上のデータを取り出す

▶後入先出法
LIFO（Last In First Out）

▶スタックへのデータの出し入れ
スタックへデータを格納することを PUSH，スタックからデータを取り出すことを POP という。

・練習問題・　　● 1　次の文に最も適切な語を語群から選び，記号で答えなさい。

1　1件分のデータ。

2　複数のレコードをまとめたもの。

3　前後のデータの所在地をポインタにより連結するデータ構造で，データの削除や挿入が容易である。

4　先に入力されたデータが先に出力される（先入先出法）データ構造。

5　後に入力されたデータが先に出力される（後入先出法）データ構造。

6　ほとんどのプログラミング言語で利用できる基本的なデータ構造で，同じ型のデータを連続的に並べ，添字により識別する。

ア　キュー　　イ　ファイル　　ウ　リスト　　エ　スタック　　オ　レコード　　カ　配列

▶流れ図をフローチャートともいう。

▶ 1～10 までの合計を計算し，合計を表示する流れ図の例

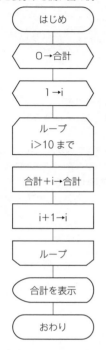

▶疑似言語の例
1 から引数 owari で指定された値までの合計を出力する手続名 goKei の例。ただし，引数 owari が 0 以下のときには何もしない。

[プログラム]
○ goKei（整数型：owari）

＊/ 変数宣言と初期化 ＊/
整数型：kei ← 0
整数型：cnt ← 1

＊/ 合計計算 ＊/
while（cnt が owari 以下）
　kei ← kei + cnt
　cnt ← cnt + 1
endwhile

＊/ 合計の出力 ＊/
if（owari ≧ 1）
　kei を出力する
endif

3. 流れ図によるアルゴリズムの表現

　流れ図は，以下のような流れ図記号を線でつなぎ，アルゴリズムを表現する。原則として上から下，左から右へと処理を行うが，原則と外れる場合には矢印を用いて明示する。

■流れ図記号

流れ図記号	名称と役割
端子	**端子** 処理の開始や終了を表す。
準備	**準備** 初期値を設定する。
処理	**処理** 計算する。
判断	**判断** 条件により処理を分岐する。
データ	**データ（入出力）** データの入出力を行う。以下の「手操作入力」から「書類」の記号を使用せず，すべてこの記号で記述する場合もある。
手操作入力	**手操作入力** キーボードからデータを入力する。
表示	**表示** ディスプレイに表示する。
書類	**書類** 印刷する。
ループ端	**ループ端** 処理を繰り返すことをループという。この 2 つの記号で挟まれた間の処理を繰り返す。上の記号がループの始まりを意味するループ始端，下の記号がループの終わりを意味するループ終端である。

4. 疑似言語によるアルゴリズムの表現

　疑似言語は，厳密な文法はなく自然言語や記号を交えて記述するもので，アルゴリズムの理解を助けるなどの目的で利用される。ここでは，IT パスポート試験で出題される疑似言語について説明する。

（1）手続と関数

　手続や関数とは，ある処理の実行に必要な命令をひとまとめにして，プログラムなどから呼び出せるようにしたものである。手続や関数には名前を付け，付けた名前を手続名や関数名という。プログラムから手続や関数を実行するには，手続名や関数名とともに，引き渡すデータである引数を指定する。
　手続と関数の違いは戻り値の有無であり関数には戻り値がある。戻り値とは関数が実行された後に返される値のことである。

記述形式	説明
○手続名（データ型：引数を受取る変数名）	手続の宣言。 （例）○ insatu（整数型：gyosu）
手続名（引数）	手続を呼び出す。 （例）　insatu（5）
○戻り値のデータ型：関数名 　　　　（データ型：引数を受取る変数名）	関数の宣言。 （例）○整数型：kei（整数型：i）
戻り値を受取る変数名 ← 関数名（引数）	関数を呼び出す。 （例）　kekka ← kei（5）
return 戻り値を出力する変数名	戻り値を返す。 （例）　return gokei

（2）変数と配列

　変数や配列を使用するには，変数名や配列名をデータ型とともに宣言する。変数や配列へ値を代入する処理は ← で表す。なお，配列は複数の要素を代入することができるので**要素番号**を付ける。

記述形式	説明
データ型：変数名 データ型：配列名	変数または配列の宣言。 （例）文字列型：moji 　　　　実数型の配列：data
変数名 ← 式 配列名［要素番号］← 式	変数や配列に式の値を代入する。 ※文字列の代入時には文字列を " " で囲む。 （例）　変数 basho に 東京 を代入する 　　　basho ←"東京" （例）　配列 data の 2 番地に 3 を代入する 　　　data［2］← 3 （例）　変数 a に 1 を加えた値を変数 b に代入する 　　　b ← a + 1

（3）注釈

　注釈とは疑似言語の中に書かれるプログラムに影響しない文である。

記述形式	説明
/＊注釈＊/ // 注釈	注釈を記述する。 （例）/＊ここから処理が開始＊/ 　　　// ○○用の変数宣言

（4）条件分岐（選択処理）

条件式を判断基準として，成立していた場合と成立していない場合に分けて処理を分ける。条件式を複数書くこともできる。

記述形式	説明

if（条件式1）
　処理1
else
　処理2
endif
	条件式1が成立していれば処理1を実行する。成立していなければ処理2を実行する。
	（例）変数 sei が1ならば josei に1を加え，1でなければ dansei に1を加える。
	　if（sei=1）
	　　josei ← josei + 1
	　else
	　　dansei ← dansei + 1
	　endif

if（条件式1）
　処理1
elseif（条件式2）
　処理2
elseif（条件式3）
　処理3
　　⋮
else
　処理4
endif
	elseif（条件式）とその処理を追加することで複数に分岐することが可能。
	（例）変数 tenki が1ならば晴れ，2ならば曇り，それ以外ならば 雨 と出力する。
	　if（tenki=1）
	　　"晴れ"と出力する
	　elseif（tenki=2）
	　　"曇り"と出力する
	　else
	　　"雨"と出力する
	　endif

（5）繰り返し（ループ）

条件式で書かれた内容を満たしている間，処理を繰り返す。条件判定を繰り返しの先頭行で行う**前判定型繰り返し**と，条件判定を最終行で行う**後判定型繰り返し**がある。なお，繰り返し処理の中には変数名の初期値や増分値などを制御する for 型繰り返しもある。

▶前判定と後判定
前判定の場合は処理を1度も実行しない場合があるが，後判定の場合には必ず1回は実行する。

記述形式	説明
while（条件式） 　処理 endwhile	前判定型繰り返し。条件式を満たしている間処理を繰り返す。繰り返しに入る前から条件式を満たしていなければ1度も処理を実行しない。
do 　処理 while（条件式）	後判定型繰り返し。最終行で条件式の評価を行うために，繰り返しに入る前から条件式を満たしていなくても1度は処理を実行する。
for（制御記述） 　処理 endfor	制御記述には，制御する変数の初期値や増分値，終了値などが記述され，その条件を満たしている間繰り返す。 （例）変数 i が 1 → 2 → 3 の間の3回処理を繰り返す。 　for（i を1から3まで1ずつ増やす） 　　処理 　endfor

5. アルゴリズムの基本構造

アルゴリズムは，3種類の基本構造を組み合わすことで表現することができる。3種類の基本構造には，命令を順に実行する**順次構造**。条件によって実行する命令を分岐する**選択構造**。条件を満たしている間命令を繰り返す**繰り返し構造**がある。以下に3種類の基本構造を流れ図で表す。

■基本構造の例

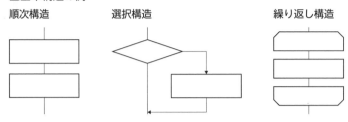

▶繰り返し構造の別の記述例

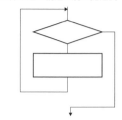

6. 代表的な探索アルゴリズム

データの探索を行うアルゴリズムの代表的なものを紹介する。

（1）線形探索

格納されているデータの先頭から，探索したい値が見つかるまで順に探していく方法を**線形探索**という。

例1 コード番号50のデータを探索する。

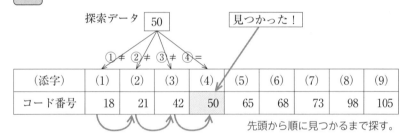

（添字）	(1)	(2)	(3)	(4)	(5)	(6)	(7)	(8)	(9)
コード番号	18	21	42	50	65	68	73	98	105

先頭から順に見つかるまで探す。

（2）2分探索

探索したい値が見つかる可能性のある範囲の中央の値を見て，探索したい値との大小関係から，探索したい値が中央の値よりも右にあるか，左にあるかを判断しながら，探索する範囲を狭めていく方法を**2分探索**という。この方法では必ず探索に使用するキー項目（例2ではコード番号）が整列している必要がある。

▶2分探索は線形探索と比較して効率よく探索することができるが，常にキー項目が整列していないと行えない。そのため，新たにデータの追加，修正，削除があった場合には，データを並べ替えるというメンテナンスが必要となる。

例2 コード番号21のデータを探索する。

1回目：見つかる可能性のある範囲は（1）〜（9）。その中央の（5）と比較

探索データ 21
比較（探索データの方が小さい）

（添字）	(1)	(2)	(3)	(4)	(5)	(6)	(7)	(8)	(9)
コード番号	18	21	42	50	65	68	73	98	105

見つかる可能性のある範囲

2回目：探索データの21は，(5)の65よりも小さいので，見つかる可能性の
ある範囲は（1）〜（4）。その範囲の中央にある(2)と比較する。

探索データ 21

比較（見つかった）

（添字）	(1)	(2)	(3)	(4)	(5)	(6)	(7)	(8)	(9)
コード番号	18	21	42	50	65	68	73	98	105

見つかる可能性のある範囲

7. 代表的な整列アルゴリズム

　ある項目をキーとして，データを小さい順または，大きい順に並べ替えるア
ルゴリズムのうち代表的なものを紹介する。

(1) 隣接交換法（バブルソート）

　隣接交換法は，1番目のデータと2番目のデータ，2番目のデータと3番目
のデータと，隣同士のデータの大小関係を比較し，大小関係が正しくない場合
には，データを入れ替える動作を最終データまで繰り返す。1度の比較では全
ての大小関係が完全にならないので，全ての大小関係が正しくなるまで再度1
番目のデータと2番目のデータの比較から繰り返す。

▶昇順（正順）
小さい順に整列すること。
▶降順（逆順）
大きい順に整列すること。

▶ 例3 のように降順に並べ替える
のであれば，最も小さい値から場
所が決定していく。小さな値が泡
（バブル）のように浮いていくこと
からバブルソートといわれる。

例3　以下のデータを隣接交換法で降順に整列する。

■1回目のサーチ

	1番目	2番目	3番目	4番目	5番目
整列前のデータ	3	5	1	8	7
1回目の比較	3	5			
交換する	5	3	1	8	7
2回目の比較		3	1		
そのまま	5	3	1	8	7
3回目の比較			1	8	
交換する	5	3	8	1	7
4回目の比較				1	7
交換する	5	3	8	7	1

5番目が
決定

■2回目のサーチ

	1番目	2番目	3番目	4番目	5番目
1回目のサーチ終了後のデータ	5	3	8	7	1
1回目の比較	5	3			
そのまま	5	3	8	7	1
2回目の比較		3	8		
交換する	5	8	3	7	1
3回目の比較			3	7	
交換する	5	8	7	3	1

4番目が決定

■3回目のサーチ

	1番目	2番目	3番目	4番目	5番目
1回目のサーチ終了後のデータ	5	8	7	3	1
1回目の比較 交換する	5　8 → 8　5		7	3	1
2回目の比較 交換する	8	5　7 → 7　5		3	1

3番目が決定

■4回目のサーチ

	1番目	2番目	3番目	4番目	5番目
1回目のサーチ終了後のデータ	8	7	5	3	1
1回目の比較 そのまま	8　8	7　7	5	3	1

2番目が決定し，残りの1番目も決定

(2) 選択法

選択法は，1番目から最終番目の中の最大値(最小値)を1番目の値と入れ替える。次に2番目から最終番目の中の最大値(最小値)を2番目の値と入れ替える。同様に3番目から…。というように範囲の中から最大値(最小値)を見つけ，入れ替えを繰り返す方法。

例4 以下のデータを選択法で降順に整列する。

■1回目のサーチ（1番目から5番目の中で最大の値を1番目と交換する）

	1番目	2番目	3番目	4番目	5番目
整列前のデータ	3	5	1	8	7
交換後のデータ	8	5	1	3	7

1番目が決定

■2回目のサーチ（2番目から5番目の中で最大の値を2番目と交換する）

	1番目	2番目	3番目	4番目	5番目
整列前のデータ	8	5	1	3	7
交換後のデータ	8	7	1	3	5

2番目が決定

■3回目のサーチ（3番目から5番目の中で最大の値を3番目と交換する）

	1番目	2番目	3番目	4番目	5番目
整列前のデータ	8	7	1	3	5
交換後のデータ	8	7	5	3	1

3番目が決定

■4回目のサーチ（4番目から5番目の中で最大の値を4番目と交換する）

	1番目	2番目	3番目	4番目	5番目
整列前のデータ	8	7	5	3	1
交換後のデータ	8	7	5	3	1

4番目が決定し，残りの5番目も決定

(3) クイックソート

　　クイックソートは，整列の対象となるブロックに対して基準値を定め，その基準値よりも小さなブロックと大きなブロックの二つに分けることをブロックのサイズが1になるまで繰り返していく方法である。クイックソートは，ほかの整列アルゴリズムと比較して高速に整列できるアルゴリズムである。

■未整列のデータ

基準値

| 29 | 40 | 47 | 28 | 19 | 27 | 35 | 26 | 83 | 42 | 14 | 18 | 63 |

（基準より）小さいグループ　　　　　　　　　　基準値　（基準より）大きいグループ

| 29 | 18 | 14 | 28 | 19 | 27 | 26 | 35 | 83 | 42 | 47 | 40 | 63 |

　　　　　　　　　　　　　　　　　　　　　　　確定
（範囲を狭め）同様の処理を行う　　　　　　　　　　　（範囲を狭め）同様の処理を行う

基準値　　　　　　　　　　　　　　　　　　　　　　　基準値

| 29 | 18 | 14 | 28 | 19 | 27 | 26 |　　| 83 | 42 | 47 | 40 | 63 |

小さいグループ　　　　基準値　大　　　　　小さいグループ　基準値　大きいグループ

| 26 | 18 | 14 | 27 | 19 | 28 | 29 |　　| 40 | 42 | 47 | 83 | 63 |

　　　　　　　　　　　　確定　確定　　　　　　　　　　確定
同様の処理を行う　　　　　　　　　　　同様の処理を行う　　　　同様の処理を行う

基準値　　　　　　　　　　　　　　　基準値　　　　　基準値

| 26 | 18 | 14 | 27 | 19 |　　| 40 | 42 |　　| 83 | 63 |

基準値　　大きいグループ　　　　　　基準値　大　　　　小　基準値

| 14 | 18 | 26 | 27 | 19 |　　| 40 | 42 |　　| 63 | 83 |

確定　　　　　　　　　　　　　　　　確定　確定　　　確定　確定
　　　同様の処理を行う

基準値

| 18 | 26 | 27 | 19 |

小さいグループ　基準値　大

| 18 | 19 | 26 | 27 |

　　　　　　　　確定　確定
同様の処理を行う

基準値

| 18 | 19 |

基準値　大

| 18 | 19 |

確定　確定

■整列後のデータ

| 14 | 18 | 19 | 26 | 27 | 28 | 29 | 35 | 40 | 42 | 47 | 63 | 83 |

8. プログラミング言語の種類と特徴

コンピュータが理解できるのは2進数の0と1の組み合わせだけである。したがって，コンピュータに指示を与えるには0と1の組み合わせで命令しなければならない。このようなコンピュータが直接理解できるプログラミング言語を**機械語(マシン語)**という。しかし，私たち人間にとって，0と1の羅列である機械語は大変理解しづらいために，より人間の言語に近い文法で記述できるプログラミング言語が開発されている。これらの言語は，直接はコンピュータが理解できないため，機械語への翻訳が必要となる。プログラムを実行する前に事前に機械語にまとめて翻訳する方式を**コンパイラ型言語**といい，プログラムを実行する時点で，1行ずつ機械語に翻訳しながら実行する方式を**インタプリタ型言語**という。以下に代表的なプログラミング言語を紹介する。

(1) アセンブリ言語

アセンブリ言語は，原則として機械語と1対1で対応したプログラミング言語である。0と1の羅列である機械語を，その処理内容に近い英単語の略号などに置き換え，機械語よりは人間に理解しやすくなっているが，コンピュータの仕組みを理解する必要がある。

(2) C言語

C言語は，アメリカのAT&T社のベル研究所でUNIXの開発のために開発されたプログラミング言語である。移植性や汎用性に優れていることから広く普及している。この言語を**オブジェクト指向**の言語に発展させたものに**C＋＋**がある。

(3) Java（ジャバ）

Javaは，Sun Microsystems社が開発したオブジェクト指向型のプログラミング言語である。Javaは，機種に依存しない中間コードに翻訳され，中間コードを解読実行するソフトウェアである**Java仮想マシン**が動作する環境であればどのような環境でも動作するという特徴を持つ。

(4) Fortran（フォートラン）

Fortranは，1954年にアメリカの数学者，ジョン・バッカスによって開発された世界初の高水準言語である。科学技術計算に特化しており数値計算に便利な機能が多数組み込まれ，数値計算のプログラムを簡単に書くことができる。

(5) JavaScript（ジャバスクリプト）

JavaScriptは，Sun Microsystems社とNetscape Communications社が開発したWebブラウザ上で動作する簡易型言語。Webページを表示するための言語である**HTML**の中に記述する。HTMLではできなかった動的なWebページの作成が可能になる。なお，名称にJavaと付くがJavaとの直接的な互換性はない。

(6) Python（パイソン）

Pythonは，1991年にオランダのグイド・ヴァン・ロッサムによって開発

▶**コンパイラ型言語とインタプリタ型言語の特徴**
コンパイラ型言語は，実行する前に機械語に翻訳されているので実行速度が速い。反対に，インタプリタ型言語は，実行時に1行ずつ翻訳と実行を行うために，実行速度が遅い。代わりに，開発の途中でも，その場所までは実行できるので，動作を確認できるというメリットもある。

▶**高水準言語**
プログラミング言語の一種で，ハードウェアやOSの仕様を極力意識せず，人間に理解しやすい文法で，処理手順を記述できる言語。反対に機械語やアセンブリ言語のようにハードウェアの仕様を常に意識するプログラミング言語を**低水準言語**という。

▶**マークアップ言語**
タグと呼ばれる記号で文字列を囲み，文書データに意味を持たせるデータ記述言語。代表的なものは，Webページを表示するための**HTML**，電子文書の国際標準言語でHTMLなどの元となった**SGML**，独自のタグを定義してデータ交換に利用できる**XML**などがある。

▶ **JSON**（ジェイソン）（JavaScript Object Notation）
JavaScriptのオブジェクト記法を用いたデータ記述用言語の一種。多くのプログラム言語間で簡単にデータの受け渡しができる。

▶ Javaによって作成されたアプリケーションには，Webサーバからブラウザにダウンロードしてブラウザ上で実行する**Javaアプレット**と，Webサーバ側で実行し，実行結果をブラウザに送る**Javaサーブレット**がある。

されたプログラミング言語である。文法がシンプルで読みやすく，初心者にも扱いやすい言語である。幅広い分野のシステム開発に用いられているが，特に人工知能や深層学習などの分野で注目されている。

(7) R言語

R言語は，1993 年にニュージーランドのオークランド大学で開発された統計解析に特化したオープンソースソフトウェアのプログラミング言語である。データの解析からグラフに出力することに優れており，人工知能の領域でも注目されている。

9. コーディング標準やプログラム構造

コーディングとは，プログラミング言語を使ってプログラムコードを書く作業である。集団でプログラムを開発する場合，人によってプログラムコードの書き方が異なると，他人の書いたプログラムコードを理解し，修正することが困難になる。これを防ぐためにプログラムコードの書き方を集団内の約束事として定める。この約束事を**コーディング標準**や**コーディング規約**という。コーディング標準として定める内容には次のようなものがある。

(1) 命名規則

変数名や関数名などの名前の付け方を統一する。

(2) 字下げ（インデント）

プログラムの構造を見やすくするために，**字下げ（インデント）**することを**インデンテーション**という。同じブロック内の命令を字下げすることで，どこまでが同じブロックなのかをわかりやすくできる。コーディング標準では字下げの文字数や，字下げをスペースかタブのどちらでするかなども統一する。

(3) ネストの深さ

ネストとはデータ構造や制御構造の階層のことで**入れ子**ともいう。例えば，繰り返しのブロックの中に別の繰り返しのブロックが含まれたり，条件分岐の中に別の条件分岐の命令が含まれる状態である。**ネストの深さ**とは，ネストが何重になっているかを意味する。あまりに多重化するとわかりづらいプログラムになるため，ネストの深さを一定以上にしないよう制限を付ける。

10. プログラム構造
(1) モジュール

プログラム開発では機能ごとに複数の**モジュール**に分割する。モジュールとはひとまとまりの部品といったイメージと考えると良い。モジュールに分割することで，大勢の人間が作業を分担しやすくなり，開発時に問題が生じても不具合のあるモジュールを特定しやすく，修正もそのモジュールに限定できるなど効率的に開発することができる。

(2) メインルーチンとサブルーチン

分割されたモジュールのうち，最初に起動されるモジュールを**メインルーチ**

ンという。メインルーチンはプログラムの概要を記述し，それぞれの詳細な機
能は**サブルーチン**を呼び出して実行する。サブルーチンとは，ある機能を実行
するための命令が記述されているモジュールで，メインルーチンや別のサブ
ルーチンから呼び出される。別のプログラムを開発するとき，過去に作成した
サブルーチンなどを**再利用**できると効率的である。

■**メインルーチンとサブルーチン**

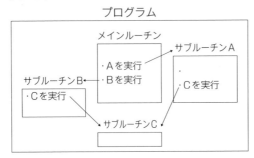

(3) ライブラリ

特定の機能を持ったプログラムを他のプログラムから呼び出して利用できる
ように集めたファイルを**ライブラリ**という。OSやソフトウェアの開発環境の
一部として提供されたり，システム開発のツールとして提供される場合がある。
ライブラリを利用できれば，その部分の開発は不要になり，効率的な開発がで
きる。

(4) APIとWebAPI

APIとは，OSやソフトウェアが公開している機能を，他のソフトウェアか
ら利用する仕組みをいう。APIを使用することで，自社で開発したソフトウェ
アの中に他社のソフトウェアの機能を埋め込むことができる。現在では，
Webサイトで提供されている各種サービスの機能が**WebAPI**として公開され
ており，さまざまなソフトウェアやWebサイトで利用されている。

▶ **API**：Application Programming
Interface

▶ **WebAPI が活用されているソ
フトウェアの例**
・地図情報
・気象情報
・動画再生
・SNS 関連
・Web ショッピング　等

(5) ノーコードとローコード

プログラムコードを一切書かずにシステムを開発する手法を**ノーコード**とい
う。また，通常はプログラムコードを書かないが，必要な場面では直接プログ
ラムコードを書く手法を**ローコード**という。

システム開発の知識がない利用者は開発を外部に依頼するしかなく，利用者
にとって不満のあるシステムが作られることが多かった。しかし，ノーコード
による開発では，専用の開発ツールを操作するだけで完成するため，専門的な
知識のない利用者でも自身の手で開発できる。また，短期間で開発できるなど
のメリットがある。

1.
10進数155を2進数で表したものはどれか。 (R2 秋 IP)

ア　10011011　　イ　10110011　　ウ　11001101　　エ　11011001

2.
2進数1011と2進数101を乗算した結果の2進数はどれか。 (H28 秋 IP)

ア　1111　　　イ　10000　　　ウ　101111　　　エ　110111

3.
負の整数を2の補数で表現するとき，8桁の2進数で表現できる数値の範囲を10進数で表したものはどれか。

ア　−256〜255　　イ　−255〜256　　ウ　−128〜127　　エ　−127〜128

4.
8ビットの2進数01101010の2の補数はどれか。

ア　10010101　　イ　10010110　　ウ　10100110　　エ　00011010

5.
8ビットの2進データXと00001111について，ビットごとの論理積をとった結果はどれか。ここでデータの左方を上位，右方を下位とする。 (H30 秋 IP)

ア　下位4ビットが全て0になり，Xの上位4ビットがそのまま残る。

イ　下位4ビットが全て1になり，Xの上位4ビットがそのまま残る。

ウ　上位4ビットが全て0になり，Xの下位4ビットがそのまま残る。

エ　上位4ビットが全て1になり，Xの下位4ビットがそのまま残る。

6.
二つの入力と一つの出力をもつ論理回路で，二つの入力A，Bのどちらかが1のとき，出力Xが1になるものはどれか。

ア　OR 回路　　イ　NAND 回路　　ウ　AND 回路　　エ　NOR 回路

7.
次の8個のデータの平均値とメジアンの差を表すものはどれか。

35　45　45　55　65　70　80　85

ア　0　　　　イ　5　　　　ウ　15　　　　エ　50

8. 図1のように二つの正の整数 A1，A2 を入力すると，二つの数値 B1，B2 を出力するボックスがある。B1 は A2 と同じ値であり，B2 は A1 を A2 で割った余りである。図2のように，このボックスを2個つないだ構成において，左側のボックスの A1 として 49，A2 として 11 を入力したとき，右側のボックスから出力される B2 の値は幾らか。

(H31 春 IP)

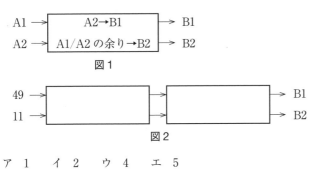

図1

図2

ア 1　イ 2　ウ 4　エ 5

9. ノードとノードの間のエッジの有無を，隣接行列を用いて表す。ある無向グラフの隣接行列が次の場合，グラフで表現したものはどれか。ここで，ノードを隣接行列の行と列に対応させて，ノード間にエッジが存在する場合は1で，エッジが存在しない場合は0で示す。

(R1 秋 FE)

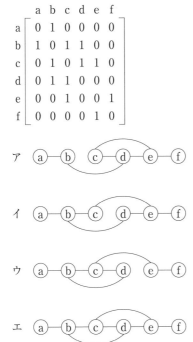

$$
\begin{array}{c|cccccc}
 & a & b & c & d & e & f \\
\hline
a & 0 & 1 & 0 & 0 & 0 & 0 \\
b & 1 & 0 & 1 & 1 & 0 & 0 \\
c & 0 & 1 & 0 & 1 & 1 & 0 \\
d & 0 & 1 & 1 & 0 & 0 & 0 \\
e & 0 & 0 & 1 & 0 & 0 & 1 \\
f & 0 & 0 & 0 & 0 & 1 & 0 \\
\end{array}
$$

ア (a)—(b)　(c)—(d)—(e)—(f)

イ (a)—(b)—(c)　(d)—(e)—(f)

ウ (a)—(b)—(c)—(d)　(e)—(f)

エ (a)—(b)—(c)—(d)—(e)—(f)

10. キューの特徴を表す用語はどれか。

ア LIFO　イ FIFO　ウ LILO　エ LRU

11. 下から上へ品物を積み上げて，上にある品物から順に取り出す装置がある。この装置に対する操作は，次の二つに限られる。 (R1 秋 IP)

PUSH x：品物 x を 1 個積み上げる。

POP：一番上の品物を 1 個取り出す。

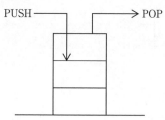

　　最初は何も積まれていない状態から開始して，a，b，c の順で三つの品物が到着する。一つの装置だけを使った場合，POP 操作で取り出される品物の順番として<u>あり得ないもの</u>はどれか。

ア　a, b, c　　イ　b, a, c　　ウ　c, a, b　　エ　c, b, a

12. 先入れ先出し（First-In First-Out，FIFO）処理を行うのに適したキューと呼ばれるデータ構造に対して "8"，"1"，"6"，"3" の順に値を格納してから，取出しを続けて 2 回行った。2 回目の取出しで得られる値はどれか。 (H30 春 IP)

ア　1　　イ　3　　ウ　6　　エ　8

13. 図のような単方向リストから大根を削除するときの操作として適切なものはどれか。なお，次ポインタの−は，最終データであることを示す。

ルート			
140			

アドレス	データ	次ポインタ
100	キャベツ	130
110	大根	120
120	ほうれん草	100
130	人参	−
140	レタス	110

ア　ルートの値を 110 に変更する。

イ　大根の次ポインタの値を−に変更する。

ウ　ほうれん草の次ポインタの値を 110 に変更する。

エ　レタスの次ポインタの値を 120 に変更する。

14. 構造化プログラミングの基本構造のうち，順次を表す流れ図は次のうちどれか。

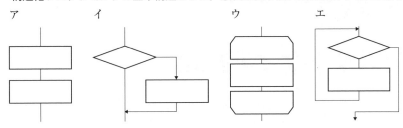

　ア　　　　　イ　　　　　　　　ウ　　　　　エ

15. 手続 printStars は，"☆" と "★" を交互に，引数 num で指定された数だけ出力する。プログラムの中の a，b に入れる字句の適切な組合せはどれか。ここで，引数 num の値が 0 以下のときは，何も出力しない。

（サンプル）

〔プログラム〕

```
○ printStars（整数型：num）      /* 手続の宣言 */
  整数型：cnt ← 0               /* 出力した数を初期化する */
  文字列型：starColor ← "SC1"   /* 最初は "☆" を出力させる */
   a
    if（starColor が "SC1" と等しい）
      "☆" を出力する
      starColor ← "SC2"
    else
      "★" を出力する
      starColor ← "SC1"
    endif
    cnt ← cnt + 1
   b
```

	a	b
ア	do	while（cnt が num 以下）
イ	do	while（cnt が num より小さい）
ウ	while（cnt が num 以下）	endwhile
エ	while（cnt が num より小さい）	endwhile

3章 情報メディア

3-1 マルチメディア技術

この節のまとめ

● ファイルの種類（例）

名前	更新日時	種類	サイズ
文書.xml	2010/05/01 9:04	XML ドキュメント	52 KB
文書.txt	2010/06/30 14:42	テキスト ドキュ…	1 KB
文書.pdf	2008/01/21 13:38	Adobe Acrobat …	456 KB
文書.html	2009/12/14 8:06	HTML ドキュメ…	30 KB
文書.csv	2009/06/18 21:02	Microsoft Excel …	1 KB
動画.mpg	2009/07/08 10:29	ムービー クリップ	111 KB
動画.mov	2004/09/07 5:04	QuickTime ムー…	520 KB
動画.AVI	2005/10/07 15:13	ビデオ クリップ	255 KB
静止画.tif	2009/06/29 9:55	TIFF イメージ	9,967 KB
静止画.png	2010/04/30 16:34	PNG イメージ	25 KB
静止画.JPG	2010/04/30 16:33	JPEG イメージ	60 KB
静止画.GIF	2010/04/30 16:33	GIF イメージ	15 KB
静止画.bmp	2006/08/03 9:40	ビットマップ イ…	792 KB
音声.wav	2009/08/19 9:52	Wave サウンド	102 KB
音声.mp3	2007/04/05 14:11	MP3 形式サウンド	2,458 KB
音声.MID	1997/02/07 7:02	MIDI シーケンス	13 KB
音声.aif	1997/02/07 7:02	AIFF 形式サウンド	13 KB
圧縮.zip	2010/05/01 9:06	圧縮 (zip 形式) …	4 KB
圧縮.lzh	2010/04/08 21:30	圧縮 (LZH 形式) …	1,912 KB

● 光の3原色

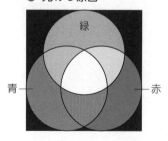

● 色の3原色

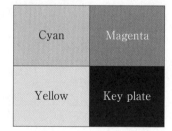

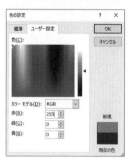

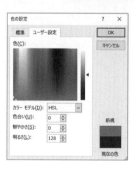

● 3-1-1 ● マルチメディア

　マルチメディアとは，文字，音声，画像(静止画・動画)などのさまざまな形態のアナログ情報をディジタル化し，コンピュータ上で統合的に扱うことである。

1. マルチメディア
(1) Web コンテンツ
　インターネット上の Web ページに掲載されている文書や画像(静止画・動画)などをいう。

(2) ハイパメディア
　ハイパテキストを用いて，文字，音声，画像(静止画・動画)などのマルチメディアを相互にリンクさせて参照できるメディアである。

(3) エンコード，デコード
　エンコードとは，データを他の形式へ変換することをいう。符号化ともいう。文字，音声，画像(静止画・動画)などのアナログ情報をディジタル情報に変換したり，音声や動画データを圧縮する場合に使われる。
　デコードとはエンコードされたデータを逆に変換し，元のデータに復元すること。

(4) ストリーミング（streaming）
　ストリーミングは，音声や動画データをダウンロードしながら再生することができるため，データ全体のダウンロードが終わるまで待つ必要がなく，データ自体も保存されない。

(5) DRM（Digital Rights Management）ディジタル著作権管理
　音楽や映画などのディジタルコンテンツの再生やコピーなどを制限する仕組み。

(6) CPRM（Content Protection for Recordable Media）
　DVD などの記録メディアのディジタルコンテンツ再生や録画の回数を制限するなどの著作権保護技術。

(7) PDF（Portable Document Format）
　PDF ファイルとは，アドビシステムズ社が開発した，Acrobat というソフトウェアのファイル形式である。文書のレイアウトを元の状態で表示したり，印刷できる機能を持っており，インターネット上の文書配布形式のデファクトスタンダードである。拡張子は pdf である。

▶PDF
Portable（持ち運び可能な）
Document（書類）
Format（形式）
▶デファクトスタンダード（p.236 参照）
de facto（実際上の）
standard（標準）

(8) HTML5
　HyperText Markup Language の 5 度目の改定版である。
　2021 年から HTML Standard または，HTML Living Standard と呼称が変更になった。

2. 音声処理
(1) PCM（Pulse Code Modulation：パルス符号変調）

アナログ音声データを一定時間ごとに標本化(サンプリング)し、量子化してディジタルデータに変換する方式。

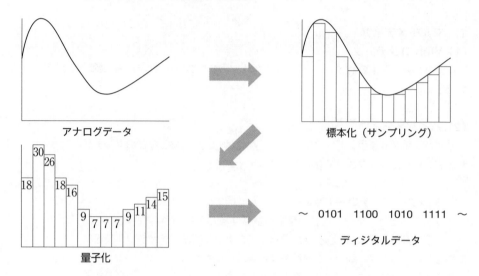

アナログデータ

標本化（サンプリング）

量子化

〜 0101 1100 1010 1111 〜

ディジタルデータ

▶MIDI
Musical（音楽の）
Instrument（楽器）
Digital Interface

(2) MIDI

音源やシンセサイザなどの電子楽器とパソコンなどの機器をディジタルデータでやり取りするための国際規格を **MIDI** という。アナログデータなどの実データに比べ、音程や音色などのデータしか保持していないため、サイズは小さい。拡張子は mid である。

(3) WAVE

WAVE とは、Windows 標準の音声ファイル形式である。圧縮されていないため音質は良いがファイルサイズが大きくなるのが欠点である。拡張子は wav である。

(4) MP3

▶MPEG Audio Layer-3

MP3 とは、MPEG-1 の音声を利用した高音質の音声圧縮ファイル形式である。非可逆圧縮されており、拡張子は mp3 である。

(5) AAC（Advanced Audio Coding）

MP3 の後継規格であり、不可逆のディジタル音声圧縮を行う音声符号化規格の一つである。

3. 静止画処理
（1）ベクタデータ
　線の色や太さ，向きなどのディジタルデータで扱う静止画ファイル形式であり，拡大や縮小が自由なのでポスターやロゴなどで使用される。

（2）ラスタデータ（ビットマップデータ）
　ペイントソフトやディジカメデータなどのような細かいドットの集まりによる静止画ファイル形式。

（3）BMP
　Windows 標準の画像形式を BMP ファイルという。画像を点の集まりで表現したファイル形式である。圧縮されていないため画質は良いがファイルサイズが大きくなるのが欠点である。拡張子は bmp である。

▶Bit MaP

（4）JPEG
　圧縮率が 1/10 から 1/100 程度の主に写真の画質を圧縮するファイル形式を JPEG という。拡張子は jpg である。

▶Joint Photographic Experts Group

（5）GIF
　インターネットで使われている圧縮された画像形式。256 色しか扱えないためロゴやイラスト，アイコンとしての写真などで使われている。拡張子は gif である。

▶Graphics Interchange Format
▶BMP 形式で保存された静止画像を，JPEG 形式や GIF 形式で保存した場合，ファイルサイズが小さくなる。

（6）PNG
　圧縮による劣化の少ないフルカラーを扱える画像形式であり，インターネット上での JPEG や GIF に代わるファイル形式として開発されたファイル形式を PNG という。拡張子は png である。

▶Portable（持ち運び可能な）Network Graphics

（7）TIFF
　画素数や色数の異なる画像を一つのファイルとして扱え，タグという情報を持つビットマップ画像を TIFF という。拡張子は tif である。

▶Tagged Image File Format

（8）EPS（Encapsulated PostScript）
　ベクタデータ（データ量が少ない）とラスタデータ（データ量の多いビットマップデータ）の両方を扱うことができるファイル形式。

4. 動画ファイル
（1）フレームとフレームレート
　動画は静止画を連続で描画することで成り立っている。この場合の静止画 1 枚をフレームという。また，フレームレートとは 1 秒間の動画が何枚の画像で構成されているかを表す単位（fps（Frames per Second））である。テレビは約 30 fps であり，映画は約 24 fps である。

(2) MPEG（Moving Picture Experts Group）

　ビデオ CD などで活用される MPEG-1，DVD などのフォーマットの MPEG-2，携帯電話などで使われる MPEG-4 などの規格がある，音声や動画を圧縮した動画ファイル形式を **MPEG** という。拡張子は mpg である。

- **MPEG-1**：MPEG 規格の一部であり，画質は VHS のビデオ並みであるものは **MPEG-1** である。
- **MPEG-2**：MPEG 規格の一部であり，画質は S-VHS のビデオ並みであるものは **MPEG-2** である。
- **MPEG-4**：MPEG 規格の一部であり，インターネットや携帯電話などでの低ビットレートでの使用を想定した規格は **MPEG-4** である。
- **H.264（H.264/MPEG-4 AVC）**…圧縮率は，MPEG-2 の 2 倍である。
- **H.265（H.264 の後継規格）**…圧縮率は，MPEG-2 の 4 倍である。

(3) AVI

　Windows 標準の音声付きの動画ファイル形式である。圧縮されていないため画質は良いがファイルサイズが大きくなるのが欠点である動画ファイル形式は **AVI** である。拡張子は avi である。

▶Audio Video Interleaving

・練習問題・　　● 1　次に適するファイル形式を下記より選びなさい。

1　MPEG 形式の圧縮により音声データを圧縮した形式。

2　Windows で標準的な圧縮されない静止画形式。

3　DVD などで利用されている動画圧縮形式。

4　もとのデータ形式をそのまま表現できるドキュメントファイル。

5　JIS コードなどの標準的なコードにより構成される文書ファイル。

6　シンセサイザなどの電子楽器と PC などとの間で，演奏データをやりとりするための規格。

7　圧縮率を上げると画質が劣化する非可逆圧縮の静止画圧縮形式。

8　データ項目間をカンマ(,)で区切って並べたファイル形式。

9　Mac OS で標準的に使用されている動画形式。

10　インターネット上での JPEG や GIF に代わるファイル形式として開発された，圧縮による劣化の少ないフルカラーを扱える静止画形式。

ア	QuickTime	イ	テキスト	ウ	MIDI
エ	BMP	オ	MPEG-2	カ	PDF
キ	JPEG	ク	PNG	ケ	MP3
コ	CSV				

5. 情報の圧縮と伸張

　データ容量が大きい音声，静止画，動画は，情報メディアの種類に応じた圧縮・伸張手法が利用されており，圧縮率が高いほどデータ保存やネットワーク負荷の軽減に役立っている。

（1）圧縮

　データの内容を保ったまま，データ容量を減らす処理を圧縮という。圧縮率を上げるともとの画質や音質の劣化が起こる。

（2）伸張

　圧縮されたデータをもとに復元する処理を伸張という。解凍や展開と呼ぶ場合もある。

（3）圧縮ファイル

・**ZIP**：Windows 標準の圧縮ファイル形式である。
・**LZH**：日本で普及している圧縮ファイル形式。LHA というフリーウェアが代表的である。

（4）可逆圧縮

　可逆圧縮とは，データ圧縮前のデータと伸張（解凍）されたデータが完全に等しくなる圧縮手法のこと。圧縮ファイルである LZH，ZIP や，静止画圧縮形式の PNG，GIF などがある。ハフマン法でも用いられている。

（5）非可逆圧縮

　非可逆圧縮とは，データの置き換えなどにより効率的に圧縮を行うため，データ圧縮前のデータと伸張（解凍）されたデータが一致しない圧縮手法のこと。静止画では JPEG，動画では MPEG-1，MPEG-2，MPEG-4，音声では MP3 などがある。

（6）圧縮率

　データ圧縮時に，もとのデータが圧縮後どのくらいのデータ量になったかを表す割合をいう。圧縮のアルゴリズムには，次のような方法がある。
①ハフマン法
　データに現れるパターンの頻度を調べ，高い頻度で現れるパターンには短いビット列を割り当て，低い頻度で現れるパターンには長いビット列を割り当てることで全体のデータ長を短くする方法。
②ランレングス法
　連続して現れるデータを，その繰り返し回数を値に置き換える方法。

1. AD 変換

　現実の世界のアナログデータを，コンピュータ内部で扱うディジタルデータとするため，アナログ信号からディジタル信号への変換が必要となる。この変換を **AD 変換**という。また，この反対の変換を D/A 変換という。

(1) 標本化（サンプリング）

　アナログ信号をある一定の時間ごとに区切って，ディジタル信号化することを**標本化**という。

(2) 量子化

　標本化されたアナログデータをディジタルデータへ変換する際に，一定の段階の数値で表現することを**量子化**という。

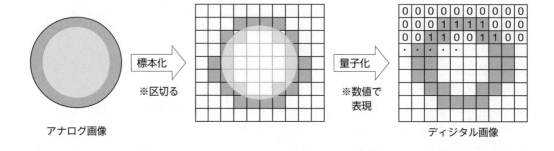

アナログ画像　　　　標本化　※区切る　　　　量子化　※数値で表現　　　　ディジタル画像

・練習問題・

● **1**　アナログ音声信号をディジタル化する場合，元のアナログ信号の波形により近い波形を復元できる組み合わせはどれか。

ア　サンプリング周期を長くし，量子化の段階数を多くする。

イ　サンプリング周期を短くし，量子化の段階数を多くする。

2. グラフィックス処理

(1) CG

コンピュータを使って二次元の静止画像や三次元の動画やシミュレーションを作成したり編集したりする技術を **CG** という。

▶CG（Computer Graphics）

(2) VR

コンピュータで生成した物体や空間を，CG などを使用して架空の世界を実際の世界のように作り出す技術を **VR** という。

▶VR（Virtual Reality）

(3) CAD

コンピュータを利用した設計支援設計システムを **CAD** という。

▶CAD（Computer Aided Design）

(4) AR（augmented reality：拡張現実）

AR とは，人が認識する現実をコンピュータにより拡張する技術やその環境をいう。例えば，スマートフォン越しに写った現実の「机の上」に，情報としての「人形」が置かれているかのように提示することができる。

(5) 色の表現

光の 3 原色 R(Red)，G(Green)，B(Blue) を **RGB** という。

色の 3 原色 C(Cyan)，M(Magenta)，Y(Yellow) に黒(Key plate)を加えて **CMYK** という。

①光の 3 原色（RGB）

ディスプレイ装置などの黒に，光の 3 原色を加減することによりフルカラーを表現する。これを<u>加法混色</u>という。すべてを最大に加えると白になる。

▶光の 3 原色
RGB

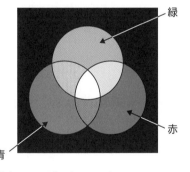 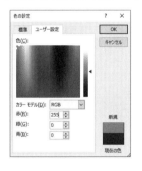

②色の 3 原色（CMYK）

印刷する際の白い紙に，色の 3 原色を加減することによりフルカラーを表現する。これを<u>減法混色</u>という。すべてを最大に加えると黒になる。

▶色の 3 原色（黒を含めて 4 原色）
CMYK

Cyan	Magenta
Yellow	Key plate

▶色相：HueまたはColor Phase

▶彩度：ChromaまたはSturation

▶明度：Value または Intensity

③色相
色の3つの属性のうち，赤，黄，緑，青，紫などの色合いを色相という。

④彩度
色の3つの属性のうち，色の鮮やかさを彩度という。

⑤明度
色の3つの属性のうち，色の明暗を明度という。

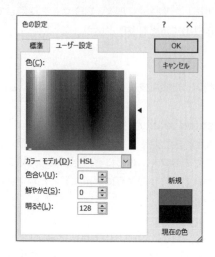

（6）解像度
画像の最小単位。ドットや画素ともいう。

▶dpi（dot per（あたり）inch）

（7）dpi（dot per inch）と ppi（pixels per inch）
・**dpi**：1インチ（2.54 cm）あたりのドット数（プリンタの解像度）を表す単位。
・**ppi**：1インチ（2.54 cm）あたりのピクセル数（ディスプレイの解像度）を表す単位。

▶ペイント系ソフトウェアの例

（8）画素
コンピュータで画像を扱うときの最小単位。色情報（色調や階調）を持つ。

（9）色の階調
画像表示の精細さの尺度をいう。PC においては，RGB それぞれが 256 階調であるため，フルカラーで表現可能である。
（256×256×256＝約 1,677 万色）

▶ドロー系ソフトウェアの例

（10）ペイント系ソフトウェア（ラスタ形式）
画像をドット（点）の集まりとして編集するグラフィックソフトをペイント系ソフトウェアという。そのためデータサイズは大きい。

（11）ドロー系ソフトウェア（ベクタ形式）
画像を座標やベクトル（方向）データとして編集するグラフィックソフトをドロー系ソフトウェアという。データサイズは比較的小さくできる。

1. マルチメディアのファイル形式である MP3 はどれか。 (H21 春 IP)

    ア　G4 ファクシミリ通信データのためのファイル圧縮形式

    イ　音声データのためのファイル圧縮形式

    ウ　カラー画像データのためのファイル圧縮形式

    エ　ディジタル動画データのためのファイル圧縮形式

2. ディスプレイ画面の表示では，赤・緑・青の 3 色を基に，加法混色によってさまざまな色を作り出している。赤色と緑色と青色を均等に合わせると，何色となるか。 (H26 春 IP)

    ア　赤紫　　イ　黄　　ウ　白　　エ　緑青

3. 交通機関，店頭，公共施設などの場所で，ネットワークに接続したディスプレイなどの電子的な表示機器を使って情報を発信するシステムはどれか。 (R1 秋 IP)

    ア　cookie　　イ　RSS　　ウ　ディジタルサイネージ　　エ　ディジタルデバイド

4. 静止画，動画，音声の圧縮技術規格の適切な組合せはどれか。 (H21 秋 AD)

	静止画	動画	音声
ア	MP3	JPEG	GIF
イ	GIF	MPEG	MP3
ウ	MPEG	GIF	MP3
エ	JPEG	MP3	GIF

5. HTML に関する記述のうち，適切なものはどれか。 (H21 春 IP)

    ア　HTML で記述されたテキストをブラウザに転送するために FTP が使われる。

    イ　SGML の文法の基になった。

    ウ　Web ページを記述するための言語であり，タグによって文書の論理構造などを表現する。

    エ　XML の機能を縮小して開発された。

6. 光の3原色の説明として，適切なものはどれか。　　　　　　　　　　　　　(H24春 IP)

　ア　シアン（Cyan），マゼンタ（Magenta），イエロー（Yellow）の3色のことである。

　イ　色相（Hue），彩度（Saturation），明度（Brightness）の三つのことである。

　ウ　レッド（Red），グリーン（Green），イエロー（Yellow）の3色のことである。

　エ　レッド（Red），グリーン（Green），ブルー（Blue）の3色のことである。

7. DVD-RやSDカードなどに採用され，ディジタルコンテンツを記録メディアに一度だけ複製することを許容する著作権保護技術はどれか。　　　　　　　　　　　　　(H30春 IP)

　ア　AR

　イ　CPRM

　ウ　HDMI

　エ　MIDI

8. XMLで，文章の論理構造を記述する方法はどれか。　　　　　　　　　　　(H22春 IP)

　ア　文章や節などを""で囲む。　　　イ　文章や節などをコンマで区切る。

　ウ　文章や節などをタグで囲む。　　エ　文章や節などをタブで区切る。

9. 300×600ドットで構成され，1画素の情報を記録するのに24ビットを使用する画像データがある。これを150×300ドットで構成され，1画素の情報を記録するのに8ビットを使用する画像データに変換した。必要な記憶容量は何倍になるか。　　　　　　　　　　　　　(H28秋 IP)

　ア　1/12　　イ　1/6　　ウ　1/4　　エ　1/2

10. 拡張現実(AR)に関する記述として，適切なものはどれか。　　　　　　　(H28春 IP)

　ア　実際に搭載されているメモリの容量を超える記憶空間を作り出し，主記憶として使えるようにする技術

　イ　実際の環境を捉えているカメラ映像などに，コンピュータが作り出す情報を重ね合わせて表示する技術

　ウ　人間の音声をコンピュータで解析してディジタル化し，コンピュータへの命令や文字入力などに利用する技術

　エ　人間の推論や学習，言語理解の能力など知的な作業を，コンピュータを用いて模倣するための科学や技術

11. ディジタルコンテンツで使用されるDRM(Digital Rights Management)の説明として，適切なものはどれか。　　　　　　　　　　　　　(H27秋 IP)

　ア　映像と音声データの圧縮方式のことで，再生品質に応じた複数の規格がある。

　イ　コンテンツの著作権を保護し，利用や複製を制限する技術の総称である。

　ウ　ディジタルテレビでデータ放送を制御するXMLベースの記述言語である。

　エ　臨場感ある音響効果を再現するための規格である。

12. プリンタなどの印刷において表示される色について，シアンとマゼンタとイエローを減法混色によって混ぜ合わせると，理論上は何色になるか。 (H26 秋 IP)

  ア 青 イ 赤 ウ 黒 エ 緑

13. 音響データのサンプリング(標本化)に関する記述のうち，適切なものはどれか。 (H21 春 AD)

  ア 音量を上げてサンプリングすると，データの量は増加する。

  イ サンプリング周波数とサンプリングのビット数を同一にしたまま，符号化方式をステレオからモノラルに変更すると，データ量は 1/4 になる。

  ウ サンプリング周波数を 11 kHz から 22 kHz にすると，データ量は 2 倍になる。

  エ サンプリング周波数を低くすると，得られるデータの音程は原音よりも低くなる。

14. 音声信号をディジタル化する。図の時刻 1 から時刻 5 のタイミングで標本化を行い，4 段階に量子化(標本点が最も近い段階を選択)を行った。その後 2 ビットで符号化を行った。結果は "11 01 00 10 11" であった。図の手法でディジタル化を行うと "01 00 10 11 01" となる音声信号を示す図はどれか。 (H22 春 IP)

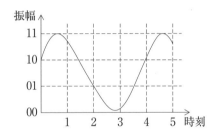

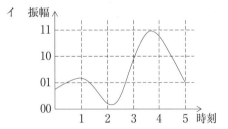

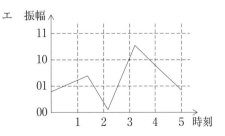

3-2 データベース

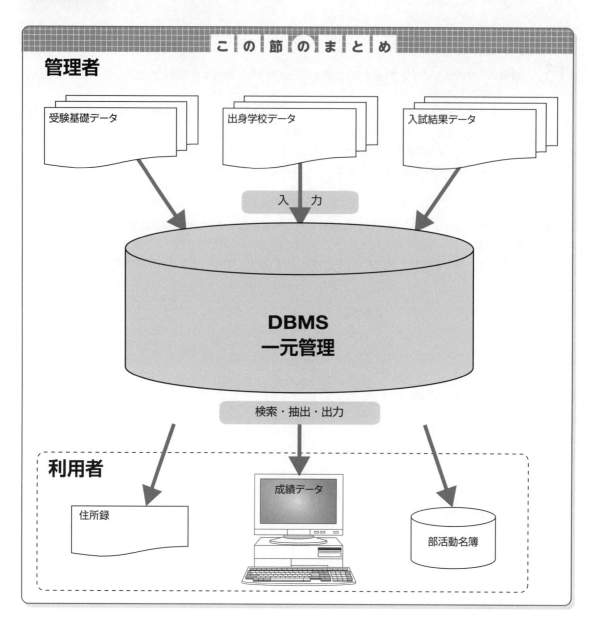

管理者

受験基礎データ　　出身学校データ　　入試結果データ

入　力

**DBMS
一元管理**

検索・抽出・出力

利用者

住所録

成績データ

部活動名簿

◉ 3-2-1 ● データベース

さまざまな情報(データ)を特定の目的のために整理・蓄積し，業務に適した条件で特定のデータを検索・取り出すことができるようにしたデータの集まりである。下記のような特徴がある。

・データの一元管理が可能となるので，データの安全性と共有化が図れる。

・データが独立しているため，呼び出すプログラムの変更がない。

1. データベースモデル
(1) リレーショナル型（関係型）

　リレーショナル型とは，組（レコード）を行とし，項目（フィールド）を列として表（テーブル）としてデータを整理する方法である。現在ではこの表形式が主流である。

　テーブル作成の際は，通常の「ファイル」と違い，あらかじめデータ項目の定義や「コード設計」を行う。さらに，データ量が膨大なテーブルのフィールドに「インデックス」を設定すると検索速度を向上させることができる。

■社員テーブル

入社年度	年度別連番	社員名	部課コード
2009	101	実教　太郎	E01
2009	102	市ヶ谷　春子	H01
2009	103	四谷　歌子	K01
2010	101	御茶ノ水　進	E02
2010	102	実教　花子	H02
2010	103	信濃　美智子	K02

　上のような表形式で表されるデータベースシステムを「リレーショナルデータベース管理システム（RDBMS）」という。

▶リレーショナルデータベース管理システム
RDBMS：Relational DataBase Management System

(2) 階層型

　階層型とは，データ項目を分類し，階層的（木構造）に整理する方法である。組織図などを表すのに適している。

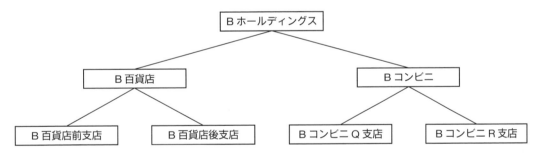

(3) 網型（ネットワーク型）

　網型（ネットワーク型）とは，データ項目間を関連付けて整理する方法。一人が複数の部署に属している場合などを表すのに適している。

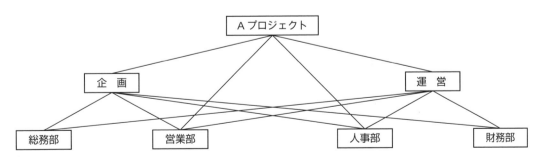

(4) NoSQL

SQL を使わないデータベースである。

(5) キーバリューストア

一意に識別できるキーに対して，１つの値をとる形でデータを保存する仕組みである。

(6) ドキュメント指向データベース

XML 形式などで記述されたドキュメント形式でデータを保存するデータベースである。

(7) グラフ指向データベース

ノード(データ)，リレーション(関係性)，プロパティ(性質)で構成され，ノード間をリレーションでつないで構成したデータベースである。

◎ 3-2-2 ● データベース管理システム（DBMS）

▶DBMS：DataBase Management System

データベース管理システムには，データ定義機能，データ操作機能，データ制御機能などが備えられている。

▶データ定義言語
DDL：Data Definition Language

(1) データ定義機能

データ定義機能とは，データベースに表(テーブル)などの各項目を登録する機能であり，データ定義言語により設定する。

(2) データ操作機能

▶データ操作言語
DML：Data Manipulation Language

データベースから必要なデータを取り出したり，追加・修正を加える機能。SQL では，表(テーブル)に対するデータ操作である，レコード追加：INSERT，更新：UPDATE，削除：DELETE，抽出・参照：SELECT などがある。データ操作言語により設定する。

▶データ制御言語
DCL：Data Control Language

(3) その他の機能

データ復旧を図るバックアップ機能，データベースの使用効率向上のため再編成機能，データの矛盾を排除するための整合性制約，データの同時更新を制御する排他制御，ハードウェア障害やトランザクション障害からの障害復帰などの機能も有する。

◎ 3-2-3 ● データベース設計

1. データ分析
(1) 3 層スキーマ

利用者の立場からの外部スキーマ，データベース管理者側からの概念スキーマと内部スキーマから構成されている。

①外部スキーマ

利用者がデータベースから検索・抽出するデータ(ビュー)である。
（CREATE VIEW）

②概念スキーマ

テーブル作成時などのデータの論理的な構造（テーブル）をいう（CREATE TABLE）。

③内部スキーマ

データの実際の格納方法や格納場所などをいう。

（2）データクレンジング

データの中の誤った情報や形式が異なる情報などを消去（クレンジング）し，データとして適切なデータに加工することである。

▶データマイニング

これまで知られていなかった役立つ可能性がある情報を，データから掘り出す（マイニング）すること。

■３層スキーマ

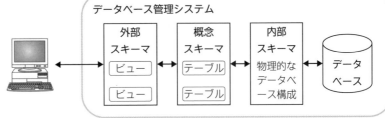

2. データの設計
（1）E-R図

データを**エンティティ**（実体）と**リレーションシップ**（関連），**アトリビュート**（属性）という３つの要素で図式化したものを**E-R図**という。

たとえばエンティティには，生徒，科目，成績，顧客，商品，会社などさまざまなものがある。また，リレーションシップとはエンティティとエンティティとの関係をいう。さらにアトリビュートとはエンティティのもつ要素を指し，たとえば社員であれば社員コードや社員名，住所などをいう。

▶E-R図：Entity Relationship Attribute

■E-R図の記号

エンティティ （実体）	（長方形）	生徒，科目，成績など
リレーションシップ （関連）	→ または ◇	エンティティ間の関連
アトリビュート （属性）	（楕円）	生徒（学籍番号，氏名，住所など）

■E-R図の記述の例

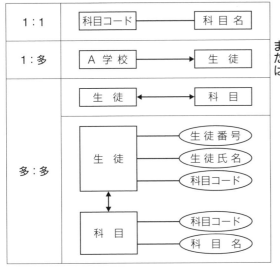

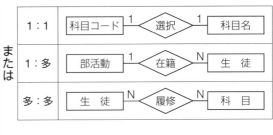

3. データの正規化

重複データを持たないようにテーブル(表)を分割し，整理することをいう。データの正規化により，冗長性の排除，データ容量の節約，データの無駄な読み取りをなくすことによるアクセスの高速化，データの矛盾を起こさずに追加・更新・削除・挿入などのデータ操作ができるなどのメリットがある。通常行われる正規化は，第1正規化，第2正規化，第3正規化までである。

(1) テーブル (表)

テーブルとは，行と列で表現されるデータの集合である。データベースの中ではテーブル名は一意(ユニーク)に付ける必要がある。

(2) 項目 (フィールド，列，属性)

1列分の同じ属性を持つデータの集合を項目という。

(3) レコード (組，タプル，行，件)

複数の項目から構成される1件分のデータの集合をレコードという。

(4) 主キー

テーブルの中の1つのレコードを一意(ユニーク)に特定するためのキーまたは，複数のキーを主キーと呼ぶ。主キーには NULL 値(空白)や重複する値を設定できない。

■社員テーブル　　　　　　　　　　テーブル(表)

社員コード	社員名	郵便番号	住所	電話番号
30101	実教　太郎	1000000	東京都千代田区百番町 1-1	03-3238-＊＊＊ 1
30102	市ヶ谷　春子	1000001	東京都千代田区千代田 2-1	03-3238-＊＊＊ 2
30103	四谷　歌子	1000002	東京都千代田区皇居外苑 3-1	03-3238-＊＊＊ 3
40101	御茶ノ水　進	1000000	東京都千代田区一ツ橋 4-1	03-3238-＊＊＊ 4
40102	実教　花子	1000004	東京都千代田区大手町 5-1	03-3238-＊＊＊ 5
40103	信濃　美智子	1000005	東京都千代田区丸の内 6-1	03-3238-＊＊＊ 6
50101	市ヶ谷　桜子	1000006	東京都千代田区有楽町 7-1	03-3238-＊＊＊ 7
50102	墨田　一郎	1000011	東京都千代田区内幸町 8-1	03-3238-＊＊＊ 8
50103	荒川　健太郎	1000012	東京都千代田区日比谷公園 9-1	03-3238-＊＊＊ 9

主キー　　　　　　　　　　項目　　　　　　　　　　レコード
(表中で唯一)　　　　(フィールド，列，属性)　　(組，タプル，行，件)

(5) 外部キー

他の表の主キーを参照する項目を外部キーという。

(6) 複合キー

2つ以上の項目により主キーを構成する項目を複合キーという。

■社員テーブル

入社年度	年度別連番	社員名	部課コード
2009	101	実教　太郎	E01
2009	102	市ヶ谷　春子	H01
2009	103	四谷　歌子	K01
2010	101	御茶ノ水　進	E02
2010	102	実教　花子	H02
2010	103	信濃　美智子	K02

■部課テーブル

部課コード	部課名
E01	営業第一課
E02	営業第二課
K01	企画第一課
K02	企画第二課
H01	編集第一課
H02	編集第二課

複合キー
（主キー）

外部キー　　　　主キー

3-2-4 ● データ操作

下記の2つのテーブルをもとに(1)から(6)の操作を行う。

■社員テーブル

入社年度	年度別連番	社員名	部課コード
2009	101	実教　太郎	E01
2009	102	市ヶ谷　春子	H01
2009	103	四谷　歌子	K01
2010	101	御茶ノ水　進	E02
2010	102	実教　花子	H02
2010	103	信濃　美智子	K02

■部課テーブル

部課コード	部課名
E01	営業第一課
E02	営業第二課
K01	企画第一課
K02	企画第二課
H01	編集第一課
H02	編集第二課

（1）選択

関係データベースの表から，探索条件によりレコードを抽出することを**選択**という。

該当社員抽出（ビュー）を作成（年度別連番＝101）

■社員テーブル

入社年度	年度別連番	社員名	部課コード
2009	101	実教　太郎	E01
2009	102	市ヶ谷　春子	H01
2009	103	四谷　歌子	K01
2010	101	御茶ノ水　進	E02
2010	102	実教　花子	H02
2010	103	信濃　美智子	K02

■該当社員抽出（ビュー）

入社年度	年度別連番	社員名	部課コード
2009	101	実教　太郎	E01
2010	101	御茶ノ水　進	E02

(2) 射影

関係データベースの表から，一部の項目を探索条件によりデータを抽出することを射影という。

番号名前抽出（ビュー）を作成（年度別連番と社員名）

■社員テーブル

入社年度	年度別連番	社員名	部課コード
2009	101	実教　太郎	E01
2009	102	市ヶ谷　春子	H01
2009	103	四谷　歌子	K01
2010	101	御茶ノ水　進	E02
2010	102	実教　花子	H02
2010	103	信濃　美智子	K02

■番号名前抽出（ビュー）

年度別連番	社員名
101	実教　太郎
102	市ヶ谷　春子
103	四谷　歌子
101	御茶ノ水　進
102	実教　花子
103	信濃　美智子

(3) 結合

関係データベースの複数の表を，条件により新たなひとつの表を作り出すことを結合という。

社員テーブルと部課テーブルを結合して部課名（ビュー）を作成。

■社員テーブル

入社年度	年度別連番	社員名	部課コード
2009	101	実教　太郎	E01
2009	102	市ヶ谷　春子	H01
2009	103	四谷　歌子	K01
2010	101	御茶ノ水　進	E02
2010	102	実教　花子	H02
2010	103	信濃　美智子	K02

■部課テーブル

部課コード	部課名
E01	営業第一課
E02	営業第二課
K01	企画第一課
K02	企画第二課
H01	編集第一課
H02	編集第二課

■部課名結合（ビュー）

入社年度	年度別連番	社員名	部課名
2009	101	実教　太郎	営業第一課
2009	102	市ヶ谷　春子	編集第一課
2009	103	四谷　歌子	企画第一課
2010	101	御茶ノ水　進	営業第二課
2010	102	実教　花子	編集第二課
2010	103	信濃　美智子	企画第二課

(4) 挿入

関係データベースの表に，新しいレコードを追加することを**挿入**という。

社員テーブルに，新入社員（2010，104，千駄ヶ谷　次郎，K02）を追加挿入。

■社員テーブル（挿入前）

入社年度	年度別連番	社員名	部課コード
2009	101	実教　太郎	E01
2009	102	市ヶ谷　春子	H01
2009	103	四谷　歌子	K01
2010	101	御茶ノ水　進	E02
2010	102	実教　花子	H02
2010	103	信濃　美智子	K02

■社員テーブル（挿入後）

入社年度	年度別連番	社員名	部課コード
2009	101	実教　太郎	E01
2009	102	市ヶ谷　春子	H01
2009	103	四谷　歌子	K01
2010	101	御茶ノ水　進	E02
2010	102	実教　花子	H02
2010	103	信濃　美智子	K02
2010	104	千駄ヶ谷　次郎	K02

(5) 更新

関係データベースの表のレコードの一部を修正することを**更新**という。

社員テーブルの入社年度＝2009，年度別連番＝103 の社員名を "四谷　歌子 " から " 水道橋　歌子 " に更新。

■社員テーブル（更新前）

入社年度	年度別連番	社員名	部課コード
2009	101	実教　太郎	E01
2009	102	市ヶ谷　春子	H01
2009	103	四谷　歌子	K01
2010	101	御茶ノ水　進	E02
2010	102	実教　花子	H02
2010	103	信濃　美智子	K02

■社員テーブル（更新後）

入社年度	年度別連番	社員名	部課コード
2009	101	実教　太郎	E01
2009	102	市ヶ谷　春子	H01
2009	103	水道橋　歌子	K01
2010	101	御茶ノ水　進	E02
2010	102	実教　花子	H02
2010	103	信濃　美智子	K02

(6) 削除

関係データベースの表のレコードを**削除**することをいう。

社員テーブルの入社年度＝2010，年度別連番＝101 の行を削除。

■社員テーブル（削除前）

入社年度	年度別連番	社員名	部課コード
2009	101	実教　太郎	E01
2009	102	市ヶ谷　春子	H01
2009	103	四谷　歌子	K01
2010	101	御茶ノ水　進	E02
2010	102	実教　花子	H02
2010	103	信濃　美智子	K02

■社員テーブル（削除後）

入社年度	年度別連番	社員名	部課コード
2009	101	実教　太郎	E01
2009	102	市ヶ谷　春子	H01
2009	103	四谷　歌子	K01
2010	102	実教　花子	H02
2010	103	信濃　美智子	K02

◎ 3-2-5 ● トランザクション処理

1. トランザクション（Transaction）

　データ処理の完全性・一貫性を保つための一連の処理である。例えば，銀行口座で振り込みを行う場合，①「自分の口座の残高を減らす」，②「相手口座に入金する」といった二つの処理があり，この二つの処理が実行されて初めて振り込み処理は完了する。これら関連する処理をひとまとまりの単位として行うことをいう。

2. ACID 特性（Atomicity・Consistency・Isolation・Durability）

　データベースのトランザクション処理を行う上で必要不可欠な4つの性質である。

・**Atomicity（完全性・原子性）**：トランザクションは，「すべて実行される」，または，「すべて実行されない」のいずれかで終了することを保証する性質。

・**Consistency（一貫性）**：つねにデータベースの整合性が保たれていること（トランザクションによりデータの矛盾が生じないこと）を保証する性質。

・**Isolation（独立性）**：トランザクションを複数同時実行した場合と，それぞれ順次実行した場合の結果が等しくなることを保証する性質。

・**Durability（永続性）**：正常に終了したトランザクションは，それ以降システム障害が発生しても失われないことを保証する性質。

3. コミット（Commit）

　トランザクションの処理を確定させること。

4. 2相コミットメント

　一つのトランザクションを複数のデータベースにまたがって処理を行うような分散データベースにおいて，トランザクション処理の整合性が保てるよう2段階に分けてコミットを行う方法。第1相でのトランザクションを他のデータベースでも更新可能かどうかを確認し，他のデータベースのトランザクションも「コミット」または「ロールバック」が可能なセキュアな状態にした後，第2相で「コミット」または「ロールバック」を確定する。この仕組みにより分散データベースにおけるトランザクションの完全性と一貫性を保証する。

5. 同時実行制御（排他制御）

　ユーザが，データベースの更新処理中に，他のユーザが同時にデータの読み出しを行うと，更新途中のデータ内容の整合性がとれない。このため，データベース管理ソフトウェアが更新作業中はデータベースに占有ロックをかけ，他の更新・読み出しを行えない状態にすることを**排他制御**という。

　次の①～④までの処理を順に実行したとき，データ W の初期値が 10 の場合，結果は 20 となってしまう。

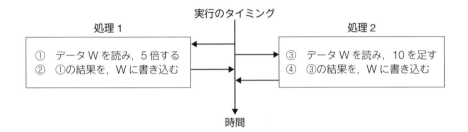

（1）ロック

①占有ロック

　データベース更新時にかけるロックであり，他のユーザは，データの参照・更新ができないロックを**占有ロック**という。

②共有ロック

　データベース参照時にかけるロックであり，他のユーザは，データの参照はできるが更新はできないロックを**共有ロック**という。

③デッドロック

　デッドロックとは，排他制御により発生する膠着状態のことをいう。同時に更新処理を実行すると排他制御がかかり，互いの処理が動かなくなる状態をいう。

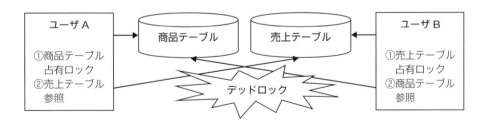

6. 障害回復（リカバリ機能）

（1）フォワードリカバリ（ロールフォワード）

ディスク障害などのハードウェア障害時に行う処理である。バックアップファイルを書き戻した後（リストア），更新後ジャーナルファイル（ログ）によりバックアップ時以降の，ハードウェア障害発生直前の状態に復旧させることを**ロールフォワード**という。

▶ジャーナル（ログ）
更新履歴という。
データベース障害発生時にバックアップファイルとともに復旧のために使う。

（2）チェックポイント

データベースにおいて，処理中のメモリ上に内容がディスクに書き込まれるタイミングをいう。

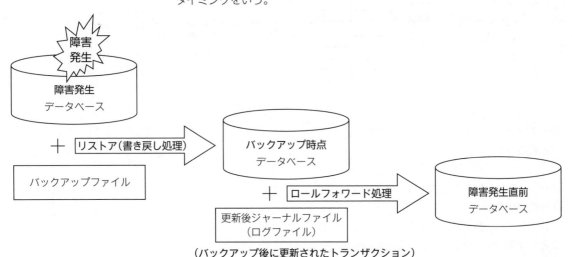

（バックアップ後に更新されたトランザクション）

（3）バックワードリカバリ（ロールバック）

データベースのトランザクション処理の異常終了時に行う処理である。更新前ジャーナルファイル（ログファイル）を使い，異常終了直前までの状態に復旧させることを**ロールバック**という。

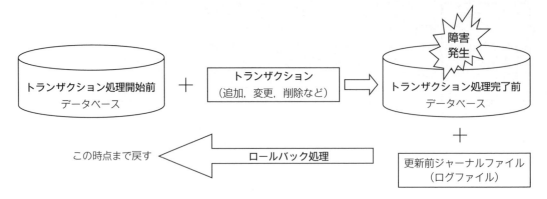

7. データウェアハウス（Data warehouse）

データウェアハウスは，企業のさまざまな活動を介して得られた大量のデータを目的別に整理・統合して蓄積しておき，企業戦略や意思決定支援などに利用される。新たな分析のニーズが発生した場合でも，再設計や再構築することなく対応できるように，すべてのトランザクションをそのままで保存する。

1. 企業のさまざまな活動を介して得られた大量のデータを整理・統合して蓄積しておき，意思決定支援などに利用するものはどれか。 (H20 秋 AD)

  ア データアドミニストレーション イ データウェアハウス

  ウ データディクショナリ   エ データマッピング

2. E-R 図の説明と，その応用例として，適切なものはどれか。 (H24 春 IP)

  ア 作業順序や作業時間を表した図であり，例えば，システム開発の日程管理をするのに用いられる。

  イ 実体同士の関連を表した図であり，例えば，関係データベースの表同士の関連を表すのに用いられる。

  ウ 順次，選択，繰返し構造を組み合わせて表した図であり，例えば，プログラムの流れを記述するのに用いられる。

  エ 状態の遷移や条件を記載した図であり，例えば，通信プロトコルの仕様を記述するのに用いられる。

3. データベースの論理的構造を規定した論理データモデルのうち，関係データモデルの説明として適切なものはどれか。 (H26 秋 IP)

  ア データとデータの処理方法を，ひとまとめにしたオブジェクトとして表現する。

  イ データ同士の関係を網の目のようにつながった状態で表現する。

  ウ データ同士の関係を木構造で表現する。

  エ データの集まりを表形式で表現する。

4. 関係データベースにおいて主キーを指定する目的はどれか。 (H22 春 IP)

  ア 主キーに指定した属性(列)で，複数のレコード(行)を同時に特定できるようにする。

  イ 主キーに指定した属性(列)で，レコード(行)を一意に識別できるようにする。

  ウ 主キーに指定した属性(列)に対し，検索条件を指定できるようにする。

  エ 主キーに指定した属性(列)を算術演算の対象として扱えるようにする。

5. 関係データベースにおける主キーに関する記述のうち，適切なものはどれか。 (H28 秋 IP)

  ア 主キーに設定したフィールドの値に 1 行だけなら NULL を設定することができる。

  イ 主キーに設定したフィールドの値を更新することはできない。

  ウ 主キーに設定したフィールドは他の表の外部キーとして参照することができない。

  エ 主キーは複数フィールドを組み合わせて設定することができる。

6. DBMS におけるインデックスに関する記述として，適切なものはどれか。　　　　　　(H30 春 IP)

　ア　検索を高速に行う目的で，必要に応じて設定し，利用する情報
　イ　互いに関連したり依存したりする複数の処理を一つにまとめた，一体不可分の処理単位
　ウ　二つの表の間の参照整合性制約
　エ　レコードを一意に識別するためのフィールド

7. スタンドアロンで使用している PC 上のデータベースを処理するのに，順次アクセスを伴う処理に時間がかかるようになった。データ件数はほとんど変わっていないとき，原因として考えられるものはどれか。　　　　　　(H21 春 AD)

　ア　削除済みのデータなど，無駄なレコードを読んでいる。
　イ　データの追加・削除が繰り返され，データベースファイルの記録領域が断片化している。
　ウ　データベースの空き領域が増加してアクセス時間が長くなっている。
　エ　ハードウェアの劣化によって，磁気ディスクと処理装置間のデータ転送速度が低下している。

8. 処理一覧に示す実行順に，トランザクション 1 ～ 4 を実行する。あるトランザクションが途中で異常終了し，トランザクションを中断してロールバックした結果，データ A とデータ B が残った。異常終了したトランザクションはどれか。ここで，トランザクションが正常終了したときにコミットを行い，次のトランザクションがあれば，それを実行する。異常終了したときは，当該トランザクション以降のトランザクションを実行しないものとする。　　　　　　(H27 秋 IP)

〔処理一覧〕

実行順	トランザクション名	処理
1	トランザクション 1	データ A を作成する。
2	トランザクション 2	データ B を作成し，データ A を削除する。
3	トランザクション 3	データ A を作成する。
4	トランザクション 4	データ B を削除する。

　ア　トランザクション 1　　　イ　トランザクション 2
　ウ　トランザクション 3　　　エ　トランザクション 4

9. 表 1 と表 2 に，ある操作を行って表 3 が得られた。行った操作だけをすべて挙げたものはどれか。　　　　　　(H28 春 IP)

表 1

品名コード	品名	価格	メーカー
001	ラーメン	150	A 社
002	うどん	130	B 社

表 2

品名コード	棚番号
001	1
002	5

表 3

品名	価格	棚番号
ラーメン	150	1
うどん	130	5

　ア　結合　　　　　　イ　結合，射影
　ウ　結合，選択　　　エ　選択，射影

10. 複数の利用者が同時にデータベースを利用する場合に，1人の利用者がデータ更新中に，同一のデータを別の利用者が参照しようとした。このとき，データの整合性を保障するためのデータベース管理システムでの制御として，適切なものはどれか。 (H21 秋 IP)

　　ア　更新処理を中断して参照させる。

　　イ　更新中の最新のデータを参照させる。

　　ウ　更新中の利用者の処理が終了してから参照させる。

　　エ　更新を破棄して更新前のデータを参照させる。

11. データモデルの表記が次の表記法に従うとき，E-R 図の解釈に関する記述のうち，適切なものはどれか。 (H18 秋 AD)

　〔表記法〕

エンティティ A のデータ 1 個に対して，エンティティ B のデータが n 個（$n \geq 0$）対応し，また，エンティティ B のデータ 1 個に対して，エンティティ A のデータが 1 個対応する。

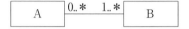

エンティティ A のデータ 1 個に対して，エンティティ B のデータが n 個（$n \geq 1$）対応し，また，エンティティ B のデータ 1 個に対して，エンティティ A のデータが m 個（$m \geq 0$）対応する。

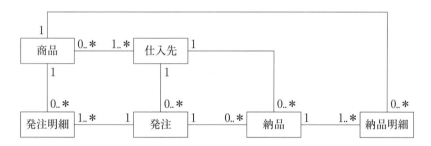

　　ア　同一の商品は一つの仕入先から仕入れている。

　　イ　発注明細と納品明細は 1 対 1 に対応している。

　　ウ　一つの発注で複数種類の商品を発注することはない。

　　エ　一つの発注で複数の仕入先に発注することはない。

12. オンライントランザクション処理システムを構成するサーバ上のソフトウェアのうち，データベース管理システムの役割の説明として，適切なものはどれか。 (H21 春 IP)

　　ア　アプリケーションプログラムからデータの検索や更新の要求を受け付けて，データベース内のデータの検索や更新をする。

　　イ　クライアントからトランザクション処理要求を受け付けて，要求に対応するアプリケーションプログラムを起動する。

　　ウ　トランザクション処理要求によって，必要に応じてデータの検索や更新の要求を出して業務処理をする。

　　エ　ネットワークを介してクライアントとの通信処理をする。

13. データベースの障害回復に用いられ，データベースの更新に関する情報が格納されているファイルはどれか。

(H21 春 IP)

    ア　インデックスファイル
    イ　バックアップファイル
    ウ　ログファイル
    エ　ロードモジュールファイル

14. 関係データベースの構築を次の a ～ c の工程で行うとき，実行順序として適切なものはどれか。

(H26 春 IP)

    a　管理するデータ項目の洗い出し
    b　対象業務の分析
    c　表の作成

    ア　a → b → c　　イ　b → a → c
    ウ　b → c → a　　エ　c → a → b

15. 2 台の PC から一つのファイルを並行して更新した。ファイル中の同一のデータ（データ1）に対する処理が①～④の順で行われたとき，データ1 はどの値になるか。ここで，データ1 の初期値は 5 であった。

(H22 春 IP)

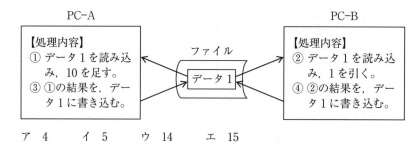

    ア　4　　　　イ　5　　　　ウ　14　　　　エ　15

16. 複数の IoT デバイスとそれらを管理する IoT サーバで構成される IoT システムにおける，エッジコンピューティングに関する記述として，適切なものはどれか。

(R1 秋 IP)

    ア　IoT サーバ上のデータベースの複製を別のサーバにも置き，両者を常に同期させて運用する。
    イ　IoT デバイス群の近くにコンピュータを配置して，IoT サーバの負荷低減と IoT システムのリアルタイム性向上に有効な処理を行わせる。
    ウ　IoT デバイスと IoT サーバ間の通信負荷の状況に応じて，ネットワークの構成を自動的に最適化する。
    エ　IoT デバイスを少ない電力で稼働させて，一般的な電池で長期間の連続運用を行う。

3-3 コンピュータシステム

この節のまとめ

● **コンピュータシステムの処理性能を評価する**

☐ スループット：一定時間内の仕事の量

☐ ターンアラウンドタイム：処理を依頼してから完全な結果が得られるまでの時間

☐ レスポンスタイム(応答時間)：処理を依頼してから処理結果の出力が始まるまでの時間

☐ ベンチマークテスト：通常使用しているソフトウェアで処理時間を計測

☐ クロック周波数：コンピュータ内部が動作のタイミングを取る回数

● **コンピュータシステムの信頼性を評価する**

☐ 平均故障間隔(MTBF)：正常に動作している平均時間

☐ 平均修復時間(MTTR)：故障して修理中の平均時間

☐ 稼働率：MTBF÷(MTBF＋MTTR)

☐ 直列の稼働率：装置 A の稼働率×装置 B の稼働率

☐ 並列の稼働率：1－(装置 A の故障率×装置 B の故障率)

※並列の稼働率の方が直列よりも高い→装置に予備があると稼働率が高くなる。

● **コンピュータシステムの処理形態**

☐ シンプレックスシステム：予備の装置がないシステム。コストは抑えられるが信頼性が低い

☐ デュプレックスシステム：メインと予備のシステムを用意し，障害発生時には予備のシステムに切り替えて処理を継続

☐ デュアルシステム：複数のシステムが同時に同じ処理を行い，互いに結果を照合。どちらかに障害が発生したときは，残ったシステムで処理を継続

☐ マルチプロセッサシステム：複数のプロセッサが分担して 1 つの処理を行う

☐ 集中処理：すべての処理を集中して行う

☐ 分散処理：それぞれの端末で処理を行う

☐ ピアツーピア型 LAN：それぞれの端末が対等な LAN

☐ クライアントサーバ型 LAN：サービスを提供する専用のコンピュータ(サーバ)とサービスを依頼するクライアントに役割を分担

● **障害発生時の対応方法**

☐ フェールセーフ：障害が発生したときには，被害を最小限にすることを優先

☐ フォールトトレラントシステム：障害が発生しても処理を継続するシステム

☐ フールプルーフ：人間はミスをするものという前提に，誤った操作をしても危険が生じないように設計する

● **コンピュータシステムの費用**

☐ 初期コスト(イニシャルコスト)：コンピュータシステムを新規に構築する費用

☐ 運用コスト(ランニングコスト)：完成後コンピュータシステムを稼働する間中かかる費用

☐ トータルコスト：初期コスト＋運用コスト

1. コンピュータシステムの処理能力に関する評価指標

コンピュータシステムの評価指標には処理能力に関するものと，コンピュータシステムの信頼性に関するものがある。ここでは，処理能力に関する評価指標を紹介する。

(1) スループット

コンピュータシステムが一定時間内に行う仕事の量を**スループット**という。つまり，スループットを向上させることによりコンピュータシステムがより効率的に多くの仕事を行うことができる。スループットを向上させる方法は，処理性能の高い機器を使用する以外に，コンピュータシステムを効率的に運用し，コンピュータシステムの遊休時間を短縮させる工夫も重要である。

(2) ターンアラウンドタイムとレスポンスタイム

▶**ターンアラウンドタイム**
主にバッチ処理の指標として使用される。

▶**レスポンスタイム**
主にネットワークを用いた対話型処理の指標として使用される。

コンピュータシステムに処理を依頼してから，完全な出力結果が得られるまでの時間を**ターンアラウンドタイム**という。また，コンピュータシステムに処理を依頼してから，出力が開始されるまでの時間を**レスポンスタイム**または**応答時間**という。なお，どちらも時間を短縮させることでスループットの向上に役立つ。

■**ターンアラウンドタイムとレスポンスタイム**

処理を依頼　（処理中）　出力開始　　　出力完了

■—————————→■　　　　　　　　　レスポンスタイム
■———————————————————→■　ターンアラウンドタイム

(3) ベンチマークテスト

業務等で通常使用しているソフトウェアを用いて処理を行い，その処理時間を測定することで処理性能を計ることを**ベンチマークテスト**という。たとえば，今までのコンピュータで 5 秒かかった処理が，新しいコンピュータでは 1 秒で終了したというように，具体的な数値で性能を評価することができる。

(4) クロック周波数

▶設計思想を**アーキテクチャ**という。

※近年では，複数の演算ユニットを搭載することが多い。その場合，クロック周波数は小さくても演算ユニットの搭載数が多いために処理性能が高い場合も多く，クロック周波数の大きさだけでは処理性能を比較できないことが多くなってきている。

▶GHz＝1,000,000,000 Hz

コンピュータ内の各部品は，**クロック**という信号を合図に動作のタイミングを取りながら実行している。そのクロックが 1 秒間で何回発せられるかの単位を**クロック周波数**といい **Hz(ヘルツ)** で表す。同じ設計思想で作られたコンピュータでは，クロック周波数が大きいほど処理性能が高いことを意味する※。なお，近年のパソコンでは **GHz(ギガヘルツ)** を用いることが多い。

> | 例1 | ある処理を 1 回行うには 5,000,000 命令を実行する。1 命令平均 10 クロックが必要なとき，クロック周波数が 1 GHz のコンピュータでは何秒かかるか。 |
> |---|---|

①必要なクロック数を求める。1 命令平均 10 クロックで，5,000,000 命令なので
5,000,000 命令×10 クロック＝50,000,000 クロック＝0.05 G クロック
② 0.05 G クロック÷1 GHz＝0.05 秒

(5) MIPS

▶MIPS
Million Instructions Per Second

　１秒間に実行できる命令数を百万回の単位で表したものを MIPS という。各命令によって，実行時間が異なるので，各命令を実行するのに要する時間と，基準となるプログラムに出現する各命令の頻度から平均値を算出して MIPS 値を求める。MIPS 値からおおよその処理時間を計算できる。

▶Flops
FLoating point number Operations Per Second
浮動小数点数値の計算を１秒間で何回実行できるかを表したもの。スーパーコンピュータの性能指標では，TFlops：T（テラ：1兆回）が利用される。

例2

　１件の処理が 500,000 命令のとき，２MIPS の性能を有するコンピュータで 100 件処理するのには，何秒かかるか。

① 100 件処理を行うときの命令数を求める。

　　１件 500,000 命令×100 件＝50,000,000 命令＝50 百万命令

②コンピュータの性能が２MIPS（１秒間で２百万命令の処理が可能）なので

　　50÷2＝25 秒

2. コンピュータシステムの信頼性に関する評価指標

(1) 稼働率

　コンピュータシステムが正常に動作する割合を稼働率という。コンピュータシステムの信頼性を高めるためには，稼働率を 100％ に近づける必要がある。稼働率は，すべての時間に対するコンピュータシステムが正常に動作する平均時間で求めることができる。なお，すべての時間とは，コンピュータシステムが正常に動作している時間である平均故障間隔(MTBF)と，故障により停止している時間である平均修復時間(MTTR)の合計である。

▶MTBF
Mean Time Between Failure

▶MTTR
Mean Time To Repair

$$稼働率 = \frac{平均故障間隔}{平均故障間隔 + 平均修復時間} \begin{matrix} \cdots 正常に動作している時間 \\ \cdots すべての時間 \end{matrix}$$

例3

MTBF が 80 時間，MTTR が 20 時間のときの稼働率（％）を求めよ。

　80 時間 ÷（80 時間 ＋ 20 時間）＝80％

(2) 直列のコンピュータシステムによる稼働率の計算

　私たちが使用しているコンピュータには，コンピュータ本体以外にもキーボードやディスプレイなどの装置が接続されている。これらの装置のうち１つでも故障していればコンピュータを利用できない。このように，どれか１つでも故障すれば利用できないシステムを直列のシステムといい，以下のように図で表す。

■直列のシステムの例

```
┌─────────┐    ┌──────────────┐    ┌─────────┐
│ キーボード │────│ コンピュータ本体 │────│ ディスプレイ │
└─────────┘    └──────────────┘    └─────────┘
```

　直列のシステムでの稼働率の計算は，すべての機器が正常に動作しているときのみに稼働するために，すべての機器の稼働率をかけ算して求める。

　　直列の稼働率＝装置 A の稼働率×装置 B の稼働率※

※装置が２つで構成されている場合の式。キーボード，コンピュータ本体，ディスプレイと３つの装置で構成されている場合には，３つの装置の稼働率をすべてかけ合わせる。

▶直列のシステムの各装置とシステムとしての稼働状態を○と×表で表すと以下のとおりとなる。なお，各装置の稼働率を80%とする。

装置A	装置B	システムとしての稼働状態
○ 80%	○ 80%	○ 64%
○ 80%	× 20%	× 16%
× 20%	○ 80%	× 16%
× 20%	× 20%	× 4%
	合計	100%

例4 以下の図のような直列のシステムの稼働率(%)を求める。
なお，各装置の稼働率は80%とする。

直列の稼働率は，装置Aの稼働率×装置Bの稼働率で求めるので，
$$80\% \times 80\% = 64\%$$

（3）並列のコンピュータシステムによる稼働率の計算

全く同じコンピュータが2台あるとき，片方が故障していても，どちらか1台が動作すればコンピュータを使って処理を行うことができる。このように予備の機器があり，どちらか1台でも動作すればよいシステムを並列のシステムといい，以下のように図で表す。

■並列のシステムの例

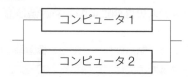

並列のシステムでの稼働率は，すべての装置が故障している以外は利用可能になるために，すべての装置が故障している率をかけ合わせ，最後に1から引くことで求めることができる。なお，並列のシステムは直列のシステムよりも稼働率を高くすることができ，より信頼性の高いシステムとなる。

並列の稼働率＝1−（装置Aの故障率×装置Bの故障率）
　　　　　＝1−((1−装置Aの稼働率)×(1−装置Bの稼働率))
　　　　　※各装置の故障率は，1−各装置の稼働率

▶並列のシステムの各装置とシステムとしての稼働状態を○と×表で表すと以下のとおりとなる。なお，各装置の稼働率を80%とする。

装置A	装置B	システムとしての稼働状態	
○ 80%	○ 80%	○ 64%	}96%
○ 80%	× 20%	○ 16%	
× 20%	○ 80%	○ 16%	
× 20%	× 20%	× 4%	
	合計	100%	

上記の表から，100%−すべてが故障(×)のとき(4%)＝96%となる。

例5 以下の図のような並列のシステムの稼働率(%)を求める。
なお，各装置の稼働率は80%とする。

並列の稼働率は，1−（装置Aの故障率×装置Bの故障率）で求める。
①各装置の稼働率が80%なので，各装置の故障率は，
　　　$1-80\% = 20\%$である。
②システム全体の稼働率は，
　　　1−（装置Aの故障率20%×装置Bの故障率20%）＝96%となる。

（4）直列と並列の組み合わせによる稼働率の計算

例6や例7のように直列と並列が組み合わされたシステムの場合には，部分的に稼働率を求めながら，全体の稼働率を求めていく。

例6 以下のようなシステムの稼働率を求めよ。ただし，各装置の稼働率は80%とする。

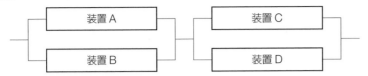

①装置Aと装置Bの稼働率を求める。この部分を見ると並列なので，

$1-(20\%\times20\%)=96\%$ となる。

②装置Cと装置Dの稼働率を求める。この部分も並列なので，

$1-(20\%\times20\%)=96\%$ となる。

③ここまで求めた稼働率を図にすると以下のようになる。

　したがって，システム全体の稼働率は，直列の稼働率で求めることができるので，$96\%\times96\%=92.16\%$ となる。

例7 以下のようなシステムの稼働率を求めよ。ただし，各装置の稼働率は80%とする。

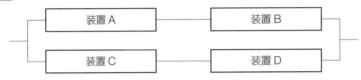

①装置Aと装置Bの稼働率を求める。この部分を見ると直列なので，

$80\%\times80\%=64\%$ となる。※故障率は $1-64\%=36\%$

②装置Cと装置Dの稼働率を求める。この部分も直列なので，

$80\%\times80\%=64\%$ となる。※故障率は $1-64\%=36\%$

③ここまで求めた稼働率を図にすると以下のようになる。

　したがって，システム全体の稼働率は，並列の稼働率で求めることができるので，$1-(36\%\times36\%)=87.04\%$ となる。

● **1** 次の説明文の空欄に適した用語を語群から選び，記号で答えなさい。

1 一定時間にコンピュータが行うことのできる仕事の量を（　）という。

2 システムに処理を依頼してから，完全に出力結果が得られるまでの時間を（　）という。

3 通常使用しているソフトウェアにより処理時間を計測して性能を測定する方法を（　）テストという。

4 システムが正常に稼働している割合を（　）といい，100％に近いほど信頼性が高いことを意味する。

5 稼働率を求める公式は，

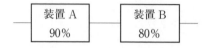

$$\frac{（①）}{（①）+（②）}$$ である。

6 次のような直列のシステムのときの稼働率は（　）である。

| 装置 A 90% | 装置 B 80% |

7 次のような並列のシステムのときの稼働率は（　）である。

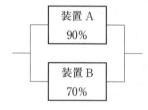

| 装置 A 90% |
| 装置 B 70% |

| ア 稼働率 | イ スループット | ウ 平均故障間隔 | エ 平均修復時間 |
| オ ターンアラウンドタイム | カ ベンチマーク | キ 97% | ク 72% | ケ 98% |

◉3-3-2 ● コンピュータシステムの処理形態

1. コンピュータシステムの処理形態の種類

さまざまな装置を組み合わせたコンピュータシステムの代表的な処理形態を説明する。

(1) シンプレックスシステム

シンプレックスシステムは，予備のシステムを持たない単一のコンピュータシステムである。必要な機器を必要最低限しか購入しないために，最もコストを低く抑えることができるが，障害が発生したときには最も信頼性が低い。

(2) デュプレックスシステム

　デュプレックスシステムは，メインと予備のシステムを持ち，通常はメインのシステムを稼働させるが，障害発生時には予備のシステムに切り替えて処理を継続することで信頼性を高めたシステム。予備のシステムは，別の処理を行っていることもある。

■デュプレックスシステム

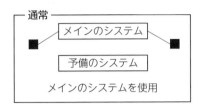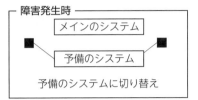

▶デュプレックスシステムでは予備のシステムの待機方法により2種類に分類される。
①コールドスタンバイ
メインのシステムに障害が発生してから予備のシステムを起動し処理を引き継ぐ。予備のシステムの準備が完了するまでのシステム停止時間は，ホットスタンバイよりも長くなる。
②ホットスタンバイ
予備のシステムは，メインの処理プログラムを常に起動しておき，障害が発生したときには速やかに切り替えられるように準備をしておく。

(3) デュアルシステム

　同一の処理を行うシステムを二重に準備し，常に同一の処理を同時に実行させて実行結果を照合するシステムをデュアルシステムという。どちらかのシステムに障害が発生した場合には，障害の発生したシステムを切り離し，正常なシステムのみで処理を継続する。デュプレックスシステムよりも，より信頼性を高めたシステム。

■デュアルシステム

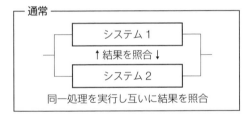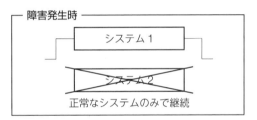

(4) マルチプロセッサシステム

　複数のプロセッサを持ち，1つの処理を複数のプロセッサで分担しながら処理を行うシステムをマルチプロセッサシステムという。近年のPCは，LSIに複数のプロセッサを搭載したマルチコアが一般化している。

■マルチプロセッサシステム（密結合型）

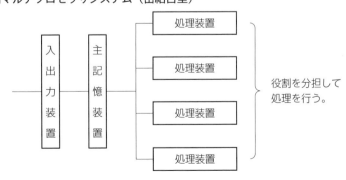

▶マルチプロセッサシステム
本来は1台のコンピュータに複数のプロセッサを搭載し，それ以外の装置は共用し，同一のOSの制御により処理を分担する密結合型を意味していたが，コンピュータの高性能化，低価格化，ネットワークの高速化などにより，複数のコンピュータをネットワークを通じて協働して処理を行う疎結合型もマルチプロセッサシステムの一種とされている。疎結合型のシステムには，クラスタリングやグリッドコンピューティングなどがある。
▶シンクライアント
集中処理の一種で，クライアント側には最低限の機能しか持たせず，サーバ側でアプリケーションソフトやファイルなどをすべて管理する。

（5）集中処理システムと分散処理システム

集中処理システムとは，すべての処理を一括して行うコンピュータと，データの入出力のみを行う端末がネットワークでつながったシステムをいう。

■集中処理システム

▶**集中処理システムの長所と短所**
①コンピュータの設置場所が1カ所に集中するために，セキュリティや運用面で管理しやすい。
②ホストコンピュータに障害が発生すると，システム全体がダウンしてしまう。
③システム全体が1つの業者の製品で構築されることが多く安定した運用ができる反面，機能拡張がしづらい。

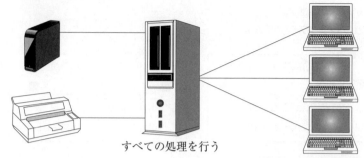

すべての処理を行う

端末には入出力の機能のみ
処理をする機能はない

コンピュータが高価な頃は大型のコンピュータを導入し，それをネットワークでつながった端末で共有することが一般的であった。しかし，コンピュータの低価格化により，それぞれの処理は低価格なPCで行う**分散処理システム**へと移行してきている。このような流れを**ダウンサイジング**という。

分散処理システムの代表的なものに**LAN**がある。LANは，それぞれのPCがネットワークで接続されており，そのPCにない機能やサービスは，ネットワークを通じて別のPCを利用することができる。このときほかのPCの機能やサービスを利用する立場のPCを**クライアント**，他のPCからの依頼により機能やサービスを提供する立場のPCを**サーバ**という。LANには，次のような2つの形態がある。

①ピアツーピア型LAN

ネットワークに接続されたPCが対等なシステム形態を**ピアツーピア型LAN**という。必要に応じてサーバにもクライアントにもなる。数台で構築された小規模なLANに適した形態。

▶**分散処理システムの長所と短所**
①それぞれのPCで処理を行うために，システム全体がダウンすることは少ない。
②規格がオープンなために，機能拡張がしやすい反面，複数の業者の製品が混在するために，トラブルが発生するとなかなか解消することができない。
③それぞれのPCに磁気ディスクやプリンタなどが設置できるためにセキュリティ面での管理が難しい。

▶**NAS(Network Attached Storage)**
ハードディスクとネットワークに接続するために必要な機器とソフトウェアが組み込まれたファイルサーバ専用機。ネットワークに直接接続して使用することができる。

■ピアツーピア型LANの形態

（PC A）　　　　　　　　　（PC B）

①PC A が PC B に接続されたハードディスクにデータを保存するときには，PC A がクライアント，PC B がサーバ。
②PC B が PC A に接続されたプリンタを使って印刷するときには，PC B がクライアント，PC A がサーバ。

②クライアントサーバ型LAN

サーバ専用機と，複数のクライアント機で構築された大規模なLANを**クライアントサーバ型LAN**という。1台のサーバ専用機で複数のサービスを提供

▶**サーバの種類**
①プリントサーバ
印刷を行う。
②ファイルサーバ
ハードディスクを開放し，データを共有する。

することもあるが，大規模な LAN では，提供するサービスの内容を複数台の
サーバ専用機で分担することもある。その場合には，サーバ専用機であって
も，他のサーバからサービスを提供されるクライアントになることもある。

■クライアントサーバ型 LAN の形態

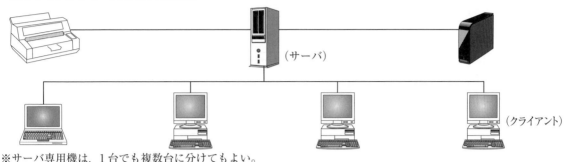

（サーバ）

（クライアント）

※サーバ専用機は，1 台でも複数台に分けてもよい。

(6) 仮想化（virtualization）

　物理的には 1 つしかないサーバや記憶装置，ネットワークなどをソフトウェ
アにより複数あるように見せたり，反対に物理的に複数あるものを 1 つに見
せることを**仮想化**といい，そのための技術を**仮想化技術**という。その中で代表
的なものに**サーバの仮想化**がある。これは，ソフトウェアを使ってコンピュー
タの中にサーバを再現するもので，1 台のコンピュータに OS などの環境が全
く異なる複数のサーバを構築できる。サーバの仮想化の代表的な方法には以下
の 3 種類がある。

①ホスト型

　ホスト型は**ホスト OS 型**ともいう。コンピュータ本体にインストールする
OS を**ホスト OS** といい，その上に仮想化ソフトウェアをインストールして，
仮想マシンと呼ばれる仮想のコンピュータとして稼働させる。仮想マシンには
必要な OS やアプリケーションをインストールしてサーバとして動作させる。
なお，仮想マシンにインストールする OS を**ゲスト OS** と呼ぶ。1 台のコン
ピュータに複数台仮想マシンを稼働させることもできる。

　この方式は既存のコンピュータに仮想化ソフトウェアを追加するだけで仮想
マシンとして稼働できるため，手軽にサーバを構築できる反面，仮想マシンが
動作するには必ずホスト OS を経由するので動作が遅いなどのデメリットもあ
る。そのため，テスト環境で一時的に利用するときなどに使われる。

▶**ストレージ仮想化**
RAID のように複数のディスクを
1 台のディスクとして扱い，大容
量のデータ保存や信頼性を高める
技術。

▶**仮想マシン**
バーチャルマシン（Virtual Ma-
chine）や **VM** とも呼ばれる。

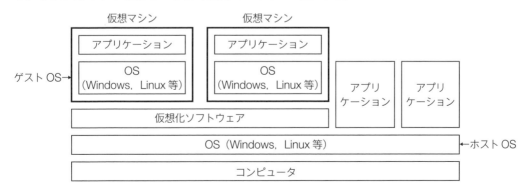

②ハイパバイザ型

ハイパバイザ型はホスト OS をインストールせずに，**ハイパバイザ**と呼ばれる仮想化ソフトウェアをインストールする方式で仮想マシンを稼働させる。そのため，仮想マシンはハイパバイザ上で稼働する。仮想マシンの実行時にホスト OS を経由しないために動作が速い。ホスト OS をインストールしないために，コンピュータは仮想化サーバ専用となる。最も一般的な方式である。

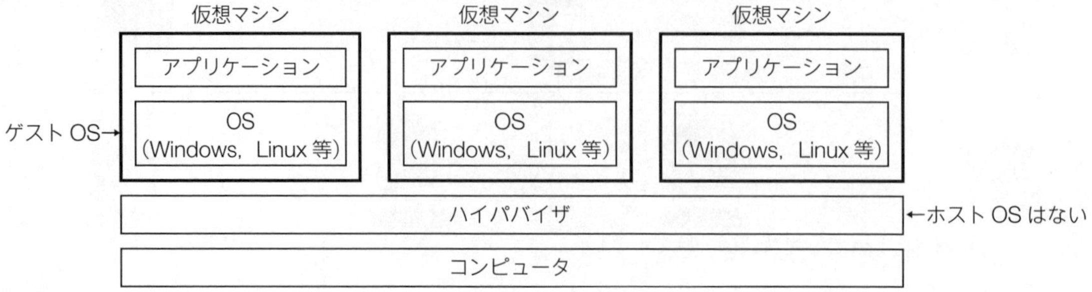

③コンテナ型

コンテナ型は仮想マシンではなく，アプリケーションの実行環境を仮想的に構築する**コンテナ**上でアプリケーションを実行する。ゲスト OS が必要なく，必要最小限の CPU やメモリで動作可能で速度も速い。

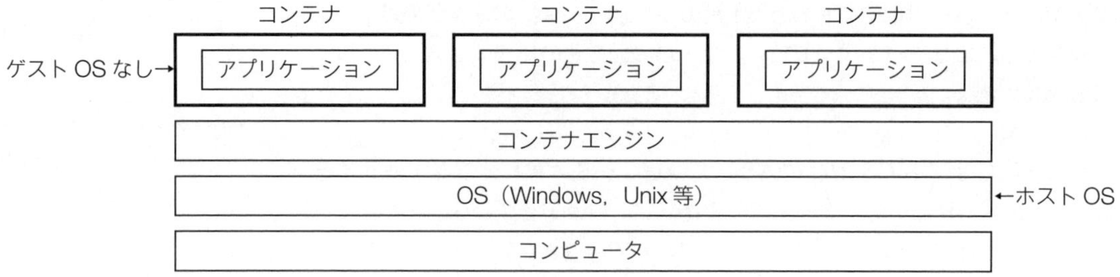

(7) VDI（Virtual Desktop Infrastructure）

サーバ上のデスクトップ環境を，クライアント端末へ転送して利用することを **VDI** といい，**デスクトップ仮想化**ともいう。ユーザは，ネットワークを通じてサーバ上の仮想デスクトップで作業が行える。アプリケーションもサーバ上で実行され，データもサーバが管理するために，クライアント端末を通じてデータが流出することはない。また，セキュリティ対策もサーバで一括管理ができる。VDI はシンクライアントの一種である。

(8) マイグレーション

マイグレーションは，既存のコンピュータシステムを構成するハードウェアや OS，アプリケーションソフト，データなどを全面的に刷新して新しい環境に置き換えることをいう。**ライブマイグレーション**とは，サーバの仮想化環境で動作中の仮想マシンを OS やアプリケーション等を停止することなく，丸ごと別のサーバへ移動することをいう。

3-3-3 ● コンピュータシステムの障害発生時の対応方法

1. 障害発生時の対応方法に対する考え方

どのようなシステムでも障害が発生する。そのときにどのようにシステムを守るかを事前に想定して障害から守る必要がある。障害への対応には以下のような設計思想がある。

(1) フェールセーフ

障害が発生したときに，被害を最小限にとどめようとする設計思想を**フェールセーフ**という。石油ストーブが倒れると自動的に消火されるのは，フェールセーフの設計思想に基づいたものである。

(2) フォールトトレラントシステム

システムに障害が発生しても正常に処理を継続するシステムを**フォールトトレラントシステム**という。システムの構成機器を多重化し，障害発生時には，問題のある機器を予備の機器に切り替えるなどで対応する。

(3) フールプルーフ

人間はミスをするものという前提に立ち，誤った操作をしても危険が生じないように安全対策を施すことを**フールプルーフ**という。たとえば，誤ってファイルを削除しても，あとから復活できるような仕様にすることや，データ入力時に誤動作を引き起こす可能性のある異常なデータをチェックし，入力を受け付けないようにするなどが該当する。

▶**縮退運転（フェールソフト）**
フォールトトレラントシステムの一種。障害の発生した機器を切り離して処理を継続すること。構成機器が減少することで本来の性能よりも劣るが，処理は継続することができる。

3-3-4 ● コンピュータシステムの費用

1. コンピュータシステムの費用

コンピュータシステムを新規に構築し，稼働させるまでに必要な費用を初期コスト（イニシャルコスト）といい，コンピュータシステムが稼働している間，定期的，継続的にかかる費用を運用コスト（ランニングコスト）という。また，初期コストと運用コストを合わせた費用の総額をトータルコスト（TCO）という。コンピュータシステムを運用していくためには，これらのコストのバランスを考えていかなければならない。

■各コストの関係

● トータルコスト	
● 初期コスト	● 運用コスト
システムを新規に構築し稼働するまでのコスト	システム運用中，継続的にかかるコスト
①コンピュータシステムの開発費用。 ②新規システムの導入に必要な機器の購入費用。 ③従業員の教育費用。　など	①電気代や通信費。 ②消耗品の購入費用。 ③保守点検に必要な費用。　など

● **1** 次の説明文に適した用語を語群から選び，記号で答えなさい。

1 メインのシステムと予備のシステムを持ち，通常はメインのシステムを稼働させるが，障害発生時には予備のシステムに切り替えて処理を継続する。

2 同一の処理を行うシステムを二重に準備し，常に同一の処理を同時に行いながら処理結果を照合する。どちらかに障害が発生した場合には正常のシステムのみで継続して処理を行う。

3 1つの処理を複数のプロセッサで分担しながら処理を行う。

4 ネットワークに接続されたコンピュータが対等なシステム形態。必要に応じてサーバにもクライアントにもなる。

5 ネットワークに接続されたコンピュータに明確な上下関係(サーバとクライアント)をもたせたシステム形態。

6 障害が発生したときに，被害を最小限にとどめようとする設計思想。

7 システムに障害が発生しても正常に処理を継続するシステム。構成機器の多重化などで実現する。

8 人間はミスをするものという前提に立ち，誤った操作を行っても危険が生じないように安全対策を施すこと。

9 電気代や保守点検サービスにかかる費用，消耗品の補充調達に支払う費用など，定期的・継続的に必要となる費用。

10 システムを新規に導入・構築する際に必要となる費用。

11 システムの導入から，その後の維持管理にかかる費用までの総額。

12 サーバ上にある仮想のデスクトップ環境をクライアントへ転送して利用する仮想化技術の一種。

13 ホストOS上で仮想化ソフトウェアを起動し仮想マシンを稼働させる。仮想マシン上にゲストOSとゲストOS上で起動するアプリケーションソフトを起動して，仮想サーバを構築するサーバの仮想化技術。

14 動作中の仮想マシンのサーバ環境をOSやアプリケーションを停止することなく丸ごと別のサーバへ移動すること。

15 仮想マシンの別名。

ア	クライアントサーバシステム	イ	ピアツーピア
ウ	デュアルシステム	エ	デュプレックスシステム
オ	シンプレックスシステム	カ	マルチプロセッサシステム
キ	フールプルーフ	ク	フェールセーフ
ケ	TCO(トータルコスト)	コ	運用コスト(ランニングコスト)
サ	初期コスト(イニシャルコスト)	シ	フォールトトレラントシステム
ス	マイグレーション	セ	VDI
ソ	ホスト型	タ	ハイパバイザ型
チ	ライブマイグレーション	ツ	VM

3-4 ネットワーク

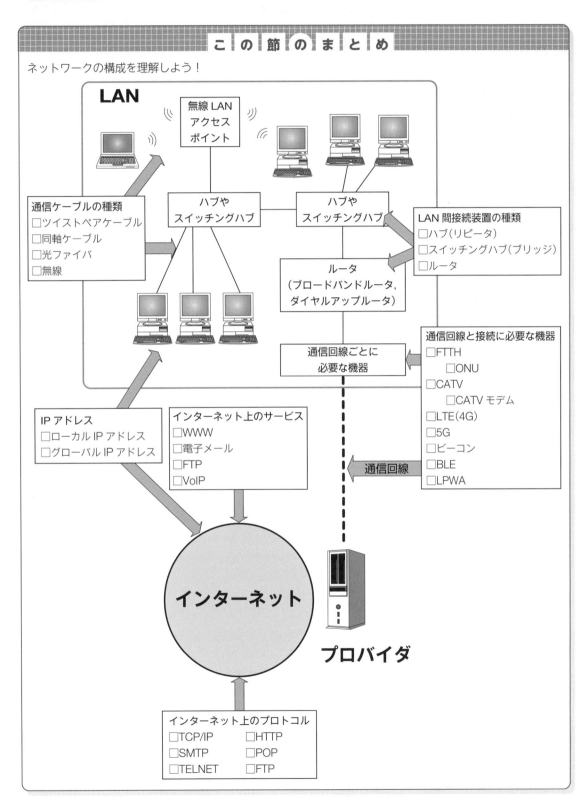

◉ 3-4-1 ● ネットワークで使用する機器

1. 通信用ケーブルの種類

ネットワークで使用する通信用のケーブルには以下のようなものがある。

(1) ツイストペアケーブル

▶ツイストペアケーブル

ツイストペアケーブルはより対線とも呼ばれ，電線を2本ずつよりあわせて対にした通信用ケーブル。取り回しがしやすいことからLANケーブルとして広く普及している。有効延長距離と通信速度によりさまざまな規格がある。

(2) 同軸ケーブル

▶同軸ケーブル

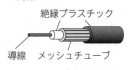

絶縁プラスチック

導線　メッシュチューブ

断面が同心円を何層にも重ねた形状のために同軸ケーブルと呼ばれている。ツイストペアケーブルよりも電磁波に強く有効延長距離は長いが，取り回しの自由度などは低い。テレビとアンテナをつなぐケーブルなども同軸ケーブルである。

(3) 光ファイバケーブル

▶光ファイバケーブル

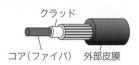

クラッド

コア（ファイバ）　外部皮膜

ガラスやプラスチックの細い繊維でできている光を通す通信ケーブルを光ファイバケーブルという。電磁波による影響もないことから，ノイズや信号の減衰が少なく，高速かつ長距離のデータ通信が可能。

2. LAN間接続装置の種類

コンピュータと通信ケーブルを接続する装置や，通信ケーブルを分岐するための装置には以下のようなものがある。

▶ネットワークインタフェースカード（NIC）: Network Interface Card

(1) ネットワークインタフェースカード（NIC）

PCやプリンタなどをLANに接続するための装置をネットワークインタフェースカード（NIC）という。1台ごとに固有のMACアドレスが割り振られている。

(2) リピータ

▶リピータは後述するOSI基本参照モデルの第1層（物理層）にもとづく接続装置である。

通信ケーブルには有効延長距離が定められている。リピータは伝送距離を延長するために通信ケーブルの間に接続する装置で，データの信号波形を整形・増幅する。

(3) ハブ（Hub）

▶ハブのイメージ図

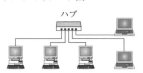

ハブ

LANケーブルを1つにまとめる集線装置をハブ（Hub）という。各端末はハブを介して相互に通信する。リピータ機能を持つために，リピータハブということもある。LANケーブルを接続するポートが足りない場合には，ハブどうしを接続することができる。これをカスケード接続という。なお，リピータハブは接続しているすべてのポートにデータを流してしまう。そのために多くの端末が通信をすると，通信回線にたくさんのデータが流れ，データの遅延が発生することがある。

（4）スイッチングハブ

ハブの一種で，それぞれのポートにつながっている NIC に割り振られている MAC アドレスを記憶することができるものを**スイッチングハブ**という。データを中継するときには，記憶している MAC アドレスをもとに，データ送信先の MAC アドレスが接続されているポートだけにデータを送信する**ブリッジ**機能を持つ。これにより不要なデータが通信回線に流れることを防止できる。

▶スイッチングハブは，OSI 基本参照モデルの第 2 層（データリンク層）にもとづく接続装置である。そのため，レイヤー 2 スイッチと呼ぶこともある。

■**スイッチングハブの仕組み（ポート 1 に接続されている PC から送信）**

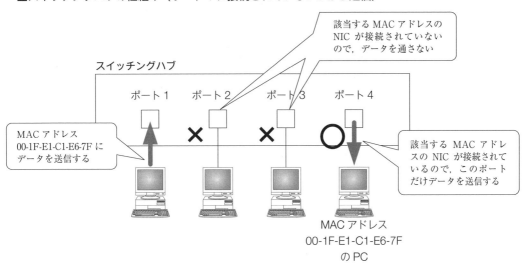

（5）ルータ

異なるネットワークどうしを接続する際に用いる接続装置を**ルータ**という。IP アドレスによりどの経路へデータを通すかを判断する経路選択機能を備える。

▶ルータは，OSI 基本参照モデルの第 3 層（ネットワーク層）にもとづく接続装置である。なお，ルータは，経路選択をソフトウェアで行うが，機能を限定し，ハードウェアで行うレイヤー 3 スイッチという装置もある。近年では，ルータとレイヤー 3 スイッチの区分けが曖昧になってきている。

■**ルータの仕組み**

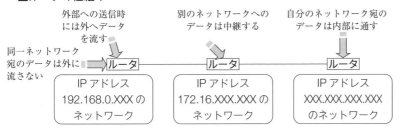

3. VLAN（Virtual LAN）

VLAN は**仮想 LAN** とも呼ばれ，物理的には 1 つの LAN を仮想的に複数の LAN に分けたり，物理的に別々の LAN を 1 つの LAN に見せる技術。VLAN を利用することで，ネットワーク機器の物理的な配置や配線に依存せず LAN を柔軟に構築できる。また，セキュリティ対策を含めた細かなネットワーク管理ができる。

4. 無線 LAN

無線 LAN は，アクセスポイントからの電波を用いてデータの送受信をする。ケーブルの敷設が不要で，機器を自由に配置できるなどのメリットがあるために広く普及している。ここでは，無線 LAN についての説明を行う。

(1) 無線 LAN の規格

無線 LAN の規格は，**IEEE802.11** が広く普及しており，通信に利用する周波数帯や最大通信速度の違いなどから，11a・11b・11g・11n・11ac・11ax など多くの種類がある。また，**Wi-Fi** は IEEE802.11 の規格を採用し，他社の機器とも相互接続が保証されていることを示す名称である。

(2) 無線 LAN への接続

無線 LAN への接続は，無線 LAN を識別するための文字列である **ESSID** と暗号化の方式を選択し，暗号化のためのパスワードを入力する。なお，無線 LAN の知識がない利用者でも簡単に設定ができるように **WPS** を利用できることが多い。この機能を使えばボタンを押すだけで接続設定が完了する。

通常の無線 LAN はアクセスポイントを経由して接続するが，アクセスポイントを経由せずに直接機器同士が接続する **Wi-Fi Direct** という方式や，アクセスポイントを複数設置し，網の目(メッシュ)のように Wi-Fi を張り巡らせ，アクセスポイントの電波状態により，一番電波状態の良いアクセスポイントに切り替えることで安定した通信が可能になる**メッシュ Wi-Fi** なども利用されている。

(3) 無線 LAN へのセキュリティ対策

無線 LAN は盗聴や他人に不正利用される危険があるため，送受信するデータを暗号化する。現在，無線 LAN の暗号化方式は **WPA** が主流であり，WPA から WPA2，WPA3 とバージョンアップしている。また，ESSID を非表示にして無線 LAN の存在を隠す**ステルス化**などの対策も有効である。

5. 通信サービス

インターネットなどのように外部の通信回線を使用してネットワークに接続するには，通信回線を提供する事業者と，インターネットに接続するサービスを提供する事業者である **ISP**(インターネットサービスプロバイダ)に契約する。通信回線には様々な種類があるが，現在は光ファイバ回線を用いた高速データ通信サービスである**FTTH**と無線によるデータ通信が主流となっている。

(1) FTTH

光ファイバ回線を用いた高速データ通信サービスを **FTTH** という。接続には，電気信号と光信号を相互に変換する装置である **ONU**（光回線終端装置）が必要となる。

回線を共用するときは
ブロードバンドルータを設置

変換

変換

光回線

ONU

電気信号　　　　　　　　　光信号

▶IEEE802.11 の規格名と呼称
IEEE802.11n：Wi-Fi4
IEEE802.11ac：Wi-Fi5
IEEE802.11ax：Wi-Fi6

▶Wi-Fi：Wireless Fidelity

▶ESSID：Extended Service Set Identifier
▶WPS：Wi-Fi Protected Setup

▶WPA：Wi-Fi Protected Access

▶ISP：Internet Service Provider

▶FTTH：Fiber To The Home
回線を共用するには，ブロードバンドルータを設置する。ブロードバンドルータには，PC と接続するための LAN ポートがあるが，同時に無線 LAN のアクセスポイントの機能を持つものが多い。

▶ONU：Optical Network Unit

(2) 移動体通信

　現在，携帯電話などで利用されている通信回線規格には **LTE** と **5G** がある。PC やタブレット PC を携帯電話経由でインターネットに接続する**テザリング機能**が広く利用されている。

　LTE は **4G** ともいい，スマートフォンなどの普及に対応するために最大 100 Mpbs 以上の高速通信を可能にした規格である。また，5G は，LTE に代わる第 5 世代の通信回線規格であり，LTE よりも通信速度が速くなるだけでなく，IoT の普及に必須となるインフラ技術を備えている。

①電波の送受信方法

　LTE(4G)や 5G による移動体通信は，各回線事業者が設置する**基地局をアクセスポイント**として電波を送信し，その電波を携帯端末が受信する。1 つのアクセスポイントから電波を送信できる範囲は限られているために，移動しながらデータ通信をするには途中で別の基地局の電波に切り替える必要がある。これを**ハンドオーバー**という。

　契約している回線事業者のサービスエリア外の地域では，回線事業者間の提携により，現地をサービスエリアとしている回線事業者の通信網を利用する**ローミングサービス**もある。

②仮想移動体通信事業者（MVMO：Mobile Virtual Network Operator）

　自社では無線通信に必要な回線網を持たず，他の回線事業者から借りてサービスを提供する回線事業者を**仮想移動体通信事業者**という。利用者はこれらの事業者も含め，多くの回線事業者から契約できるようになった。近年では他の回線事業者と契約していたときに使用していたスマートフォンを，**SIM カード**を差し替えるだけでそのまま使用できる場合もある。

③ SIMカード（Subscriber Identity Module card）

　SIM カードとは，回線事業者から提供される契約者情報が記録された小さな IC カードであり，電話番号と結びつけることでデータ通信ができるようになっている。回線事業者が変わるたびに新しい SIM カードに差し替える手間を省くために，スマートフォンに SIM カードを内蔵しているものもある。これを **eSIM** という。eSIM を利用するとオンライン上で契約や乗り換えの手続きを行うだけで，すぐに新しい回線事業者のサービスを利用できるなどのメリットがある。

(3) ビーコン

　特定の場所に設置し，電波などで端末に情報を発信する装置。カーナビゲーションシステムでは，道路に設置してあるビーコンから交通情報や渋滞情報が送信され，画面に最新の情報が表示されたりする。

　近年では，ビーコンの設置してある店舗の前を通過すると，スマートフォンの特定のアプリが反応して特売情報などを表示し，顧客に興味を持たせるきっかけにするなど，最初の情報を発信する小型の装置として位置づけられている。

　ビーコンが発信する電波として **BLE** などがある。

▶4G/5G の G は Generation（世代）を意味する。

▶**5G の特徴**
①**高速化**
10 Gbps 以上の通信速度。4K 動画がストレスなく視聴可能。
②**接続可能端末数の増加**
1 つの基地局で接続できる端末数を，現在の 100 倍以上と接続できるようにして IoT 普及をサポート。
③**超低遅延**
データ送信から受信までの時間を短くし，ロボットによる遠隔操作がスムーズにできるようにする。

▶**MIMO**：Multi Input Multi Output
無線通信で複数のアンテナを使い複数の回線と接続して通信を行う技術。通信速度を向上することができる。なお，複数の異なる周波数帯の電波を束ねて 1 つの通信回線として利用する技術を**キャリアアグリゲーション**という。

▶**eSIM**：embedded SIM

▶**ビーコン**：Beacon

▶BLE（Bluetooth LE）
Bluetooth Low Energy の略。
Low Energyは省電力を意味する。

(4) BLE（Bluetooth ＬＥ）

近距離無線通信技術の BlueTooth の拡張仕様の１つ。消費電力がとても小さい。そのため，ボタン電池などでも数年間使い続けることが可能。ビーコンの発信する電波や，スマートフォンと端末などの接続などに利用されている。

▶LPWA：Low Power Wide
Area

(5) LPWA

通信速度は遅いが，省電力で長距離通信ができる通信技術。広い範囲に設置されたセンサーからの情報収集などに利用する。センサーから送信される情報は少ないので高速な通信回線は不要である。また，電力消費が小さければ電池やバッテリーも小さくなりセンサーの小型化ができるため，IoT の通信技術として注目されている。

(6) エッジコンピューティング（Edge Computing）

従来は IoT 機器（IoT デバイス）から得るすべての情報をインターネット上のサーバへ送信し，サーバ上で処理を行っていた。このような形態を**クラウドコンピューティング**という。しかし，このような形態では，IoT 機器とサーバが離れているために，①遅延が大きい②ネットワークの負荷がかかる③情報の漏洩リスクが高い④サーバの負荷が大きいなどの問題が生じる。これらの問題を解決するために考え出されたのが**エッジコンピューティング**である。エッジコンピューティングは，物理的に距離の近い IoT 機器ごとに**エッジサーバ**を設置して，エッジサーバが処理を行うことでクラウドコンピューティングの問題を解消している。

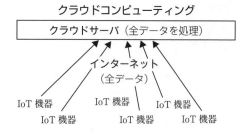
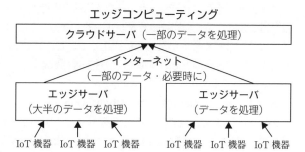

(7) IoT エリアネットワーク

IoT エリアネットワークとは，IoT 機器(IoT デバイス)と IoT ゲートウェイを結ぶネットワークをいう。IoT 機器は直接インターネットにつながっている場合だけでなく，送受信する情報の量や頻度などにより，無線 LAN や 5G，BLE，LPWA などさまざまな通信方式が利用されることがある。**IoT ゲートウェイ**はインターネットに直接接続していないときの中継やプロトコルなどの変換を行う機器である。

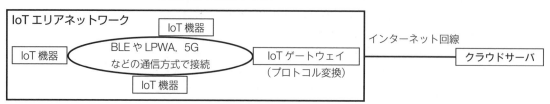

⊚ 3-4-2 ● ネットワークアーキテクチャ

1. 代表的なネットワークアーキテクチャ

　ネットワークを通じてさまざまな機器を接続するには，通信ケーブルの形状や通信に使用する信号の波形などの規約から始まり，どのようにして送信先の相手を探すか，データのやりとりはどうするか，メールの送受信の方法はどうするかなどの多くの取り決めが必要である。これらの取り決めを**プロトコル**または，**通信規約**という。**ネットワークアーキテクチャ**とは，プロトコルを各階層に分類してまとめたものである。代表的なものに，国際標準化機構(ISO)がネットワークで用いるさまざまなプロトコルを 7 つの階層に分けて定義した**OSI 基本参照モデル**や，インターネットで用いられるプロトコルを 4 つの階層に分けて定義した **TCP／IP 階層モデル**などがある。

■OSI 基本参照モデルと TCP／IP 階層モデル

OSI 基本参照モデル	内　容	TCP／IP 階層モデル
第 7 層（レイヤー 7） **アプリケーション層**	メールや Web などのアプリケーションソフト間でのデータをやりとりする手順を規定。	第 4 層 **アプリケーション層**
第 6 層（レイヤー 6） **プレゼンテーション層**	文字コードや画像の送信形式，暗号化などデータの表現形式を規定。	
第 5 層（レイヤー 5） **セション層**	通信の開始から終了までの，メッセージのやりとりの手順を規定。	
第 4 層（レイヤー 4） **トランスポート層**	データの転送方法や通信時の品質管理などを規定。	第 3 層 **トランスポート層**
第 3 層（レイヤー 3） **ネットワーク層**	異なるネットワーク間の経路選択や，データの中継を規定。	第 2 層 **インターネット層**
第 2 層（レイヤー 2） **データリンク層**	同じネットワーク内の通信を規定。	第 1 層 **ネットワーク インタフェース層**
第 1 層（レイヤー 1） **物理層**	ケーブルの形状や電気信号等の物理的な規格を規定。	

2. 代表的なプロトコル

　よく使われるプロトコルを紹介する。

（1）TCP/IP

　TCP／IP は，インターネットの標準的なプロトコルである。**IP アドレス**により端末の所在を特定する **IP 層**と，端末へデータを転送する **TCP 層**からなる。

▶**TCP/IP**：Transmission Control Protocol/Internet Protocol

（2）DHCP

　ネットワークに接続した端末に自動的に IP アドレスを割り振るプロトコルを **DHCP** という。TCP/IP を用いてネットワークに接続する端末は，IP アドレスが必要である。通常は端末 1 台ごとに IP アドレスを設定するが，DHCPを利用すると IP アドレスを設定する手間を省くことができる。

▶**DHCP**：Dynamic Host Configuration Protocol

（3）HTTP

　Web サーバとブラウザ間の Web コンテンツの送受信を行うプロトコルを，**HTTP** という。Web ページの URL の先頭に http:// と付くが，プロトコルにHTTP を使用していることを意味している。

▶**HTTP**：Hypertext Transfer Protocol

■ブラウザに表示された URL

プロトコルに HTTP を使用 | http://www.jikkyo.co.jp/ | ▶ |

▶**HTTPS**：Hypertext Transfer Protocol over Secure Socket Layer

(4) HTTPS

　HTTP で通信すると Web サーバとブラウザの間のデータが丸見えになってしまう。そのために，クレジットカード番号などを HTTP で送信すると，第三者に盗聴される恐れもある。**HTTPS** は，HTTP にデータ暗号化機能を追加して盗聴を防止するプロトコルである。

▶**SMTP**：Simple Mail Transfer Protocol

(5) SMTP

　電子メールを送信するプロトコルを **SMTP** という。

▶**POP**：Post Office Protocol
▶**IMAP**：Internet Message Access Protocol

(6) POP と IMAP

　どちらもメールサーバにあるメールボックスへ届いた電子メールを，端末から受信するためのプロトコルである。**POP** は，メールボックスに届いているメールをすべて端末にダウンロードしてメールボックスを空にする方式で，利用者は端末にダウンロードしたメールを読む。**IMAP** は，メールボックスにメールを残したままユーザが選んだメールを読むことができる。そのため，POP ではメールをダウンロードした端末でしかメールを読めないが，IMAP ではメールボックスにアクセスできれば複数の端末からメールを読むことができる。

▶**FTP**：File Transfer Protocol

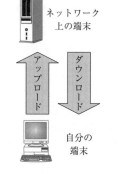

ネットワーク上の端末

アップロード　ダウンロード

自分の端末

(7) FTP

　ネットワークを通じて，他の端末でデータの送受信を行うプロトコルを **FTP** という。自分の端末にあるデータを，他の端末へ送信することを**アップロード**。反対に他の端末にあるデータを自分の端末で受信することを**ダウンロード**という。

(8) TELNET

　TELNETは，ネットワークを通じて他の端末を遠隔操作するプロトコルである。

(9) NTP

　コンピュータの内部時計をネットワークを通じて正しく調整するプロトコルを **NTP** という。

▶**NTP**：Network Time Protocol
▶**VoIP**：Voice over Internet Protocol

(10) VoIP

　音声を圧縮し，リアルタイムでインターネット上に送受信する技術を **VoIP** という。また，VoIP を用いてインターネット上に構築した電話網を **IP 電話**という。

・練習問題・　● **1**　次の説明文に適した用語を語群から選び，記号で答えなさい。

1 物理的には1つの LAN を複数の LAN に分けたり，物理的に複数に分かれている LAN を1つの LAN に見せる技術。

2 無線 LAN の知識がないユーザでも簡単に無線 LAN の設定ができる機能。

3 インターネットの標準プロトコル。

4 他の端末へデータを送受信するときに使用するプロトコル。

5 パソコンやプリンタなどを LAN に接続するための装置。1台ごとに固有の MAC アドレスが割り当てられている。

6 近距離無線通信技術の BlueTooth の拡張仕様の1つ。消費電力がとても小さい。

7 電子メールを送信するときに使用するプロトコル。

8 他の端末を遠隔操作するときのプロトコル。

9 HTTP にデータ暗号化機能を追加したプロトコル。

10 Web サーバとブラウザ間の Web コンテンツの送受信に使用するプロトコル。

11 移動しながら無線によるデータ通信をしているときに，別のアクセスポイントからの電波に切り替える動作。

12 ハブの一種でデータ送信先の MAC アドレスが接続されているポートにのみデータを送信する。

13 異なるネットワークどうしを接続する際に用いる。IP アドレスにより，どの経路へデータを通すかを判断する経路選択機能を備える。

14 第5世代のデータ通信技術。LTE よりも高速化，超低遅延，省電力・低コストなどの特徴がある。

15 通信速度は遅いが，少ない電力で長距離通信ができる。広い範囲に設置されたセンサーからの情報収集などに利用できる。

16 メールボックスからメールを受信するときのプロトコルで，メールはメールボックスに残したままになるため，複数の端末からメールを読むことができる。

17 IP アドレスを自動的に割り振るプロトコル。

18 ネットワークに必要なプロトコルをいくつかの階層に分けて定義したもの。

> ア　スイッチングハブ　　イ　WPS　　　　ウ　ルータ　　エ　BLE
> オ　ネットワークインタフェースカード（NIC）　カ　VLAN　　キ　ハンドオーバー
> ク　5G　　ケ　DHCP　　コ　TELNET　　サ　FTP　　シ　TCP/IP　　ス　HTTP
> セ　HTTPS　　ソ　4G　　タ　LPWA　　チ　SMTP　　ツ　IMAP
> テ　ネットワークアーキテクチャ

◉ 3-4-3 ● ネットワーク上のアドレス

1. MAC アドレス

ネットワークインタフェースカード（NIC）の 1 つ 1 つに，製造出荷時点で割り振られた **48 ビット**の番号を **MAC アドレス**という。通常は，12 けたの 16 進数に変換して表すことが多い。MAC アドレスをもとにして，NIC 間でデータの送受信を行う。IEEE が管理し，世界中の機器で同じ番号が重なることはない。また，原則として後から変更することはできない。

2. IP アドレス

インターネットでの標準的なプロトコルである TCP/IP を用いたネットワークでは，接続する端末や通信機器に **32 ビット**の固有の番号である **IP アドレス**を割り振る。IP アドレスは，ネットワーク上の住所のような役割をしている。32 ビットの 2 進数を 8 ビットずつに区切って 10 進数に変換し，192.168.100.150 のように表現することが多い。

現在最も利用の多い 32 ビットの IP アドレスを **IPv4** というが，IP アドレスの枯渇が問題となっている。そこで，IP アドレスを **128 ビット**に拡張した **IPv6** が開発され，徐々に普及してきている。

(1) グローバル IP アドレス

IP アドレスは住所の役割を果たすので，同一のネットワーク上で重複することは許されない。世界中に広がる巨大なネットワークであるインターネットに直接接続する端末の IP アドレスは，**NIC（ネットワークインフォメーションセンター）**から割り当てられ，重複を防止している。このようなインターネット上で重複を許さない IP アドレスを**グローバル IP アドレス**という。

(2) ローカル IP アドレス

企業内や家庭内に限定したネットワークを LAN というが，このようなネットワークではインターネットから切り離されているために，それぞれのネットワークで独自に IP アドレスを振っても問題が生じない。このような IP アドレスを**ローカル IP アドレス**または，**プライベート IP アドレス**という。

近年では，LAN の中にある端末からインターネットを利用することが多い。グローバル IP アドレスを持たない端末がインターネットを利用するには，プロキシサーバや **NAT** を利用する。

■**グローバル IP アドレスとローカル IP アドレスの関係**

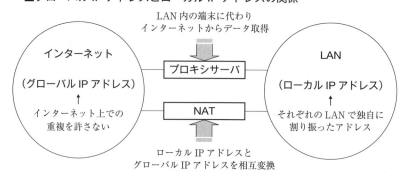

▶**16 進数で表した MAC アドレス**

前 6 けたが製造元を表し，後ろ 6 けたは，製造元が独自に付ける番号。

01-23-45-67-89-AB

製造元の番号
製造元が独自に付けた番号

▶**IP アドレス**：Internet Protocol Address

▶**IPv4**：Internet Protocol Version 4
▶**IPv6**：Internet Protocol Version 6
▶**NIC**：Network Information Center

インターネットで利用される IP アドレスやドメイン名を管理する民間の非営利団体。インターネットレジストリともいう。世界中の各地域に下部組織が存在する。日本では JPNIC が管理を行っている。

▶**Web ブラウザにプロキシサーバを設定した例**

①プロキシサーバ

　グローバル IP アドレスとローカル IP アドレスを持ち，直接インターネットに接続していない端末の代わりにインターネットに接続してデータを提供するサーバを**プロキシサーバ**という。**代理サーバ**と呼ぶこともある。主に Web サイトの閲覧で用いられる。プロキシサーバには，1 度取得した Web データを蓄積（キャッシング）し，2 度目以降のアクセスを高速化させる機能も持つ。

② NAT

　ローカル IP アドレスとグローバル IP アドレスを相互に変換する仕組みを **NAT** という。NAT や IP マスカレードの機能はルータに搭載されている。

▶**NAT と NAPT**
NAT は，ローカル IP アドレスとグローバル IP アドレスを 1 対 1 で変換する。IP アドレスに加え，サーバ上で動作するソフトウェアごとに割り振られた番号であるポート番号も変換することで，複数のプライベート IP アドレスを 1 つのグローバル IP アドレスに変換するものを **NAPT** または，**IP マスカレード**という。

(3) サブネットマスク

　IP アドレスから同一のネットワークであることを示す**ネットワークアドレス**を求めるための数値を**サブネットマスク**という。IP アドレス同様に 32 ビットの 2 進数を 8 けたごとに 10 進数にして 255.255.255.0 のように表す。

■ **IP アドレスとサブネットマスクからネットワークアドレスを求める例**

```
　　どちらの端末のサブネットマスクも 255.255.0.0 とする。
端末 A（IP アドレス：172.16.0.3）
① IP アドレスを 2 進数に変換。　　　10101100.00010000.00000000.00000011
②サブネットマスクを 2 進数に変換。  11111111.11111111.00000000.00000000
③①と②の値を AND 演算する。　　　 10101100.00010000.00000000.00000000  ←ネットワーク
　　　　　　　　　　　　　　　　　　　　　　　　　　　　　　　　　　　　アドレス

端末 B（IP アドレス：172.16.24.13）                                    同じ値なので
① IP アドレスを 2 進数に変換。　　　10101100.00010000.00011000.00001101  同一のネット
②サブネットマスクを 2 進数に変換。  11111111.11111111.00000000.00000000  ワークである
③①と②の値を AND 演算する。　　　 10101100.00010000.00000000.00000000  ←ネットワーク
　　　　　　　　　　　　　　　　　　　　　　　　　　　　　　　　　　　　アドレス
```

3. ドメイン名

　IP アドレスは，ネットワーク上の住所なので Web ページを IP アドレスで指定しても閲覧することができる。しかし，IP アドレスは数字の羅列のために大変覚えづらい。そこで，企業名や団体の属性，国名などを組み合わせた**ドメイン名**を利用する。これにより，Web ページの所在地を表す **URL** や，電子メールの宛先である**メールアドレス**もドメイン名を利用することで，分かりやすくなる。なお，インターネット上でドメイン名を利用するには，NIC から IP アドレスと共に取得する。ドメイン名は，**DNS** を利用して IP アドレスと相互に変換することができる。

■ **DNS の役割**

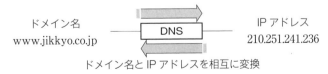

ドメイン名　　　　　　　　　　　　　　　　　IP アドレス
www.jikkyo.co.jp　　　　　　　DNS　　　　　 210.251.241.236

ドメイン名と IP アドレスを相互に変換

▶ドメイン名は，
団体名. 団体の属性. 国名で表す。
（例）
・URL の場合

　www.jikkyo.co.jp
ホスト名　　団体名　　　国名
　　　　　　　　団体の属性
　　　　　　　　　ドメイン名

・メールアドレスの場合

　taro @ jikkyo.co.jp
ユーザ名　　団体名　　　国名
　　　　　　　　団体の属性
　　　　　　　　　ドメイン名

◉ 3-4-4 ● 伝送時間の計算

1. 伝送速度

伝送速度とは，一定の時間内に転送できるデータ量である。1秒間に何ビットのデータを伝送できるかを示す単位として，**bps** が使用される。なお，1 Kbps＝1,000 bps，1 Mbps＝1,000 Kbps である。

▶**bps**：bit per second

2. 伝送効率

ネットワーク上で複数の端末が同時に通信すると，通信回線は混雑してしまい遅延が生じる。そのために実質の伝送速度が通信回線の本来の伝送速度に達しない場合がある。実質の伝送速度が本来の伝送速度と比べてどのくらいの割合かを示したものを**伝送効率**という。実質の伝送速度は以下の式で計算することができる。

> **実質の伝送速度＝伝送速度×伝送効率**

▶**通信回線別伝送速度の目安**
有線 LAN：10 Mbps～1 Gbps
無線 LAN：11 Mbps～300 Mbps
公衆電話回線：～56 Kbps
ISDN：64 Kbps
ADSL：数 Mbps～数十 Mbps
FTTH：10 Mbps～100 Mbps
※どれも理論値のために，実質の伝送速度は下回ることが多い。

> **例1** 伝送速度 100 Kbps の通信回線の伝送効率が 80％のとき，実質の伝送速度は何 Kbps か。
> 100 Kbps×80％＝<u>80Kbps</u>

3. 伝送時間の計算

伝送時間は，あるデータを伝送するのに必要な時間で，次の式で求める。

> **伝送時間＝伝送するデータ量÷伝送速度**

通常の伝送するデータ量の単位はバイト(B)で，伝送速度の単位はビット(b)である。計算時には単位を揃える必要があるので注意が必要である。
また，伝送効率が示されている場合には，実質の伝送速度で計算を行う。

▶1 バイト＝8 ビット

> **例2** 1,000 bps の回線を用いて，1件 100 バイトのデータを 10 件送るのには，何秒必要か。
> ①伝送するデータ量を求める。
> 　　1件 100 バイト×10 件＝1,000 バイト＝8,000 ビット
> ②伝送時間を求める。
> 　　8,000 ビット÷1,000bps＝8 秒

> **例3** **例2** の回線を用いて，同じデータを送信する。伝送効率が 50％ならば，何秒必要か。
> ①伝送するデータ量を求める。
> 　　1件 100 バイト×10 件＝1,000 バイト＝8,000 ビット
> ②実質の伝送速度を求める。
> 　　1,000 bps×伝送効率 50％＝500 bps
> ③伝送時間を求める。
> 　　8,000 ビット÷500 bps＝16 秒

◉ 3-4-5 ● 電子メール

1. 電子メールとメーラ

　電子メールは E メールともいい，インターネット上で利用できる手紙である。電子メールの送受信には，メーラと呼ばれるソフトウェアを用いる。

　メールを送信するには，宛先(To)に送信相手のメールアドレスを入力し，メールのタイトルと用件を入力して送信する。

　なお，同時に複数の人にメールを送信することもできる。これを同報メールという。同報メールには，メールの受信者が同時に誰に送信しているかが分かるカーボンコピー(Cc)と，メールの受信者には同時に送った人が分からないブラインドカーボンコピー(Bcc)の2種類があり，使い分けることができる。

2. 添付ファイル

　電子メールは文書と同時に，画像データや PDF などのファイルを添付ファイルとして送ることができる。また，複数のファイルを保存したフォルダを圧縮(p.83 参照)して，1つにまとめたファイルとして送ることもできる。

▶メーラのメール作成画面の例

▶**MIME**：Multipurpose Internet Mail Extension

▶電子メールが送信できるのは，半角の英数字と一部の記号だけである。そのため，漢字なども実際には，MIME により半角の英数字に変換して送信されている。

・練習問題・

● 1　次の説明文に適した用語を語群から選び，記号で答えなさい。

1　ネットワークに接続されたパソコンや通信機器に1台ずつ割り振られた固有の番号。同一のネットワーク上で重複することは許されない。

2　インターネット上に存在するコンピュータやネットワークにつけられる識別子。団体名や団体の属性などの略号を使用することが多い。

3　IP アドレスとドメイン名を相互に変換する仕組み。

4　製造時に NIC に割り振られている 48 ビットの固有のアドレス。

5　ローカル IP アドレスとグローバル IP アドレスを相互に変換する仕組み。

6　IP アドレスから同一のネットワークであることを示すネットワークアドレスを求めるため用いる数値。

ア　NAT	イ　MAC アドレス	ウ　IP アドレス
エ　DNS	オ　ドメイン名	カ　サブネットマスク

● 2　100 Kbps の通信回線で，2 MB のデータを送信するには何秒かかるか。ただし，伝送効率は80%とする。

● 3　次の説明文に適した用語を語群から選び，記号で答えなさい。

1　同じ内容のメールを一斉に複数のアドレスに送信すること。

2　文字データしか扱えない電子メールで，画像やワープロデータなどを送信するためのプロトコル。

3　電子メールを送受信するためのソフトウェア。

ア　メーラ	イ　同報通信	ウ　MIME

3-5 セキュリティ

この節のまとめ

情報資産に対する脅威（リスク）

情報資産を守れ！

- 人的リスク
- 技術的リスク
- 物理的リスク
- 攻撃手法

情報セキュリティマネジメント

リスクに対するセキュリティ技術

- 情報セキュリティポリシ
- 情報セキュリティ組織・機関
- 情報セキュリティ技術
- 暗号化技術を用いたセキュリティ対策

● 3-5-1 ● 情報資産とリスク

1. 情報資産とリスク

▶電子情報以外に，紙の情報等も情報資産に含まれる。

企業や組織が保有している情報全般を情報資産という。情報資産には，顧客情報や販売情報，企業が持つ知的財産の情報，企画や研究などの情報などが該当する。情報資産が外部に漏れることで企業や組織は大きな損害を被る恐れがある。この損害を受ける危険性をリスクという。なお，情報資産には電子情報だけでなく紙の情報も含まれる。

情報機器がインターネットなどのネットワークに接続されて構築された仮想的な空間をサイバー空間といい，サーバなどが攻撃されることをサイバー攻撃という。サイバー攻撃にはたくさんの種類があり，それらから情報資産を守ることの重要性が増している。

▶ヒューマンエラーによるリスク
操作ミスによるデータの消去や破損，記憶媒体やパソコンの紛失や盗難など。

2. 情報資産に対するリスクの種類

情報資産に対するリスクは，3種類に分類される。

▶なりすまし

花子です。例のデータを至急送ってください。

（1）人的リスク

人により起こされるリスクを人的リスクという。これには，誤操作などの人的なミスによって起きるヒューマンエラーと，次のような悪意のある人間によるリスクがある。

①なりすまし

他人のユーザIDや，メールアドレスを悪用して，ネットワーク上で活動すること。本来その人しか見ることができない機密情報を盗み出したり，悪事を働いてその人のせいにしたりする。

②クラッキング

システムに不正に侵入してコンピュータを破壊したり，データを改ざんするなどの行為。そのような行為を行う人を**クラッカー**という。

③ソーシャルエンジニアリング

人間の心理的な隙やミスにつけ込んで，個人が持つ秘密情報を入手する方法。内線電話で上司になりすましてパスワードの問い合わせがあったときに，上司と信じ込みパスワードを教えてしまうなどが該当する。

④スキャベンジング

機密情報が印刷された紙をゴミ箱から盗み取ったり，実行後のメモリやディスクを覗き見て情報を収集すること。廃棄した PC のハードディスクから機密情報が漏れてマスコミを賑わすのは，スキャベンジングによる被害の一種である。

⑤ビジネスメール詐欺（BEC）

取引先や企業内の上司になりすましたメールを送り，攻撃者が指定した口座へ送金させる詐欺行為。

⑥ダークウェブ

専用ツールを使うことでしかアクセスできない Web サイトで，一般に使用される検索エンジンで見つけることはできない。違法性が高い情報や物品などが取引されることもあり，犯罪の温床となっている。

(2) 技術的リスク

情報システムが起因するリスクを**技術的リスク**という。これには，予期しないシステムダウンやソフトウェアのバグにより引き起こされるものと，次のような悪意のある人間が引き起こすものがある。

悪意のある人間は，**セキュリティホール**と呼ばれる情報システムの欠陥やセキュリティ面の脆弱性に対して攻撃をしかけることが多い。そのため，セキュリティホールが見つかった場合には，それを修正する作業である**アップデート**を必ず行う必要がある。

①マルウェア

悪意を持って作成された不正ソフトウェアの総称を**マルウェア**という。マルウェアにはさまざまなものがあるが，どれもコンピュータに侵入されると大きな被害をもたらす危険がある。そのためマルウェアがコンピュータへ侵入しないように常に監視し，検出された場合にはファイルの削除などの対策を行う**ウイルス対策ソフト**を必ず導入しなければならない。ウイルス対策ソフトは，それぞれのマルウェアの特徴などを記録した**ウイルス定義ファイル**をもとに監視を行うが，日々新しいマルウェアが出現するために，ウイルス定義ファイルが古くなると最新のマルウェアを検出できない可能性がある。そのため，ウイルス定義ファイルは常に更新して最新のものを使用する必要がある。

■マルウェアの種類

・**コンピュータウイルス**
　プログラムファイルに感染してデータを消したりシステムの起動を妨げる。

▶ソーシャルエンジニアリング

○○だが，パスワードを教えてくれたまえ

○○部長！至急パスワードをお送りします

▶スキャベンジング

面白いデータが入っていないかな

▶**BEC**：Business Email Compromise

▶セキュリティホール

プログラムの中身		
01101101	11001110	00010101
0101	10010010	01101110	01101101
01010110		01101101
1100	01101101	11110000	1111
10010010	01101101	10010010

セキュリティホール
放置すると攻撃の的になる危険が大‼

▶ウイルス定義ファイルをパターンファイルと呼ぶこともある。

▶バックドア
利用者が正規に利用する入り口とは別に気づかないうちに作られる入り口。遠隔操作や情報の持ち出しに使われることが多い。

▶BOT からの電子掲示板への書き込みを防止するために，人間には識別できるが，BOT には識別できないような変形した文字列をランダムに表示して入力させることも多い。

・マクロウイルス

　表計算ソフトやワープロソフトのプログラミング機能である**マクロ機能**で記述された不正プログラム。それらのデータファイルに感染する。

・ワーム

　電子メールに添付ファイルとして自身の複製を添付し，無差別にメール送信するなどして自己増殖を繰り返す不正プログラム。

・トロイの木馬

　正常なプログラムに見せかけた悪意のある不正プログラム。

・スパイウェア

　気がつかないうちにコンピュータにインストールされ，個人情報などを第三者へ送信したりする不正プログラム。

・BOT

　ロボットの略称で，本来人間が操作して行っていた処理を自動的に行うプログラム。検索サイトで Web ページの収集を自動で行うなどで使用される。しかし，悪用すると DoS 攻撃のツールとなったり，コンピュータウイルスの機能として BOT が搭載され，知らぬ間に加害者になっていることもある。それ以外にも電子掲示板やブログのコメント欄などに勧誘を目的とした書き込みを自動で行うものなどもあり，迷惑メールとともに問題となっている。

・ランサムウェア（Ransomware）

　感染するとデータを暗号化したり，PC をロックして使用不能にし，元に戻すことと引換えに，身代金を要求するマルウェア。

②ファイルレスマルウェア

　ウイルス対策ソフトから不審なファイルが見えないように活動するマルウェア。OS のシステム管理機能を呼び出し，悪意のある Web サイトに接続してマルウェアを実行する。実行中のマルウェアはメモリ上には存在するが，ディスク上にマルウェアを保存することはなく，電源を切ればメモリからも消えてしまうため痕跡を残さない。

③ファイル交換ソフトウェア

　インターネットを通じて不特定多数のユーザ間でファイルを共有することを目的としたソフトウェアを，**ファイル交換ソフトウェア**や**ファイル共有ソフト**という。違法コピーの問題や，ウイルス感染により本来共有するつもりのないファイルが知らぬ間に共有され，情報漏えいが多発するなどの問題が多いので注意が必要である。

④ RAT（Remote Administration Tool）

　コンピュータを管理者権限で遠隔操作できるようにするソフトウェア。メンテナンスのために利用する正規のものもあるが，大半は犯罪や不正行為として使用されている。

⑤キーロガー（keylogger）

　キーボードからの入力内容を監視・記録するソフトウェア。もともとはデバッグなどに利用するツールだったが，近年はパスワードを盗むなどに悪用される事例が増えている。

⑥スパム（SPAM）

受信者の意向を無視して，メッセージを無差別かつ大量に一括してばらまく迷惑行為。電子メールへの送信や，SNSへの書き込みなどがある。

（3）物理的リスク

災害によるコンピュータシステムの破損や，悪意のある第三者による破壊や妨害行為などがある。地理的に離れた場所にバックアップのサーバを設置して災害が発生したときには，そちらで稼働することや，コンピュータルームのセキュリティを高めて第三者が侵入できなくするなどの対策が必要である。

（4）不正のメカニズム

不正行為が発生するのは，機会，動機，正当化の3つの要因がすべて揃ったときといわれている。これを不正のトライアングルという。

①機会

不正を実施できる状態にあり，それが発見されにくい状態にあること。

（例）適切なアクセス権の設定がされておらず，機密情報の持ち出しが自由。
機密情報の持ち出しが記録されていない。

②動機

不正を起こす動機であること。

（例）投資やギャンブルにより借金を抱えている。

③正当化

不正をしても仕方がないと正当化すること。

（例）自分がやらなくても誰かがやるからいい。

（5）攻撃手法

① DDoS 攻撃

ネットワークでつながれたサーバに対して，一斉にアクセスして負荷をかけ，サービスを提供できない状態にすることを DDoS 攻撃という。DDoS 攻撃のツールとして BOT が使われることが多い。また，特定のコンピュータウイルスに感染しているコンピュータが同時期に一斉に起動し，特定のサーバを攻撃することもある。

▶DDoS 攻撃

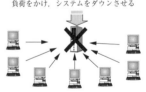

一斉にアクセスしてサーバに負荷をかけ，システムをダウンさせる

②フィッシング詐欺

悪意のある第三者が有名企業などになりすまし，利用者に個人情報を入力させることで，個人情報を盗み出す犯罪行為をフィッシング詐欺という。このようにして盗まれた個人情報を悪用されて預金を引き下ろされるなどの被害に遭うこともある。

■フィッシング詐欺

偽装メール

偽装サイト

Sub：重要なお知らせ
XXXXXXXXXXXXXX
XXXXXX
つきましては，以下のページへアクセスし，会員情報の更新をお願いいたします。
http://xxx.xxxx/xxxx

クリックすると

会員 ID を入力
パスワードを入力！
住所・氏名を入力！
クレジットカード番号を入力！

個人情報の入力を促される

入力すると

個人情報が盗まれる

しめしめ騙されたな

③クロスサイトスクリプティング

クロスサイトスクリプティングとは，Web 上で提供されている電子掲示板などに，Web 上で動作する JavaScript などのプログラミング言語で悪意のあるプログラムを書き込んで公開し，そのページを開いた利用者が被害を受けること。電子掲示板の投稿時に，JavaScript などを受け付けないような処理を追加しておけば防げるために，電子掲示板のセキュリティホールともいえる。

■クロスサイトスクリプティング

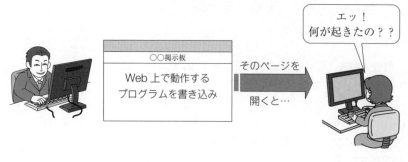

①強制的に他のページへと誘導される。
②クッキー情報など不正に取得され個人情報を盗まれる。
③他のサイトに仕込まれたプログラムを強制的に実行させられたり，コンピュータウイルスなどを送りつけられたりする。

④クロスサイトリクエストフォージェリ（CSRF：Cross Site Request Forgeries）

Web アプリケーションの脆弱性を悪用する攻撃手法の一種。Web サイトを横断（Cross Site）して，偽った（Forgeries）要求（Request）を実行させる。

たとえば，利用者が会員制の Web サイトへログインしている状態のまま，攻撃を仕掛けようとしている Web サイトを開き，悪意を持って細工されたリンクをクリックすると，利用者を装ってログイン中の Web サイトに対して内容の変更などをされてしまう。

⑤クリックジャッキング

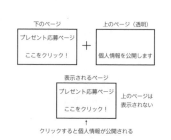

利用者が開いた Web ページの上に，透明なページを重ねて表示させることで，利用者のクリックを誘う手法。たとえば，プレゼント応募ページの上に，透明の個人情報の公開を許諾するボタンがあるページを重ねて表示する。実際に見えるのはプレゼント応募ページだが，非表示だが上に重なったページのボタンをクリックするので，個人情報の公開を許諾したことになる。

⑥ディレクトリトラバーサル

入力したファイル名を直接参照するような作りのプログラムで，本来想定していない上位のディレクトリへ移動する文字列などを入力されると，非公開の領域の情報が読まれてしまう攻撃手法。

（通常）
              data ディレクトリの中のファイルを読む
ファイル名：`abc` → http://www.○○.jp/seihin/data/abc を読む

（上位に移る文字列 ../ を追加）
              data ディレクトリの上位の本来非公開のファイルを読む
ファイル名：`../juuyou` → http://www.○○.jp/seihin/juuyou を読む

⑦ SQL インジェクション（SQLinjection）

Web サービスに使われているデータベースから，想定していない情報を引き出されてしまう手口のこと。たとえば，Web ページに入力された文字列を SQL の中に取り込んで検索などをすることが多いが，Web ページからすべてのデータを表示させる SQL のコマンドなどを入力すると，誤って全データが表示されてしまうなどである。

⑧ ドライブバイダウンロード

悪意のある Web ページにアクセスすると，セキュリティホールなどを突かれて，本人の知らないうちに勝手にソフトウェアをダウンロードし，インストールさせる手口。大半はマルウェアがインストールされてしまう。

この手口で感染させたウイルスで FTP の ID とパスワードを不正に送信し，盗まれた ID の Web サーバへウイルスが仕込まれてしまう**ガンブラー**というマルウェアもある。

▶**ガンブラー**（Gumblar）
GENO ウイルス（ジェノウイルス）とも呼ばれる。

⑨ 中間者攻撃（MITM：Man In The Middle attack）

通信を行う二者の間に第三者が割り込み，通信内容を盗聴したり，通信データを改ざんしたりする攻撃。暗号化が不十分な場合や，通信を行うソフトウェアに脆弱性がある場合などは特に攻撃を受けやすい。

⑩ MITB 攻撃（Man In The Browser attack）

攻撃者が被害者の PC に，ブラウザ上の通信内容を盗聴したり改ざんするマルウェアを感染させることで，クレジット情報やアカウント情報を盗んだり，不正に送金させる攻撃。ブラウザと Web サーバ間の通信を盗聴したり内容を改ざんする中間者攻撃の一種である。

⑪ 第三者中継（third party mail relay）

メールを送信するサーバである SMTP サーバが，全く関係のない第三者でも自由にメールを送信できる設定になっていること。第三者にスパムメールの送信手段として使われてしまったり，ウイルスをメールで拡散する手段として使われるなどの問題が生じるので，SMTP サーバを自由に使わせる設定はふさわしくないとされている。

⑫ IP スプーフィング（IP Spoofing）

送信元の IP アドレスを偽装して通信を行う攻撃。送信元の IP アドレスをチェックしてアクセスを許可する Web サイトもあるが，IP スプーフィングは IP アドレスを偽装するために突破されてしまう。また，DDoS 攻撃時に IP アドレスを偽装されると，攻撃元の特定が難しくなってしまう。

⑬ セッションハイジャック（Session Hijacking）

利用者を識別するための情報をセッション ID という。攻撃者がログイン中のセッション ID を不正に取得することでセッションを乗っ取る攻撃。セッションを乗っ取ると，ログイン後に利用可能なすべてのサービスや情報の閲覧，編集ができてしまう。

⑭ DNS キャッシュポイズニング

各端末の IP アドレスとドメインが記憶されている DNS サーバの情報を書き換える攻撃手法。書き換えられてしまうと，URL を正しく入力しても別の IP アドレスの Web サイトに接続されてしまい，そのサイトで，マルウェアをダウンロードさせられたり，偽サイトで個人情報などを盗まれたりの被害にあってしまう。

⑮標的型攻撃

　特定の組織や個人をターゲットに定め，何らかの方法でウイルス感染させて，情報の搾取などを行う攻撃。攻撃対象者がよく訪れる Web サイトを調べ，そのサイトを改ざんし，攻撃対象者だけが感染するウイルスを仕込む**水飲み場型攻撃**や，複数回のメールのやり取りを通じて信用させ，マルウェアを仕込んだ添付ファイルを実行させようとする**やり取り型攻撃**など，なりすましメールや，ドライブバイダウンロード，RAT などさまざまな手口を組み合わせて攻撃を行う。

⑯ゼロデイ攻撃

　新しいセキュリティホールが発見され，そのセキュリティホールを塞ぐ修正プログラムが提供されるまでのわずかな期間に攻撃されること。

⑰ポートスキャン（port scan）

　ネットワークに接続されているコンピュータのポートに接続を試み，攻撃に使えそうな脆弱性がないかを調べること。コンピュータには多くのポートがあるので，すべてのポートや主だったポートに対して次々に接続を試み，ポートの状態を調べる**ポートスキャナ**というソフトウェアを使用する。

⑱パスワードクラック

　他人のパスワードを探り当てること。利用者がパスワードとして使いそうな単語を試す**辞書攻撃**や，すべての文字列の組み合わせを試す**総当たり攻撃（ブルートフォース攻撃）**などがある。パスワードを見破られない対策として，意味のある単語や個人情報を使わない。アルファベットの大文字・小文字，数字や記号などを組み合わせる。パスワード試行回数に上限を設けるなどが有効である。

・練習問題・

● 1 次の説明文に適した用語を語群から選び，記号で答えなさい。

1 人間の心理的な隙やミスにつけ込んで秘密情報を入手する方法。

2 ごみ箱に捨てられている顧客情報のリスト，機密情報が印刷された紙，使用済みの記憶メディアから情報を収集すること。

3 プログラムファイルに感染し，データを消去したり意味不明な文字を表示したりする。

4 コンピュータウイルスなどに感染しないように，ファイルをチェックするソフトウェア。

5 日々新しく発生するコンピュータウイルスに対応するために，それぞれのコンピュータウイルスの特徴などを記録したファイル。

6 知らないうちにパソコンにインストールされ，ユーザの行動や個人情報などを収集して第三者へ送信するプログラム。

7 第三者が有名企業を装い，本物の Web サイトを装った偽のサイトへ誘導し，ID やパスワード，クレジットカード情報などの個人情報を入力させて盗む。

8 Web 上の掲示板などに第三者が悪意のあるスクリプトを書き込むことで，その掲示板にアクセスした人が悪意のあるスクリプトにより被害を受ける。

9 サーバなどに対して攻撃を行い，サービスの提供を不能な状態にする。サーバなどのセキュリティホールを狙った攻撃や，サーバへ極端にアクセスを増やして負荷をかける方法などがある。

10 ソフトウェアに設計ミスなどによって生じた，システムのセキュリティ上の弱点。

11 新しいセキュリティホールが発見され，それを塞ぐ修正プログラムが提供されるまでの間に攻撃されること。

12 DNS サーバに記憶されているドメインと IP アドレスを書き換え，ユーザが正しい URL を入れても別のサーバへ誘導されてしまう被害にあってしまうこと。

13 Web ページにアクセスするだけで本人の知らないうちにソフトウェアがインストールされてしまう手口。

14 データを暗号化するなどし，データ復元の見返りに身代金を要求するマルウェア。

15 攻撃対象者がよく訪れる Web サイトに罠を仕掛け，ウイルスなどを感染させる攻撃。

ア　クロスサイトスクリプティング　　イ　スパイウェア　　ウ　ソーシャルエンジニアリング
エ　ウイルス定義ファイル　　オ　DoS 攻撃　　カ　ウイルス対策ソフト　　キ　スキャベンジング
ク　セキュリティホール　　ケ　フィッシング詐欺　　コ　コンピュータウイルス
サ　水飲み場攻撃　　シ　ゼロデイ攻撃　　ス　ランサムウェア
セ　ドライブバイダウンロード　　ソ　DNS キャッシュポイズニング

◉ 3-5-2 ● 情報セキュリティ管理

1. 情報セキュリティマネジメントシステム

　リスクを特定し，そのリスクの危険性を分析・評価して，計画的に対策をとる考え方を**リスクマネジメント**という。情報資産に対するリスクマネジメントは国際標準化機構(ISO)により標準化されている。これを**情報セキュリティマネジメントシステム(ISMS)**という。ISMS では，保護すべき情報資産について，**機密性，完全性，可用性**をバランス良く維持しつつ，**PDCA サイクル**を継続的に繰り返すことで情報セキュリティの向上を図る。近年ではさらに，**真正性，責任追跡性，否認防止，信頼性**の維持も付け加えられた活動となっている。

▶**ISMS**：Information Security Management System

▶**リスク対応**
リスク回避
事業そのものを停止したりして，リスクそのものを起きなくする。
リスク低減
リスクが発生する可能性を小さくしたり，発生時の影響を小さくする。
リスク移転（共有）
リスクを他社に移す（他社と共有する）。リスクに備えて保険に加入するなど。
リスク分散
互いに相関の低いリスクを組み合わせ，全体のリスクを軽減させること。
リスク保有（受容）
何も対策をとらずにリスクをそのままにする。

(1) 情報セキュリティの要素

機密性	許可されている人に限定して情報資産を利用させる。
完全性	情報資産は正確なものであり，正確さが損なわれないようにする。
可用性	情報資産を管理しすぎて利用できなくなることを防ぎ，利便性にも配慮した管理を行う。
真正性	利用者の身元が正しいことを保証する。
責任追跡性	誰がいつ，どのような操作をしたかを後で追跡できる。
否認防止	操作の事実を後で否認されないようにする。
信頼性	操作が正常に終了し，異常な結果で終わることがない。

(2) PDCA サイクル

PDCA サイクルとは，情報資産のリスクを分析して，それに対応するための計画(Plan)をたて，その計画に沿って実行(Do)し，その結果を評価(Check)し，評価に基づいて計画を改善(Action)する活動を繰り返して行うことである。

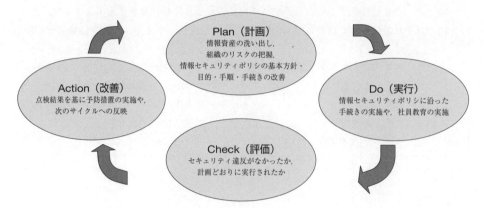

▶情報セキュリティポリシの文書構成

情報セキュリティポリシの文書構成は以下の3階層が一般的である。
・**情報セキュリティ基本方針**
情報セキュリティの目標と，その理由，範囲を示す。
・**情報セキュリティ対策基準**
基本方針の目標を受けて，実際に守るべき規定を具体的に記述する。
・**情報セキュリティ実施手順**
対策基準で定めた規定を実施するための，詳細な手順を記述する。実施マニュアル的な位置づけ。

▶コンピュータセキュリティインシデント

運用においてセキュリティ上の問題ととらえられる事象。情報流出や不正アクセス，マルウェアへの感染等さまざまなものが該当する。

2. 情報セキュリティポリシ

企業などの組織における情報資産を，どのようなリスクから，どのようにして守るかについての基本的な考え方と，具体的な対策をとりまとめたものを情報セキュリティポリシという。守るべき情報資産や，組織を取り巻く環境はそれぞれ異なるため，組織によって情報セキュリティポリシは独自のものになる。また，ここに記された内容を組織内の全員が理解し遵守することが大切である。

3. 情報セキュリティ組織・機関

不正アクセスによる被害の受付や対応，再発防止のための提言，情報セキュリティに関する啓発活動などを行う代表的な組織や機関には次のようなものがある。

(1) 社内に設置する組織
①情報セキュリティ委員会

企業内に設置する情報セキュリティに関する戦略や対策，セキュリティに関するルールの見直しなどの審議を行う全社横断的な組織。
② CSIRT（Computer Security Incident Response Team）

セキュリティ上の問題ととらえられるインシデントが発生した際に対応するチームで，インシデントへの対応を中心に，社内外の組織との情報共有や連携，脆弱性情報などの収集などを行う。セキュリティに関する高度な知識とともに，社内調整や広報業務も行うために，社内で CSIRT を運営する企業が多い。
③ SOC（Security Operation Center）

サイバー攻撃の検出や分析と対策を講じる組織。24 時間 365 日体制でネットワークやデバイスを監視する組織。CSIRT はインシデント発生後の対応が中心だが，SOC はインシデントの検知が中心となる。そのため，SOC を外部委託している企業も多い。

(2) 独立行政法人情報処理推進機構(IPA)の役割と諸活動

独立行政法人情報処理推進機構(IPA)は，日本のIT国家戦略を技術面・人材面から支えるために設立された独立行政法人で，所管官庁は経済産業省である。IPAではセキュリティに関するさまざまな取り組みを行っている。代表的なものには次のようなものがある。

①各種届出制度

コンピュータの不正アクセスにあったときに，被害の状況や対応等を届け出る**コンピュータ不正アクセス届出制度**や，コンピュータウイルスの発見や感染の状況を届け出る**コンピュータウイルス届出制度**，また，**ソフトウェア等脆弱性関連情報**に関する届出制度がある。いずれもIPAに届け出る。

② J-CSIP（サイバー情報共有イニシアティブ）

サイバー攻撃に関する情報を，IPAが中心となり参加している国内の企業と情報を共有し，高度なサイバー攻撃への対策を行う取り組み。

③サイバーレスキュー隊（J-CRAT）

標的型サイバー攻撃の被害拡大防止のために，相談を受けた組織の被害低減と，攻撃の連鎖の遮断を支援する機関。

④ SECURITY ACTION

中小企業自らが，情報セキュリティ対策に取組むことを自己宣言する制度。IPAは取組むと宣言した組織を受付け，無償でロゴマークを提供している。IPAがその企業の評価や認定はしていないことに注意。

■ロゴの例

セキュリティ対策自己宣言

▶独立行政法人情報処理推進機構
(IPA：Information-technology Promotion Agency, Japan)

▶コンピュータウイルス対策基準
▶コンピュータ不正アクセス対策基準
どちらも，1990年4月に通商産業省(現在の経済産業省)により告示。

▶情報セキュリティ早期警戒パートナーシップガイドライン
2004年7月に経済産業省により告示。脆弱性関連情報の適切な流通および対策の促進により被害を予防することを目的としている。

・練習問題・ ● **1** 次の説明文に適した用語を語群から選び，記号で答えなさい。

1 人的，技術的，物理的リスクから，情報資産や情報処理システムを守る考え方。

2 計画，実行，評価，改善のプロセスを順に繰り返し実施する活動。

3 企業などの組織における情報資産をどのような脅威から，どのようにして守るのかについての基本的な考え方と，具体的な対策をとりまとめたもの。

4 ISMSの要素の1つで，利用できる情報を限定し，それ以外は利用できないようにする。

5 ISMSの要素の1つで，情報が正確なものであり，正確さが損なわれないようにする。

6 ISMSの要素の1つで，管理のしすぎで情報の利用ができなくなることを防ぐために，利便性にも配慮した管理を行う。

ア 機密性 イ 可用性 ウ 完全性 エ 情報セキュリティポリシ オ ISMS
カ PDCAサイクル

▶パスワード作成のルール
①本人に関係する情報（電話番号や生年月日）を使わない。
②人名や固有名詞，辞書に載っているような単語を使わない。
③数字や小文字，大文字，記号を組み合わせる。
④10文字以上にする。
⑤思い出しやすく，忘れにくいものにする。（メモ書きしてパソコンに貼ったりしない）

▶本人拒否率と他人受入率
どちらも生体認証の精度を表す評価指標。本人拒否率は，認証時に本人でないと誤る率。他人受入率は，他人の生体情報で認証したときに本人だと誤る率。どちらも低いほど精度が高くなる。なお，本人拒否率が高いと他人受入率は低くなるというように2つの数値は相関関係にあり，適切な値への調整が必要。

▶シングルサインオン（SSO：Single Sign On）
1回の認証で複数のサービスを利用できる仕組み。パスワード管理の手間や各サービスを利用する度に認証を行う手間を省くことができるが，パスワードが漏れると大きな被害となるための多要素認証の採用など厳重な認証が必要。

▶アクセス権の設定画面の例

1. 認証

情報システムの利用を許可されている人物かを確認し，管理することを認証という。本人を識別する**ID**と，本人しか知らない**パスワード**を組み合わせて認証を行う。パスワードは，第三者に知られてしまうと不正利用される危険性が高いために絶対に知られてはならない。よりセキュリティを高めるために次のような認証方法がある。

①生体認証（バイオメトリクス認証）
指紋，虹彩，静脈パターン，声紋などの登録した人体の特徴と一致した場合に利用可能とする認証方法。

②ワンタイムパスワード
使い捨てパスワードともいい，1度使用したパスワードは使用できないようにしたもの。

③コールバック
出先から自社システムにアクセスする場合，自社のネットワークに接続したあと接続を中断して，会社側から登録されている電話番号にかけ直す仕組み。

④ SMS 認証
携帯端末あてに送信された SMS に書かれている確認コードを入力して認証を行う。手許に携帯端末がないと確認コードが分からないので，携帯端末を所持していることが前提となる認証方法と言える。

⑤多要素認証
認証には**知識**，**生体**，**所持**のいずれかの要素を用いて行う。**多要素認証**とは，生体による認証をした後に，知識による認証を行うなど，複数の要素を用いた認証方法のことである。銀行の ATM からお金を引き出すには，ATM にキャッシュカードを入れてから暗証番号を入力する。キャッシュカードの所持と，暗証番号という知識の2つの要素を用いているので多要素認証となる。なお，2つの要素を用いているので，**2要素認証**ということもある。
　○「知識」による認証：ユーザが記憶している情報を用いる。
　　　パスワード，PIN コード，秘密の質問
　○「生体」による認証：ユーザの身体的特徴を用いる。
　　　指紋，静脈，虹彩など
　○「所持」による認証：ユーザが所有している物を用いる。
　　　IC カード，携帯電話，ワンタイムパスワードを表示する装置，USB トークン

2. アクセス制御

ファイルやデータベースなどを利用する権限を**アクセス権**という。アクセス権は，利用者個人や利用者が所属するグループごとに設定が可能である。特に複数で共有するファイルなどに適切なアクセス権を設定することで，機密情報の漏えいなどを防ぐことができる。

3. コンテンツフィルタ

LANとインターネットをつなぐ場所に設置し，通過するWeb情報や電子メールの内容を監視し，内容に問題があれば接続を遮断したり，内容を保存するものを**コンテンツフィルタ**という。不適切な内容のWebページの閲覧を遮断したり，ライバル企業との電子メールの送受信時に，機密情報が送られていないかなどを監視したりする。

■コンテンツフィルタ

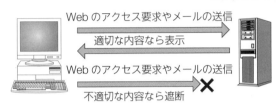

コンテンツフィルタ

Webのアクセス要求やメールの送信

適切な内容なら表示

Webのアクセス要求やメールの送信

不適切な内容なら遮断

アドレスや内容を監視し，通信の許可や遮断，
通信記録の保存等を行う

4. ファイアウォール

ファイアウォールは，LANとインターネットをつなぐ場所に設置し，外部からの不正なアクセスや，不正なデータの侵入を防ぐセキュリティ対策用のシステム。通信における送信元と送信先のIPアドレスやポート番号などの情報を検査し，データを通すか遮断するかを決める。IPアドレスやポート番号が評価基準のために，通過するデータの内容までは評価しない。通過するデータからの不正な攻撃や侵入を予測しての防御は，WAFやIDS，IPSなどが行う。

■ファイアウォール

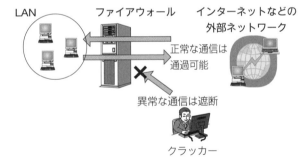

LAN　ファイアウォール　インターネットなどの
　　　　　　　　　　　　　　外部ネットワーク

正常な通信は
通過可能

異常な通信は遮断

クラッカー

5. 侵入検知システム（IDS）と侵入防止システム（IPS）

IDSは，ネットワーク上を流れるパケットの監視や，サーバが受信したデータやログを調べて，不正侵入の兆候を検知すると管理者へ通知するシステム。**IPS**は，攻撃と思われる通信を自動的に遮断する機能をIDSに追加したシステム。どちらもDDoS攻撃やWebサーバの脆弱性を狙った攻撃から防御できる。

▶**IDS**：Intrusion Detection System
▶**IPS**：Intrusion Prevention System

6. WAF（Web Application Firewall）

Webアプリケーションへの不正な攻撃を防ぐために開発された専用防御ツールでWebサーバを防御する。SQLインジェクションやクロスサイトスクリプティングなどの攻撃に有効。

7. SEIM(シーム：Security Information and Event Management)

ネットワーク機器やセキュリティ機器，サーバなどさまざまな機器にあるログやイベントデータを一元的に集約し，それらのデータを組み合わせて相関分析を行うことで，ネットワークの監視やサイバー攻撃，マルウェアへの感染などを検知する仕組み。

8. DMZ

ファイアウォール(FW)により，外部のインターネットとも内部の LAN とも隔離された区画を DMZ と呼ぶ。通常外部に公開する Web サーバやメールサーバを設置する。

▶外部からのアクセスは，DMZのみ許可することで，ファイアウォール(FW)を１つで実現することも可能である。

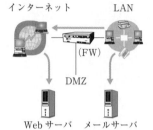

インターネット　　　LAN

(FW)

DMZ

Web サーバ　メールサーバ

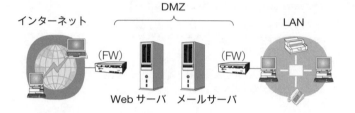

DMZ

インターネット　　　　　　　　　　　　　　　LAN

(FW)　　　　　　　　(FW)

Web サーバ　メールサーバ

▶DLP(Data Loss Prevention または Data Leak Prevention)
機密情報を特定して監視し，外部へ情報が流出するのを防止する仕組み。たとえば，重要データの外部送信や，USB メモリへのコピーをブロックする。

▶MDM (Mobile Device Management)
モバイル端末管理ともいう。タブレット端末やスマートフォンなどの情報機器を業務で利用するときに，セキュリティ等を一元管理する仕組み。

9. 検疫ネットワーク

外部から持ち込んだ PC を社内ネットワークに接続する前に，ウイルス感染やセキュリティホールが放置されていないかなどを確認するための外部と遮断した専用のネットワーク。一定期間このネットワーク内でセキュリティチェックを行い，問題がなければ社内ネットワークへの接続を許可する。

10. ディジタルフォレンジックス(digital forensics)

コンピュータに関する科学捜査のことで，不正アクセスや情報漏洩などのコンピュータに関する犯罪が起きた時に，捜査に必要な機器やコンピュータに記録されている電子データを収集・分析して証拠とするための技術をいう。**コンピュータフォレンジックス**ともいう。

11. ペネトレーションテスト(penetration test)

自社のコンピュータシステムを実際に攻撃して侵入を試みることで，セキュリティ上の弱点を発見するテスト手法。自社システムが外部からの攻撃に対して安全か，実際の攻撃手法を試しながら検証を行う。また，DoS 攻撃への耐性を調べたりもする。定期的にテストすることでシステムの安全性を保つことができる。**侵入テスト**ともいう。

12. ブロックチェーン

分散型台帳技術，分散型ネットワークともいう。取引内容をブロックとしてまとめて記録し，そのブロックをチェーン状につなげていく。ブロックには過去の取引情報の一部を入れるため，ブロックの改ざんを行うとデータの不整合が生じ，改ざんができない仕組みとなっている。ビットコインの中核技術で，多くの仮想通貨で採用されている。

13. 耐タンパ性

コンピュータシステムの内部構造の解析のしにくさのこと。システムが解読されないようにわざと複雑にしたり，暗号化するなどの対策を取る。

14. セキュアブート(secure boot)

コンピュータの電源を入れて OS が読み込まれる前にマルウェアが読み込まれてしまうのを防ぐために，コンピュータ起動時の安全性を確保する **UEFI** が持つ機能である。UEFI とは，コンピュータ内の各装置を制御するファームウェアで従来の BIOS に代わるものである。UEFI にはあらかじめ信頼できる認証局が発行したディジタル署名のリストが記憶されている。これから起動するファームウェアやデバイスドライバ，OS のディジタル署名と UEFI 内のリストを照合することで安全性の検証をする。

15. TPM(Trusted Platform Module)

暗号化や認証用の鍵を保管してセキュリティを高めるための**セキュリティチップ**でマザーボードに搭載する。OS や記憶媒体から独立した場所で鍵を保管するために，外部からの攻撃に強くデータを安全に管理できる。

16. 暗号化

ネットワーク上を通過するデータは平文といい，誰にでも読めてしまう。そのため，通信途中で第三者に盗み見される可能性があり，機密情報を送信することは大変危険である。そこで，途中で盗聴されても内容を理解できないようにすることを暗号化という。また，暗号化されているデータを元の平文に戻すことを復号という。暗号化するためには，どのように暗号化するかを決めなければならない。この暗号化のルールを鍵という。暗号化の方法には鍵の使い方の違いにより，**共通鍵暗号方式**と**公開鍵暗号方式**がある。

(1) 共通鍵暗号方式

情報の送り手と受け手の両方が同じ鍵を使用し，暗号化したときと同じ鍵で復号する方式。通信する相手の数だけ鍵が必要になり，不特定多数の間でやりとりするには向かない。

■**共通鍵暗号方式は暗号化と復号を１つの鍵で行うために，相手が増えると鍵の管理が煩雑になる**

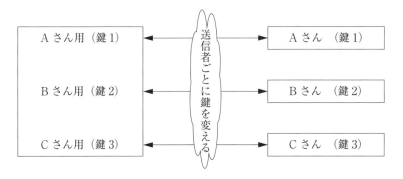

▶**UEFI**：Unified Extensible Firmware Interface

▶**PCI DSS**：Payment Card Industry Data Security Standard
クレジットカード会員の情報を保護することを目的に定められたクレジットカード業界の情報セキュリティ基準。

▶**暗号化・復号**

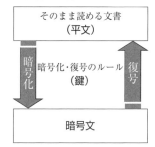

▶**ハイブリッド暗号**
公開鍵暗号方式と共通鍵暗号方式を組み合わせた暗号方式。共通鍵暗号化方式は高速に暗号化できるが，鍵を別の方法で送る必要がある。また，公開鍵暗号方式は鍵の送信に問題はないが，暗号化に時間がかかるというそれぞれの長所を用いて，データ本体は共通鍵暗号化方式で行い，それに使う鍵は公開鍵暗号方式を使用する。
▶**PKI**：Public Key Infrastructure
▶**電子透かし**(electronic watermarking)
画像や動画，音声などのデータに著作権情報などを埋め込む技術。見た目では何も分からないことが多く，専用の電子透かし検出ソフトで読むと，作者名やコピー回数などの埋め込まれている情報が表示される。

(2) 公開鍵暗号方式

受信者が隠さずに公開している公開鍵を使って暗号化し，受信者だけが持っている秘密鍵で復号する方式。不特定多数との通信に向いている方式。

■AさんとBさんが，Cさんに対して公開鍵暗号方式でデータを送信する例

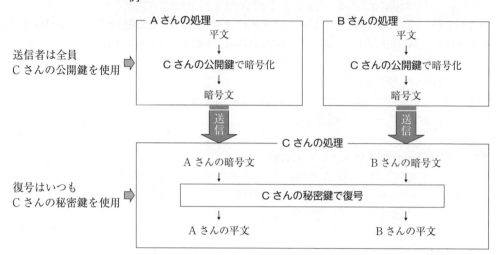

17. 暗号化技術を用いたセキュリティ対策

ネットワーク上のサービスを暗号化技術を用いて安全に利用するために，次のようなものがある。

(1) ディジタル署名とディジタル証明書

紙に署名をするように，ディジタル文書に対しての電子的な署名を**ディジタル署名**という。これは印鑑と同様であるが，ディジタルであるためなりすましができてしまい誰が署名したかが分からない。そのために，公開鍵基盤(PK)を用いて，なりすましや内容の改ざんがなく本人であることを保証する証明書を第三者機関に発行してもらう必要がある。この証明書を**ディジタル証明書**という。また，証明書を発行する第三者機関を**認証局(CA)**という。

公開鍵基盤を用いた証明書にはさまざまなものがあるので，いくつかを紹介する。

①ルート証明書

ディジタル証明書の発行元(認証局)の正当性を証明する証明書。

②サーバ証明書

通信の暗号化とWebサイトの運営者・運営組織の実在を証明する証明書。

③クライアント証明書

サービスを利用する人の端末にインストールする証明書で，その端末からしかサービスを利用できなくする。証明書のある端末からのアクセスは，正規の利用者であることが証明される。

▶証明書失効リスト（CRL：Certificate Revocation List）
何らかの理由で有効期限前に失効となったディジタル証明書のリスト。認証局が管理し，公開している。

■ SSL 通信とディジタル署名

クリック

SSL 通信

ディジタル署名が表示される

(2) SSL/TLS

　SSL と TLS は，いずれもインターネット上でデータを暗号化して送受信する仕組み（プロトコル）のこと。TLS は SSL のセキュリティを一部修正した新しいバージョンのプロトコルである。SSL は廃止されたが，一般的に通信暗号化のことを SSL/TLS と表記することが多い。個人情報を入力する Web ページの URL は https：で始まることが多いが，これは，SSL/TLS 通信により保護されているページであることを示している。また，SSL/TLS 証明書によるディジタル署名によるなりすましも防止している。

▶ SSL：Secure Sockets Layer

▶ TLS：Transport Layer Security

(3) S/MIME

　電子メールの代表的な暗号化方式が S/MIME である。電子メールの盗聴防止とディジタル署名によるなりすましの防止対策も施されている。

▶ S/MIME：Secure MIME

(4) SSH

　SSH は，暗号化や認証の技術を利用して，安全にネットワーク上の端末をリモートコントロールするためのプロトコル。

▶ SSH：Secure SHell

18. アプリケーションソフトウェア・IoT システムのセキュリティ
(1) セキュリティバイデザイン

　セキュリティバイデザインは，システム開発の企画設計の段階から必要なセキュリティ対策を組み込むという考え方。IoT 機器は，PC などと異なり必要最低限のメモリしか搭載していないことが多い。そのために，ソフトウェアを後から大きく更新することが不可能なことから，事前に対策をするという考え方が必要となった。

(2) プライバシーバイデザイン

プライバシーバイデザインとは，システム開発の企画設計の段階から個人情報の保護に取り組むという考え方である。利用者の個人情報保護が注目されているなか，利用者が安心して利用できる必要があるという考え方。

(3) IoT セキュリティガイドライン

総務省と経済産業省による，IoT 推進コンソーシアム　IoT セキュリティワーキンググループにより公開されたガイドラインが **IoT セキュリティガイドライン**である。IoT 機器やシステム，サービスの提供にあたっての方針，分析，設計，構築・接続，運用・保守における指針を定めるとともに，一般利用者のためのルールを定めたもの。

(4) コンシューマ向け IoT セキュリティガイド

コンシューマ向け IoT セキュリティガイドは，日本ネットワークセキュリティ協会が公開したガイド。スマートテレビ，ウェアラブルデバイスなどのコンシューマ向け IoT 製品の開発者が考慮すべき事柄をまとめたもの。

・練習問題・　　● 1　次の説明文に適した用語を語群から選び，記号で答えなさい。

1 システムの利用を許されているかを確認し管理すること。通常は本人を識別する ID と，本人しか知らないパスワードを組み合わせて行う。

2 LAN とインターネットをつなぐ場所に設置され，外部からの不正なアクセスを防ぐ目的でもうけられたセキュリティ対策用のシステム。

3 ファイアウォールにより，外部のインターネットとも内部の LAN とも隔離された区画。通常外部に公開する Web サーバやメールサーバなどを設置する。

4 送り手と受け手の両方が同じ鍵を共有し，暗号化したときと同じ鍵で復号する方式。

5 公開鍵で暗号化し，それと対となる秘密鍵で復号する方式。

6 なりすましを防止するために，企業の信頼性を保証する認証機関から発行される証明書。

7 Web ブラウザと Web サーバ間の通信を，平文で行う HTTP の代わりに，暗号化して送信する HTTPS で用いられている暗号化方式。

ア　ファイアウォール	イ　SSL/TLS	ウ　DMZ
エ　公開鍵暗号方式	オ　ディジタル署名	カ　認証
キ　共通鍵暗号方式		

1. 次のうち，最も稼働率が高くなるものはどれか。

    ア　MTBF が 100 時間，MTTR が 10 時間

    イ　MTBF が 200 時間，MTTR が 20 時間

    ウ　MTBF が 50 時間，MTTR が 40 時間

    エ　MTBF が 200 時間，MTTR が 10 時間

2. 稼働率 0.9 の装置を 2 台直列に接続したシステムに，同じ装置をもう 1 台追加して 3 台直列のシステムにしたとき，システム全体の稼働率は 2 台直列のときを基準にすると，どのようになるか。

(H30 春 IP)

    ア　10％上がる。　　　イ　変わらない。

    ウ　10％下がる。　　　エ　30％下がる。

3. 2 系統の装置から成るシステム構成方式 a ～ c に関して，片方の系に故障が発生したときのサービス停止時間が短い順に左から並べたものはどれか。

(H27 秋 IP)

    a　デュアルシステム

    b　デュプレックスシステム（コールドスタンバイ方式）

    c　デュプレックスシステム（ホットスタンバイ方式）

    ア　a の片系装置故障，c の現用系装置故障，b の現用系装置故障

    イ　b の現用系装置故障，a の片系装置故障，c の現用系装置故障

    ウ　c の現用系装置故障，a の片系装置故障，b の現用系装置故障

    エ　c の現用系装置故障，b の現用系装置故障，a の片系装置故障

4. 記述 a ～ d のうち，クライアントサーバシステムの応答時間を短縮するための施策として，適切なものだけを全て挙げたものはどれか。

(R2 秋 IP)

    a　クライアントとサーバ間の回線を高速化し，データの送受信時間を短くする。

    b　クライアントの台数を増やして，クライアントの利用待ち時間を短くする。

    c　クライアントの入力画面で，利用者がデータを入力する時間を短くする。

    d　サーバを高性能化して，サーバの処理時間を短くする。

    ア　a，b，c　　　イ　a，d　　　ウ　b，c　　　エ　c，d

5. フールプルーフの説明として，適切なものはどれか。

    ア　障害が発生したときに，被害を最小限にとどめるようにする設計思想。

    イ　人間は誤りを犯すものという前提に立ち，誤りを起こしても致命的な障害とならないように事前に安全策を施すこと。

    ウ　大型の機器から，小型の機器を用いたシステムへと移行する流れ。

    エ　障害が発生した機器を切り離し，残っている機器を用いて処理を継続すること。

6. システムや機器の信頼性に関する記述のうち，適切なものはどれか。　　　　　　(H27 春 IP)

ア　機器などに故障が発生した際に，被害を最小限にとどめるように，システムを安全な状態に制御することをフールプルーフという。

イ　高品質・高信頼性の部品や素子を使用することで，機器などの故障が発生する確率を下げていくことをフェールセーフという。

ウ　故障などでシステムに障害が発生した際に，システムの処理を続行できるようにすることをフォールトトレランスという。

エ　人間がシステムの操作を誤らないように，又は，誤っても故障や障害が発生しないように設計段階で対策しておくことをフェールソフトという。

7. サーバ仮想化の特長として，適切なものはどれか。　　　　　　　　　　　　(R1 秋 IP)

ア　1 台のコンピュータを複数台のサーバであるかのように動作させることができるので，物理的資源を需要に応じて柔軟に配分することができる。

イ　コンピュータの機能をもったブレードを必要な数だけ筐体に差し込んでサーバを構成するので，柔軟に台数を増減することができる。

ウ　サーバを構成するコンピュータを他のサーバと接続せずに利用するので，セキュリティを向上させることができる。

エ　サーバを構成する複数のコンピュータが同じ処理を実行して処理結果を照合するので，信頼性を向上させることができる。

8. サーバの仮想化技術において，あるハードウェアで稼働している仮想化されたサーバを停止することなく別のハードウェアに移動させ，移動前の状態から引き続きサーバの処理を継続させる技術を何と呼ぶか。

(R1 秋 IP)

ア　ストリーミング　　　　　イ　ディジタルサイネージ
ウ　プラグアンドプレイ　　　エ　ライブマイグレーション

9. 販売管理システムに関する記述のうち，TCO に含まれる費用だけをすべて挙げたものはどれか。

(R1 秋 IP)

①　販売管理システムで扱う商品の仕入高
②　販売管理システムで扱う商品の配送費
③　販売管理システムのソフトウェア保守費
④　販売管理システムのハードウェア保守費

ア　①，②　　　イ　①，④　　　ウ　②，③　　　エ　③，④

10. 無線 LAN の通信は電波で行われるため，適切なセキュリティ対策が欠かせない。無線 LAN のセキュリティ対策のうち，無線 LAN アクセスポイントで行うセキュリティ対策<u>ではないもの</u>はどれか。

(H24 秋 IP)

ア MAC アドレスによるフィルタリングを設定する。

イ 通信内容に暗号化を施す。

ウ パーソナルファイアウォールを導入する。

エ 無線 LAN の ESSID のステルス化を行う。

11. WPA3 はどれか。

(R1 秋 FE)

ア HTTP 通信の暗号化規格

イ TCP/IP 通信の暗号化規格

ウ Web サーバで使用するディジタル証明書の規格

エ 無線 LAN のセキュリティ規格

12. 移動体通信サービスのインフラを他社から借りて，自社ブランドのスマートフォンや SIM カードによる移動体通信サービスを提供する事業者を何と呼ぶか。

(R3 IP)

ア ISP　　イ MNP　　ウ MVNO　　エ OSS

13. IoT デバイス，IoT ゲートウェイ及び IoT サーバで構成された，温度・湿度管理システムがある。IoT デバイスとその近傍に設置された IoT ゲートウェイとの間を接続するのに使用する，低消費電力の無線通信の仕様として，適切なものはどれか。

(R3 IP)

ア BLE　　イ HEMS　　ウ NUI　　エ PLC

14. LPWA の特徴として，適切なものはどれか。

(R2 秋 IP)

ア AI に関する技術であり，ルールなどを明示的にプログラミングすることなく，入力されたデータからコンピュータが新たな知識やルールなどを獲得できる。

イ 低消費電力型の広域無線ネットワークであり，通信速度は携帯電話システムと比較して低速なものの，一般的な電池で数年以上の運用が可能な省電力性と，最大で数十 km の通信が可能な広域性を有している。

ウ 分散型台帳技術の一つであり，複数の取引記録をまとめたデータを順次作成し，直前のデータのハッシュ値を埋め込むことによって，データを相互に関連付け，矛盾なく改ざんすることを困難にして，データの信頼性を高めている。

エ 無線 LAN の暗号化方式であり，脆弱性が指摘されている WEP に代わって利用が推奨されている。

15. ネットワークに接続した端末に対して，自動的に IP アドレスを割り振るプロトコルはどれか。

ア DHCP　　　イ TCP/IP　　　ウ HTTP　　　エ FTP

16. コンピュータの内部時計を，基準になる時計情報をもつサーバとネットワークを介して同期させるときに用いられるプロトコルはどれか。 (H30 秋 IP)

　　ア　FTP　　イ　NTP　　ウ　POP　　エ　SMTP

17. PC にメールソフトを新規にインストールした。その際に設定が必要となるプロトコルに該当するものはどれか。 (R3 IP)

　　ア　DNS　　イ　FTP　　ウ　MIME　　エ　POP3

18. Web サイトに関する記述中の a，b に入れる字句の適切な組合せはどれか。 (R2 秋 IP)

Web サイトの提供者が，Web ブラウザを介して利用者の PC に一時的にデータを保存させる仕組みを　a　という。これを用いて，利用者の識別が可能となる。Web サイトの見出しや要約などのメタデータを構造化して記述するフォーマットを　b　という。これを用いて，利用者に Web サイトの更新情報を知らせることができる。

	a	b
ア	CGI	CSS
イ	CGI	RSS
ウ	cookie	CSS
エ	cookie	RSS

19. インターネットで用いるドメイン名に関する記述のうち，適切なものはどれか。 (R3 IP)

　　ア　ドメイン名には，アルファベット，数字，ハイフンを使うことができるが，漢字，平仮名を使うことはできない。

　　イ　ドメイン名は，Web サーバを指定するときの URL で使用されるものであり，電子メールアドレスには使用できない。

　　ウ　ドメイン名は，個人で取得することはできず，企業や団体だけが取得できる。

　　エ　ドメイン名は，接続先を人が識別しやすい文字列で表したものであり，IP アドレスの代わりに用いる。

20. TCP/IP におけるポート番号によって識別されるものはどれか。 (R2 秋 IP)

　　ア　LAN に接続されたコンピュータや通信機器の LAN インタフェース

　　イ　インターネットなどの IP ネットワークに接続したコンピュータや通信機器

　　ウ　コンピュータ上で動作している通信アプリケーション

　　エ　無線 LAN のネットワーク

21. 電子メールに関する記述として，適切なものだけを全て挙げたものはどれか。　（H30 春 IP）

a　電子メールのプロトコルには，受信に SMTP，送信に POP3 が使われる。

b　メーリングリストによる電子メールを受信すると，その宛先には全ての登録メンバのメールアドレスが記述されている。

c　メール転送機能を利用すると，自分名義の複数のメールアドレス宛に届いた電子メールを一つのメールボックスに保存することができる。

ア　a　　イ　a, c　　ウ　b　　エ　c

22. インターネットにおいてドメイン名と IP アドレスの対応付けを行うサービスを提供しているサーバに保管されている管理情報を書き換えることによって，利用者を偽のサイトへ誘導する攻撃はどれか。
（R3 IP）

ア　DDoS 攻撃　　　　　　　イ　DNS キャッシュポイズニング

ウ　SQL インジェクション　　エ　フィッシング

23. 特定の PC から重要情報を不正に入手するといった標的型攻撃に利用され，攻撃対象の PC に対して遠隔から操作を行って，ファイルの送受信やコマンドなどを実行させるものはどれか。　（R3 IP）

ア　RAT　　　　　　　　　イ　VPN

ウ　デバイスドライバ　　　エ　ランサムウェア

24. 情報セキュリティの脅威に関する説明①～③と，用語の適切な組合せはどれか。　（H30 秋 IP）

①　Web ページに，利用者の入力データをそのまま表示するフォーム又は処理があるとき，第三者が悪意あるスクリプトを埋め込み，訪問者のブラウザ上で実行させることによって，cookie などのデータを盗み出す攻撃

②　多数の PC に感染し，ネットワークを介した指示に従って PC を不正に操作することによって，一斉攻撃などを行うプログラム

③　利用者に有用なプログラムと見せかけて，インストール及び実行させることによって，利用者が意図しない情報の破壊や漏えいを行うプログラム

	①	②	③
ア	クロスサイトスクリプティング	トロイの木馬	ボット
イ	クロスサイトスクリプティング	ボット	トロイの木馬
ウ	標的型攻撃	クロスサイトスクリプティング	トロイの木馬
エ	標的型攻撃	トロイの木馬	クロスサイトスクリプティング

25. ISMSにおける情報セキュリティに関する次の記述中のa, bに入れる字句の適切な組合せはどれか。

(R3 IP)

情報セキュリティとは，情報の機密性，安全性及び　a　を維持することである。さらに，真正性，責任追跡性，否認防止，　b　などの特性を維持することを含める場合もある。

	a	b
ア	可用性	信頼性
イ	可用性	保守性
ウ	保全性	信頼性
エ	保全性	保守性

26. 次の作業a〜dのうち，リスクマネジメントにおける，リスクアセスメントに含まれるものだけをすべて挙げたものはどれか。

(R1 秋 IP)

a　リスク特定
b　リスク分析
c　リスク評価
d　リスク対応

ア　a, b　　イ　a, b, c　　ウ　b, c, d　　エ　c, d

27. 企業での内部不正などの不正が発生するときには，"不正のトライアングル"と呼ばれる3要素のすべてがそろって存在すると考えられている。"不正のトライアングル"を構成する3要素として，最も適切なものはどれか。

(H31 春 IP)

ア　機会，情報，正当化　　イ　機会，情報，動機
ウ　機会，正当化，動機　　エ　情報，正当化，動機

28. 情報システムにおける二段階認証の例として，適切なものはどれか。

(R3 IP)

ア　画面に表示されたゆがんだ文字列の画像を読み取って入力した後，利用者IDとパスワードを入力することによって認証を行える。
イ　サーバ室への入室時と退室時に生体認証を行い，認証によって入室した者だけが退室の認証を行える。
ウ　利用者IDとパスワードを入力して認証を行った後，秘密の質問への答えを入力することによってログインできる。
エ　利用者IDの入力画面へ利用者IDを入力するとパスワードの入力画面に切り替わり，パスワードを入力することによってログインできる。

29. 認証方式を"知識による認証"，"所持品による認証"及び"個人の身体的・行動的特徴による認証"の三つに分類したとき，"個人の身体的・行動的特徴による認証"に分類されるものはどれか。

(H28 春 IP)

ア　IDカードによる認証　　　イ　ニーモニック認証
ウ　バイオメトリクス認証　　エ　パスワード認証

30. インターネット経由で行うペネトレーションテストで見つけられる脆弱性の例として，適切なものはどれか。 (H28 秋 IP)

 ア 外部ネットワークから公開サーバへの不正侵入口
 イ 記録媒体による機密情報の持出し
 ウ 社内のネットワークに接続しようとする PC のウイルス感染
 エ セキュリティで保護された部屋への不正な入室経路

31. セキュリティに問題がある PC を社内ネットワークなどに接続させないことを目的とした仕組みであり，外出先で使用した PC を会社に持ち帰った際に，ウイルスに感染していないことなどを確認するために利用するものはどれか。 (H26 秋 IP)

 ア DMZ   イ IDS
 ウ 検疫ネットワーク エ ファイアウォール

32. IoT デバイスに関わるリスク対策のうち，IoT デバイスが盗まれた場合の耐タンパ性を高めることができるものはどれか。

 ア IoT デバイスと IoT サーバ間の通信を暗号化する。
 イ IoT デバイス内のデータを，暗号鍵を内蔵するセキュリティチップを使って暗号化する。
 ウ IoT デバイスに最新のセキュリティパッチを速やかに適用する。
 エ IoT デバイスへのログインパスワードを初期値から変更する。

33. IoT デバイス群とそれを管理する IoT サーバで構成される IoT システムがある。全ての IoT デバイスは同一の鍵を用いて通信の暗号化を行い，IoT サーバでは IoT デバイスがもつ鍵とは異なる鍵で通信の復号を行うとき，この暗号技術はどれか。 (R3 IP)

 ア 共通鍵暗号方式 イ 公開鍵暗号方式
 ウ ハッシュ関数   エ ブロックチェーン

34. 電子商取引におけるディジタル署名で実現できることはどれか。 (H22 春 IP)

 ア 意図しない第三者が機密ファイルにアクセスすることの防止
 イ ウイルス感染していないファイルであることの確認
 ウ 盗聴による取引内容の漏えいの防止
 エ 取引相手の証明と，取引内容が改ざんされていないことの確認

35. クレジットカードの会員データを安全に取り扱うことを目的として策定された，クレジットカード情報の保護に関するセキュリティ基準はどれか。 (R3 IP)

 ア NFC   イ PCI DSS
 ウ PCI Express エ RFID

4章

SPEED MASTER
IT PASSPORT Text & Workbook

システム開発とマネジメント

4-1 システム開発

私たちが日頃業務で使用するソフトウェアは，市販されたパッケージソフトウェアを購入することが多い。しかし，企業などの大規模な情報システムでは，企業の専門グループやソフトウェア開発会社に依頼して，独自にシステムを開発するケースがほとんである。ここではシステム開発の流れについて学習する。

この節のまとめ

キーワード
▶**システム開発プロセス**
□要件定義
□システム設計
□プログラミング
□テスト
　単体テスト　結合テスト
　システムテスト
□ソフトウェア受入れ
□ソフトウェア保守
□SLCP
▶**システム開発モデル**
□ウォータフォールモデル
　基本計画　外部設計
　内部設計　プログラム設計
　プログラミング　テスト　保守
□プロトタイプモデル
□スパイラルモデル
□RAD
▶**システム開発手法**
□構造化プログラミング
□オブジェクト指向
□DFD　□E-Rモデル図
□ファンクションポイント法
▶**ヒューマンインタフェース**
□GUI
　アイコン　リストボックス
　コンボボックス　ラジオボタン
　チェックボックス　メニュー
　バー　プルダウンメニュー
　ポップアップメニュー
▶**ヒューマンインタフェース設計**
□ユニバーサルデザイン
□Webユーザビリティ
□WYSIWYG
□スタイルシート

● **システム開発プロセス**

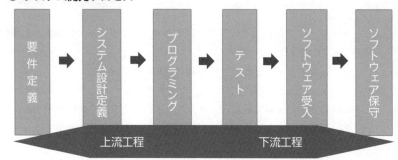

● **ソフトウェア開発モデル・開発手法**
・ウォータフォールモデル・プロトタイプモデル・スパイラルモデル
・構造化プログラミング・オブジェクト指向プログラミング・アジャイルプログラミング

● **情報デザイン**
・デザインの4原則・ユニバーサルデザイン・ヒューマンインタフェース設計・GUI

おすすめコンテンツ

指導者用ディジタルコンテンツ／教材データ	採択理由書／シラバス案ルーブリック評価表	プリント作成ソフト（新課程用）
ディジタル教科書Lentranceのご案内	ディジタル教材Libryのご案内	Studyplusブックお申し込み
指導者用ディジタルコンテンツ体験版	（旧課程用）指導資料サポートページ	実教Web模擬

1. システム開発のプロセス

システム開発のプロセス(流れ)は，「要件定義」，「システム設計」「プログラミング」，「テスト」の各フェイズ(工程)に区切って順に進められる。この手法の長所は，開発の進捗状況を容易に把握できることにある。

要件定義 → システム設計 → プログラミング → テスト

(1) 要件定義

システム開発における要件定義プロセスでは，新たに構築する業務，システムの仕様，およびシステム化の範囲と機能を明確にし，それらをシステムの利用者や関係部門で検討する作業が行われ，システム要件定義書としてまとめられる。

■開発者とシステム利用部門の関係

現行システムを長期間使用していると，その間に業務内容も変化し，全面的にシステムを開発し直すこともある。このような場合においても，開発者がシステム要求の分析と，それに基づく要件定義を行うときには，システム利用部門と共同でレビューを行い，利害関係者間で合意する必要がある。

(2) システム設計

システム設計では，要件定義で決められたシステムの機能を，具体的に設計書としてまとめる作業が行われる。この作業は，外部設計と内部設計の2工程で行われる。

外部設計では，要件定義に基づき，システムをいくつかのサブシステムに分割し，システム全体を体系的にまとめる。また，サブシステム間のデータのやり取りをまとめた，インタフェース設計や入出力にかかわる画面・帳票レイアウトの設計も行われ，外部設計書・システム設計書としてまとめられる。

内部設計では，外部設計書をもとに，機能設計をまとめた内部設計書や，各サブシステムで実現する詳細設計をまとめたソフトウェア詳細設計書，入出力で取り扱うデータについてまとめたファイル設計書が作成される。

(3) プログラミング

プログラミングでは，ソフトウェア詳細設計書に基づいて，実際に稼働するためのコーディングが実施される。使用される言語は，システムの特徴により，CやJava等のプログラミング言語が使用される。

プログラミングでは，人間が理解できるCやJava等で作成したソースプログラムを，機械語に翻訳するためのコンパイラやリンカなどのソフトウェアを使用して，コンピュータで稼働する実行プログラム(ロードモジュール)が作成される。また，誤りを確認するデバッグや共同で確認するコードレビューが行われる。

(4) テスト

システム開発の最終段階では，ユーザの要求を満たした運用ができるかどう

▶システム開発の請負契約要件定義プロセスの作業

システム開発を請負契約で外部委託するときに重要なことは，発注したシステムが指定した機能を持ち納期までに納入されることである。したがって，契約時に納品する成果物の一覧や納期の提示が重要である。

▶ RFP の対象(提案依頼書)

RFP(Request For Proposal)システム開発に関する RFP は，情報システム部門からメーカーに提示される。

▶機能要件

情報システムやソフトウェアの開発に際して定義される要件のうち，機能に関するもの。データの種類や構造，処理内容，画面表示や操作の方法，帳票などの出力の形式などが含まれる。

▶非機能要件

機能要件以外のユーザビリティ，性能，拡張性，セキュリティなどの品質的に関連するもの全般を指す。

▶サブシステム

全体の中の一部を構成する処理

▶インタフェース

人間とコンピュータの接点

▶帳票レイアウト

出力の位置を設計したもの

▶ファイル設計書

レコードの項目名などの設計

▶ソースプログラム

人間が理解できるプログラム

▶コンパイラ

コンピュータが理解できる機械語に翻訳するプログラム

▶リンカ

実行可能なファイルを生成するためのプログラム

▶ロードモジュール

実行可能なプログラム

▶デバッグ

プログラムの誤り(バグ)を取り除く作業。

▶コードレビュー

プログラムの作成者以外の者が確認をする共同作業のこと。

▶データチェックの種類
・バランスチェック
貸借対照表の借方・貸方合計が同じかをチェックする。
・重複チェック
一意に決まる商品コードが複数あるかをチェックする。
・シーケンスチェック
コード番号順に整列されているかをチェックする。
・フォーマットチェック
正式な書式の形式に合っているかをチェックする。
・トータルチェック
手計算と処理結果を照合してチェックする。
・リミットチェック
買掛金残高の上限値を越えていないかをチェックする。

▶品質管理
ソフトウェアの品質を評価する基準のこと。機能性，信頼性，使用性，効率性，保守性，移植性の6つの特性と，それぞれの品質特性をさらに細分化した21の副特性が定められている。

▶性能テスト
システムの処理速度や処理可能なデータ量がユーザ利用に即した仕様になっているかを確認するテスト。

▶負荷テスト
負荷を高めていったときの状態や性能などを計測し，どのくらいの負荷まで正しく動作するかを検証するテスト。

▶回帰テスト
（リグレッションテスト）
機能の追加や変更，不具合の改修などに伴うプログラムの変更によって，その他のプログラムに意図しない影響が発生していないかどうかを確認するテスト。

か，さまざまな視点からのテストを行い，システム上の誤りや設計上の誤りを見つけださなければならない。テストに際しては，開発専門の人間だけではなく，利用者なども参加して実施する必要がある。

■処理の論理的な構造を見るテスト方法

①単体テスト

1つのモジュール（プログラム）の論理エラーを抽出するテストで，ロジックの網羅性も含めて行われる。

テストデータから見るテスト方法としては次のものがある。

・ホワイトボックステスト（構造化テスト）

プログラムの内部構造が理論的に正しく構成されているか内部の流れを確認するテスト。

・ブラックボックステスト（ユーザインタフェーステスト）

入力と出力だけに着目し，さまざまな入力に対して仕様書どおりの出力が得られるかどうかを確認するテスト。システムの内部構造とは無関係に外部から見た機能について検証する。

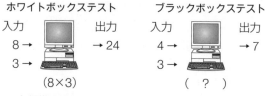

ホワイトボックステスト　　　ブラックボックステスト
入力　　　　　出力　　　　入力　　　　　出力
8→　　　　→24　　　　4→　　　　→7
3→　　　　　　　　　　3→
（8×3）　　　　　　　（　？　）
内部構造が見える　　　　テスト期待値7と照合する

②結合テスト（統合テスト）

モジュール間のインタフェースに関するエラーを抽出するテスト。プログラム間でデータの受け渡しが正しく行われているかどうかを確認するために行われる。

③システムテスト

システムの入力処理から出力処理にいたる，全体的な流れが正しく機能しているかどうかを確認するテスト。外部設計の担当者がテストケースを作成するのが望ましい。

④運用テスト（受入れテスト）

システムを実際の環境で運用し，問題がないかを確認するテスト。

■修正後のプログラムテスト

テスト完了後のプログラムを修正した場合，修正部分を確認するテストデータを，確認済みのテストデータに追加して再テストを行う方がよい。

■エラーを検出した時期と対応費用の関係

システム開発において，設計，製造，テスト，運用と下流工程にいくにしたがって，検出されたエラーに対する修正範囲が大きくなる。それに伴って対応費用も増加する。

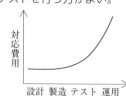

対応費用

設計 製造 テスト 運用

■運用テストの環境

稼働中のシステムに機能を追加するため，プログラムの一部を変更した場合，稼働中のシステムに影響を与えることなくテストを行う必要がある。このようなケースでは，本番環境と同等のテスト環境のもとで行われる。

(5) ソフトウェア受入れ

新しいソフトウェアの開発が完了し、実際の環境へソフトウェアを導入するときに必要な作業としては次のようなものがある。

・**利用者マニュアルの整備**…利害関係者への教育訓練などに使用する。
・**受入れテストの実施**…委託者が実際の運用環境で実施する。
・**妥当性確認テストの実施**…受託者のニーズにあっているかを確認する。
・**移行**…バックアップを準備するなどリスクを軽減して実施する。

ソフトウェアに限らず発注した商品が発注したものであるかを確かめて受け取ることが重要である。

(6) ソフトウェア保守

実際の業務の中で生じた問題点を解消するために、システムの改修（再編成）を行う場合には、データ項目の追加・削除（再構成）などのデータ変更が頻繁に行われる。こうした作業を**保守管理**という。また、障害を引き起こす可能性のあるプログラムを見つけ、あらかじめ修正することも保守で行われる。

2. SLCP（共通フレーム：Softwate Life Cycle Process）

ソフトウェア開発において、発注者と受注者間のトラブルを未然に防ぐため、ソフトウェアの企画から設計・開発・運用・保守・廃棄までの**ライフサイクル**をモデル化し、標準化したものを **SLCP** という。ライフサイクルを通じて必要な作業項目、役割等を包括的に規定した共通の枠組みのことで、その詳細と使い方を解説している。

▶共同レビュー
レビューは関係者が集まり共同で検討する。システム開発における「要件定義」や「基本設計」などの工程ごとに実施する。

▶ CMMI（Capability Maturity Model Integration）
能力成熟度モデル統合版ソフトウェア開発におけるプロセスの成熟度を評価する指標で、開発プロセスの国際標準的モデルとして普及している。5つのモデルから構成されており、より高いレベルのCMMIに準拠することによって、開発プロセスがより成熟してゆくことになる。

SLCP2013 のプロセスと作業内容

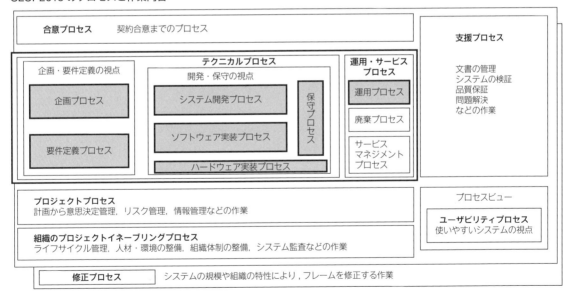

主ライフサイクルプロセスの各プロセスを基本的な開発過程と対比させながら次に説明する。

■企画プロセス

1. システム化構想の立案

   最近の情報技術の動向を調査して，システム化の全体構想を決定する。

2. システム化計画の立案

   ・システム化計画の中心となる事項を確認する。

   ・システム化する業務の内容とは何かを確認する。

   ・プロジェクトごとの目標を作成し日程などを決定する。

   ・費用とシステム投資効果の予測をする。

基 本 計 画

■要件定義プロセス

新たに構築する業務，システムの仕様，およびシステム化の範囲と機能を明確にし，それらをシステム取得者側の利害関係者間で合意する。

1. 利害関係者要件の定義と確認

   ・システム化したときに，必要となる機能や性能をまとめた結果を確認し，文書として保管する。

要 件 定 義

■システム開発プロセス

システム開発プロセスでは，ソフトウェア（プログラム）を設計・作成して，最終的にシステムとして構築する。そのために，システムの全体像を設計した後に，ソフトウェアの開発を積み重ねてシステムを作り上げる作業を行う。

外 部 設 計

1. システム要件定義

   ・システムの運用時間や運用日数，処理の件数や時間を決定する。

   ・システムが故障しないで稼働する時間（信頼性）を決定する。

内 部 設 計

2. システム方式設計

   ・システムで実現できるものを，ハードウェアとソフトウェアに分けて考える。システム結合テストの設計。

プログラム設計

3. ソフトウェア要件定義

   ・プログラム間でやり取りされるデータの形式を決定する。

4. ソフトウェア方式設計・ソフトウェア詳細設計

   ・システムで使用する端末の画面設計を行う。

   ・データベースのレコードおよび主キーを決定する。

   ・データ処理のアルゴリズムを決定する。

プログラミング

5. ソフトウェア構築

   ・プログラミングと，テスト手順とデータを準備して実施する。

テ ス ト

6. ソフトウェア結合・ソフトウェア適格性確認テスト

7. システム結合テスト・システム適格性確認テスト

8. システム・ソフトウェア導入

保 守

■保守プロセス

障害を引き起こす可能性のあるプログラムを見つけ，あらかじめ修正する。その際，システム開発における仕様変更は次の手順で行う。

変更要求の受付 → 変更内容の評価 → 変更の指示 → 変更の反映

運 用 テ ス ト

■運用・サービスプロセス

構築されたシステムを実際の業務環境でテストを重ね，移行した後にシステムの評価を行い，投資しただけの効果があったかどうかを評価する。また，廃棄計画の立案・実行，新旧システムの平行運用と，利用者の教育訓練を行う。

・練習問題・

● **1** 新システムに求められる運用時間を 24 時間，365 日と決定した。この決定を行う開発工程はどれか。 (H24 春 IP)

ア　ソフトウェア受入れ　　イ　テスト
ウ　プログラミング　　　　エ　要件定義

● **2** システム開発においてソフトウェア詳細設計の次に行う作業はどれか。 (H24 春 IP)

ア　システム方式設計　　　イ　ソフトウェア方式設計
ウ　ソフトウェア要件定義　エ　プログラミング

● **3** システム開発会社 A 社は B 社の販売管理システムの開発を受注した。A 社はシステム要件をネットワーク機器などのハードウェアで実現するものと，業務プログラムなどのソフトウェアで実現するものに割り振っている。現在 A 社はどの工程を実施しているか。 (H24 春 IP)

ア　システム方式設計　　　イ　システム要件定義
ウ　ソフトウェア方式設計　エ　ソフトウェア要件定義

● **4** 企業の情報システム戦略に基づいてシステム化計画を策定するときに決定するものはどれか。 (H26 秋 IP)

ア　開発スケジュール　　　イ　経営目標
ウ　入出力画面レイアウト　エ　ハードウェア構成

● **5** 図のプロセスでシステム開発を進める場合，システム方式設計に含める作業として，適切なものはどれか。 (H24 秋 IP)

システム要件定義 → システム方式設定 → ソフトウェア要件定義 → ソフトウェア方式設計

ア　システムの機能及び処理能力の決定
イ　ソフトウェアの最上位レベルの構造とソフトウェアコンポーネントの決定
ウ　ハードウェアやネットワークの構成の決定
エ　利用者インタフェースの決定

● **6** プログラムの単体テストに関する記述のうち，適切なものはどれか。 (H22 春 IP)

ア　作成したプログラムごとのテストは行わず，複数のプログラムを組み合わせ，一括してテストする。
イ　テスト仕様は，システム要件を定義する際に作成する。
ウ　テストデータは，システムの利用者が作成する。
エ　ロジックの網羅性も含めてテストをする。

1. ソフトウェア開発モデル

コンピュータシステムを開発するためには，一定の規則にしたがって手順よく進めなければならない。

（1）ウォータフォールモデル（waterfall model）

上流過程から下流過程へ，水の流れのように段階的に設計を進めて行く手法。現在の代表的な手法で，大規模なシステムの開発に用いられる。

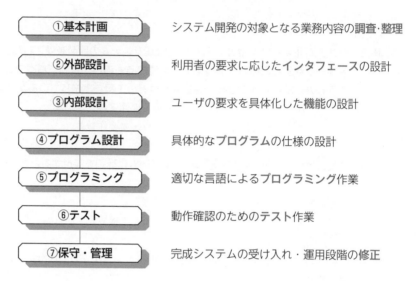

①基本計画	システム開発の対象となる業務内容の調査・整理
②外部設計	利用者の要求に応じたインタフェースの設計
③内部設計	ユーザの要求を具体化した機能の設計
④プログラム設計	具体的なプログラムの仕様の設計
⑤プログラミング	適切な言語によるプログラミング作業
⑥テスト	動作確認のためのテスト作業
⑦保守・管理	完成システムの受け入れ・運用段階の修正

ウォータフォールモデルの長所は，手順にしたがった作業により管理がしやすいことである。しかし，設計の途中段階で問題が生じたときに，前の作業に戻っての変更がしづらい短所を持っている。

①基本計画（要件定義）

基本設計では，入力されるデータは何か，そのデータはどのように加工されて出力されるかを大まかに決めておく。また，GUI系のシステムではユーザの要求にそった画面の流れ等，開発者と利用者が十分相談をしながら進める。

②外部設計（システム設計）

外部設計では，ユーザが求める機能をユーザの立場に立って設計を行う。システムではどのような機能がなぜ必要かなど，**ユーザの要求を明確に定義する**ことが重要である。

プログラムの構造

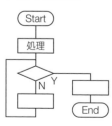

③内部設計（システム設計）

内部設計では，使用するコンピュータの仕様やシステムの特性を考慮して設計する。

④プログラム設計（システム設計）

プログラム設計では，内部設計を基に具体的なプログラムの設計を行う。わかりやすいプログラムを作成するために，プログラム全体を**モジュール単位**に分割する。ここでは，処理内容を再確認するためにテストケースも併せて設計

する。

⑤プログラミング

プログラミングでは，プログラム設計の結果を受けて，実際にプログラムを作成し，テストも併せて行う。

⑥テスト

テストでは，できあがったシステムに不具合や誤りがないかを確認する。

⑦保守

保守では，システムが正常な状態を保つために，**点検・整備・変更**などを行う。完成したシステムを改良し機能を向上させることも保守に含まれる。

（2）プロトタイピングモデル（Prototyping model）

試作品（**プロトタイプ**）を早い段階で利用者に提供し，利用者の評価をもとに順次変更しながら進めて行く手法。小規模システムの開発に適している。

（3）スパイラルモデル（Spairal model）

基本的なシステムを作成してから，要件定義によって重要度の高い機能を順番に作成していき，最終的に完成度の高いシステムを構築する手法。ウォータフォールとプロトタイプの併用型で両方の長所を持っている。

例）商品の在庫システムが完成した後に，配送システムを作成し，顧客管理システム，販売システムを作成して，全体的な通販のシステムが完成する。

左サイドバー（脚注・用語解説）

▶オブジェクト
ユーザインタフェース上の操作対象（ボタンやボックスなど）や，それ自体で独自の機能を持つプログラムなどをオブジェクトという。

▶イベント
オブジェクト指向プログラミングにおいて，オブジェクトに特定の現象が発生したときに発する信号をイベントという。たとえば「キーボードを押した」というイベントなら「押されたキー」のデータが発せられる。イベントが発生すると，イベントに1対1で対応したメソッドが起動し，イベントに対応した処理を行う。

▶イベントドリブン
ユーザや他のプログラムが実行した操作（イベント）に対応して処理を行う，プログラムの実行形式をイベントドリブンという。

▶メソッド
オブジェクト指向プログラミングにおいて，オブジェクトは「データ」と「手続き」から構成されており，メソッドは手続きにあたり，データを操作して，ある一定の働きを実行する。

本文

■ RAD（Rapid Application Development）

RADでは，開発に携わる人員をエンドユーザを含む少人数に限定し，早い段階でプロトタイプと呼ばれる完成イメージを作成する。設計・開発・テストを繰り返して，プロトタイプを完成品に近づけていくことで高速にソフトウェアを開発する手法のことをいう。

2. ソフトウェア開発手法

ソフトウェアの開発手法には次のものがある。

(1) 構造化プログラミング

順次・選択・繰り返しの三つの技法でプログラムを記述する手法のこと。プログラムを機能ごとに分割し，プログラム全体をわかりやすくする構造化手法。

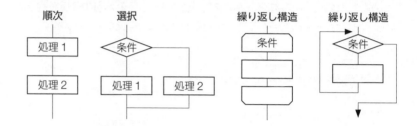

(2) オブジェクト指向プログラミング

オブジェクト指向プログラミングとは，オブジェクトと呼ばれる機能の部品でソフトウェアを構築するプログラミング技法のことをいう。

①カプセル化

メソッドとデータを一体化し，他から見えない状態（隠蔽）にして，メッセージが送られたときに動作する手続きをまとめたものである。

②継承

基準になるクラスを「スーパークラス」，新しく作成するクラスを「サブクラス」といい，スーパークラスを利用してサブクラスを作ること。

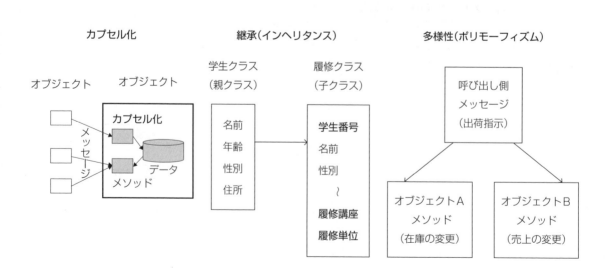

③多様性

同一のメッセージをオブジェクトに送っても，受取側オブジェクトのメソッドの違いにより，異なる処理をさせることができる。

(3) アジャイル（Agile）ソフトウェア開発

アジャイルとは「素早い」「機敏な」を意味し，開発期間を数週間の短い期間に限定し，小さなプログラムから段階的に開発していくモデルの一つである。少人数で構成された開発メンバーにより機敏な対応が可能であるため，開発の途中で仕様の変更や追加が予想されるプロジェクトに向いている手法である。

①アジャイル開発の流れ

■リリース計画

アジャイル開発では，「開発途中に仕様や設計の変更があることは当たり前」という前提に立ち，ソフトウェアの計画段階では厳密な仕様を決めずに，「いつまでに」「どんな機能を」「どの程度の予算」で実施するかを決める。臨機応変に対応できることから，顧客の要求にマッチした開発ができる。

■イテレーション

イテレーションとは「反復」という意味で，小さな単位に分けられた開発を「計画」→「設計」→「実装」→「テスト」を繰り返しながら進める。

各段階の開発期間は1週間〜2週間ごとに繰り返しながら，細かく開発を進めていく。

アジャイル開発の流れ

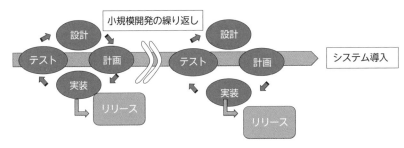

②エクストリームプログラミング（XP：Extreme Programming）

エクストリームプログラミングはアジャイル開発の代表的な手法の一つ。開発チームは，次の5つの価値を共有することを大切にし，初期の計画よりも技術面を重視して，プログラマー中心の開発を進める。

①素早いフィードバック
②シンプルさの採用
③**インクリメンタル**な変更（段階的な機能の追加）
④変化を取り込む勇気
⑤質の高い作業（コミュニケーション）

エクストリームプログラミングでは，各プロセスを次のように定義している。

▶**テスト駆動開発（TDD）**

アジャイル開発手法の一つ。プログラミングの前に単体テストのテストコードを作成し，そのテストコードに合格するようプログラミングをする開発手法。

▶**UML（Unified Modeling Language）：統一モデリング言語**

システム設計を視覚的に図式化して標準化されたモデリング手法。

▶**ユースケース**

ユーザがシステムを利用する場面を想定し，視覚的に図示化する開発手法。要件定義に使用されることが多い。

▶ **XPテスト**

エクストリームプログラミングにおけるテストの段階を自動化する考え方。求める機能を明確化するために，プログラムを記述するよりも前にテストケースを作成する。

▶**インクリメンタル**

繰り返しの中で機能を追加していくこと。

分野	手法・プロセス
共同プロセス	反復，共通の用語，オープンな作業空間，回顧
開発プロセス	テスト主導型の開発，ペア・プログラミング，リファクタリング，集団的な所有権，継続的インテグレーション，YAGNI
管理者プロセス	責任の受け入れ，援護，四半期ごとの見直し，ミラー，持続可能なペース
顧客プロセス	ストーリーの作成，リリース計画，受け入れテスト，頻繁なリリース

▶YAGNI（You Aren't Going to Need It）
コードを書く上で「これが後で必要になりそう」で書いてはいけないという法則。
あくまで，必要なものは必要になったときに書けばよいという考えで進める。

③代表的なワークフレーム

■ペア・プログラミング
一人がコードを書いているときには，もう一人はコードのレビューや全体の設計などを考えてサポートする。

■リファクタリング
プログラムの機能は変えずに，無駄な処理を省いて処理の流れを分かりやすくしてソースコードを見やすくする。

▶ストーリーの作成
採用する予定の機能を記したストーリーカードを機能ごとに作成し，このカードを元にクライアントと話し合い，優先的に開発する機能を決定する。

■スクラム
スクラム開発は，アジャイル開発を進めるためのフレームワークのこと。メンバー間でのコニュニケーションを重視しながら，自分たちで計画を立案し，イテレーションごとに開発の進行に問題がないか確認する。

④ユーザ機能駆動開発（FDD：Feature Driven Development）
アジャイル開発の代表的な手法の一つ。実際に動作するソフトウェアを適切な間隔で繰り返し提供する手法。顧客にとっての機能価値(feature)という観点で開発が進められているのが特徴。実際に動作する機能を開発するために，事前にビジネスモデリングを実施し，ユーザ側のビジネスを明確にする。

▶ビジネスモデリング
業務フロー図などを用いて，業務の流れを「見える化」すること。

（4）DevOps（Development and Operations）：デプオプス

開発(Development)担当者と運用(Operations)担当者が緊密に協力・連携し，開発を迅速に進めるソフトウェア開発の手法のこと。アジャイル開発が軽量な開発手法に対して，DevOpsでは運用も含めて何のために行うのか，現状認識とあるべき姿に向け，組織内で連携・協調して進める。

（5）ソフトウェア再利用

開発段階でソフトウェアを部品化し，部品が再利用されることを前提に進めていく手法。モジュールの独立性を高めたり，カスタマイズがしやすい標準的な仕様のソフトウェアを開発する。

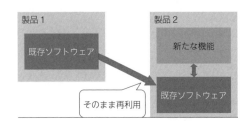

(6) リバースエンジニアリング（Reverse engineering）

既存のソフトウェアを分析し，基本的な設計方法や仕様を明らかにすること。自社の製品と他社の製品との互換性をもたせることを目的に行われる。

(7) マッシュアップ

複数の Web 上のサービス（Web アプリケーション）を混ぜ合わせて，一つのサービスを構築する手法。例として地図検索サービスと店舗紹介サービスを融合して作成することなどがあげられる。

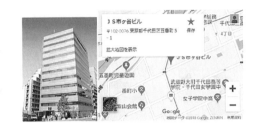

(8) プロセス中心アプローチ

構築するシステムの業務内容をもとに，処理手順にしたがって開発する手法。プログラムを中心にデータの流れを確認しながら進められる。この手法ではDFD がよく利用される。処理が中心なため，複数の処理で同一のデータを扱うことが増える特徴を持っている。

■ DFD（Data Flow Diagram）

作成するシステムについて，仕事の流れをデータの流れと処理に分けて整理した分析図のこと。この段階ではこまかなことは決めずに，設計するシステムの全体像をデータの流れにそって表すことを目的としている（詳細は p.274）。

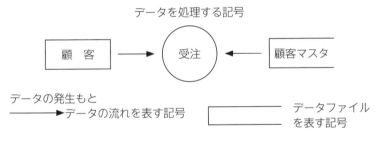

DFD はデータの流れをわかりやすく図に表すことができるので，システムのイメージがつかみやすくなる。

(9) データ中心アプローチ

構築するシステムの業務で利用されるデータを中心に進められる手法。業務データを洗い出し，システムで扱う形式に整理する。この手法では E-R モデル図がよく利用される。一つのデータを複数の処理が利用することから，データベース管理システムとの連携で開発が進められる。

■ E-R 図

システムで扱うデータの集合体である**実体(Entity)**と，それらの**関連(Relationship)**を分析し，その関係を図式化したもの。データベースの設計で用いられる（詳細は p.93）。

▶エンティティ
データ化する学生情報などの，実際に存在する対象（学生）や抽象的な情報を指している。

▶アトリビュート
学生の名前や住所などレコードを構成する項目のこと。

▶リレーションシップ
各エンティティを構成する項目の中で，それぞれが共通に持つ項目によって関係づけられること。
　学生．学生 No＝技能検定．学生 No

3. ソフトウェアの見積もり

ソフトウェアの開発では，開発にかかる費用や期間を事前に見積もる作業が行われる。**ソフトウェアの見積もりに利用される手法としてはファンクションポイント法(FP：Function Point)**がある。

(1) ファンクションポイント法の評価例

ファンクションポイント法では，ソフトウェアのもつ機能の数を基に，外部入出力や内部理論ファイルの数と開発の難易度から係数を定め，数値に係数をかけてその合計を求めて，システムの開発規模を見積もる。

機能	複雑さの度合			
	低 (1)	中 (2)	高 (4)	（　）は係数を表す。
外部入力	3	2	1	3×1+2×2+1×4=11
外部出力	2	3	1	2×1+3×2+1×4=12
論理内部処理	3	3	5	3×1+3×2+5×4=29
外部インタフェース	1	2	1	1×1+2×2+1×4= 9
外部問い合わせ	1	4	4	1×1+4×2+4×5=29

▶**見積もりの基準**
ファンクションポイント法では，システムの開発規模を見積もるときに，画面数などの外部入出力も対象とする。

合計値に対して，複雑さを補正する係数をかけて算出する場合もある。

■**開発予算**

プロジェクトにおける開発予算の編成は，開発予算と実績の差異を監視し，必要に応じて変更するのが望ましい。

▶**補正する係数**
システムの特徴や開発言語の違いなどを考慮し，全体の見積もりに対して 0.8 などを乗じた数値のこと。

(2) 類推見積法

過去に経験した類似のシステムについてのデータを基にして，システムの相違点を調べ，同じ部分については過去のデータを使い，異なった部分については経験から難度と規模を推定して工数を見積もる方法。

(3) 相対見積

ある標準的な作業(タスク)を 1 ポイントとして，相対的な大きさによってポイント数を調整して見積もる方法。見積りの合意がしやすく更新などもスピーディーに行えることから，アジャイル開発に用いられることが多い。

● **1** 次の説明文に最も適した答えを解答群から選び，記号で答えなさい。

1 処理を中心に考え，入力されたデータをどのように加工して，出力するかを考えて進められる。

2 システムの全体像を決定してから設計を進める手法。

3 順次・選択・繰り返しの3つの基本構造でプログラムを作成する手法。

4 データの流れを中心に，専用の図形を用いて記述する。

5 ソフトウェアの企画から設計・開発・運用・保守・廃棄までのライフサイクルをモデル化し，作業範囲や内容を明確にする目的で作られた手法。

6 システムを目的別の処理ごとに分割する。

7 扱うデータと処理の手続き（メソッド）を1つに一体化（カプセル化）して基本単位を作成し，開発を進める手法。開発効率や信頼性，メンテナンスの向上が図られ，再利用性が高くなる。

8 出力された帳票などから必要な項目を検討し，システムを検討する設計手法。

ア　E-R図	イ　構造化手法	ウ　オブジェクト指向	エ　SLCP	オ　DFD
カ　状態遷移図		キ　サブシステム分割		ク　ボトムアップアプローチ
ケ　トップダウンアプローチ		コ　データ中心アプローチ		サ　プロセス中心アプローチ

◎4-1-3 ● 情報デザイン

　ソフトウェア開発の外部設計では，ユーザが使いやすい画面設計や帳票設計，Webデザインなどの**ユーザインタフェース**設計が行われる。人が利用しやすい環境を**ヒューマンインタフェース**といい，目的や受け手の状況に応じて正確に情報を伝えたり，操作性を高めたりするように，人間の特性を考慮した設計が必要である。

1.　情報デザインの考え方と手法
（1）デザインの4原則
　情報を可視化し，構造化し，構成要素の関係をわかりやすく整理することで，使いやすいシステムの構築を目指すことができる。
①近接
　関連する要素どうしは，近づけて配置すること。異なる要素どうしは，適切な余白を空けることで視覚的に見やすいデザインとなる。

②整列
　要素にルールを持たせてレイアウトすること。関連する情報はサイズや色を統一する。文頭揃えや直線的なレイアウトで，項目などが見やすくなる。

③反復
　同じ要素を繰り返して配置するときは，一定の規則でデザインし，繰り返し使うことで情報に緩急をつけることができる。

④対比

情報要素の優先度に応じて大きさや色などの強弱をつけることで，比較しやすい情報になる。

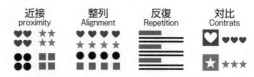

▶シグニファイアの例
・ゴミ箱の投入口の形状をカン用は円筒形，燃えるゴミは横長の四角形にデザインする。
・ドアの取手の形状によって判断を促す。ノブは押し開く，ハンドルは横に引くなどの動作を予想する。

(2) シグニファイア

人間の身の回りにあり，行動を誘引する役割を持たせたデザインやものをシグニファイアという。画面上にカメラのシャッターのマークがあれば写真を撮るボタンだと予想できるように次に何ができるかを想像させるような配置や形状をデザインすることで，操作を促すことができる。人が日頃の習慣から「ここをこうすればこうなるだろう」という，心理的な思い込みを考慮したデザインをいう。

(3) 構造化シナリオ法

ユーザの欲求を満たすために，「価値のシナリオ」「行動のシナリオ」「操作のシナリオ」という3段階に分けて，抽象的な欲求を具体的な思考へと変化させるワークフレームのこと。

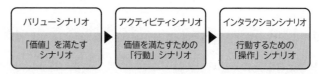

▶ペルソナ
架空のユーザ像

仮想ユーザであるペルソナが，製品やWebサイトを利用する際の想い(価値観)や仮想の行動・経験を，対話的なやりとりを通してシナリオを描き，ユーザと対象の関係性を明らかにすることでシステム開発の設計に役立てる。

①価値（バリューシナリオ）

レストランなどを検索するとき，どんな想いや意図で利用したいのか，どうあったら満足できる状況なのかを抽象的な表現でシナリオにする。
例）友人とゆったりとした雰囲気のなかで食事がしたい。

②行動（アクティビティシナリオ）

レストランを探すときに仮想の世界でとった行動をシナリオにする。
例）友人に電話して紹介してもらい，スマートフォンで口コミを検索する。

③操作（インタラクションシナリオ）

機器やメディアを使ってユーザが操作している様子をシナリオにする。
例）Webで見つからず，レストランの検索アプリに会員登録をした。

こうしたシナリオを分析して，ユーザが製品やサービスを利用するときに抱く感覚や感情をデザインすることが，UX(ユーザ体験)を高める結果につながる。

(4) ユニバーサルデザイン

ユニバーサルデザインは，言葉の違いや，文化の違い，性別や年齢，身体的ハンディの有無など，さまざまな違いがあっても，それに影響されることなく

できる限り多くの人が快適に利用することができるようになることを目指したデザインのこと。**ユニバーサルデザインの7原則**を基準として，あらゆる施設や生活空間，製品や機器を対象にデザインの考え方を適用することができる。

　システム開発においても，ユニバーサルデザインの考え方を取り入れることで使いやすいシステムが構築される。

2. ヒューマンインタフェース設計

　ヒューマンインタフェース設計では，人間と機械の間で情報を利用しやすくやりとりできるように，人間の特性を考慮した設計が重要になる。

（1）ヒューマンインタフェース設計の配慮点

①感性特性

　上から下，左から右のように人間の視線の自然な動きに対応した配置や，一定の機能をまとめて囲みの中に配置するなど，見やすい環境を整える。

②動作特性

　上から下，左から右のように人間の動作の自然な動きに対応した配置や，連続する動作を軽減する機能を加えるなど，操作環境を整える。

③人間記憶量

　いろいろな機能を配置するときに，短い表示で判断できる配置にするなど，覚えやすい配置が有効である。項目数が多い場合の階層構造も一例である。

④モバイルファースト

　ユーザの利用状況などの情報を元にWebサイトを設計し，スマートフォンでもストレスなく利用できるデザインにすること。

⑤ Webアクセシビリティ

　高齢者や心身の機能に制約のある人を含め，利用するすべての人がWebで提供されている情報を取得し，サービスや機能を利用できること。
例）ピクトグラムアイコン
　WiFiの受信状況やバッテリーの残量表示など
　ピクトグラムで表示する

⑥ジェスチャーインタフェース

　身振り手振りの動作によって入力操作できるヒューマンインタフェースのこと。スワイプ，フリック，ピンチなど，タッチインタフェースのジェスチャーもジェスチャーインタフェースに区分できる。手をかざして動かす非接触の動作を感知できるタッチレスインタフェースを特に指していることも多い。

⑦ VUI（Voice User Interface）

　ユーザが声でコンピュータや端末をコントロールできるインタフェース。スマートスピーカーなどに代表される，ユーザの話し方を徐々に学習して対応できる技術が進んでいる。

▶**ユニバーサルデザインの7原則**
①どんな人でも公平に使える（公平性）
②使う上で自由度が高い（自由度）
③使い方が簡単で，すぐに分かる（単純性）
④必要な情報がすぐに分かる（明確性）
⑤うっかりミスが危険につながらない（安全性）
⑥弱い力でも使え身体への負担がかからない（負担軽減）
⑦利用するための十分な大きさと空間を確保する（空間性）

▶**フールプルーフ**
工業製品やソフトウェアなどで，ユーザが誤った操作をしても損傷あるいは危険がないように，設計段階において対策をしておくことをフールプルーフという。
例）玩具などで子供がけがをしないような安全設計。ソフトの操作に統一性をもたせたデザイン。

▶**ショートカットキー**
特殊なキーまたは，キーの組み合わせで，マウスを使わなくても特定の機能を直接操作できる。

▶**アクセシビリティ**
アクセスのしやすさを示す言葉。製品やサービスの利用しやすさという意味でも使われる。

▶**ピクトグラム（pictogram）**
一般に「絵文字」などと呼ばれ，何らかの情報や注意を示すために表示される視覚記号の一つ。

⑧ UX デザイン（User Experience）

　ユーザ体験と訳され，ユーザが製品やサービスを利用したときに抱く感覚や感情をデザインすること。インタフェースのデザインや利用環境のデザインがUX を高める要素になる。

例）おしゃれにデザインされた店舗内の空間で仕事をしながらコーヒを楽しむ
　　スマートフォンアプリのグラフィックデザインで，気軽なコミュニケー
　　ションを可能にするスタンプやグループ機能を提供する。

(2) Web ユーザビリティ

① WYSIWYG（What You See Is What You Get）

　GUI 設計では，作成・編集時にディスプレイに表示されたものが，そのまま印刷され，また Web 上の文書などもそのまま出力できる環境でなければならないという考え方をいう。

② Web ユーザビリティ

　Web サイトの使いやすさを示す用語。ユーザがどれだけ快適に Web ページを操作できるかを意味している。Web サイトの文章やボタンなどがわかりやすく，ページ移動なども快適にできるかなどに配慮する。Web ユーザビリティを向上させると，B To C などの電子商取引において，利用者がその Web サイトを再び利用する確率が高くなるなどの効果もある。

③ スタイルシート（CSS：Cascading Style Sheets）

　ワープロソフトなどで，フォントの種類や文字の大きさ，色などの情報をひとまとめにした，サンプルデザインのこと。あらかじめ作成されたスタイルシートを適用するだけで，レイアウトの編集に手間がかからず文書を作成することができる。伝票や定形文書などに広く利用されている。

3. GUI（Grphical User Interface）

　操作画面のウィンドウ上にある複数のコントロールを，マウス等のポインティングデバイスによって操作し利用する環境のこと。

(1) 代表的な GUI 環境

① アイコン

　ソフトウェアを絵で表現したもの。アイコンをマウスでクリックすると，ソフトウェアが起動する。

② リストボックス

　あらかじめ用意された項目の中から一つを選択する部品。

③ コンボボックス

　項目の入力や選択に使われる部品。リストボックスのように，一覧項目から選択できるほか，直接文字を入力することもできる。

④ ラジオボタン

　複数の項目の中から丸をクリックすることによって，一つだけを選択する部品。他の丸をクリックするとそれまで選択されたものは解除される。

▶ユーザビリティ
Web サイトやソフトウェアなどの操作性や使いやすさを示す言葉。

▶ What You See Is What You Get
「見たものが，手に入るもの」という意味。

▶アイコン

▶リストボックス

▶コンボボックス

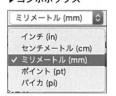

▶ラジオボタン

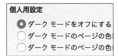

▶チェックボックス

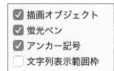

⑤チェックボックス

　複数の項目の中から□をチェックすることによって選択する部品。いくつ選んでもよいため，複数の検索条件を設定するときなどに利用される。

⑥メニューバー

　ソフトウェアがもつ類似の機能を表示する部品。

⑦プルダウンメニュー

　メニューバーの機能項目をクリックすると，その機能に関係する項目が表示される部品。

⑧ポップアップメニュー

　操作を行いたい対象やデスクトップ上で，右ボタンをクリックすると表示されるメニュー。Windows では control キーを押しながら操作対象をクリックするとメニューが表示される。

▶メニューバー

▶プルダウンメニュー

▶ポップアップメニュー

・練習問題・

● 1　次の説明文に最も適した答えを解答群から選び，記号で答えなさい。

1　メニュー項目をマウスでポイントしたときにサブメニューを表示させる機能。

2　メニューのタイトル部分にマウスをあわせてボタンをクリックすると，選択項目の一覧が垂れ下がって表示される。

3　選択肢の中から1つの項目だけをマウスでクリックして選ぶ。

4　開いているウィンドウで実行できるメニューが表示される部分のこと。

5　選択肢の中から複数の項目をマウスでクリックして選ぶ。

6　表示された項目の中から1つをマウスでクリックして選ぶ。

7　利用者(ユーザ)が快適に操作できるかを考慮し，ページ内の文章やボタン・画像などをわかりやすく，大きさ・配置，操作のしやすさ・覚えやすさなどの観点からホームページを設計すること。

8　ソフトウェアの開発工程の1つで開発すべきシステムが，ユーザや他のシステムに対してどのような機能，インタフェースを提供するかを設計する外部設計の一部。

ア　画面・帳票設計	イ　スタイルシート	
ウ　リストボックス	エ　ポップアップメニュー	
オ　プルダウンメニュー	カ　UX デザイン	
キ　チェックボックス	ク　Web デザイン	
ケ　ラジオボタン	コ　メニューバー	

● 2　入力画面の設計方針として，適切なものはどれか。

　ア　画面の操作性を向上させるために，関連する入力項目は隣接するように配置する。

　イ　初心者でも操作が容易になるように，コマンド入力方式を採用する。

　ウ　入力の誤りに対するエラーメッセージは，「入力が誤っています」に統一する。

　エ　利用者の操作が容易になるように，入力画面には詳細な使用方法を表示する。

1. クラスや継承という概念を利用して，ソフトウェアを部品化したり再利用することで，ソフトウェア開発の生産性向上を図る手法として，適切なものはどれか。 (R3 春 IP)

    ア　オブジェクト指向　　　　　イ　構造化

    ウ　プロセス中心アプローチ　　エ　プロトタイピング

2. ソフトウェア保守に該当するものはどれか。 (H30 秋 IP)

    ア　システムテストで測定したレスポンスタイムが要件を満たさないので，ソフトウェアのチューニングを実施した。

    イ　ソフトウェア受入れテストの結果，不具合があったので，発注者が開発者にプログラム修正を依頼した。

    ウ　プログラムの単体テストで機能不足を発見したので，プログラムに機能を追加した。

    エ　本番システムで稼働しているソフトウェアに不具合が報告されたので，プログラムを修正した。

3. システム開発プロジェクトの工程を，システム要件定義，システム設計，プログラミング，テストの順に進めるとき，a〜dのうち，品質の管理を実施する必要がある工程として，適切なものだけをすべて挙げたものはどれか。 (H28 春 IP)

    a　システム要件定義　　b　システム設計　　c　プログラミング　　d　テスト

    ア　a, b, c, d　　　　イ　b, c, d　　　　ウ　c, d　　　　エ　d

4. システム開発のプロセスには，システム要件定義，システム方式設計，システム結合テスト，ソフトウェア受入れなどがある。システム要件定義で実施する作業はどれか。 (H29 秋 IP)

    ア　開発の委託者が実際の運用と同様の条件でソフトウェアを使用し，正常に稼働することを確認する。

    イ　システムテストの計画を作成し，テスト環境の準備を行う。

    ウ　システムに要求される機能，性能を明確にする。

    エ　プログラム作成と，評価基準に従いテスト結果のレビューを行う。

5. 共通フレームの定義に含まれているものとして，適切なものはどれか。 (R1 秋 IP)

    ア　各工程で作成する成果物の文書化に関する詳細な規定

    イ　システムの開発や保守の各工程の作業項目

    ウ　システムを構成するソフトウェアの信頼性レベルや保守性レベルなどの尺度の規定

    エ　システムを構成するハードウェアの開発に関する詳細な作業項目

6. 既存のプログラムを，外側から見たソフトウェアの動きを変えずに内部構造を改善する活動として，最も適切なものはどれか。 (R3 春 IP)

 ア　テスト駆動開発   イ　ペアプログラミング
 ウ　リバースエンジニアリング エ　リファクタリング

7. 開発対象のソフトウェアを，比較的短い期間で開発できる小さな機能の単位に分割しておき，各機能の開発が終了するたびにそれをリリースすることを繰り返すことで，ソフトウェアを完成させる。一つの機能の開発終了時に，次の開発対象とする機能の優先順位や内容を見直すことで，ビジネス環境の変化や利用者からの要望に対して，迅速に対応できることに主眼を置く開発手法はどれか。 (R2 秋 IP)

 ア　アジャイル イ　ウォータフォール
 ウ　構造化   エ　リバースエンジニアリング

8. ユーザの要求を定義する場合に作成するプロトタイプはどれか。 (H28 春 IP)

 ア　基幹システムで生成されたデータをユーザ自身が抽出・加工するためのソフトウェア
 イ　ユーザがシステムに要求する業務の流れを記述した図
 ウ　ユーザとシステムのやり取りを記述した図
 エ　ユーザの要求を理解するために作成する簡易なソフトウェア

9. 発注したソフトウェアが要求事項を満たしていることをユーザが自ら確認するテストとして，適切なものはどれか。 (H30 春 IP)

 ア　受入れテスト イ　結合テスト ウ　システムテスト エ　単体テスト

10. 社内で開発したソフトウェアの本番環境への導入に関する記述のうち，最も適切なものはどれか。 (H28 秋 IP)

 ア　開発したソフトウェアの規模によらず必ず導入後のシステム監査を行い，監査報告書を作成する必要がある。
 イ　ソフトウェア導入に当たっては，実施者，責任者などの実施体制を明確にしておく必要がある。
 ウ　ソフトウェア導入は開発作業に比べて短期間に実施できるので，導入手順書を作成する必要はない。
 エ　ソフトウェア導入はシステム部門だけで実施する作業なので，作業結果を文書化して利用部門に伝える必要はない。

この節のまとめ

● プロジェクトマネジメントのプロセスグループとサブジェクトグループの関係

		プロセスグループ				
		立ち上げ	計画	実行	コントロール	終結
サブジェクトグループ	統合	・プロジェクト憲章の作成	・プロジェクト計画の作成	・プロジェクト作業の指揮	・プロジェクト作業のコントロール ・変更のコントロール	・プロジェクトフェーズまたはプロジェクトの終結 ・学んだ教訓の収集
	ステークホルダ	・ステークホルダの特定		・ステークホルダの管理		
	スコープ		・スコープの定義 ・WBS の作成 ・アクティビティの定義		・スコープのコントロール	
	資源	・プロジェクトチームの結成	・資源の見積もり ・プロジェクト組織の決定	・プロジェクトチームの育成	・資源のコントロール ・プロジェクトチームの管理	
	タイム		・アクティビティの順序付け ・アクティビティ期間の見積もり		・スケジュールのコントロール	
	コスト		・コストの見積もり ・予算の編成		・コストのコントロール	
	リスク		・リスクの特定 ・リスクの評価	・リスクへの対応	・リスクのコントロール	
	品質		・品質の計画	・品質保証の実施	・品質コントロールの実施	
	調達		・調達の計画	・サプライヤの選定	・調達の管理	
	コミュニケーション		・コミュニケーションの計画	・情報の配布	・コミュニケーションの管理	

4-2-1 プロジェクトマネジメント

1. プロジェクト

プロジェクトマネージャーの
○○です。
私たちのチームの目的は……。
そのために皆さまと力を合わせ
……ですので、
よろしくお願いいたします。

プロジェクトメンバー

▶ステークホルダ：利害関係者

プロジェクトとは，今まで存在しない新しいものを予定の期日内に作り出すことを目的として実施される一連の活動をいう。プロジェクトには，関連する複数の部署から人材が投入され**プロジェクトチーム**が結成される。プロジェクトチームには，自社内の人材だけではなく，システム開発を発注した外部の企業の担当者も含まれることが多い。外部の企業の担当者は，プロジェクトの結果によっては利害関係が発生するので，**ステークホルダ**という。

プロジェクトチーム内で，プロジェクトが計画どおりに完成するように管理を行う立場の人を**プロジェクトマネージャー**といい，その管理下で実際にプロジェクト開発に携わる人々を**プロジェクトメンバー**という。

2. プロジェクトマネジメント

プロジェクトチームに与えられた目標を達成するために，人材，資金，設備，物資，スケジュールなどをバランスよく調整し，全体の進捗状況を管理する手法を**プロジェクトマネジメント**という。アメリカ国防省のプロジェクトを管理

するために体系化されたのがプロジェクトマネジメントの始まりと言われている。現在では，アメリカの非営利団体である**PMI**が基本的な考え方と手法をまとめた**PMBOK**が，事実上の国際標準とされている。

▶プロジェクトマネジメント協会
（**PMI**：Project Management Institute）
▶**PMBOK**：Project Management Body Of Knowledge

3. PMBOK

PMBOKでは，プロジェクトの進行を「立ち上げ」，「計画」，「実行」，「コントロール」，「終結」の**5つのプロセスグループ**に分け，それぞれのプロセスグループで，何を管理し，作成すればよいかを**10個のサブジェクトグループ**ごとに細かく定義している。以下に代表的な内容を紹介する。

（1）統合マネジメント

プロジェクトの成功には，タイム（納期），コスト（予算），スコープ（範囲）の3つの制約があり，これらのバランスが崩れてしまうと製品としての品質が悪いものになってしまう。たとえば，開発の範囲が計画よりも広がっても，納期や予算が変わらなければ，当然さまざまな部分で負担が大きくなり，結果として品質の低下につながる。**統合マネジメント**では，各知識エリアは相互に影響する関係にあることを念頭に置き，プロジェクトの計画や変更時に，どのような影響があるかを見極めた上で相反する利害関係をバランスよく調整し，プロジェクトの成功へ導くために，それぞれの知識エリアを統合するものである。内容として，プロジェクトの立ち上げ時の**プロジェクト憲章**の作成，計画時の**プロジェクトマネジメント計画書**の作成，その後各作業の監視・管理や，計画変更にともなう各種調整などを行う。

▶**プロジェクト憲章**
プロジェクトの立ち上げに際して，これから実施するプロジェクトの根本的な取り決めを定義した文書をプロジェクト憲章という。見ず知らずの人たちが集まって新しいプロジェクトチームを結成するにあたり，最低限の情報を共有する目的で作成する。したがって，プロジェクト憲章には，プロジェクトの背景と目的，内容，成果，期間，予算やメンバーと組織構成，プロジェクトを実施する上でのルールなどを記述する。

（2）ステークホルダマネジメント

プロジェクトの進捗に何らかの影響を及ぼす関係者であるステークホルダとの関わりを円滑にしてプロジェクトの成功に導くために，プロジェクトに影響を与えたり，プロジェクトにより影響を受けたりする可能性がある個人や組織を特定し，ステークホルダがプロジェクトの意志決定や実行に効果的に関与できるように適切なマネジメント戦略を行う。

（3）スコープマネジメント

スコープとはプロジェクトの範囲を意味する。**スコープマネジメント**は，このプロジェクトに，どのような機能（成果物）を盛り込むか，また，そのために必要な作業（タスク）は何かを定義し，確実に成果物が完成するように管理することである。なお，プロジェクト期間中に，計画したスコープでは目的が達成できないことがわかればスコープの見直しを図る必要がある。

① WBS（Work Breakdown Structure）

WBSは作業分解図ともいい，プロジェクト全体を細かい作業に分解した構成図である。どのような成果物を作る必要があるか，そのためにはどのような作業をすべきかを具体的に表すことができるため，開発に必要な作業内容を明確に定義することができる。そのため，計画プロセス群のスコープマネジメント項目としてもWBSの作成が定義されている。

■ WBSの例

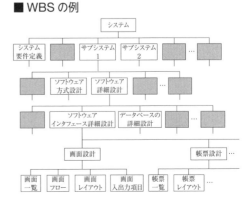

（4）資源マネジメント

プロジェクトに従事するそれぞれの人に対して，適切なタイ

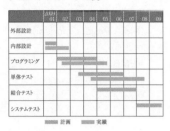

ミングで適切な能力，経験を持つ人に対して適切な役割と責任を与えて，プロジェクトを成功に導くように管理をする。プロジェクトメンバーがやる気を起こせる環境を構築するために，必要に応じて表彰や報償の実施，非公式なコミュニケーション，チーム育成のために教育計画なども重要である。

(5) タイムマネジメント

タイムマネジメントは，プロジェクトの日程を見積もって計画を立て，その計画どおりに開発が行われているかを管理することである。プロジェクトの日程計画を行う代表的な手法に PERT 図がある。また，プロジェクトの進捗状況を管理する手法としてガントチャートがある。

①ガントチャート

ガントチャートは工程管理図ともいう。縦軸に各作業工程，横軸に日程を取り，各工程の開始日と終了日を棒グラフで表す。スケジュールが把握しやすいだけでなく，計画と実績を併記することにより作業が計画どおりに行われているかが即座にわかるため，管理者にとってもきわめて有効な進捗管理表となる。

② PERT 図

PERT 図は，アローダイアグラムともいう。プロジェクトの各工程に順序関係を見つけて矢印でつなぎ，作業に必要な時間（日数）を記述していくことで，最初の工程を開始してから完成するまでに必要な所要時間（日数）を求めることで，日程計画を行う。PERT 図では，各工程を最も早くていつから開始できるかを記述する最早結合点時刻と，次の工程の開始時刻に最も遅くていつから開始すれば間に合うかを記述する最遅結合点時刻を求めていく。すべての工程に最早結合点時刻と最遅結合点時刻を記述すると，必ず 2 つの時刻が同じになる工程があり，この工程を結んだ線をクリティカルパスという。クリティカルパス上にある工程は，まったく余裕のない工程であり，作業の遅れが出ると全体の日程が狂うため，日程管理上重要な工程を意味する。

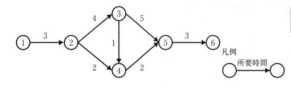

例1　左のアローダイアグラムにおいて，各工程の最早結合点時刻，最遅結合点時刻，クリティカルパスを求める。

【最早結合点時刻を求める】	【最遅結合点時刻を求める】
ⅰ　左端の結合点①から始める。最早結合点時刻は 0。結合点①－②間の所要時間は 3 なので，結合点②は 0＋3＝3。	ⅰ　右端の結合点⑥からスタートする。⑥の最遅結合点時刻は最早結合点時刻と同じ 15 にする。
	ⅱ　結合点⑤は，⑥－⑤間が 3 なので 15－3＝12。
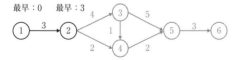	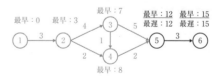
ⅱ　結合点②－③間の所要時間は 4，結合点③は 3＋4＝7。	ⅲ　結合点④は，⑤－④間が 2 なので，12－2＝10。
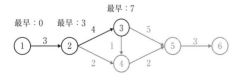	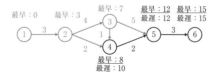

iii 結合点④は，以下の両方をクリアしないと開始できないので，遅い方をとる。結合点②−④：3+2=5，結合点③−④：7+1=8。したがって8。

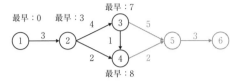

iv 結合点⑤は，結合点③−⑤間：7+5=12，結合点④−⑤間：8+2=10の遅い方をとって12。

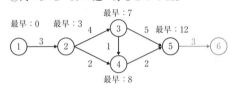

v 結合点⑥は，12+3=15となる。
このプロジェクトは15（時間）で完成予定。

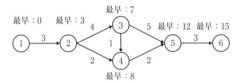

iv 結合点③は，以下の2つの最遅時刻に間に合わせて早い方をとる。結合点⑤−③間：12−5=7，結合点④−③間：10−1=9で7となる。

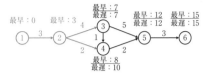

v 結合点②は，③−②間：7−4=3，④−②間：10−2=8なので3。

vi 結合点①は，②−①間が3なので3−3=0。

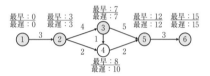

【クリティカルパスを求める】
　最早時刻と最遅時刻が同じ結合点をつなぎ合わせたものがクリティカルパスである。上記の図では，①→②→③→⑤→⑥となる。

（6）コストマネジメント

　限られた予算内でプロジェクトを完了させるために，必要な機器がどれだけ必要かを見積もり（資源計画），プロジェクトの完成に必要な資源のコストを見積もる。また，プロジェクトの進行に合わせて修正を行いながら，プロジェクトを予算内で終わらせるように管理する。

（7）リスクマネジメント

　プロジェクト実施の際，プロジェクトの達成に影響を与えるリスクを事前に洗い出し，その原因や影響を調査し対応策を講じる。リスクは外部環境の変化や作業状況により変化するために，常にリスクを監視し，管理する必要がある。

（8）品質マネジメント

　プロジェクトに求められたとおりの製品を完成させるために，計画や管理を行う。製品の品質は，計画，設計，開発のすべてで重要である。品質マネジメントを効果的，効率的に実施するためにQC7つ道具を利用する。

（9）調達マネジメント

　プロジェクトでは，外部からの資材購入や外部への作成依頼を行うことが多い。そのときに必要な計画や，作業について管理をする必要がある。

（10）コミュニケーションマネジメント

　顧客やスポンサーなどのステークホルダと，どの時点でどのような情報を収集するか，または情報を提供する必要があるかを管理する。

▶リスクの対応策
・回避
リスク要因そのものを取り除く。つまり，リスクが起きる可能性があるならばやめてしまう。
・軽減（低減）
リスクが発生する可能性を下げるための対策を取る。
・受容（保有）
特に対策を取らずに現状を受け入れること。リスクが受け入れ可能な大きさと判断した場合と，リスクへの現実的な対策がないために，受け入れざるを得ないと判断した場合がある。
・転嫁（移転）
他の組織にリスクを移転する。たとえば保険に加入し，リスク発生によって生じた金銭的な負担は保険会社に任せるなど。
▶QC7つ道具
①特性要因図　②管理図
③層別管理　④ヒストグラム
⑤パレート図　⑥チェックシート
⑦散布図

● 1　次の説明文に適した用語を語群から選び，記号で答えなさい。

1　システム開発を目標どおりに成功させるために，人材・資金・設備・物資・スケジュールなどをバランスよく調整し，全体の進捗状況を管理する手法。

2　プロジェクトの中心となり，システム開発が予定どおりに進むように管理する立場の人。

3　システム開発ではシステムを受注した会社の担当者などが該当する。利害関係者を意味する。

4　アメリカのPMIがとりまとめたプロジェクトマネジメントに関する知識体系で，事実上の国際標準となっているもの。

5　プロジェクト結成時にプロジェクトメンバーが最低限共有したい情報を文書化したもの。

6　マネジメント項目の1つで，プロジェクトの範囲を定義し，必要な作業を計画・管理するもの。

7　作業分解図ともいう。プロジェクトマネジメントで計画立案の際に用いられる。プロジェクト全体を細かい作業に分割した構成図。

8　各作業の日程計画や全体の所要時間を算出することができ，クリティカルパスを明らかにすることができる図。

9　プロジェクト管理や生産管理などで用いられる作業計画や実績を横棒グラフで示した図。

10　プロジェクトを管理する上で，遵守したい日程や節目となる日時を意味する。作業の開始日や終了日のようにスケジュール上区切りとなる特定の日時がこれにあたる。

> ア　スコープマネジメント　　イ　プロジェクトマネージャー　　ウ　プロジェクト憲章
> エ　アローダイアグラム　　オ　ステークホルダ　　カ　ガントチャート
> キ　プロジェクトマネジメント　　ク　マイルストーン　　ケ　PMBOK　　コ　WBS

●4-2-2　● IT サービスマネジメント

▶**IDC事業**：インターネットデータセンタ（Internet Data Center）

▶**ASP**：Application Service Provider
▶**MSP**：Management Services Provider

▶**アウトソーシング**
企業が業務の一部を外部の専門業者に委託すること。

1.　IT サービス

　多くの企業でIT技術を駆使したさまざまなシステムが稼働している。しかし，IT技術やセキュリティ技術の複雑化や高度化が急速に進む中，それに対応する設備や，高度な専門知識を持つ社員を自前で用意し運用を続けていくことは非常に困難である。これらの企業に代わり，システムの運用を行うサービスを**ITサービス**という。ITサービスの代表的なものには，データセンタに利用者のサーバを設置し，サーバの運用を代行する**IDC事業**や，インターネットを通じて利用者に各種サービスを提供する**アプリケーションサービスプロバイダ（ASP）**，利用者側に設置してあるサーバなどをインターネットを通じて外部から運用管理を行う**マネジメントサービスプロバイダ（MSP）**などがある。

2.　IT サービスマネジメント

　ITサービスを利用し，IT関連の業務をアウトソーシングすることで，自社内にシステムを持つ必要がなくなり，システムの運用からも開放される。しかし，費用の妥当性が分かりづらい，サービスの範囲が不明確でシステム運用中にトラブル発生時の対応に不安があるなどのデメリットもある。ITサービスの分かりづらさや，利用者の要望にあったサービスを提供するために，サービスの品質維持や継続的な品質改善を行っていくための仕組みを**ITサービスマネジメント**という。この仕組みには，**SLA**と**SLM**がある。

（1）SLA（サービスレベル合意書）

ITサービスの内容と範囲，品質を明確にして保証する契約を **SLA** という。契約を守れない場合には，違約金の支払いなどの規定も明記する。

たとえば，品質に関する項目では，通信速度の下限やシステムに障害が発生した場合の復旧までの最大時間など，具体的な数値で取り決めを行う。

▶サービスカタログ
利用者に提供中のITサービスをまとめたリスト。

（2）SLM（サービスレベル管理）

ビジネス環境の変化やIT技術の進展により，利用者が望むサービス内容や品質などは日々変化していく。**SLM** は，ITサービスの継続的な改善が行われるように，常にITサービスを監視して評価を行い，その結果に応じて両者が協議しながらSLAの内容の見直しを繰り返すことにより利用者の求めるサービスに近づける活動をいう。

3. ITIL

ITIL は，英国の政府機関がITサービスマネジメントの成功事例を集めて作成した手引き書で，ITサービスマネジメントの標準的な役割を持つ。ITILの内容のうち，日々の運用手法を記述した**サービスサポート**と，SLAやSLMの内容が盛り込まれ，ITサービスの計画立案と改善手法について記述した**サービスデリバリ**の2つの要素が中心となっている。

▶ITIL：IT Infrastructure Library

▶ISO/IEC 20000
ITILをもとにしたITサービスマネジメントの国際規格。

（1）サービスサポート

サービスサポートには，5つのプロセスと1つの機能がある。

＜プロセス＞

①**インシデント管理（障害管理）**…インシデント管理は，ITサービスにトラブルが発生したとき，ITサービスを速やかに再開するための対処である。

②**問題管理**…問題管理は，システム構成に関する内容で今後も障害が頻発することが予測される場合に根本的な対処を行う。

③**構成管理**…システムを構成するハードウェア，ソフトウェア，マニュアルを把握し管理することを**構成管理**という。サービスを維持するための費用やソフトウェアのライセンスやバージョン管理などを行う。

④**変更管理**…変更管理は，サービスの改善などのためにシステムの変更が必要な場合に迅速かつ確実にその作業を行う。ただし，実稼働しているシステムには変更を行わない。

⑤**リリース管理**…変更作業を行った後，実際にサービスを開始（リリース）するための作業（実稼働しているシステムへの変更の反映）を**リリース管理**という。リリースに関する各種計画や訓練，必要な資材の準備やテストなどを行う。

▶エスカレーション
利用者からの問い合わせに対してサービスデスクの担当者が対処できないとき，上位の担当者や管理者などに対応を引き継ぐこと。
▶SPOC（単一窓口：Single Point of Contact）
外部からの問い合わせ窓口を一元化すること。

▶FAQ（Frequently Asked Questions）
よくある質問とその回答を集めたもの。企業のWebページで「よくある質問」，「FAQ」として掲載される。的確な内容であれば，利用者が自己解決でき，ヘルプデスクの負担を減らすことができる。

▶チャットボット
会話を自動化したもので，Webページで活用される。利用者からの問い合わせを自動化することで，ヘルプデスクの負担を減らすことができる。

＜機能＞

①サービスデスク（ヘルプデスク）…利用者からの問い合わせを受ける窓口を**サービスデスク**という。利用者からの問い合わせを一元管理し，関連部署へ問い合わせ内容を伝え，問い合わせ内容と対応結果を記録する。また，問い合わせについては迅速に対応する。

■**サービスサポート**

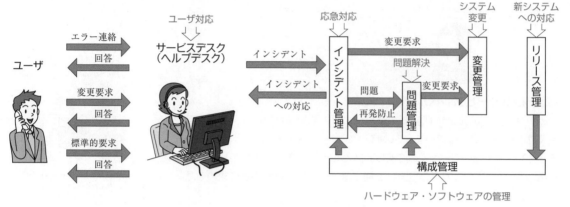

（2）サービスデリバリ

サービスデリバリは，中長期におけるシステムの運用管理に関する計画と改善についてまとめたもので，5 つのプロセスからなる。

①サービスレベル管理

SLA により事業者とサービス利用者間で合意しているサービスレベルを達成するために，サービスレベルの監視，評価，改善を繰り返す。

以下の②から⑤のプロセスの上位に位置する。

② IT サービス財務管理

IT サービスのサービスレベルが高まるほど，サービス実現のためにかかるコストが増大する。そのため，IT サービスにかかる費用を明確にして管理し，費用対効果を高める。

③ IT サービス継続性管理

災害が発生しても，事業に欠かすことのできない IT サービスが利用を継続できるように対策することや，IT サービスが停止しても許容時間内に IT サービスを復旧できるように体制や仕組みを用意して管理すること。災害対策設計とも呼ばれる。例として，別地域に災害対策センターを準備しておき，被災時には災害対策センターのサーバを使用して短期間で IT サービスを再開する計画を用意するなどがあげられる。

④キャパシティ管理

IT サービスの実現に必要な設備を把握し，費用対効果に即した適切な設備の管理をする。また，将来的に必要となる設備を予測して必要な設備を事前に用意する。例として，日々保存されるデータ量からハードディスクの容量が不足する時期を見積もり，事前にハードディスクの増設を行うこと等があげられる。

⑤可用性管理

IT サービスを利用者が要求する範囲内で利用したいときに利用できるように管理する。一般に IT システムの可用性を高めるためには，システムの構成

要素を多重化するのが効果的だが，多重化はコストがかかるため，利用者との間で定めた SLA の目標値が実現できるように最適化していく。

▶グリーン IT（Green of IT）
環境配慮の原則を IT に適用したもの。製造時の有害物質の低減化や，IT 機器のエネルギーや環境面での影響への配慮，リサイクルへの配慮など環境全般をカバーする範囲の広い概念。

4. ファシリティマネジメント

　企業の事業活動において使用する施設や機器，それらを利用する人々の環境を最適化するための経営管理活動全般を**ファシリティマネジメント**という。システム運用を安全に行うためには，天災や人災に備えて IT 環境を最善の状態に保つ必要がある。電源関係では，**自家発電装置**を導入すれば停電時にも電源の供給を得ることができる。また，**サージ防護**を導入すれば近くで落雷があり瞬間的に高い電圧が発生しても，電力機器や電源供給を受ける機器を保護することができる。ほかにも，電池や発電機を内蔵し停電時にもしばらくの間コンピュータに電源を供給する**無停電電源装置(UPS)**もある。また，PC などが盗難に遭わないよう，机や柱などと PC を結びつける防犯グッズである**セキュリティワイヤ**などの物理的な備えもある。

▶UPS

▶セキュリティワイヤ

・練習問題・　　● 1　次の説明文に適した用語を語群から選び，記号で答えなさい。

1　IT サービスについての知識，ノウハウなどを記述したベストプラクティス(成功事例)書籍集のこと。IT サービス運用におけるデファクトスタンダードとして ISO 標準化のベースになっている。

2　ITIL の中核となる内容の1つで，日常的なシステム運用に関する内容が書かれている。1つの機能と5つのプロセスからなるもの。

3　IT サービス事業者が利用者に対して提供するサービスの品質を明確にして保証する契約。保証したサービスを実現できない場合には料金の減額などの規定を明記する。

4　IT サービス事業者と結んだサービスが実現できているかを，監視して報告書にまとめ，それをもとに IT サービス事業者と協議・改善を繰り返すことでサービスレベルの維持や品質向上を図る仕組みまたは方法。

5　サービスの品質を阻害する事柄に対して速やかに対処し，影響を最小限に抑え，迅速にサービスの復旧をはかる。

6　障害原因の追及と対策および再発防止策の策定を目的とする。

7　ユーザからの問い合わせを受け付ける窓口。問い合わせを一元管理し，問い合わせ内容への迅速な対応，内容の記録，関連部署への連絡などを行う。

8　企業の事業活動において使用する施設や機器，それらを利用する人々の環境を最適化するための経営管理活動。

9　電池や発電機を内蔵し，停電時にもしばらくの間コンピュータに電源を供給する装置。

10　パソコンなどが盗難に遭わないよう，机や柱などとパソコンを結びつける防犯グッズ。

ア　SLA(サービスレベル契約)	イ　セキュリティワイヤ	ウ　インシデント管理
エ　ファシリティマネジメント	オ　SLM(サービスレベル管理)	カ　問題管理
キ　サービスサポート	ク　サービスデスク(ヘルプデスク)	ケ　ITIL
コ　無停電電源装置(UPS)		

1. 企業で行われる監査業務

企業活動が適切に行われているかを中立的な立場の人が調査することを**監査業務**という。監査業務の代表的なものには以下のようなものがある。

(1) 会計監査

企業活動で行われた金銭や財産の出入りなどをすべて記録して作成された会計書類が，適切に作成されているかを**公認会計士**や公認会計士の集まりである**監査法人**が調査を行うこと。

(2) 業務監査

企業経営目標の効果的な達成に役立てることを目的として，企業活動の状況を合法性，合理性の観点から調査を行うこと。監査人は社内の監査部門や，外部の監査法人などにより行われる。

(3) 情報セキュリティ監査

企業の情報システムのセキュリティに関するリスクの洗い出しを行い，それぞれのリスクに対して適切な体制で運用されているかを調査する。監査人は社内外を問わない。

(4) システム監査

企業の情報システムと情報システムに関わる規格，開発，運用，保守等の業務を対象に行われ，リスクの分析と評価，それに基づいて適切に整備・運用されているかを評価する。監査人は社内外を問わない。

2. システム監査の概要

システム監査については，経済産業省により**システム監査基準**が定められている。システム監査基準は，システム監査業務の品質を確保し，有効で効率的に監査を実施することを目的とした指針である。システム監査基準の中には，システム監査人についても示されており，利害関係のない独立した立場で，職業倫理を持ち，システム監査に関する専門の知識と能力を有したものをシステム監査人にするよう求めている。システム監査は，次の手順により実施される。

▶**公認会計士**
企業の財務諸表が正しいかどうかを監査および証明をする。この業務は国家資格である公認会計士取得者の独占業務である。

▶**システム監査基準**
システム監査人の取るべき行動について明記されており，監査計画やシステム監査人についての原則を定めた「一般基準」，具体的な監査項目を定めた「実施基準」，結果をとりまとめる際の必要事項や結果に基づく措置を定めた「報告基準」の３つから構成されている。適切なシステム監査の実施により，情報システムの信頼性，安全性，効率性を高め，情報社会の健全化を図る狙いがある。

■**システム監査の手順**

①システム 監査計画	システム監査の目的，対象範囲，スケジュールなどの計画を立案し，関係部署へ連絡する。
②予備調査	本調査以降を効率的に実施するために，関係部署などに対してヒアリングやアンケートなどを実施して概要を把握し，本調査の方針や計画内容の見直しを行う。
③本調査	システム監査技法を利用して調査し，監査目的に合った証拠(監査証跡)の入手と評価を行う。
④評価・結果	本調査の結果をもとに，対象業務の実態が監査目的に照らして妥当であるかを判断し，**システム監査報告書**を作成する。報告書の作成には意見が偏らないように監査を受けた部門との協議も行う。
⑤報告	システム監査報告書を経営者および監査を行った部署の責任者へ報告し，問題点については改善策を提示する。
⑥フォローアップ (改善指導)	提示した改善案が行われ，効果が上がっているかを確認し，問題があれば再度指導を行う。

3. 内部統制

企業の不祥事により社会的な信用を失うことで，経営活動に大きなダメージを負ったり，最悪の場合企業が存続できなくなる企業を目にすることがある。企業が社会的な信頼を高めるためには，法令や各種規則などのルール，社会的規範，社内ルールなどを守ることが大切である。このような活動を**コンプライアンス**といい，日本語では**法令遵守**と訳される。

本日，○○会社が○○法違反で…

あの会社そんなことやっていたの。あそこの製品はもう買えないわね。

企業の社会的信頼を高めることの重要性	
コンプライアンス	内部統制

(1) 内部統制

企業内部で，違法行為や不正だけでなく，うっかりミスをも含めてコンプライアンスを徹底するための仕組みを**内部統制**という。内部統制には，従業員の意識を高め，業務を相互に監視できるような仕組みを築くなど，次のような点を考慮した仕組みを整備する必要がある。

① 法令遵守や企業倫理の徹底。
② 業務規定やマニュアルの整備などにより，業務内容を明確にして効率化を図るとともに，誰がどのような仕事をしているかを把握しやすくする。
③ 作業実施者とチェック担当者を分離し，ミスや不正を防ぐ体制を整える。
④ 業務を細分化して複数人間により業務を行う。
⑤ 同じ業務を長期間同じ人が担当しないようにする。
⑥ セキュリティの強化を図る。
⑦ 外部監査人などによる経営者を含めた監査の実施。

(2) IT ガバナンス

IT ガバナンスは，企業が競争力を高めるために情報戦略を策定し，その戦略に基づいた情報システムを構築する仕組みをいう。

現在では，企業活動の多くに情報システムを利用している。しかし，それぞれのシステムは必要に応じて別々に作成され，それぞれのシステムにある情報資産が有効に活用されていない例も多い。このようなシステムを経営戦略に基づき再構築することにより，他社に対して優位に立つことができる。なお，企業内で経営戦略に合わせた IT 戦略を立案，実行する最高責任者を **CIO** という。

また，各システムで行われた業務を記録したり，業務の承認システムのコンピュータ化により内部統制の手段としても利用できる。

▶**リスクコントロールマトリクス**
(RCM：Risk Control Matrix)
リスクとリスクのコントロール方法（統制方法）の関係を整理した表で，リスクの評価と対応を表したもの。企業は目標の達成を阻害する要因をリスクとして分析・評価し，その結果に見合った対応をとらなければならない。そのようなリスクに対する企業の内部統制状況をまとめて文書にしたものであり，リスクを可視化することが目的である。

▶**モニタリング**
対象を状態を継続的に監視，観察，記録すること。

▶**レピュテーションリスク**
企業の評判が悪化するリスク。風評リスクともいう。近年では SNS の普及により従業員が悪ふざけをしている画像が配信されたり，接客態度の悪さを書き込まれたりして一気に企業の信用を落とすことがあるため，素早く適切な対応が必要となる。

▶**CIO**：最高情報責任者（Chief Information Officer）

・練習問題・ ● 1 次の説明文に適した用語を語群から選び，記号で答えなさい。

1 企業が経営・活動を行う上で，法令や各種規則などのルール，さらには社会的規範などを守ること。
2 企業内部で，違法行為や不正だけでなく，うっかりミスをも含めてコンプライアンスを徹底するための仕組み。
3 企業が競争優位性の構築を目的として IT 戦略の策定及び実行をコントロールし，あるべき方向へと導く仕組み。
4 企業において情報化戦略を立案し実行する責任者。

ア IT ガバナンス イ CIO ウ コンプライアンス エ 内部統制

1. プロジェクトマネージャーが行うプロジェクト関係者とのコミュニケーションに関する記述のうち, 最も適切なものはどれか。 (H22 春 IP)

 ア どのような報告をいつ, だれに対してどのような方法で行うか, プロジェクトの開始時点で決めておく。

 イ 発注者にプロジェクトの進捗報告を行うときは, 開発担当者が作成した進捗報告をそのまま使用する。

 ウ プロジェクトチームのメンバーとのコミュニケーションは, 連絡の迅速性を重視して口頭で行う。

 エ プロジェクトの規模にかかわらず, 定期的にプロジェクト内外の関係者全員を集めた進捗状況確認の会議を開催する。

2. 図のアローダイアグラムで, A から G に至る全体の作業日数に影響を与えないことを条件に, C→F の作業の遅れは最大何日間まで許容できるか。 (H22 春 IP)

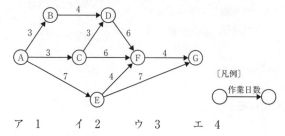

 ア 1 イ 2 ウ 3 エ 4

3. WBS を作成するときに, 作業の記述や完了基準などを記述した補助文書を作成する。この文書の目的として, 適切なものはどれか。 (R3 IP)

 ア WBS で定義した作業で使用するデータの意味を明確に定義する。

 イ WBS で定義した作業の進捗を管理する。

 ウ WBS で定義した作業のスケジュールのクリティカルパスを求める。

 エ WBS で定義した作業の内容と意味を明確に定義する。

4. システム開発プロジェクトの WBS 作成における要素分解に関する説明として, 適切なものはどれか。 (H26 春 IP)

 ア システム開発の成果物を作成するために必要なコストや所要時間を見積もることができ, それらが管理できるレベルまで要素分解をすることが望ましい。

 イ システム開発を外部に発注する場合は, 成果物を発注先が作成するので成果物の要素分解を全て発注先に一任する。

 ウ プロジェクトの進捗報告会議はコミュニケーション手段なので要素分解の対象としない。

 エ 類似システムの開発経験があれば, 新たに要素分解をしなくてもよい。

5. プロジェクトマネジメントでは，コスト，時間，品質などをマネジメントすることが求められる。プロジェクトマネジメントに関する記述のうち，適切なものはどれか。 (H26 春 IP)

　ア　コスト，時間，品質は制約条件によって優先順位が異なるので，バランスをとる必要がある。

　イ　コスト，時間，品質はそれぞれ独立しているので，バランスをとる必要はない。

　ウ　コストと品質は正比例するので，どちらか一方に注目してマネジメントすればよい。

　エ　コストと時間は反比例するので，どちらか一方に注目してマネジメントすればよい。

6. プロジェクトマネジメントの活動にはプロジェクトコストマネジメント，プロジェクトスコープマネジメント，プロジェクトタイムマネジメント，プロジェクト統合マネジメントなどがある。プロジェクト統合マネジメントにおいて作成されるものはどれか。 (H30 秋 IP)

　ア　プロジェクト全体の開発スケジュール

　イ　プロジェクト全体の成果物の一覧

　ウ　プロジェクト全体の予算書

　エ　プロジェクト全体を，実行，監視，コントロールするための計画書

7. プロジェクトマネジメントのプロセスには，プロジェクトコストマネジメント，プロジェクトコミュニケーションマネジメント，プロジェクト資源マネジメント，プロジェクトスケジュールマネジメントなどがある。システム開発プロジェクトにおいて，テストを実施するメンバを追加するときのプロジェクトコストマネジメントの活動として，最も適切なものはどれか。 (R3 IP)

　ア　新規に参加するメンバに対して情報が効率的に伝達されるように，メーリングリストなどを更新する。

　イ　新規に参加するメンバに対する，テストツールのトレーニングをベンダに依頼する。

　ウ　新規に参加するメンバに担当させる作業を追加して，スケジュールを変更する。

　エ　新規に参加するメンバの人件費を見積もり，その計画を変更する。

8. IT サービスにおいて，問題が発生したときの解決プロセスにはインシデント管理と問題管理がある。インシデント管理の説明として，適切なものはどれか。 (H22 春 IP)

　ア　将来発生する可能性のある問題の原因を取り除き，問題発生を未然に防ぐ。

　イ　発生した問題によって生じたサービスの低下や停止から，可能な限り迅速にサービスを復旧させる。

　ウ　発生した問題によって生じた変更を，効果的かつ効率的に実施する。

　エ　発生した問題の根本原因を突き止めて，恒久的な解決策を提供する。

9. ITIL に関する記述として，適切なものはどれか。 (R3 IP)

　ア　IT サービスの提供とサポートに対して，ベストプラクティスを提供している。

　イ　IT システム開発とその取引の適正化に向けて，作業項目を一つ一つ定義し，標準化している。

　ウ　ソフトウェア開発組織の成熟度を多段階のレベルで定義している。

　エ　プロジェクトマネジメントの知識を体系化している。

10. システムの利用者数が当初の想定よりも増えてシステムのレスポンスが悪化したので，増強のためにサーバを1台追加することにした。動作テストが終わったサーバをシステムに組み入れて稼働させた。この作業を実施するITサービスマネジメントのプロセスとして，適切なものはどれか。 (R3 IP)

　ア　インシデント管理　　　イ　変更管理
　ウ　問題管理　　　　　　　エ　リリース及び展開管理

11. SLAの中に含めるサービスレベルに関する条文の例として，最も適切なものはどれか。ここで，甲は委託者，乙は提供者とする。 (H24春IP)

　ア　乙が監視するネットワークにおいて回線異常を検知した場合には，検知した異常の内容を60分以内に甲に報告するものとする。
　イ　乙は別に定める秘密事項を第三者に開示しないものとする。ただし，事前に甲から書面による承諾を得た場合はこの限りではない。
　ウ　作成されたプログラムなどに瑕疵があった場合，乙は別に定めるプログラムなどの検収のための引渡しの日から1年間の瑕疵担保責任を負うものとする。
　エ　納入物に関する著作権は乙に留保される。ただし，甲は本件ソフトウェアの著作物の複製品を，著作権法の規定に基づいて複製，翻案することができる。

12. 部門サーバに対するファシリティマネジメントにおける環境整備の実施事項として，適切なものはどれか。 (H22春IP)

　ア　ウイルス対策ソフトを導入した。
　イ　定められた時刻にバックアップが実施されるなどの自動運転機能を設けた。
　ウ　設置場所は水漏れの恐れがある配水管の近くを避けた。
　エ　ネットワークを介して伝送する情報などを暗号化する機能を設けた。

13. システム監査の目的はどれか。 (R1秋IP)

　ア　情報システム運用段階で，重要データのバックアップをとる。
　イ　情報システム開発要員のスキルアップを図る。
　ウ　情報システム企画段階でユーザニーズを調査し，システム化要件として文書化する。
　エ　情報システムに係るリスクをコントロールし，情報システムを安全，有効かつ効率的に機能させる。

14. システム監査の手順に関して，次の記述中のa，bに入れる字句の適切な組合せはどれか。 (R3 IP)

システム監査は，　a　に基づき　b　の手順によって実施しなければならない。

	a	b
ア	監査計画	結合テスト，システムテスト，運用テスト
イ	監査計画	予備調査，本調査，評価・結論
ウ	法令	結合テスト，システムテスト，運用テスト
エ	法令	予備調査，本調査，評価・結論

15. 内部統制の考え方に関する記述 a〜d のうち，適切なものだけを全て挙げたものはどれか。

(H31 春 IP)

a　事業活動に関わる法律などを遵守し，社会規範に適合した事業活動を促進することが目的の一つである。

b　事業活動に関わる法律などを遵守することは目的の一つであるが，社会規範に適合した事業活動を促進することまでは求められていない。

c　内部統制の考え方は，上場企業以外にも有効であり取り組む必要がある。

d　内部統制の考え方は，上場企業だけに必要である。

ア　a, c　　イ　a, d　　ウ　b, c　　エ　b, d

16. 有料のメールサービスを提供している企業において，メールサービスに関する開発・設備投資の費用対効果の効率性を対象にしてシステム監査を実施するとき，システム監査人が所属している組織として，最も適切なものはどれか。

(R3 IP)

ア　社長直轄の品質保証部門

イ　メールサービスに必要な機器の調達を行う運用部門

ウ　メールサービスの機能の選定や費用対効果の評価を行う企画部門

エ　メールシステムの開発部門

17. システム開発プロジェクトにおけるリスク対応には，回避，転嫁，軽減，受容などがある。転嫁の事例として，適切なものはどれか。

(H28 春 IP)

ア　財務的なリスクへの対応として保険を掛ける。

イ　スコープを縮小する。

ウ　より多くのテストを実施する。

エ　リスク発生時の対処に必要な予備費用を計上する。

18. 基本方針に基づいて内部統制を整備及び運用する役割を最終責任を有する者はだれか。 (H22 春 IP)

ア　株主　　イ　監査役　　ウ　経営者　　エ　内部監査人

5 章

SPEED MASTER
IT PASSPORT Text & Workbook

企業と法務

5-1 企業

　ここでは経済活動の主体である企業の理念や組織，経済活動における諸問題の解決方法，財務状態を分析する手法，労働者の雇用形態，企業におけるセキュリティなど，企業をとりまくさまざまな要素を学習する。

この節のまとめ

キーワード

▶企業活動と経営組織
- □ 経営管理
- □ PDCA
- □ 職能別組織
- □ 階層型組織
- □ 事業部制組織
- □ カンパニ制組織
- □ マトリックス組織
- □ プロジェクト組織
- □ コーポレートガバナンス
- □ ヒューマンリソース

▶業務分析と業務計画
- □ 業務フロー
- □ パレート図
- □ ヒストグラム
- □ 散布図
- □ レーダチャート
- □ 特性要因図
- □ Z チャート
- □ アローダイアグラム
- □ 管理図
- □ 回帰分析
- □ IE・OR
- □ 定期発注方式・線形計画法
- □ ABC 分析
- □ ブレーンストーミング
- □ KJ 法
- □ 決定表（デシジョンテーブル）

▶企業会計原則・財務諸表規則
- □ 貸借対照表・損益計算書
- □ キャッシュフロー計算書
- □ 損益分岐点分析
- □ 経営分析の指標
- □ 連結財務諸表

● **セキュリティ関連法規**
　情報の漏えいやウイルス防御
　等のセキュリティ対策

● **問題分析の方法**
　問題を分析して解決する

● **会計と財務**
　企業の財政状態を分析する

企業の経営と組織

● **労働関係法約**
　労働者を保護する法律

残業

● **標準化**
　製造する製品の規格化

その他の法律・ガイドライン・倫理
　消費者を保護するための取り組み

個人情報の保護
情報公開・安全性

◎ 5-1-1 ● 企業経営と経営組織

1. 企業活動と経営資源

　企業で働く人々が共同して，企業活動の目的や理想を実現するための集まりを**組織**といい，企業活動の目的や理想などの**企業理念**を実現するために組織を作ることを**組織化**という。営利を目的に組織化された企業である**営利企業**は，法的な登記によって認められた**法人企業**である。

　企業では，組織を管理運営することを**経営**といい，組織の目的や理想を実現するための**経営目標**を具体的にたてる。企業は人事・資産・財務・情報管理の四つから構成される**経営資源**を有効に活用して活動する。

▶**法人企業**

法律上，権利・義務の主体として，資格を与えられた組織のこと。

（1）決算

　企業活動では，一定期間の活動の結果として，利益や損失を確認するための**決算**を定期的に行う（決算の詳細は p.210〜213 参照）。

（2）企業の社会的責任 CSR（Corporate Social Responsibility）

　営利を目的にする企業であっても，法令遵守や納税などの社会的責任を守り，消費者や社会全体の要求に応える義務がある。

（3）社会的責任投資 SRI（Socially Responsible Investment）

　企業を評価する際に，企業の財務状況の他に，環境問題への対応や社会的な課題への取り組みなど，企業の社会的責任（CSR）を積極的に果たしているかどうかを基準にした投資行動のこと。**ESG 投資**なども含めた活動をいう。

▶ **SRI の評価例**

・武器製造企業への投資排除など
・ESG への取り組み評価
・持続可能性に配慮した評価
・社会的責任 CSR の評価
・社会問題解決への取り組み評価

▶ **ESG 投資**

従来の財務情報だけでなく，環境（Environment）・社会（Social）・ガバナンス（Governance）要素も考慮した投資活動。

（4）ディスクロージャ

　企業が投資者や債権者などの利害関係者に対して，経営や財務の状況等，各種の情報を公開することを義務付ける情報開示制度をいう。

（5）グリーン IT

　省電力化など，地球環境への負荷を低減する IT 関連機器や IT システムの総称。IT を活用することで地球環境への負荷を低減する取り組みを指す。

（6）SDGs：持続可能な開発目標（Sustainable Development Goals）

　持続可能な社会を目指して，2030 年までに国際社会として達成すべき 17 の目標のこと。2015 年国連サミットで採決された。貧困や飢餓問題から，働きがいや経済成長，気候変動など，21 世紀の世界が抱える課題を包括的に挙げ解決に向けての指針を示している。

（7）ステークホルダ（利害関係者）

　株主，顧客，従業員，取引先，金融機関など，企業の活動と利害関係をもつ者のこと。

（8）監査

　企業の活動が法令や社内規程を遵守しているかを調査し，財務諸表の正確性，妥当性を判断して，利害関係者に報告することをいう。

(9) ゼロエミッション

人間の経済活動によって排出される負荷物を限りなくゼロにすることを目的に，効率的な資源活用を図りながら，持続可能な活動を展開する理念と方法のこと。

(10) コーポレート・ブランド

企業名や企業のすべての製品・サービス全体に認知された企業ブランドをいう。製品ブランドはその一部を指す。

2. 経営管理

(1) 経営管理

経営目標を実現するためには四つの資源を適切に管理しなければならない。こうした活動を**経営管理**という。

・**人事管理**：労働者の管理は人事部門が行う。

・**資産管理**：企業が保有する土地や工場などの資産は管理部門が行う。

・**財務管理**：企業活動に必要な資金の管理は財務部門が行う。

・**情報管理**：企業活動に有用な情報は情報管理部門が行う。

(2) PDCA (Plan-Do-Check-Action cycle)

企業活動においては目標を実現するために，たえず現状を把握し適切な意思決定や行動を見直す必要がある。このような経営管理の指針として **PDCA サイクル**がある。

・Plan(計画) ：目標の策定

・Do(実行) ：計画に基づいた実施

・Check(評価)：結果と目標の比較・分析

・Action(改善)：問題点の修正・改善点の検討

これらの各段階を Phase（フェーズ）といい，循環的・継続的に実施する。この循環サイクルをPDCA サイクルと呼び，企業の経営管理の基本原理となっている。

(3) OODA ループ

PDCA サイクルのように工程が明確な業務改善と異なり，「新規事業の企画開発」といった明確な工程のない課題においては，最善の判断をして速やかに行動を起こすことが重要である。このような不明確で変化の激しい状況の中での意思決定の指針として **OODA ループ**がある。

・Observe（観察） 自社を取り巻く状況，市場の動向といった事実を幅広く集める

・Orient（仮説構築） 自社が持つ経験や企業の文化を観察し，得られたデータを統合・分析し，仮説を構築する

・Decide（意思決定） 未来の組織の姿，考えられる選択肢，仮説に沿って選択する。

・Act（実行） 意思決定のステップで決めた行動を実践する。

OODA ループを終え，次の OODA ループを始めるにあたって，成果が出なかった場合においても，次の OODA ループへ繋がる有用な情報と捉えて行う。

（4） BCP

予期せぬ災害が発生した場合に備えて，事業の継続と早期の復旧を目的にした企業の行動計画のこと。

（5） BCM：事業継続マネジメント（Business Continuity Management）

企業の存続を脅かす事態の発生に備え，継続計画の策定，実施のための定期的な教育・訓練などを行うこと。

（6） リスクアセスメント

リスク分析により明確化されたリスクが許容できるか否かを決定するプロセス。リスク対応の優先順位，コストパフォーマンスへの影響度も含めて分析評価し検討する。

3. ヒューマンリソースマネジメント

企業にとって，組織で働く労働者の能力をどのようにして育成するかが大きな課題である。ヒューマンリソースは「人的資源の獲得・動機付け・教育・定着」を目標に進められる。

▶動機付け
モチベーションと訳される。

（1） 人材マネジメント（Human Resource Management）

組織のビジョンや経営目標の達成に向けて，人財を有効的に活用するために体系化された活動。将来の採用，開発，配置，評価，報酬などを含む広範な活動。

（2） タレントマネジメント

優秀な人材を選出し，特別に育成させるためのツール。人材のスキルを視覚化して人材開発を行い，最適な環境で人材を活用する活動。

（3） コーチング

対話を通じて主体性を引き出し，個人が本来持つ才能や能力を最大限に発揮されるよう支援するための組織開発の手法。対話や適切な問いかけなどを通じて，相手が自発的に行動を決定し問題の解決を見つけ出し行動することを支援するプロセスをいう。

▶メンタリング
指導者（メンター）と受け手（メンティ）が 1 対 1 の関係を築き，対話による気づきや動機付けを重視する人材育成の手法。

▶メンタリングとコーチングの違い
コーチングは特定の業務や目的を技術的に支援し，メンタリングはテクニカルな部分だけではなく，心理面や思考面もサポートして人材を育成する。

（4） メンター

特定の領域における知識やスキル，豊富な成功体験や多彩な人脈を持ち，役割モデルを明示しながら指導・助言を行う人。対話による気づきと，助言による自発的・自律的な成長（メンタリング）を促す存在。

(5) メンタルヘルス　「心の健康」を意味している。心が健康であると,身体・情緒が調和し,環境への適応や,同僚との関係性もよくなり,仕事に能力を発揮できるようになる。メンタルヘルスの目的は,個人のストレスを最小にし,共創的な活動を向上させることにある。

(6) ダイバーシティ・マネジメント　多様な人材に注目し,その活用により共創性の高い組織を実現し,企業価値を向上させる経営戦略。性別,年齢,身体的特徴,国籍などの違いだけでなく,就業経験,学歴,宗教,職能などさまざまな違いに注目している。

(7) e ラーニング（e-Learning, イーラーニング）　インターネットを利用した学習形態のこと。ネットワークに接続さえすれば自分の自由な時間に受講でき,それぞれの進度に合わせた教材を学習できるメリットがある。

(8) アダプティブ・ラーニング（Adaptive Learning, AL, 適応学習）
個々の社員の理解度や進度に合わせ,学習の内容やレベルを最適化して提供する学習方法のこと。社員個々の学習の進捗状況をログとして記録し,理解度などを分析して最適な学習内容を提示する。

(9) HR テック（HR Tech）　ヒューマンリソース(Human Resources)とテクノロジー(Technology)を組み合わせたもの。クラウドや人工知能(AI),ビッグデータ解析などを利用して,採用・育成・評価・配置など人事業務の効率化と質の向上を目的としたサービスをいう。給与計算などの労務処理の効率化など多岐にわたって利用されている。

(10) MBO：目標管理制度（Management by Objectives）
個人またはグループごとに目標を設定し,その目標達成度を評価する人事評価制度のこと。個人やグループの主体的な管理の確立を目的としている。

(11) CDP（Career Development Program/Plan）
個人の適性,希望等を踏まえ,研修や配属を考慮しながら,長期的に人材を育成していくプログラム。

(12) ワークライフバランス　仕事と私生活の調和を見直し,仕事での成果と私生活の充実を実現する活動。育児や家庭生活に限らず,仕事以外にボランティアや NPO 活動,生涯学習など多様な価値観を持つ社員の生活を支援すること。

(13) OJT（On the Job Training）　実際の労働環境で働きながら教育を行うこと。人材育成において大きな成果が得られる。

(14) OFF-JT　日常の業務を離れた職場外での教育訓練のこと。研修会や講習会等,現場の状況に左右されず効果的な成果が期待できる。

(15) リテンション　企業にとって必要とされる社員が，できるだけ長く組織にとどまり能力を発揮できるようにするため，職務内容の明確化，雇用の保障，高賃金，福利厚生など，働く環境を整えること。

(16) リーダーシップ　全体を統括するマネジメントと違った立場で，自らが規範となって行動し，部下の信頼を得ることで組織を活性化する能力をいう。複雑な社会状況において，企業におけるリーダーシップ研修が重視されている。

(17) モチベーション　「動機」「意欲」「やる気」などの意味で使用され，仕事などへの意欲を引き出すことを「動機づけ」という。意欲を持って仕事に関われるように，労働環境や研修制度を整えるなどの働きかけがモチベーションを高める効果を生む。

(18) ワークエンゲージメント　組織や仕事に対する絆，愛着心，思い入れなどを意味する。仕事に対して自ら積極的に取り組む「活力」，自身の知識や技術，経験や業績などによる強い思い入れ「熱意」，前向きに集中して仕事に取り組む状態「没頭」の3つを定義し，企業の活性化をすすめる。

(19) ホワイトカラーエグゼンプション　労働法で定められた労働時間の規制の適用を緩和し，本人の了解のもと休日・深夜の割増賃金を適用せずに，成果に対する報酬支払とする制度。

(20) テレワーク　情報通信技術を活用した，場所や時間にとらわれない柔軟な働き方のこと。

(21) サテライトワーク　企業の本社・本拠地から離れた場所に設置されたオフィスで仕事をするスタイル。

(22) モバイルワーク　オフィスや自宅，施設に依存することなく，カフェやコワーキングスペース，移動中の電車内など，どこでも自由に仕事をするスタイル。

4.　経営組織

　企業活動は，資源を有効に活用するため，多様な組織形態を持ち，統一された命令系統によって管理される。

(1) 職能別組織

　製造，営業，総務などの職能別に経営者が各部に指示しながら職務を遂行する組織を職能別組織という。職能ごとの専門性が向上するという特徴をもつ。

(2) 階層型組織

ひとつの指示命令系統を持つ階層構造の組織を階層型組織という。ピラミッド型の組織で上位部門が下位部門を統括し，命令系統を明確にしている。職能別組織を大きくした組織形態である。

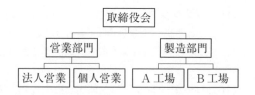

(3) 事業部制組織

顧客や市場の範囲が拡大・多様化したときに，組織全体を分割し**独立採算制**をとりながら，事業部ごとに責任を明確にした組織を**事業部制組織**という。

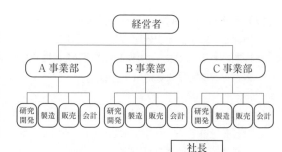

(4) カンパニ制組織

事業部制組織の独立性をさらに高め，別の会社のように分けて事業を行う組織を**カンパニ制組織**という。事業部制と分社制の中間的な組織形態である。

(5) マトリックス組織

職能別組織と事業部制組織の利点を活かした組織を**マトリックス組織**という。命令系統が複数存在するため，混乱しやすい特徴をもっている。

(6) プロジェクト組織

部門を越えて専門能力を持つ人材を集め，編成された一時的な組織を**プロジェクト組織**という。限定された目的のために，必要とされる人材を社内から集め組織するため**社内ベンチャー組織**ともいう。機動性・柔軟性に優れた特徴をもつ。

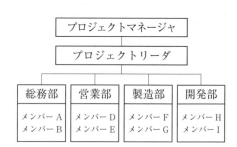

▶独立採算制度
事業部単位が各自の収支によって財務的に自立することを目指す制度。

▶分社制
事業部制よりも大きな権限を委譲された企業形態で，持ち株会社のような独立した企業のように運営する制度。

▶持株会社
（ホールディングカンパニー）
グループ内の各会社の株式を保有し，企業グループ全体の経営戦略や意思決定を専門に行うことを目的とした会社組織のこと。

（7）組織管理

米国では，企業の「所有」と「経営」を分離して考え，所有者である株主の委託を受けて，取締役会で業務執行を行う執行役員を任命・監督する。執行役員のトップが**最高経営責任者（CEO）**として企業を運営する仕組みである。

米国では，「業務の執行」は担当の執行役員が行い，「経営の意思決定」や「執行役員の監督」は取締役員が行う。取締役会は会長・社長・社外役員などで構成される。

日本では，会社法の規定により，会社の代表権を持つ代表取締役または取締役会が「業務の執行」を担当する。代表取締役制度を採用している会社では，代表取締が法的に会社を代表する権限を持つ。したがって，CEO や COO の名称は，内部的な意味合いを持っている。

▶米国型の名称
CEO（Chief Executive Oficer）
COO（Chief Operating Oficer）
CFO（Chief Finacial Oficer）
CIO（Chief Information Oficer）
その他の責任者は以下の通り。
最高技術責任者
最高知識責任者
最高個人情報保護責任者
最高顧客市場調査分析責任者

■米国の企業における執行役員制度

取締役員

CEO	最高経営責任者
COO	最高執行責任者
CFO	最高財務責任者
CIO	最高情報責任者

■日本の企業における執行役員制度

株主総会（最高意思決定機関）
代表取締役会長（CEO）
代表取締役社長（COO）
取締役員
CEO，COO はあくまで位置づけを示している。

5. 社会における IT 利活用の動向

コンピュータ処理能力の向上，データの多様性およびデータ量の増加など，IT の進展により社会は大きく変化している。

センサ技術の進歩において，さまざまなデバイスから情報を取集する技術（IoT：ものインターネット）により，膨大なデータの蓄積（BI：ビッグデータ）が可能になった。こうした大量のデータを容易に分析できるテクノロジー（AI：人工知能）の進化によって，企業活動および社会生活における，IT サービスを提供するソフトウェアの開発が進められている。

（1）第 4 次産業革命（インダストリー 4.0）

製造ビジネスの世界では第 4 次産業革命が話題になっている。製造業における，オートメーション化およびデータ化・コンピュータ化をめざす，技術的コンセプトにつけられた名称を**インダストリー 4.0** という。

▶第 1 次産業革命：機械の発明で人間の手から機械へ生産が移される。
▶第 2 次産業革命：電力の発明で大量の機械で物が生産される。
▶第 3 次産業革命：人間の指示で機械が自動で物を生産する。

▶第 4 次産業革命：機械が自分で考え動くようになる。

（2）Society 5.0

Society 5.0 でめざしている社会では，IoT ですべての物や情報が人とつながり，さまざまな知識や情報が共有されることで，今までにない新たな価値が生まれると期待されている。また，AI を活用することで多様なニーズに対して，きめ細かな対応が可能となり，必要な情報が必要なときに必要な場所に提供されるようになる。そのことによって，さまざまな課題解決に対応できる社会が実現できるとされている。

▶ Society 1.0
狩猟社会
▶ Society 2.0
農耕社会
▶ Society 3.0
工業社会
▶ Society 4.0
情報社会
▶ Society 5.0
新たな社会

Society5.0 実現する社会

出所：内閣府

（3）データ駆動型社会（データドリブンソサエティ）

現実世界にある多様なデータを集積・分析することで生み出された知識や価値を，現実の社会問題の解決や産業の活性化に生かそうとする概念。データを可視化することで未来を予測することも可能にするといわれている。

（4）ディジタルトランスフォーメーション（DX：Digital transformation）

企業がデータとディジタル技術を活用して，顧客や社会のニーズをもとに，製品やサービス，業務そのものや，組織，プロセス，企業文化・風土を変革し，競争上の優位性を確立する仕組みのこと。クラウド，ビッグデータ，モビリティ，ソーシャルを利用して，ネットとリアルの両面で，顧客に新しい価値を創出して，競争上の優位性を確立することを目的としている。

（5）国家戦略特区法（スーパーシティ法）

各地域の持つ社会的な課題を，最先端のテクノロジーによって一挙に解決しようという構想のこと。IoT，BD，AI を活用したスマートシティ化が進められるなか，未来都市の実現を目指して内閣府によって取りまとめられた。

（6）官民データ活用推進基本法

国，自治体，独立行政法人，民間事業者などが管理するデータを活用することで新しいビジネスの創出や，データに基づく行政，医療介護，教育などの効率化を目的とした法律。

例）・行政機関での申請，届出手続きを原則オンラインで実施
　　・多様な分野で横断的に官民データを活用できる基盤の整備

（7）ディジタル社会形成基本法

ディジタル社会の形成に関して，基本理念や施策策定の基本方針，国・自治体・事業者の責務，デジタル庁の設置，重点計画の作成について定めた法律。

DX の実現に必要な基盤

▶ **AI**
画像認識や自然言語処理，音声認識などを処理する。

▶ **IoT**
情報を収集・分析してフィードバックを返す。

▶**移動通信システム**
自動運転や VR 映像配信などの高速・大容量多数端末接続，高信頼性を確保。

▶**サイバーセキュリティ**
コンピュータやネットワークへの，不正アクセスを防止する。

▶**クラウド**
SaaS，PaaS など，外部システム・データとの連携。

▶**仮想現実（VR）/拡張現実（AR）**
バーチャル体験，AR 情報を表示して機器の操作方法を指示したりする。

▶ **HMI**
音声などの人間の五感を利用したユーザインタフェースのこと。

▶**量子コンピューティング**
高速・リアルタイムで精緻な結果を返す。

▶**情報処理基盤**
サーバ，ネットワーク，データベースなど。

1. 業務の把握

業務内容を把握するためには，情報収集および業務の流れを視覚化する必要
がある。

(1) 業務改善の手順

企業活動における業務は，社会の変化や経済の変化に対応して，常に最適な
意思決定をしなければならない。現在の業務内容に問題点が生じた場合や，変
化に対応して業務を見直す場合，次のような手順で意思決定が行われる。

■基本の手順

① **問題の認識**：改善すべき問題点を明確にして解決目標を設定する。
② **調査・分析**：問題の状況，発生の原因，問題をとりまく環境や課題を明
確にする。
③ **解決策立案**：各種の手法を用いて解決策を検討する。
④ **解決策実施**：問題解決の実行計画を立て実施する。
⑤ **結果の評価**：実行後の評価を行い不十分な点を改善するための新たな対
策を検討する。

(2) 情報収集

情報収集の方法には，人々の意見を調査するために，同じ質問を多数の人々
に出して回答を求める**アンケート**や，一方が他方に質問をして情報を得るため
に行われる**インタビュー**，情報を得るために実際に場所を訪れて，直接観察し
たり，関係者に聞き取り調査やアンケート調査を行い，現地での情報収集を行
う**フィールドワーク**などがある。

■インタビューの形式

構造化インタビュー	予め決められた質問用紙などをもとに，質問して得られた情報を収集する。
半構造化インタビュー	予め質問項目を決めておき，IC レコーダーやメモなどで質問を記録し，質問項目に関係する情報も収集する。
非構造化インタビュー	構造化されていない質問を，対話しながら幅広く情報を引き出す。

▶クロス集計表
2つ以上の項目をかけ合わせて集計したもの。

売上表

	商品A	商品B	商品C
東京支店	100	80	90
大阪支店	90	70	80
福岡支店	80	90	90

▶分割表
それぞれのデータを分割したもの。

4月の売上	
最高	最低
100	50

9月の売上	
最高	最低
80	40

2. 業務分析と業務計画
(1) 業務分析

現在の業務を改善し，よりよい業務計画を作成するために，現在の業務内容を的確に把握することを**業務分析**という。分析をより効率的に行うために次のように業務を図式化することがある。この図を**業務フロー**という。

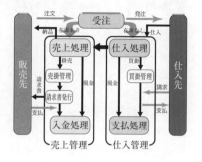

(2) グラフによる分析手法
①複合グラフ

棒グラフや折れ線グラフを用いて表すグラフを**複合グラフ**という。売上高などのデータを棒グラフを用いて相対的な大小関係を比較し，折れ線グラフを用いて時系列的な変化を見ることで，営業利益の推移や顧客に対する売上高の割合を分析することができる。

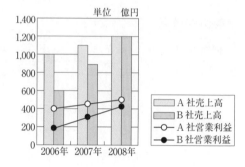

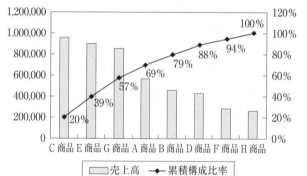

②パレート図

データを大きい順に並べた棒グラフと，各データを左側から累計した数値を折れ線グラフで重ねたものを**パレート図**という。複合グラフの一種で，p.207のABC分析に用いられることが多く，**2軸グラフ**で表す。

数値の大きな項目の全体に占める割合を示すことで，重点的に対処すべき項目を割り出すことができる。商品管理や不良品管理等の分析に適している。

▶相対的比較
他との比較によって分析する。
▶時系列的変化
時間の経過にしたがって変化する度合いを分析する。

③ヒストグラム（度数分布図）

データの範囲をいくつかの区間に分け，各区間のデータ数（度数）を集計して，棒グラフに表したものを**ヒストグラム**という。

例）下の表は，あるスーパーの土日の来店者数を一定範囲ごとに調査して日数を集計した結果で，これをヒストグラムに表している。この結果をもとに，売上予測や仕入計画の資料を作成する。

来店者数	日数
150-199	5
200-249	7
250-299	26
300-349	40
350-399	11
400-449	8
450-499	5
500-549	2

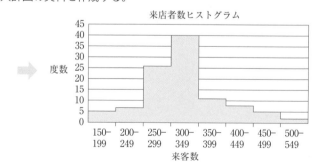

④散布図

2種類のデータがどのような関係にあるかを見るために，一方を縦軸に，他方を横軸にとり，測定データを図上に表すことで相関関係を分析するグラフを**散布図**という。点の集まり方で次のような相関関係を示すことができる。相関関係の強さを示す指標を**相関係数**といい，相関係数を並べたものを**相関係数行列**という。また，このように複数の変数をまとめて可視化したものを**散布図行列**という。

▶相関関係

一方の値が変化したときに他方の値も一定の関係で変化すること。

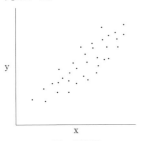

正の相関図
x が増加すると y も増加する

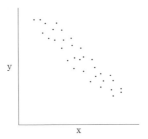

負の相関図
x が増加すると y は減少する

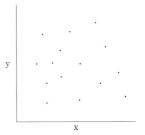

相関なしの図
xy の関係がない状態

2つの事象のうち，片方が原因となって，もう片方が結果として生じるとき，これらの関係を**因果関係**という。また，異なる2つの要素に因果関係がないにも関わらず，あるように見えてしまう現象を**疑似現象**という。

▶相関係数行列

	A	B	C	D
A	1	0.55	0.31	0.05
B	0.55	1	0.6	0.1
C	0.31	0.6	1	0.5
D	0.05	0.1	0.5	1

⑤レーダチャート

複数の項目の大きさや量を，円状または正多角形状に配置して比較することのできるグラフを**レーダチャート**という。クモの巣グラフともいい，各項目の隣どうしを直線で結んで作成する。円の中心からの距離で各項目の相対的な大きさを表す。栄養価のバランスや PC の機能比較，会社の経営状態などさまざまな分野で利用されている。

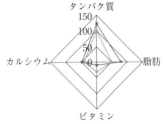

▶相関分析

本文にあるように，2つの要素が「どの程度同じような結果を生むか」という要素間の関係性を明らかにする手法をいう。

⑥特性要因図

ひとつの問題に対して原因を作り出す要因を整理し分析するグラフを**特性要因図**という。魚の骨に似ていることからフィッシュボーン・チャートと呼ばれる。トラブルを引き起こした要因を分析し，特性(現象・結果)に影響する要素を割り出す作業に利用される。

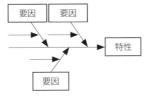

⑦Zチャート

ある商品のデータを，「毎月の売上高」「売上高累計」「各月の移動累計」として集計したものを**移動平均表**といい，これをグラフ化したものを**Ｚチャート**という。

Aは毎月の売上高，Bは売上高の累計，Cは過去1年間の移動累計を示し，次のように分析する。

・Cの傾きが右肩上がりの場合－商品の成長期
・Cの傾きがAと平行の場合　－成熟期
・Cの傾きが右肩下がりの場合－衰退期

上記のように商品の傾向を見ることができる。

▶移動累計

現在から1年間さかのぼった売上高の累計をいう。1月の場合，昨年の2月～今年の1月までの累計をさしている。

売上傾向の分析

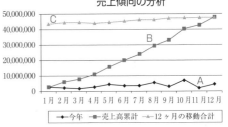

▶ダミー

平行した作業を表す場合,

とせずに別の結合点をつけて表す。そのための作業日は0となる。

▶クリティカルパス

予定通りに終わらないと全体が遅れてしまう重要な経路のこと。①→②→③→④→⑥→⑦が最も早く終わる日と最も遅く始める日に差がなく余裕のない経路になる。

詳細は p.176 ～ p.177 を参照。

▶四分位数（しぶんいすう）

データを小さい順に並び替えたときに，データの数で4等分したときの区切り値のこと。

▶ CSV

(Comma Separeted Value)
各項目値を「,（コンマ）」で区切って記述したデータ形式。各行が各レコードに対応しているため，異なるツールでのデータ共有で用いられることがい。

▶ MECE（ミーシー）

(Mutually Exclusive, Collectively Exhaustive)
「モレなく，ダブりなく」という訳。

⑧アローダイアグラム（パート図）

　作業のスケジュールや日程計画を決定するために用いられるグラフを**アローダイアグラム**という。各作業の流れを矢印で表し，作業の名称を線上に記入して，作業の所要日数を記述する。太線は**クリティカルパス**という。

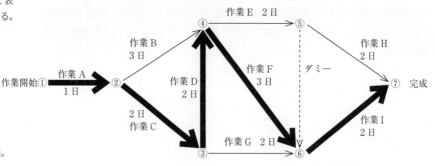

⑨箱ひげ図

　データの最大値や最小値，四分位数を示したグラフのことで，データの分布やばらつきを直感的かつ視覚的に表現できる図のこと。統計分析などで多く用いられる。株価チャートとは異なる図であるので注意する。

　例）25%（第一四分位数）
　　　50%（第二四分位数）
　　　75%（第三四分位数）

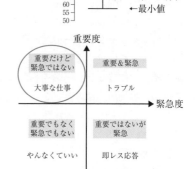

⑩マトリックス図

　縦軸と横軸を使い，縦横に項目を配置し，重なったところに結果などを書く図のこと。全体の中のどのあたりに位置するのか示すことができる。

⑪モザイク図

　モザイク図は，縦横のXYデータをグラフにしたもので，長方形に分割し長方形における縦の長さが，X変数ごとのYの割合を表す。

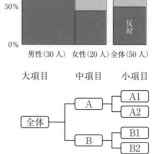

⑫系統図（ロジックツリー）

　上位概念を下位の概念に分解していく際に用いられる思考ツール。

　MECE に配慮して全体をモレなくダブりなく表現することができる。

⑬コンセプトマップ

コンセプトとアイディアの関連を視覚的に示す作図ツール。言葉をマップ上に並べ，線でつなぐことで，知識の関係性を図にして理解したり，言葉から連想する言葉をつなぐことでアイディアの拡散を進める効果がある。

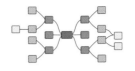

⑭シェープファイル

GIS データフォーマットの一つで，学校などの目標物や道路や建物などの位置や形状といった属性情報であるそれぞれ点（ポイント），線（ライン），面（ポリゴン）で，基準点 XY からの位置情報などのベクターデータを格納することができる。

建物.shp
鉄道.shp
道路.shp
病院.shp

▶ GIS
Geographic Information System
（地理情報システム）

⑮ヒートマップ

データの値を色の濃淡で表すことで視覚的に見分けられるようにしたもの。ヒートマップデータをもとに Web のデザインを改善することもできる。

■ヒートマップ例

図はマウスの動きを追跡し，そのマウスのログデータからヒートマップを作り出している。人の目とマウスの動きには強い相関関係があり，マウスの動きをヒートマップで表現する事で，訪れたユーザがよく閲覧しているコンテンツとあまり興味を示さない部分を，濃い色と薄い色に分けて可視化することができる。

■グラフィックを使用した視覚化において注意すべき点

グラフ中の過剰なデザインを強調するあまり，情報デザインのビジュアル要素を適切に用いない事により，本来伝えたい情報が正しく伝わりにくくなり，情報が歪められて伝わる現象を**チャートジャンク**という。

⑯共起キーワード

特定のキーワードが出現したときに一緒に出現される単語を**共起キーワード**という。コンテンツ作成において，ユーザが求めるキーワードが多ければ関連性の高いコンテンツが提供できる。

・検索エンジンへの効果

指定したキーワードを含むコンテンツを解析して共起キーワードを抽出し，出現数の多い順に表示するなど，コンテンツ制作に役立つ効果がある。

キーワード	共起キーワード
旅行	ホテル　予約　家族
化粧品	コスメ　スキンケア

・サジェストキーワード

キーワードから連想する語をセットで表示することでキーワードの意味を広める効果がある。

Q お昼ご飯|
Q お昼ご飯
Q お昼ご飯 ダイエット
Q お昼ご飯 簡単
Q お昼ご飯 カロリー

（3）統計的分析手法

①管理図

▶異常の検出
急激な変化や連続した変化に注目し，企業ごとに定めた基準によって判断する。

　時間の変化によって発生するデータのばらつきを折れ線グラフで表し，極端な変化が生じたときに異常を検出するグラフを**管理図**という。

　2本の管理限界線と1本の中心線を設けて，製造工程などで品質特性値のばらつきが，許せる範囲かどうかを判定する。

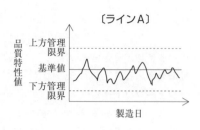

〔ラインA〕

②回帰分析

▶相関図と回帰分析
気温の変化が飲料水の売上高にどのように関係するかを相関図で示し，相関を基に売上予測を割り出すために回帰分析が使われる。

　データの関係を方程式で表し，過去のデータを基に将来の予測値をグラフによって求める方法を**回帰分析**という。

　商品販売などで，売り場面積と売上高の関係をグラフ化し，売り場面積を広げることで予想される売上高を求めることができる。

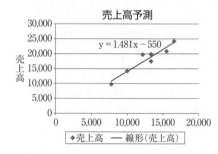

売上高予測

$y = 1.481x - 550$

③最小二乗法

　回帰分析において，実際の値と想定する関数から求めた値の差の二乗を最小にすることで，想定する関数が測定値に対して近似となるように，係数を決定する方法を**最小二乗法**という。

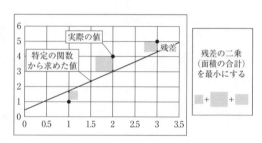

3. データの利活用

　データを分析して利活用することは，業務改善や問題解決に役立つことになる。

（1）データの種類

　データ分析の元となるデータには，調査すべき事項を定め，その集団の性質や傾向を数量的に表した**調査データ**や，実際に実験した結果得られたデータである**実験データ**などがある。

　IoT の普及によりセンサやログのデータが膨大に蓄積され，ビッグデータに活用されている。

・**人の行動ログデータ**：小売やサービス業では顧客の行動をログ分析する。
・**機械の稼働ログデータ**：工場での設備稼働状況や生産実績をモニタリングする。
・**GIS データ**：「地図データ」と「地図上にプロットするデータ」に分けられ，人の動きやスマートフォンや車両の位置データを分析する。

■データの種類と特性

量的データ	計測機器などで測定できる数値データのこと。比例に意味があるものは**比例尺度データ**。このうち年齢・点数のように数値の目盛が等間隔になっているものは**間隔尺度データ**
質的データ	名前，種類，分類などに番号をつけて区別したデータのこと 他のものと区別・分類するためのものは**名義尺度データ** 順位・学年のように，番号の順序に意味があるものは**順序尺度データ**
1次データ	調査目的に合わせて自分たちで独自に集めたデータ
2次データ	公開されているデータや販売されているデータ
メタデータ	データ項目の名称，定義，データ型，桁数などのデータ項目に関するデータ
構造化データ	表計算ソフトのように「列」と「行」で情報がまとめられているデータ
非構造化データ	Eメールや SNS の投稿，音声，画像，ログ等のセンサデータなど多種多様なデータ
時系列データ	時間の経過にそって分析し，将来の予測を立てる分析データ
クロスセクションデータ	ヒストグラフや相関図などで表現される，相関関係の分析に適したデータ

(2) データ分析における統計情報の活用

データ分析において，統計情報が何を意味するかを適切に把握することが重要である。

①母集団

調査・観測の対象となる集合全体を表す統計学上の概念を**母集団**という。

②標本抽出

統計調査のために母集団から一部の調査対象者を取り出すことを**標本抽出**という。母集団の特性を知るために行われる。

■抽出方法

全数調査	対象となる人物の全てを調査する方法で，国内の人および世帯の実態を把握し，各行政施策や資料作成へ用いることを目的に行う**国勢調査**などの**アンケート調査**がある
単純無作為抽出	標本調査の最も基本的な方法で，母集団から無作為で標本を抽出する方法
層別抽出	母集団を性別・年代・業種などの層に分け（層化），その層（層別）ごとに無作為で標本を抽出する方法
多段抽出	無作為抽出を繰り返すことで，複数の段階に分けて標本抽出を行う方法

③仮説検定

母集団分布の母数に関する仮説を，標本から検証する統計学的方法の一つに**仮説検定**がある。ある仮説が正しいか正しくないかの判断のために立てられる。その際にある仮説を否定するかしないかを決める基準の確率を**有意水準**という。テストの結果と実際の状態が一致しているなら，判断は正しいことになるが，どちらの仮説を誤って採用してしまったかによって「第1種の誤り」と「第2種の誤り」に分類する。

第1種の誤り	正しい確率が少しでもあるのに仮説が正しくないと判定する誤り（偽陽性）
第2種の誤り	仮説が正しくないと判定する仮説に気づかずに正しいと判定してしまう誤り（偽陰性）

④A/Bテスト

調査したデータを，ICT を活用して分析する Web マーケティングにおける手法の一つに **A/B テスト**がある。一つの商品に対して複数の広告や Web サイトを用意しランダムに表示することで，より閲覧数が多くなる広告を検証する。

（3）データサイエンス・ビッグデータ分析

　データサイエンスとは，社会に存在する膨大なデータから価値を見出すことをいう。ICT の進化した現代では，ビジネスや医療，教育，行政等において，高度なデータ処理能力，データ分析力が必要となっている。このような，さまざまな具体的事実から同一の傾向を抽出して，結論（推論）につなげることを帰納的推論といい，ビッグデータ分析が重要な役割をもっている。

①ビッグデータ（Big Data）

　ビッグデータは，たんにデータ量が多いというだけではなく，さまざまな種類や形式のデータを含む，非定形・非構造・時系列に生成されるデータをいい，次のような特性を取っている。

- ・データ容量（Volume）…膨大なデータ容量
- ・データの多様性（Variety）…テキスト，画像，音声といった多様な種類・形式のデータを含む特性
- ・データ生成速度・頻度（Velocity）…リアルタイムで収集できるデータ・秒単位など高頻度のデータ

②データサイエンスのサイクル

　データサイエンスでは，ICT を用いて，統計，データ分析などの手法によって，データから有用な情報を見つけ出す。

■データサイエンスのサイクル

1）問題解決のための課題の設定
2）調査方法の計画
3）データの収集
4）データの分析
5）分析結果から結論を導き出す

③データマイニング

　企業内に蓄積された大量のデータから，統計学的手法により，今まで知られていなかったデータ，情報，知識を発掘する手法。

④テキストマイニング

　さまざまな形式で書かれた文章を，AI などを用いてデータ解析して，有用な情報を見つけ出す分析技術のこと。

⑤ BI ツール（Business Intelligence）

　ERP や CRM などの業務システムに蓄積された膨大なデータの中から，分析・加工し，意思決定に活用する手法。

⑥データウェアハウス

　企業にあるデータを整理・統合して，効果的な戦略的意思決定を支援するシステム。

（4）意思決定のための科学的分析手法

　問題を解決するための効率的な意思決定のために，AI を活用した科学的分析手法がもちいられる。

①デシジョンツリー

　ある事象について記述された条件・選択肢をたどった場合に，どの

▶データサイエンティスト
ビッグデータをさまざまな手法を用いて分析し，ビジネス上の課題の解決を支援する職業。

▶ ERP
（統合基幹業務システム）
人・物・金・情報を管理する。
▶ CRM
（顧客関係管理）
顧客との良好な関係性を築く営業手法のこと。

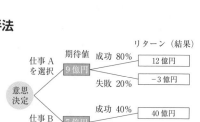

ような結果になるかをわかりやすく樹形図に表現したものでデータマイニングの代表的な手法。

②モデル化とシミュレーション

事物や現象の本質的な形状や法則性を抽象化して，より単純化したものを**モデル**といい，こうした事物や現象のモデルを作ることを**モデル化**という。モデルには**確定モデル**と**確率モデル**があり，次のような特性を持っている。

- **確定モデル**：方程式などで規則的な結果が得られる現象
- **確率モデル**：気候変動や生物多様性のような不規則な結果が含まれる現象

これらのモデルにデータを入力して，その結果を分析することを**シミュレーション**という。確定モデルでは，方程式に従ってデータを入力することで一定の結果が得られる。科学的技法を用いても最適な結果が得られない場合は，回帰分析などの因果関係を表す計算式にさまざまな値をあてはめて，計算結果がどうなるかを分析する必要がある。確率モデルでは，あてはめた値と結果の確率によって次の値を**予測**する。また，モデルに実際の観測値を入力してより現実に近い結果が出るようにシミュレーションを改善して精度を高めていく，**データ同化**の作業も行われる。

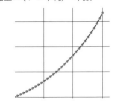

▶確定モデル例
預金複利計算式
元金×(1＋年利)＾年数

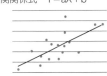

▶確率モデル例
相関関係式　Y=aX+b

③ AI による「教師なし学習」

AI を活用した分析では，機械学習によって大量の学習データに正解を与えて学習させ，分類や**予測**を行う。これを「**教師あり学習**」といい，回帰分析や分類による予測に用いられている。

近年では AI に正解を与えない学習データによる「**教師なし学習**」による分析が進められている。これは次のような手順で進められる。

1) データの特徴から類似したものどうしをグループに分ける**グルーピング**を行う。
2) さらにデータを特徴づける情報を抽出する**パターン発見**によって，データ内に存在する未知のパターンを見つけ出す。
3) 得られたパターンのない中から**最適化**された判断をする。

自動運転における AI の画像認識機能を活用して，対向車や歩行者，信号や建物などを瞬時に判断する技術は，答えを前提とする分析では対応できないことから，少ないデータで効率的に，時間やコストをかけずに結果が得られる可能性があるとされている。

また，AI にシミュレーションを組み込むことで，あらゆるパターンと発生確率を導き出し，希少な事象を発見する技術なども開発されている。

■ AI の統計分析を活用した例

在庫管理：在庫を製造や販売指標によってグループ化し最適な在庫を管理する。

与信管理：金融機関における与信リスクを軽減するため，融資先の信用力評価を統計手法を用いて管理する。

発注方式：需要予測とシミュレーションによる在庫および発注方式の適正化を管理する

④ IE（Industrial Engineering）

生産工学・経営工学といわれ，時間や人手などの資源を有効に使い，生産工程の改善を図るために，作業工程や機械の配置について，その管理方法を科学的に分析することを**IE**という。工場や事務所において，人の配置や作業手順，職場のレイアウト設計を行うときに，**作業時間測定**や **PTS 法**，**作業分析**，ワー

▶標準化
物事を単純化したり，統一したりすることで，利便性を高めること。

クサンプリング法などを用いて分析する。その結果，作業の無駄や非効率な要因を省いて，効率的な作業時間の標準化を行う。

■作業時間分析法

1サイクルの作業時間が短い場合や観測前に作業を分割できる場合に，その作業をストップウォッチで測定して作業時間の見積もりを行う方法。

■ PTS 法（既定時間標準法）

観測する作業内容を基本的な作業に分解し，作業の条件ごとに設定した基本動作の標準時間から作業時間を割り出す方法。

■ワークサンプリング法

ワークサンプリング法は，実際に作業が行われている現場において，一定間隔で作業時間の所要時間やどの作業が何回行われているかなどのデータを取り，そのデータを基にして各作業時間を推定する。

⑤ OR（Operation Research）

問題を観察しその問題を解決するために，科学的・統計的なモデルを利用して，最も効率的に解決する方法を OR という。科学的問題解決手法ともいわれ，今日の企業経営においては問題ごとに対応した各種のモデルがあり，在庫管理や線形計画法等が一例である。

■在庫管理（定期発注方式）

一定期間ごとに最適量を発注する方式を**定期発注方式**という。

 次の条件で定期発注をした場合，発注量を次の手順で計算する。

> 発注サイクルは 10 日　　　納入リードタイムを 5 日
> 1 日の平均消費量は 50 個　　安全在庫量は 30 個
> 発注時点での在庫量は 300 個

＜計算方法＞

ⅰ 発注してから納入されるまでの期間を納入リードタイムという。

　　納入リードタイム×1 日の平均消費量＝納入までの消費量

　　5 日×50 個＝250 個

ⅱ 在庫量－納入までの消費量＝納入時の在庫量

　　300 個－250 個＝50 個

ⅲ それ以降 10 日間の平均消費量

　　1 日の平均消費量×10 日＝10 日間の消費量

　　50 個×10 日＝500 個

ⅳ 納入時の在庫量 50 から安全在庫量 30 を差し引いた在庫が 20 個あるので，発注量は以下の式で求められる。

　　10 日間の消費量－在庫量＝発注量

　　500 個－20 個＝480 個

■線形計画法

いくつかの条件を 1 次式で表し，どのように配分したときに最大の効果が得られるかという問題を解く手法。ゲーム理論や待ち行列と同様，これもミニマックスの考え方が成されている。

 次の条件で販売した場合，1 日の販売利益を最大にするように，商品 M と N を製造し，すべて販売したときの利益はいくらになるか次の手順で計算する。

▶**定量発注方式**
ある一定の基準在庫数を設けて在庫量が基準を下回ったときに発注する方式。

▶**発注サイクル**
発注から次の発注までの期間。

▶**安全在庫**
品切れのリスクを最小限に抑えるための在庫基準。

▶**ゲーム理論**
一定のルールの基でプレーヤーが行動するとき，駆け引きも含めて意思決定のメカニズムを数学的に分析する。

▶**待ち行列**
待つことによって発生する行列のメカニズムを数学的に分析する。

▶**ミニマックス**
相手の最大利益に対して自分の損失を最小化する行動基準。

東京商店では毎日 A と B という菓子を作り，これを組み合わせて箱詰めした商品 M と N を販売している。箱詰めの組み合わせと 1 商品当たりの利益は表に示すとおりである。

	A（個）	B（個）	販売利益（円）
商品 M	6	2	800
商品 N	3	4	600

A の 1 日の最大製造能力は 360 個であり，B の 1 日の最大製造能力は 240 個である。

i 商品 M の個数を x 個，商品 N の個数を y 個作るとすると A の 1 日の最大製造能力は 360 個であり，B の 1 日の最大製造能力は 240 個であるので，次式が成り立つ。

$$6x + 3y \leqq 360$$
$$2x + 4y \leqq 240$$

これを解くと x≦40　y≦40 となる。

ii よって，1 日の販売利益を最大にするために，商品 M と N を作ったときの利益は，（800×40）＋（600×40）＝56,000 円となる。

⑥ ABC 分析

分類項目ごとに数値の大きいものから順に並べ，重点的に管理する製品を決定するために用いる方法を ABC 分析という。「グラフによる分析手法」で解説したパレート図を用いて分析をする。

商品名	売上高	構成比率	累積比率	分析
C 商品	954,000	20%	20%	A
E 商品	898,000	19%	39%	A
G 商品	849,500	18%	57%	A
A 商品	564,200	12%	69%	A
B 商品	458,300	10%	79%	B
D 商品	432,000	9%	88%	B
F 商品	285,500	6%	94%	C
H 商品	265,000	6%	100%	C
合計	4,706,500			

■分析方法（例）

・棒グラフはそれぞれの売上高
・折れ線グラフは売上高の累計額
・％は全体に占める累計額の割合

次に左側からの累積割合によって 3 つのグループに分ける。

0～70%　　　A グループ　重点的な管理の製品
70%～90%　 B グループ　通常の管理製品
90%～100%　C グループ　取り扱い中止を検討

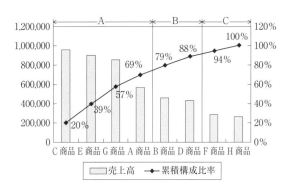

(5) 問題解決手法

経営分析の手法には，現在の業務を理解し，さまざまな資料を集めて整理することで，今後の方針を検討するための思考整理分析方法がある。

①ブレーンストーミング

グループ内で自由なアイディアを出し合い，多くの意見を収集する目的で実施される集団発想法をブレーンストーミングという。この方法は次のルールによって行われる。

・批判の禁止：他人の意見を批判したり断定したりしない。

・自由な発言：目的からはずれていても自由な発言を許す。

・質より量を重視：多くの意見を出すことを目的とする。このことによりさまざまなアイディアが発見できる。

・便乗許可：他人のアイディアに，新たなアイディアを加えて発展してもよい。

▶親和法（グループ化）

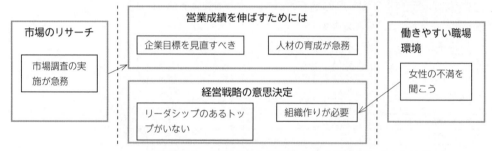

②KJ法（親和法）

　川喜田二郎氏によって発案されたデータ整理技法の一つ。頭文字をとってKJ法という。この方法は次の手順で行う。

Ⅰ　情報収集：考えなければならないテーマについて，ブレーンストーミングなどで出された意見をカードに書き出す。このとき，1つのテーマだけを1枚のカードに書き込む。

Ⅱ　グループ化：集まったカードを分類し，同じような内容はグループ化する。グループ化されたカードを1枚の大きな紙の上に配置して図解を作成する。カードやグループの間の関係を特に示したいときには，それらの間に関係線を引くことができる。

Ⅲ　図解：A型図解　グループどうしの関係を図解することにより全体像を明確にする。相互，対立，原因・結果の関係などを表す。

市場のリサーチ	営業成績を伸ばすためには		働きやすい職場環境
市場調査の実施が急務	企業目標を見直すべき　人材の育成が急務		女性の不満を聞こう
	経営戦略の意思決定		
	リーダシップのあるトップがいない　組織作りが必要		

　　　　B型文書化・図解された意見の全体を文書化してまとめる。

　　　　　　　　・A型図解を基にさらにブレーンストーミングを実施する。

③決定表

　条件と作業内容を表形式で表したものを決定表（デシジョンテーブル）という。条件と行動との対応関係を表に整理するので，わかりやすく，複雑な論理を一目でわかるように表現できる。

条件標題欄	条件記入欄			
200 km 以上	N	Y	Y	N
200 km 未満	Y	N	N	Y
日帰り	Y	Y	N	N
宿泊	N	N	Y	Y
手当を支給しない	X	−	−	−
3,000 円支給する	−	X	−	X
5,000 円支給する	−	−	X	−
宿泊費 10,000 円支給する	−	−	X	X
行動標題欄	行動記入欄			

Y　条件が真
N　条件が否

X　処理する
−　処理しない

＜判定例＞

・200 km 以上の出張で泊まりの場合，出張手当 5,000 円と宿泊費 10,000 円を支給する。

・200 km 以上の出張で日帰りの場合，出張手当 3,000 円を支給する。

④ブレインライティング

紙にアイディアを書き出し，書き出したアイディアを順番に回しながら，前の人のアイディアから新しいアイディアを生み出す手法。

1. 〈ブレインライティング・シート〉　2. 〈ブレインライティングの進行図〉

テーマ〈　　　　〉			
	A	B	C
I			
II			
III			
IV			
V			
VI			

・練習問題・

● **1**　ソフトウェアの設計品質には設計者のスキルや設計方法，設計ツールなどが関係する。品質に影響を与える事項の関係を整理する場合に用いる，魚の骨の形に似た図形の名称として，適切なものはどれか。　(H26 春 IP)

　　ア　アローダイアグラム　　イ　特性要因図　　ウ　パレート図　　エ　マトリックス図

● **2**　パレート図の説明として，適切なものはどれか。　(H23 秋 IP)

　　ア　作業を矢線で，作業の始点/終点を丸印で示して，それらを順次左から右へとつなぎ，作業の開始から終了までの流れを表現した図

　　イ　二次元データの値を縦軸と横軸の座標値としてプロットした図

　　ウ　分類項目別に分けたデータを件数の多い順に並べた棒グラフで示し，重ねて総件数に対する比率の累積和を折れ線グラフで示した図

　　エ　放射状に伸びた数値軸上の値を線で結んだ多角形の図

● **3**　解を求めるのにシミュレーションを適用する例として，最も適したものはどれか。　(H27 春 IP)

　　ア　PERTで示されたプロジェクトの全作業における作業ごとの作業時間と作業間の順序関係から，最短のプロジェクト期間を求める。

　　イ　購入累積金額，直近の購入日，購入頻度から，ダイレクトメールを送付する顧客を抽出する。

　　ウ　商品ごとの過去10年間の年間販売実績額と今後の商圏人口変化の予測パターンから，向こう3年間の販売予測額を求める。

　　エ　複数の機械の平均故障発生時間間隔と平均修理所要時間，修理担当者数を算出式に入力して，平均修理待ち時間を求める。

● **4**　ブレーンストーミングの進め方のうち，適切なものはどれか。　(H30 春 IP)

　　ア　自由奔放なアイディアは控え，実現可能なアイディアの提出を求める。

　　イ　他のメンバの案に便乗した改善案が出ても，とがめずに進める。

　　ウ　メンバから出される意見の中で，テーマに適したものを選択しながら進める。

　　エ　量よりも質の高いアイディアを追求するために，アイディアの批判を奨励する。

● **5**　倉庫A，Bにある在庫の全量を店舗C，Dに輸送する。倉庫A，Bの在庫量がそれぞれ35個，15個，店舗C，Dの必要量がそれぞれ20個，30個であり，各倉庫から各店舗への1個当たりの輸送費が表のとおりであるとき，最小となる総輸送費は何万円か。　(H28 秋 IP)

単位　万円/個

	店舗C	店舗D
倉庫A	4	2
倉庫B	2	1

　　ア　85　　　イ　100　　　ウ　110　　　エ　125

1. 企業形態
（1）株式会社

▶株主の有限責任
株式会社では株主のことを有限責任社員という。株主は資金を提供し株式を取得する。株主は出資金を限度として有限責任を負う。

　株式会社とは，株主から経営に必要な資金を集めて会社を運営する形態の企業のことである。株式会社は株主の出資金額に応じて配当利益を提供する。本来，企業の所有者は株主であるが，時間の制約や専門的な知識の不足によって，経営に参加できない場合が多い。そのため，株主総会により承認された代表者が株主の代わりに経営を任されることが多い。これを「所有と経営の分離」という。

　経営者は株主に対して，定期的に企業の経営状況や財務状態を報告し，経営者としての信任を得ることを義務づけられている。こうした会社機関としては株主総会，取締役会，監査役などが代表的な経営組織である。

2. 会計と財務
（1）企業会計

　企業は営業活動によって収入と支出が発生する。こうした収入や支出などの資金の出入りを管理することを会計処理（Accounting）という。企業会計には財務会計と管理会計があり，それぞれの観点から会計処理を行う。

①財務会計

　企業の株主など利害関係者に対して，企業の財務状況を公開するために行う会計を財務会計という。1会計期間（1年）ごとに決算を行い，作成が義務づけられている貸借対照表，損益計算書，キャッシュフロー計算書を作成する。

②管理会計

　経営戦略の立案や意志決定，業績の評価のために用いられる会計を管理会計という。管理会計では，部門別や製品別，販売地域ごとの予算統制，利益管理，業績評価など，経営判断に必要となる内部報告書を作成する。

3. 財務諸表の種類と役割
（1）財務諸表（Financial Statement）
①財務諸表規則

▶企業会計原則
企業会計原則では，貸借対照表，損益計算書，キャッシュフロー，株主資本等変動計算書の4つを基本財務諸表と呼ぶ。

　企業の財政状態や経営成績を明らかにするものを財務諸表という。財務諸表は，投資家や債権者に対して企業の経営状態を報告するために作成される。財務諸表規則では，貸借対照表・損益計算書・キャッシュフロー・株主資本等変動計算書・付属の明細書の5つを財務諸表として定義している。

②連結財務諸表

　金融商品取引法では，子会社などの企業グループ全体の財務諸表である連結財務諸表の作成・提出を義務づけている。

▶内部取引
同じグループ企業どうしの取引をいい，資金の流れが不鮮明になることがある。

　連結財務諸表とは，企業が決算書を作成するときに，株式を保有する子会社や企業グループ全体の業績を合計して作成された財務諸表をいう。子会社や企業グループ内では，グループ内どうしで取引を行うことがあり，こうした内部取引の部分を相殺し，グループ全体の純粋な業績を計算しなければならない。

（2）貸借対照表（B/S：Balance Sheet）

　決算日における資産と負債，純資産を対比して示すことによって，企業の財政状態を表す表を**貸借対照表**という。

　貸借対照表は**資産・負債・純資産（資本）**の各要素によって作成される。

　資産とは，企業が保有する経済的な価値をいい，現金・有価証券のような**流動資産**と，建物・土地などの固定資産に分けられる。

　負債とは，借入金などの他人に返済しなければならない債務をいい，短期借入金・買掛金などの**流動負債**や，長期借入金・社債などの**固定負債**に分けられる。

　純資産（資本）とは，会計上では資産から負債を引いた純粋な資産をいい，単純な意味では，営業活動後の純資産（資本）から営業活動前の純資産（資本）を差し引いた残りが，プラスの場合は利益を表し，マイナスの場合は損失を表す。

■勘定式における貸借対照表の計算式

期首 B/S		期末 B/S	
期首資産	期首負債	期末資産	期末負債
	期首純資産 ⇒		期末純資産

期首資産－期首負債＝期首純資産
期末資産－期末負債＝期末純資産
期末純資産－期首純資産＝当期純利益（当期純損失）

■報告式の貸借対照表の例

　貸借対照表では，資産は左側に，負債と純資産を右側に表記する。したがって貸借対照表の左右の合計は常に同じ金額になる。

貸借対照表			
（資産の部）		**（負債の部）**	
Ⅰ．流動資産		Ⅰ．流動負債	600
1．現金	2,000		
2．有価証券	1,300	Ⅱ．固定負債	400
		負債合計	1,000
Ⅱ．固定資産			
1．有形資産		**（純資産の部）**	
建物	5,000	Ⅰ．株主資本	
2．無形資産	1,000	1．資本金	6,000
		2．資本準備金	2,000
Ⅲ．繰延資産	3,000	3．利益準備金	3,300
資産合計	12,300	負債・純資産合計	12,300

▶**資産**
現金・預金・有価証券・建物等。

▶**負債**
借入金・前受金・未払金等。

▶**資本の定義**
・自己資本（元手・元本）
・純資産のうち，株主など企業の所有者に帰属するもの
・維持すべきもの

▶**純資産の定義**
・資産と負債の差額

▶**流動資産**
短期間に現金化できる資産。現金や有価証券，短期貸付金等。

▶**固定資産**
1年以上にわたって使用保有する資産。建物や土地などの有形固定資産と借地権や特許権などの無形固定資産がある。

▶**流動負債**
短期に支払い期限が到来する負債買掛金，短期借入金等。

▶**固定負債**
支払い期限が1年以上になる負債社債，長期借入金，退職引当金等。

▶**繰延資産**
すでに支出して取得している創立費，開業費等，費用として長期にわたり計上できる資産。

▶**資本準備金**
株式の発行額のうち二分の一を法定準備金として計上できる資本金。

▶**利益準備金**
資本金の4分の1になるまで積み立てを義務づけられた準備金。

▶利益
収益から費用を差し引いたもの。

▶粗利益（売上総利益）
売上高から仕入れにかかった原価を差し引いたもの。

▶原価
製品やサービスを顧客に提供するまでにかかる費用のこと。「材料費」「労務費」「経費」の3つがある。

▶安全性の指標
「自己資本比率」のほかに「固定比率」，「流動比率」，「当座比率」の3つの指標がある。

▶収益
営業活動によって得られた金銭。

▶営業費用
営業活動によって生じた支出金。

▶売上原価
仕入の際に生じた諸費用を含めた商品購入費用。

▶販売費及び一般管理費
販売活動で生じた費用。
一般管理業務で生じた費用。

▶営業利益
売上総利益－販売費及び一般管理費。

▶営業外収益
本来の営業活動以外で得られた収益。

▶営業外費用
本来の営業活動以外で生じた費用。

▶特別利益
経営において特別に生じた大きな利益。

▶特別損失
経営において特別に生じた大きな費用。

▶税取引前当期純利益（損失）
経常利益から特別損益を引いた損益。

▶法人税等
企業の利益に応じて支払われる税金。

(3) 損益計算書（P/L：Profit and Loss Statement）

損益計算書は，企業のある一定期間の損益（利益または損失）を示すもので，その期間に発生した収益から費用を差し引いて求める。

■勘定式の損益計算書の計算

費用	P/L	収益
純仕入高		期末商品棚卸高
期首商品棚卸高		純売上高
販売費一般管理費		営業収益
当期純利益		

■報告式の損益計算書例

売上高から売上原価を差し引いて売上総利益（粗利益）を求め，売上総利益から販売費一般管理費（営業費用）を差し引いて営業利益を求める。通常の取引においては，営業利益が1年間の営業活動によって得られた利益となる。ただし，企業会計においては，営業活動以外で生じた収益・費用や，景気の変化によって生じた特別な収益・費用も財務情報として報告しなければならない。

損益計算書		
Ⅰ．売上高		6,000
Ⅱ．売上原価		
1．期首商品棚卸高	200	
2．当期商品仕入高	1,500	
合計	1,700	
3．期末商品棚卸高	300	1,400
売上総利益		4,600
Ⅲ．販売費及び一般管理費		1,100
営業利益		3,500
Ⅳ．営業外収益		400
Ⅴ．営業外費用		800
経常利益		3,100
Ⅵ．特別利益		200
Ⅶ．特別損失		300
税取引前当期純利益		3,000
法人税等		800
当期純利益		2,200

■損益計算書の計算式

①売上原価＝期首商品棚卸高＋当期商品仕入高－期末商品棚卸高

　　1,400＝200＋1,500－300

②売上総利益＝売上高－売上原価

　　4,600＝6,000－1,400

③営業利益＝売上総利益－販売費及び一般管理費

　　3,500＝4,600－1,100

④経常利益＝営業利益＋営業外収益－営業外費用

$$3,100＝3,500＋400－800$$

⑤税引前当期純利益＝経常利益＋特別利益－特別損失

$$3,000＝3,100＋200－300$$

⑥当期純利益＝税引前当期純利益－法人税等

$$2,200＝3,000－800$$

（4）キャッシュフロー計算書（Cash Flow Statement）

　企業のある一定期間における資金の流れを，活動区分別に表示したものをキャッシュフロー計算書という。活動区分は営業活動・投資活動・財務活動の3つに分けられる。資金の流れとは企業の資金繰りを表すもので，企業の経営活動を測る上で大きな指標となる。

①営業活動

　販売などの営業活動によって生じたキャッシュの増減を記載する。

　売上・仕入による現金の収支，現金で支払った人件費や諸経費の記録など。

②投資活動

　企業資金の投資活動状況を記載する。

　建物・土地等の固定資産の売却や，有価証券の取得や売却など。

③財務活動

　企業の債務返済能力や配当支払い能力について記載する。

　株式・社債の発行，自己株式の取得，社債の償還，資金調達のための借入金およびその返済など。

　キャッシュフローでは，流動性のある資金の流れに注目する。たとえば現金や現金と同等の預貯金などの状況を示している。資金調達の環境が変化したときに，適切に対応できる状況にあるかを判断する上で重要な要素といえる。

・キャッシュフローの増加要因となる例

　短期や長期の借入金の増加は，資金の増加を示す。

　製品在庫などの棚卸資産の減少は，在庫が現金化されたことを示す。

・キャッシュフローの減少要因となる例

　器具や備品などを購入したことによる増加は，現金の減少を示す。

　売掛金などの売上債権の増加は，その分の現金の減少を示す。

（5）損益分岐点分析（BEP：Break-Even Point Analysis）

　管理会計において，経営者の意思決定や組織内部の業績評価のために，会計情報を提供する分析方法として損益分岐点分析がある。

　損益分岐点とは，利益と損失が同じ金額になる点をいい，目標売上高や利益の算出に用いる。損益分岐点分析では次の項目が用いられる。

・売上高：商品の総売上高。

・変動費：原材料費や人件費など，製品の売り上げごとにかかる費用をいい，売上高に比例して増加する。

・固定費：土地代金や広告費など，売上にかかわらずかかる費用をいう。

・総費用：変動費と固定費の総額を表す。

▶資金繰り

会社を経営するために，会社に入るお金と出るお金を管理すること。

■損益分岐点分析の見方

①売上が発生すると売上高が増加するとともに，変動費も増加する。

　　　売上高＝販売価格×販売数量

　　　変動費(売上原価)＝販売数量×原価

②固定費は売上にかかわらず一定にかかることから，初期段階では損失になる。

　　　総費用＝変動費(売上原価)＋固定費

③売上高が総費用と交わったときが，損失から利益に分かれる点を示し，これを損益分岐点という。

▶売上高

販売量のこと。損益分岐点を求めるための売上規模を表す。

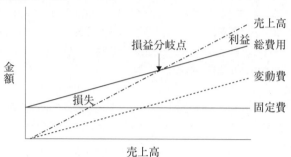

■損益分岐点を求める計算式

損益分岐点は次の式を用いて計算する。

▶変動比率

変動費率ともいう。

変動比率＝変動費÷売上高　　　売上高に対する変動費の割合を示す。

限界利益率＝1−変動比率　　　売上高に対する利益の割合を示す。

損益分岐点＝固定費÷限界利益率　固定費を利益率で割り，損益分岐点を求める。

＜計算例①＞

次の資料により損益分岐点を求める。

〔損益計算資料〕　　　単位：百万円

売上高	500
材料費(変動費)	200
外注費(変動費)	100
製造固定費	100
総利益	100
販売固定費	80
利益	20

売上高は　500

固定費は　100＋80＝180

変動費は　200＋100＝300

限界利益率は　1−300÷500＝0.4

損益分岐点を計算する。

　　180÷0.4＝450(百万円)

＜計算例②＞

次の資料により目標利益18(百万円)を達成するのに必要な売上高を計算する。

　　売上高が100(百万円)

　　変動費が60(百万円)

　　固定費が30(百万円)

損益分岐点の計算式を応用して目標利益を計算する。

　　限界利益率　1−60÷100＝0.4

　　目標売上高　(固定費＋目標利益)÷限界利益率＝120 百万円

　　　　　　　　(30＋18)÷0.4

(6) 経営分析の指標

①収益性を測る指標

・総資本に対して適性な収益を上げているかを評価する指標。

　総資本経常利益率＝経常利益÷総資本×100

・売上高に対して適正な利益を上げているかを評価する指標。

　　売上高経常利益率＝経常利益÷売上高×100　（高いほどよい）

　　売上高営業利益率＝営業利益÷売上高×100　（高いほどよい）

②資本運用の効率性を測る指標

・企業が資産（資本）を効率的に活用して，売上高や利益を実現したかを評価する指標。同業他社と比較して分析する。

　　総資本回転率＝売上高÷総資本×100　（回転率が高いほど良い）

・商品が効率よく販売されているかを評価する指標。

　　棚卸資産回転率＝売上高（売上原価）÷棚卸高×100

　　　　　　　　　　　　　　　　（回転率が高いほど良い）

③短期的な支払い能力を測る指標

・企業の支払い能力を評価する指標。

　　流動比率＝流動資産÷流動負債×100（200％以上が望ましい）

・短期の負債に対する企業の返済能力を評価する指標。

　　当座比率＝当座資産÷流動負債×100（100％以上が望ましい）

④長期的な支払い能力を測る指標

・固定資産がどの程度自己資本でまかなわれているかを評価する指標。

　　固定比率＝固定資産÷自己資本（株主資本）×100（低いほど望ましい）

⑤資本の安全性を測る指標

・総資本に対する自己資本の割合を評価する指標。

　　自己資本比率＝自己資本÷総資本×100　（大きいほど望ましい）

⑥費用対効果を測る指標

・投資した金額に対して売上げた金額により費用対効果の割合を評価する指標

　　投資利益率＝利益金額（粗利益）÷投資金額×100（大きいほど望ましい）

▶経常利益
＝営業利益＋営業外利益－営業外費用

▶営業利益
＝売上総利益－販売費及び一般管理費

▶ ROE（Return On Equity）
自己資本利益率：自己資本に対して，どれだけの利益を生み出したかを表す指標。

▶ ROA（Return On Assets）
総資産利益率：企業が所有している資産全体の収益性を表す指標。

▶ ROI（Return On Investment）
投下資本利益率：企業が，どれだけ資本コストを上回る利益を生み出したかを表す指標。

▶総資本
＝自己資本＋他人資本

▶自己資本（純資産）
＝法定準備金＋任意積立金＋未処分利益

▶他人資本
＝負債＋固定負債

▶安全性の指標
「自己資本比率」のほかに「固定比率」，「流動比率」，「当座比率」の３つの指標がある。

・練習問題・

● 1　次の当期末損益計算資料から求められる経常利益は何百万円か。　　　　　　　　　　　　　　（R3 IP）

	単位　百万円
売上高	3,000
売上原価	1,500
販売費及び一般管理費	500
営業外費用	15
特別損失	300
法人税	300

ア　385　　　イ　685

ウ　985　　　エ　1,000

● 2　ある商品を表の条件で販売したとき，損益分岐点売上高は何円か。　　（H30 秋 IP）

ア　150,000

イ　200,000

ウ　250,000

エ　300,000

販売価格	300 円/個
変動費	100 円/個
固定費	100,000 円

1. 企業の経営理念を策定する意義として，最も適切なものはどれか。　　　　　　　　(R1 秋 IP)

    ア　企業の経営戦略を実現するための行動計画を具体的に示すことができる。

    イ　企業の経営目標を実現するためのシナリオを明確にすることができる。

    ウ　企業の存在理由や価値観を明確にすることができる。

    エ　企業の到達したい将来像を示すことができる。

2. IT の活用によって，個人の学習履歴を蓄積，解析し，学習者一人一人の学習進行度や理解度に応じて最適なコンテンツを提供することによって，学習の効率と効果を高める仕組みとして，最も適切なものはどれか。　　　　　　　　(R4 春 IP)

    ア　アダプティブラーニング　　　イ　タレントマネジメント

    ウ　ディープラーニング　　　　　エ　ナレッジマネジメント

3. ビジネスに関わるあらゆる情報を蓄積し，その情報を経営者や社員が自ら分析し，分析結果を経営や事業推進に役立てるといった概念はどれか。　　　　　　　　(H27 春 IP)

    ア　BI　　　イ　BPR　　　ウ　EA　　　エ　SOA

4. X 社では，現在開発中である新商品 Y の発売が遅れる可能性と，遅れた場合における今後の業績に与える影響の大きさについて，分析と評価を行った。この取組みに該当するものとして，適切なものはどれか。　　　　　　　　(H30 秋 IP)

    ア　ABC 分析　　　　　　　イ　SWOT 分析

    ウ　環境アセスメント　　　エ　リスクアセスメント

5. 同一難易度の複数のプログラムから成るソフトウェアのテスト工程での品質管理において，各プログラムの単位ステップ数当たりのバグ数をグラフ化し，上限・下限の限界線を超えるものを異常なプログラムとして検出したい。作成する図として，最も適切なものはどれか。　　　　　　　　(R3 春 IP)

    ア　管理図　　　イ　特性要因図　　　ウ　パレート図　　　エ　レーダチャート

6. あるオンラインサービスでは，新たに作成したデザインと従来のデザインの Web サイトを実験的に並行稼働し，どちらの Web サイトの利用者がより有料サービスの申込みに至りやすいかを比較，検証した。このとき用いた手法として，最も適切なものはどれか。　　　　　　　　(R4 春 IP)

    ア　A/B テスト　　　　イ　ABC 分析

    ウ　クラスタ分析　　　エ　リグレッションテスト

7. 親会社が，子会社を含めた企業集団の一会計期間の収益と費用の状態を示した連結財務諸表はどれか。

(H25 秋 IP)

　ア　連結株主資本等変動計算書　　イ　連結キャッシュフロー計算書
　ウ　連結損益計算書　　　　　　　エ　連結貸借対照表

8. 企業の収益性分析を行う指標の一つに，"利益÷資本"で求められる資本利益率がある。資本利益率は，売上高利益率（利益÷売上高）と資本回転率（売上高÷資本）に分解して求め，それぞれの要素で分析することもできる。ここで，資本利益率が 4％である企業の資本回転率が 2.0 回のとき，売上高利益率は何％か。

(H31 春 IP)

　ア　0.08　　　イ　0.5　　　ウ　2.0　　　エ　8.0

9. X 社の販売部門における期末時点の売掛金の回収状況が表のとおりであるとき，回収期限を過ぎた売掛金に対する長期債権額の比率は何 % か。ここで，入金遅延が 61 日以上のものを長期債権とする。

(H24 秋 IP)

単位　百万円

	入金済	入金遅延 1〜30日以内	入金遅延 31〜60日	入金遅延 61日以上
A 販売部	180	5	5	10
B 販売部	290	5	5	0
C 販売部	70	20	10	0
D 販売部	180	10	0	10

　ア　2.5
　イ　2.8
　ウ　10
　エ　25

10. 在庫回転率は資本の効率を分析する指標の一つであり，その数値が高いほど，商品の仕入れから実際の販売までの期間が短く，在庫管理が効率よく行われていることを示している。在庫回転率の算出式として，適切なものはどれか。

(H28 秋 IP)

　ア　（期首在庫高＋期末在庫高）÷ 2
　イ　売上高÷総資産
　ウ　売上高÷平均在庫高
　エ　平均在庫高÷売上高

11. 営業利益を求める計算式はどれか。

(R4 春 IP)

　ア　（売上高）−（売上原価）
　イ　（売上総利益）−（販売費及び一般管理費）
　ウ　（経常利益）＋（特別利益）−（特別損失）
　エ　（税引前当期純利益）−（法人税，住民税及び事業税）

12. 次の計算式で算出される財務指標はどれか。

(H30 秋 IP)

$$\frac{当期純利益}{自己資本} \times 100$$

　ア　ROA　　イ　ROE　　ウ　自己資本比率　　エ　当座比率

1.　著作権法

小説などの知的創作物とその著作者を保護する権利を著作権という。著作権は著作物が創作された時点で発生し，権利の発生のための申請や登録の手続きを必要としない。著作権の保護期間は著作者の死後 70 年であり，著作者が不明の場合は，著作物が創作されてから 50 年である。

▶著作権の種類
複製権　著作物を複製する権利。
公表権　著作物を公表する際に，どのように公表するかを決める権利。
氏名表示権　実名・ペンネームなどを公表する権利。
同一性保持権　著作物の内容を無断で変更されない権利。

①著作権の対象例

機能を実現するために必要なソフトウェアとして作成されたプログラムやデータベースなどが著作権の対象となる。

②合法な行為

・購入した CD の楽曲を自分の PC にコピーし，PC で毎日聴く行為。
・著作物を作成するために用いるプログラム言語や規約は，著作権法による保護の対象外である。
・自分の持っているコンピュータに合わせるなどの目的で，改良を加えること。
・ソフトウェア販売店で購入したマルチメディアの素材集（画像データやイラストなど）を，自社の Web ページ作成時に使用許諾書の範囲内で利用する。
・購入ソフトをデータのバックアップなどの私的利用の範囲で複製する。
・車の販売台数を説明するために，通商白書の統計データをそのまま使って図表化し，Web ページに活用する。

③違法な行為

▶楽曲や映像のダウンロード
2012 年 10 月から，違法にアップロードされた楽曲や映像を，違法なものと知りながらダウンロードすることも違法な行為になった。

・購入した CD の楽曲を自分の Web ページからダウンロードできるようにする。
・自社製品に関する記事が掲載された雑誌のコピーを顧客に配布する。
・録画したテレビドラマを動画共有サイトにアップロードする。
・他人の著作物をあるテーマに基づいて収集し公開する。
・使用許諾を受けている購入プログラムを，著作者に無断でコピーし，子会社に使用させた。
・営利を目的としない学校やその他の教育機関において，ソフトウェアの複製を作成する。
・雑誌のグラビアをイメージスキャナで取り込み，Web ページに掲載する。

▶法律により保護される期間
特許法（出願から 20 年）
実用新案法（出願から 10 年）
意匠法（登録から 20 年）
商標法（登録から 10 年）
著作権（死後 70 年）

④委託業務における著作権

・請負の場合は発注先に，派遣の場合は派遣先に著作権が発生する。

2.　産業財産権関連法規

（1）特許権（特許法）

新しい技術を使って発明したものを独占的に使用し，他の人が容易にまねできないように保護する権利を**特許権**という。保護期限は出願から 20 年。

▶ビジネスモデル特許
ビジネスの方法を，IT を利用して実現する装置・方法の発明に対して与えられる特許。

■特許権の対象例

・機能を実現するために考え出された独創的な発明。
・コンピュータを活用して構築した新しい**ビジネスモデル**の特許。

（2）意匠権（意匠法）

物品のデザインを保護し，独占的に使用できる権利のことを**意匠権**という。意匠権の存続期間は登録の日から20年。

■意匠権の対象例

・新製品の形状，模様，色彩など，斬新な発想で創作されたデザインなど。
・悪意がない無関係な人が創作し，デザインがたまたますでに知られているデザインに似ていた場合でも違法となる。

（3）商標権（商標法）

自社の商品やサービスを，他社と区別するために使用するマーク（商標）を独占的に使用する権利を**商標権**という。

■商標権の対象例

・商品についてはトレードマーク。
・サービス（役務）を表示するものはサービスマーク。役務商標とも呼ばれる。

（4）実用新案権（実用新案法）

物品の形状や構造またはその組み合わせにかかわる産業上利用可能な考案を保護する権利を**実用新案権**という。実用新案権の審査は行われず，原則として出願すれば権利が発生する。実用新案権の存続期間は出願の日から10年である。

3. 不正競争防止法

事業者間の公正な競争を確保するため，不正競争の防止を目的とした法律を**不正競争防止法**という。不正な手段による営業上の競争に対して，違反行為の差し止めと損害賠償請求権を認めている。

①不正競争防止法に違反する行為の例
・著名人の氏名を使用する行為。
・商号や商標など類似したものを，自社の商品として使用する行為。
・営業秘密や製造技術，顧客情報などを不正な手段を使って取得する行為。
・本物と類似した商品を販売する行為。
・商品の原産地などについて虚偽の表示をする行為。
・競争相手が不利益になるような虚偽の情報などを流す行為。
・限定提供データの保有者から正当に示された限定提供データを不正に使用・開示する行為。

②不正競争防止法の営業秘密に該当する例
・秘密保持契約を締結した下請業者に対し，部外秘と表示して開示したシステム設計書。
・秘密として管理している事業活動用の非公開の顧客名簿。
・秘密として管理している事業活動に有用な技術上または営業上の情報。

③不正競争防止法に違反しない例
・インターネットに公開している技術情報。
・自社に関する不正取引の記録。

▶**その他の権利**
パブリシティ権
肖像権や人格権など，人にそなわっている経済的な価値を保護する権利。

▶**医療関連サービスマーク**

▶**営業秘密**
企業が経営を行う上で機密としている情報。

▶**限定提供データ**
商品として広く提供されるデータや，組織内で共有されるデータ，事業者が取引を通じて第三者に提供する情報など。

▶使用許諾契約
ソフトウェアの開発者など，所有
権を持つ人が，第三者にその使用
を許諾する際に結ぶ契約のこと。

▶シェアウェア
定められた無料使用期間後，継続
して使用する場合に金銭を支払う
ソフトウェア。

▶フリーウェア
ライセンスに従って，利用できる
無償のソフトウェア。

▶パブリックドメインソフトウェア
金銭的な諸権利は放棄していない
が，著作権を放棄したソフトウェ
ア。

4．ソフトウェアライセンス

　著作権の対象となるソフトウェアの**使用許諾権**を**ソフトウェアライセンス**と
いい，ソフトウェアの利用を開始する前に必ず利用者の同意が求められる。通
常の場合，1ライセンス1ユーザまたは1台のパソコンで利用可能である。

（1）ソフトウェアライセンスの条件

　一般的にソフトウェアライセンスは，次のような事項について定めている。
　・ソフトウェアを利用できる人数（ないしコンピュータの台数）。
　・ソフトウェアの利用可能期間。
　・特定の利用方法以外の禁止行為。

（2）サイトライセンス

　企業や学校などの組織単位で契約する形態を**サイトライセンス**という。コン
ピュータの台数や利用者数の制限をあらかじめ定めた契約で，通常の契約より
割安になる。また，メンテナンスやヴァージョンアップ等の作業も容易になる。

（3）GPL（The GNU General Public License）

　著作権を保持したままソースコードを公開し，利用者が著作物を利用・再配
布・改変することを自由に認めたソフトウェアライセンスの形態をいう。
　GNU（グヌー）とはソフトウェア環境を全てフリーソフトウェアで広めることを目標
としたプロジェクトをいい，利用者の再配布や改変の自由を保障している。

（4）OSS（Open Source Software）：オープンソースソフトウェア

　ソフトウェアのソースコードを，インターネットなどを通じて無償で公開し
利用者がそのソフトウェアの改良，再配布が行えるソフトウェアのこと。

（5）ボリュームライセンス契約

　企業などソフトウェアの大量購入者向けに，マスタを提供しインストールの
許諾数をあらかじめ決める契約。

（6）CAL（Client Access License）

　クライアントサーバシステムにおいて，サーバの提供するサービスへアクセ
スする権利をユーザへ付与するライセンスのこと。サーバの機能を同時に利用
したいクライアントの数だけ購入し，設定する必要があり，必要がないクライ
アントのアクセス権を他者へ譲渡することもできる。

（7）アクティベーション

　違法コピーソフトウェアの使用を防止する目的で，ソフトウェアの利用開始
に当たり，ユーザ登録を行うことでライセンスを有効化する手続き。

（8）サブスクリプション

　ソフトウェアの使用権を借り受けて，利用期間に応じた使用料を支払う仕組
み。

5. その他の権利

法律によって明文化されてはいないが，裁判の判例によって認められている権利に次のようなものがある。

(1) 肖像権

私生活上の容姿を無断で撮影されることや，撮影された写真を勝手に公表されることから守られる人権のこと。

人格権：有名人に限らず誰にでも保護が認められる肖像の権利。

財産権：有名人の肖像が商品を販売する際に吸引力となることから財産として認められた権利。

(2) パブリシティ権

有名人が，自分の名前や肖像などを，第三者に専属的に使用させることで対価を得る権利のこと。

経済的に価値が高いと判断される人の名前や肖像は，パブリシティ権という権利によって保護される。

◉ 5-2-2 ● セキュリティ関連法規

情報ネットワーク上で，危険な行為からシステムを保護することをセキュリティといい，不正な行為を法律で規制している。

1. サイバーセキュリティ基本法

サイバー攻撃対策に関する基本理念，国や地方公共団体の責務，サイバーセキュリティ戦略の策定・施策の基本となる事項を定めた法律のこと。

2. 不正アクセス禁止法

インターネットなどのネットワーク通信において，不正行為とそれを助長する行為を禁止する法律を不正アクセス禁止法という。

■不正アクセス禁止法が定める禁止行為

・他人の ID やパスワードを無断で使用する行為。

・不正なプログラムやデータによってコンピュータシステム内に侵入する行為。

3. 個人情報保護法（個人情報の保護に関する法律）

個人の権利や利益を保護する目的で，民間事業者が個人情報を取り扱う際に定められた法律を，個人情報保護法という。2017 年に改正され従来，個人情報取扱事業者の対象外とされていた 5,000 人以下の取り扱い事業者にも取扱義務が適用されることになった。

ただし，中小規模事業者についてはガイドラインで緩和された安全管理措置が適応される予定である。

■個人情報保護法で禁止している事項

・不正な手段によって個人情報を取得する行為。

・本人の同意がない個人情報を，目的以外に利用する行為。

・個人情報を含む名簿を，無断で名簿業者などに販売する行為。

・「収集の目的」「利用方法」を明記していないアンケートなど。

■個人情報に対する安全管理措置
・組織的安全管理：事故発生時の連絡体制や発生への対処の整備。
・人的安全管理：安全管理にかかわる従業員の役割, 責任についての教育訓練の実施。
・物理的安全管理：情報システム室のICカードなどによる入退室管理の実施。
・技術的安全管理：アクセス制御やシステム記録の監視の実施。

(1) 個人情報保護委員会

個人情報(マイナンバー(個人番号)を含む)の適正な取り扱いを確保するために設置された機関。次のような業務を行っている。

・指導・助言に関すること。
　　行政機関や事業者等, 特定個人情報の取扱者に対して, 必要な指導・助言や報告徴収・立入検査を行い, 法令違反があった場合には勧告・命令等を行う。

・苦情あっせん等に関すること。
　　特定個人情報の取り扱い等に関する苦情のあっせん相談窓口を設置して相談を受け付けている他, 個人情報保護法に関する問い合わせ窓口も設置している。

・特定個人情報保護評価に関すること。
　　マイナンバー(個人番号)を利用する行政機関等が, 総合的なリスク対策を自ら評価し公表しなければならない。その評価を行う際の内容や手続きを定めた指針の作成等を行う。

・個人情報の保護に関する基本方針の策定・推進。
　　個人情報保護法に基づく「個人情報の保護に関する基本方針」の策定等を行い, 官民の個人情報の保護に関する取り組みを推進する。

・国際協力。
　　個人情報の保護に関して, 海外の関係機関と情報交換を行い, 協力関係の構築に努めている。

・広報・啓発。
　　個人情報の保護および適正かつ効果的な活用について, 広報・啓発活動を行う。

・国会への報告や必要な調査・研究等を実施する。

(2) 個人識別符号

身体の特徴のいずれかを電子計算機の認証などに用いるため変換した, 文字, 番号, 記号その他の符号で, 特定の個人を識別することが可能であり, 個人情報保護委員会規則で定める基準に適合したものをいう。

・DNAを構成する塩基の配列
・顔の骨格および皮膚の色, 目・鼻・口その他の部位の位置および形状
・虹彩の表面の起伏の線状の模様
・発声の際の声帯の振動, 声門の開閉ならびに声道の形状およびその変化
・歩行の際の姿勢および両腕の動作, 歩幅その他の歩行の態様
・手のひらや指の皮下の静脈の分岐や端点によって定まるその静脈の形状
・指紋または掌紋

（3）要配慮個人情報

「要配慮個人情報」には，本人の人種，信条，社会的身分，病歴，犯罪の経歴，犯罪により被害を受けた事実等が該当し，あらかじめ本人の同意を得ないで取得することが禁止される。

（4）匿名加工情報

個人情報を加工し，復元できないようにした情報のこと。加工方法を定めている。匿名加工情報は，一定のルールの下で，本人同意を得ることなく，事業者間におけるデータ取引やデータ連携に利用することができる。パーソナルデータの利活用を促進することを目的に，個人情報保護法の改正により新たに導入された。

（5）メール配信や個人情報の提供

事前了解を得た利用者のみにメールマガジンの配信等を行うことを**オプトイン**，利用者が反対の意思を示さない限り，メールの配信や情報の提供に同意したとみなすことを**オプトアウト**という。

個人情報の第三者提供については，本人が同意した場合のみ保有する個人データをその事業者以外の者に提供することが許される。

（6）マイナンバー法

マイナンバーとは，2015 年に住民票を持つ国民一人一人に付与された 12 ケタの番号で，利便性や効率化の目的で導入された。

①行政の効率化：国の行政機関や地方公共団体などが連携して効率化を図る。
②生活の利便性の向上：添付書類の削減など，行政手続きを簡素化する。
③公平公正な社会の実現：社会保障費の不正受給，税の不正未納などの防止。

4．パーソナルデータの保護に関する国際的な動向
（1）EU 一般データ保護規則（GDPR：General Data Protection Regulation）

GDPR では，個人情報の保護という基本的人権の確保を目的として，欧州経済領域（EEA）域内で取得した，氏名やメールアドレス，クレジットカード番号などの個人データを EEA 域外に移転することを原則禁止している。

■基本的人権に配慮した権利や情報

消去権	個人情報の管理者に対して，自己に関する個人データをすみやかに消去させる権利のこと。忘れられる権利ともいう。
仮名化 （かめいか）	個人を特定できるような情報を，他の情報に置き換えることで，個人を識別できないように**仮名化**した情報のこと。
匿名化 （とくめいか）	個人を特定できるような情報を，個人と結びつけることのできない**匿名**化されたデータに変更した情報のこと。安全で価値のあるサービスの提供が可能になる。

5. その他の情報セキュリティ関連法規

情報セキュリティに関連する各種法律の概要は次のように示されている。

（1）特定電子メール法「特定電子メールの送信の適正化等に関する法律」

「特定電子メール」とは「営利を目的とする団体及び営業を営む場合における個人が，自己又は他人の営業につき広告又は宣伝を自己又は他人の営業につき広告又は宣伝を行うための手段として送信をする電子メール」をいう。直接的な売り込みでなくとも，メール内に広告や宣伝目的のホームページなどに誘導するようなケースも特定電子メールに該当するとして規制している。

（2）プロバイダ責任制限法

プロバイダは，ネット上に人の名誉や著作権を侵害する情報があることを知ることができたのに，防止可能な措置をしなかった場合は損害賠償の責任を負うことを定義している。

（3）不正指令電磁的記録に関する罪（ウイルス作成罪）

情報処理の高度化等に対処するため，コンピュータウイルスの作成，提供，供用，取得，保管行為が罰せられる。

6. 各種の基準・ガイドライン
（1）コンピュータウイルス対策基準

経済産業省より出されたコンピュータウイルスに対しての予防，発見，駆除，復旧などの対策基準のこと。ユーザ，情報システム管理者，ネットワーク事業者などが取るべき役割を示している。

（2）コンピュータ不正アクセス対策基準

経済産業省では，「コンピュータ不正アクセスによる被害の予防，発見及び復旧並びに拡大及び再発防止」について，企業等の組織および個人が実行すべき対策をとりまとめている。

■パスワードおよびユーザID管理
・ユーザIDは，同じIDを複数のシステムユーザで利用せずに，パスワードを必ず設定する。
・他人のパスワードを知った場合は，速やかにシステム管理者に通知する。

■情報管理
・重要な情報は，パスワード，暗号化等の対策を図る。
・ファイルのバックアップを随時行い，安全な場所に保管する。

■コンピュータ管理
・コンピュータ，通信機器およびソフトウェアの導入，更新，撤去等を行う場合は，システム管理者の指導の下で行う。
・コンピュータを管理するために与えられた最上位の権限によるコンピュータの利用は，必要最小限にする。

■事後対応
・システムの異常や不正アクセスを発見した場合は，速やかにシステム管理者に連絡し，指示に従う。

・練習問題・

● 1　次の産業財産権について，説明文に適した法律名を解答群から選び，記号で答えなさい。

1　会社のトレードマークや商品のマークなどを保護する権利

2　高度な技術の発明等を保護する権利

3　物品の一部の改良等，小規模の発明を保護する権利

4　物品のデザインなどを不当な利用から保護する権利

　　ア　商標権　　イ　実用新案権　　ウ　意匠権　　エ　特許権

● 2　二つのまったく同じ発明が同時に出願された場合，日本の特許法においてどちらが優先的に取り扱われるか。

　　ア　公平を重視して抽選によって選ばれる

　　イ　過去において関連する特許の出願実績が最も多い者

　　ウ　その分野において過去の発明に最も関連深い者

　　エ　他の者より先に出願した者

● 3　次の中で，著作権法の保護の対象から除外されるものはどれか。

　　ア　データベースの設計書

　　イ　COBOL・Java のプログラム言語

　　ウ　雑誌の付録や Web 上で公開されたフリーソフトウェア

　　エ　ユーザ向けに作成された操作マニュアル

● 4　ソフトウェアパッケージのライセンス契約形態において，特定の企業や団体などにある複数のコンピュータでの使用を一括して認める契約形態はどれか。

　　ア　ボリュームライセンス　　イ　GPL　　ウ　サイトライセンス　　エ　OSS

● 5　不正アクセス禁止法において，不正アクセスと呼ばれている行為はどれか。　　(H14 春 FE)

　　ア　違法なわいせつ画像を掲載しているホームページにアクセスする。

　　イ　共有サーバにアクセスし，ソフトウェアパッケージの違法コピーを行う。

　　ウ　他人のパスワードを使って，権限なしにインターネット経由でコンピュータにアクセスする。

　　エ　他人を中傷する文章をインターネット上に掲載し，アクセスを可能にする。

(3) システム管理基準

　経済産業省が策定した基準で，情報戦略を立案し，効果的な情報システムへの投資と，リスクを低減するためのコントロールを，適切に整備・運用するための事項をとりまとめたもの。

(4) サイバーセキュリティ経営ガイドライン

　経営者が対策を進める3原則を次のように示している。

①経営者は，サイバーセキュリティのリスクに備えて，率先して対策と投資を進めることが必要である。

②自社だけではなく，顧客や取引先のビジネスパートナーも含めて，生産や販売の流れ(サプライチェーン)の各ステップに対するセキュリティ対策が必要である。

③平常時や緊急時のいずれにおいても，サイバーセキュリティのリスクに対処するために関係する情報を共有するなど，関係者とのコミュニケーションが必要である。

▶パスワード
①パスワードは英数字，記号含めて 10 文字以上にする。
②名前，電話番号，誕生日，簡単な英単語などはパスワードに使わない。
③同じ ID・パスワードをいろいろなウェブサービスで使い回さない。
▶共有設定
①クラウドサービスの共有範囲を限定する。
②ネットワーク接続の複合機やカメラ，ハードディスク(NAS)などの共有範囲を限定する。
③従業員の異動や退職時に設定の変更(削除)漏れがないように注意する。
▶情報収集
IPA などのセキュリティ専門機関のウェブサイトやメールマガジンで最新の脅威や攻撃の手口を知る。利用中のインターネットバンキングやクラウドサービスなどが提供する注意喚起を確認する。

(5) 中小企業の情報セキュリティ対策ガイドライン

中小企業が取るべき情報セキュリティ対策について次のように示している。
① OS やソフトウェアは常に修正プログラムを適用し最新の状態にする。
②ウイルス対策ソフトの導入・定義ファイルの自動更新。
③パスワードの強化。

(6) 情報セキュリティ管理基準

経済産業省が「組織が情報セキュリティマネジメント体制を構築し，整備・運用するための規範」として策定された基準。マネジメントサイクル構築の出発点から具体的な管理策に至るまで，包括的な適用範囲を有する基準を定めている。

①**マネジメント基準**：組織の役割と責任，方針の確立，リスクアセスメント，セキュリティマネジメントの運用とレビューなど，情報セキュリティマネジメントの計画，実行，点検，処置に必要な実施事項を定めている。

②**管理策基準**：組織，人，アクセス制御，暗号，物理的および環境的セキュリティ，運用，通信，システム，供給者，BCP，法令順守など情報セキュリティマネジメントの確立段階において管理策を選択する際の選択肢を示している。

それぞれの事項は管理目的と管理策で構成される。

■サイバーセキュリティ経営の重要 10 項目
1. リスクの認識，組織全体での対応方針の策定
2. リスク管理体制の構築
3. 対策のための予算，人材等の確保
4. リスクの把握と対応に関する計画の策定
5. リスクに対応するための仕組みの構築
6. 対策における PDCA サイクルの実施
7. インシデント発生時の緊急対応体制の整備
8. インシデントによる被害に備えた復旧体制の整備
9. サプライチェーン全体の対策および状況把握
10. 攻撃情報の入手とその有効活用および提供

(7) サイバー・フィジカル・セキュリティ対策フレームワーク

サイバー空間(仮想現実)とフィジカル空間(現実世界)の両方が互いに影響を与えるシステムにおける，セキュリティ対策に必要となる方針，理念，取り組みを体系的にまとめたもの。

企業のサプライチェーン(調達→生産→物流→販売)全体でのセキュリティ対策が重要であり，マネジメントの信頼性や取り扱いデータの信頼性を高めることを目的に整備された。

1. 労働関連法規

憲法によって規定されている基本的人権と勤労の権利を，具体的に実現する法律として**労働基準法**が定められている。労働条件は，使用者と労働者が対等な立場で決定し，**就業規則**や**労働契約**が文書として作成される。労働者は国籍・心情・社会的身分・性別において，労働条件や賃金等の差別を受けることがない。

（1）労働協約

労働組合に加入している労働者が，使用者との間で労働条件を取り決め，互いが誠実に義務を実行するために作成される協約を**労働協約**という。

（2）就業規則

労働者の労働時間（就業時間）や賃金，職場の規律などを細かに定めた規則を**就業規則**という。労働基準法では，使用者と労働者の代表が話し合い，就業規則を定め，**労働基準監督署**に届けることを義務づけている。

（3）労働契約

使用者が，労働者の労働力に対する対価として支払う賃金について定めた契約を**労働契約**といい，**労働契約法**によって基本的なルールが定められている。原則として，労働条件は就業規則によって定められているが，使用者と労働者の間で合意された場合は，法令や労働協約に反していないことを条件に，就業規則と異なる労働条件を許可することができる。

> **例）**時間外および休日の労働を認めるための規定（条件）
> ・労使の協定（就業規則や雇用契約書）で時間外労働の範囲を決めて，行政官庁に届け出ていること。
> ・業務上の必然性があると認められること。
> ・時間外労働の上限時間内であること。
> ・最低賃金・残業賃金について明記してあること。

①フレックスタイム制

労働者が，出勤・退社の時間を一定の定められた時間帯の中で決定することができる変形労働時間制のこと。

②裁量労働制

デザイナーや記事の編集者のように，業務の具体的な内容や出勤・退社の時間を従業員が決定し，労使協定によって実際の労働時間に関係なく働いたものとする労働制度のこと。

（4）守秘義務

労働者は職務上知り得た会社の秘密を守ることが義務づけられており，これを**守秘義務**という。守秘義務の対象となる事項は職務によって異なり，原則として法令や**守秘義務契約**によって定められる。

> 例）・企業が秘密に管理している生産方法や技術，販売方法や事業活動に有益な営業情報など。
> ・反社会的な不正取引の記録や，インターネット上に公開されている情報などは営業上の秘密とはいえない。

(5) 労働者派遣

　労働者派遣法は「労働者派遣事業の適正な運営の確保及び派遣労働者の就業条件の整備等に関する法律」といい，労働者保護の観点から，労働者の労働条件や雇用の保障，福利厚生等について規定している。

2. 労働者派遣事業法

　労働者派遣事業法に基づく，派遣先企業と労働者との関係を示すと次のようになる。

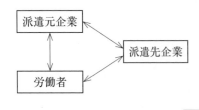

・派遣元企業と労働者　　　雇用関係（労働者派遣契約関係）
・派遣元企業と派遣先企業　労働者派遣契約関係
・労働者と派遣先企業　　　指揮命令関係

> 例）A社（派遣先企業）がB社（派遣元企業）と派遣契約を結び，派遣社員に業務参加してもらった場合，次のような指示系統になる。
> ・A社は，派遣社員に誤りがあった場合，派遣社員に注意する権利がある。
> ・派遣契約では，労働者の就労に関して，A社の指揮命令系統に従う。
> ・B社は，派遣社員の氏名及び作業日をA社に報告する義務がある。
> ・派遣社員の勤務時間・出退勤時刻などの労働時間はB社が指示する。

(1) 労働者派遣事業

　労働者派遣事業には，一般労働者派遣事業と特定労働者派遣事業がある。

①一般労働者派遣事業

　労働者は事業会社に自分の希望する職種を登録し，該当する仕事を紹介され，派遣先で仕事をする。登録型派遣とも呼ばれ，事業者は厚生労働省の認可を受ける他に，一定の認可基準を満たすことが規定されている。

②特定労働者派遣事業

　労働者が事業者に，常時雇用される雇用形態をとる事業をいう。事業者は厚生労働省の認可を受けることが規定されている。

(2) 契約類型

①雇用契約

　労働契約や就業規則にそった一般的な雇用形態。労働者は，労働保険や社会保険の加入や有給休暇の取得，使用者からの一方的な解雇の禁止など，労働法上の保護を受ける。

②委任契約

　一定の行為を行う事に対して責任を負う形態。善管注意義務さえ果たしていれば，その結果として委託者の意にそわないことがあっても責任は問われない。

③準委任契約

　仕事を完成させる義務を負わない形態。受注者が約束した時間だけ労働に従事する契約。

▶善管注意義務
「善良な管理者の注意義務」
業務委託契約のようなビジネス上の契約。

④請負契約

仕事の完成という結果に対して責任を負う形態。ミスがあった場合，やり直しや損害賠償の責任（瑕疵担保責任）を負う。

⑤寄託契約

ある物を寄託者のために保管することを約束し，その物を受け取ることによって成立する契約。物品の保管契約のこと。

例）A社のシステム開発において，B社へ外部委託した際の契約別の諸例
・派遣契約と請負契約，いずれの場合でも雇用関係は雇用主と交わされ，派遣先との雇用関係はない。
・システム開発の場合，委任契約・請負契約を問わず完成責任はB社が負う。
・派遣契約の場合，B社はシステムの完成責任はない。
・派遣契約の場合，プログラムのミスに対する責任はB社にない。
・契約に定めがない場合，プログラムの著作権はB社にある。

---

3. 取引関連法

（1）特定商取引法

事業者による違法・悪質な勧誘行為等を防止し，消費者の利益を守ることを目的とする法律のこと。消費者とトラブルが生じやすい取引類型を対象に，事業者が守るべきルールと，クーリング・オフ等の消費者を守るルール等を定めたもの。

①販売形態

訪問販売・通信販売・電話勧誘・連鎖販売取引・特定継続的役務提供・業務提供誘引販売取引・訪問購入など。

②行政規制

以下のような規制を定め，違反行為には業務改善の指示や業務停止命令・業務禁止命令の行政処分，罰則の対象としている。
・氏名等（事業者名や勧誘目的）の明示の義務付け
・不当な勧誘行為（価格・支払条件の虚偽説明，脅迫）の禁止
・広告規制（虚偽・誇大な広告の禁止）
・書面交付義務（重要事項の説明，書面の交付）

③民事ルール

・クーリング・オフの規定
・意思表示の取消しの規定
・損害賠償等の額の制限（中途解約の費用を事業者が請求できる額の上限）

（2）独占禁止法

事業者の公正かつ自由な競争を維持・促進し，事業者が自主的な判断で自由に活動できるようにすることで消費者の利益を確保するための法律。故意・過失の有無を問わず，カルテル，私的独占，不公正な取引方法を行った企業に，被害者は損害賠償の請求ができる。（無過失損害賠償責任）

（3）特定デジタルプラットフォームの透明性及び公正性の向上に関する法律

オンラインモールやアプリストアなどの，特定デジタルプラットフォームの提

▶連鎖販売取引
個人の販売員に次の販売員の勧誘をさせる形で，販売組織を連鎖的に拡大していく取引。

▶特定継続的役務提供
長期的なサービスを高額な費用で提供する契約の取引。エステティックサロン，語学教室等。

▶業務提供誘引販売取引
仕事の提供を口実に，商品等の販売で金銭負担を負わせる取引。

▶意思表示の取消しの規定
事業者の故意の不告知の場合，消費者は意思表示を取り消すことができる。

▶独占禁止法
「私的独占の禁止及び公正取引の確保に関する法律」

▶不公正な取引方法
販売価格の強制，不正入札，関連業者への不当な要求等。
https://www.jftc.go.jp/dk/guideline/fukousei.html 公正取引委員会

▶特定デジタルプラットフォームの透明性及び公正性の向上に関する法律（経済産業省）

供者に対して，特定の事業者への優遇や，利用規約を一方的に変更し，同意しない業者を排除するなど，その地位を利用した行為を規制するための法律。ただし，プラットフォーマー自身が，その透明性や公正性の向上のための取り組みを自主的・積極的に行うことを求め，国の関与を最小限にとどめており，以下の内容を求めている。

①取引条件等の情報を開示すること（同法5条）
②特定デジタルプラットフォーム提供者とデジタルプラットフォームに商品情報を掲載する事業者（商品等提供利用者）との間の取引関係における相互理解の促進を図るために必要な措置を講じること（同法7条）
・消費者に対しては，以下の項目を開示しなければならない。
①商品等の検索順位を決定するために用いられる主要な事項の開示
②消費者が商品等を検索・閲覧・購入した際の履歴等のデータが取得・使用される場合，そのデータの内容や取得・使用の条件の開示

（4）下請法（下請代金支払遅延等防止法）

　下請けとは，親会社が業務の一部あるいは全部を別の会社に委託することをいい，これまで物品の製造や修理を対象としていたが，近年では，会計ソフトの開発やソフトウェアのサポート・サービスなどのIT関連の取引にも下請法が適用されるようになった。こうした，他社のサービスを利用することを**外部委託**（アウトソーシング）といい，外部委託契約が結ばれる。その際，ソフトウェアなどの開発委託では，守秘義務や著作権について契約する場合もある。

　下請法は，下請事業者の利益を保護する目的で作られた。親会社は契約に際して，下請事業者の給付の内容，下請代金の額，支払期日および支払方法，その他の事項を記載した書面を下請事業者に交付することが定められている。

> **例）** ソフトウェア開発を下請業者に委託する場合，次のような取り決めを行う。
> ・交通費等の経費を下請代金に含めて支払う場合，交通費の金額が不明なときは，実費負担とする旨を発注書面に記載する。
> ・ユーザ側の事情で下請予定の業務内容の一部が未定の場合，その部分および下請代金は別途取り決める。

　なお，下請業者に委託する業務内容は決まっていても，ユーザ側との契約代金が未定な場合は，下請代金の取決めを行ってから契約しなければならない。

（5）PL法（製造物責任法）

　「製品の欠陥と使用マニュアルの不整備によって消費者の生命，身体及び財産に損害を被ったとき，製造者や販売者の責任を追及する」ための法律として，**PL法（製造物責任法）**がある。この法律は，製造物の欠陥によって被害を受けた場合に損害賠償責任を定めたものである。

> **例）** PL法の摘要範囲としては，パソコンの中古品なども対象となる。

（6）リサイクル法

　資源，廃棄物などの分別回収・再資源化・再利用について定めた法律で，次のような分野で再資源化を進めている。

・容器包装（瓶・缶・包装紙・ペットボトルなど）

- ・家電（エアコンなどの家庭用の使用済み電気製品など）
- ・小型家電（使用済みの携帯電話等，小型家電製品など）
- ・建設（コンクリートや木材など）
- ・食品（食品に関する製造業者・加工業者・販売業者を対象とした食品のゴミなど）
- ・自動車（自動車の製造業者・輸入業者を対象とした解体時の部品など）
- ・PC（使用済みパーソナルコンピュータなど）

（7）金融商品取引法

有価証券の発行や売買などの金融取引を公正なものとし，投資家の保護や経済の円滑化を図るために定められた法律。投資性の強い金融商品に対する投資家保護法制の整備，開示制度の拡充，取引所の自主規制機能の強化，インサイダー取引など不公正取引への厳正な対応などが定められている。金融市場の国際化への対応を目指している。

（8）資金決済法（資金決済に関する法律）

情報通信技術の発達，利用者ニーズの多様化に対応した資金決済システムにおける規制に関する法律。資金決済法は次の3つの領域を示している。

①**前払式支払手段**（サーバ型の前払式支払手段が規制対象に追加）
②**資金移動**（銀行等の免許を必要とせず，登録者が為替取引（1回あたり100万円以下）を行うことができる）
③**資金精算**（銀行間の資金決済の強化・免許制）の導入。

この法律で特に注目されるのが，アプリケーションを利用する際の課金に関する前払式支払手段である。

前払式支払手段とは「利用者が代金を前払いし，商品やサービスの決済に使うもの」で，カタログギフト券，プリペイドカード，仮想通貨などが該当する。

▶**前払式支払手段の定義**
金額や数量が記録され，貯めておける。
ユーザが対価を支払って発行される。
番号・記号等が発行される。
商品やサービスの提供に使われる。

⚫ 5-2-4 ● その他の法律・ガイドライン・情報倫理

1. コンプライアンス（Compliance）

企業倫理に基づき，ルール，マニュアル，チェックシステムなどを整備し，法令や社会規範を遵守した企業活動を行うことを**コンプライアンス**という。また企業活動に対して法令で定められている他に，社会規範として定められているものを**ガイドライン**という。

▶**社会規範を遵守した企業活動**
社会の利益を目的とし，社会的責任を果たしていく上での企業活動のあり方を示すもの。

> **例）ガイドラインの例**
> ・コンピュータウイルス対策についての基準
> ・コンピュータ不正アクセスについての基準
> ・システム管理についての基準
> ・情報セキュリティについての基準

2. 情報倫理

情報を扱う者として守るべき法令や，社会生活を営む上で守らなければならないモラルや倫理的な行動，それらを求める社会的規範として**倫理規定**がある。これらには，技術者としての技術者倫理，職業人としての職業倫理，情報を扱う上での**情報倫理**がある。

▶**情報倫理の例**
・ネットワークを利用する際のマナー（ネチケット）
・知的財産に配慮した行動倫理（違法ダウンロードを行わない）
・個人情報やプライバシーなどに配慮した行動（個人への中傷，情報を公開しない）

(1) プロバイダ責任制限法

　プロバイダは，ネット上に人の名誉や著作権を侵害する情報があることを知ることができたのに，防止可能な措置をしなかった場合は損害賠償の責任を負うことになる。ただし，下記の請求により法律にしたがって対処した場合は，発信者および請求者からの賠償請求の責任を制限されるとしている。

・発信者開示請求：権利侵害をする投稿をした人の個人情報を開示するように求める請求

・送信防止措置請求：名誉毀損といった権利侵害をしている投稿の削除を求める請求

(2) ソーシャルメディアポリシの策定

　企業がソーシャルメディアを使用する際，プライバシーの保護，権利の尊重，技術に対する責任等目的や使用に際しての心構え，発信担当者が守る基本原則などを，一般に明らかにしたものを**ソーシャルメディアガイドライン**という。

(3) 情報倫理に反する行為

・データのねつ造・改ざん・盗用

・メールを別の人に転送を促す内容が書かれた**チェーンメール**の発信

・真実とは異なる偽の情報やニュースである**フェイクニュース**の発信

・人種や出身国，民族や宗教などについて，個人またはその所属する集団に対して攻撃，脅迫，侮辱する発言や言動である**ヘイトスピーチ**の発信

(4) 有害サイトアクセス制限

・フィルタリング：ウェブページなどを一定の基準で評価判別し，有害・不適切なサイトやアプリの利用などを制限できる機能こと。

・ペアレンタルコントロール：子供によるスマートフォンやゲーム機などの利用を，親の判断で制限する取り組みのこと。

・ファクトチェック：社会に影響を与える情報の正確性や妥当性，真偽を第三者機関が調査・検証し，その結果を公表すること。たんなる情報の事実確認だけではなく，意図的なミスリードや根拠が不明確な情報も含めて行う。

(5) 倫理的・法的・社会的な課題（ELSI：Ethical, Legal and Social Issues）

　新たな技術が生まれたときに，その技術が実用化されて社会に普及した場合，どのような問題が生ずる可能性があるかを，倫理的・法律的・社会的な視点で幅広く検討・予見する研究分野のこと。新しい技術が社会に思いもよらなかった課題を生み出すことがある。こうした現象を社会的なシステムのつながりに着目して予見する領域。エルシーと呼ばれている。

3. コーポレートガバナンス（Corporate Governance）

　経営者は，自分の会社が社会に信頼される企業であるように組織を管理する義務がある。そのためには，企業の内部統制の仕組みが正しく機能し，社内の不正防止や社会的に問題を起こさないような組織作りが必要である。こうした

活動をコーポレートガバナンス(企業統治)という。

　具体的には，取締役と執行役の分離，社外取締役の導入，監査役・内部監査の権限強化，独立した各種委員会の設置など，多くのステークホルダの関与が望ましい。また，不正の内部通報に適切に対処する体制作りも必要である。

> **例）内部統制の実施例**
> **公益通報者保護法の遵守**
> ・内部通報に対応するために窓口の設置など，必要な整備を義務付ける
> ・内部調査等に従事する者に対し通報者の情報の守秘を義務付ける
> ・実効性確保のために行政措置（助言・指導，勧告および公表）を導入する
> **内部統制報告制度の提出**
> ・企業の内部統制が有効に機能しているか評価した結果を報告する
> ・実際に機能しているか監査法人の監査を受けて報告書を作成する

4. 情報開示請求

　行政機関の保有する情報を公開し，政府のさまざまな活動を国民に説明するとともに，国民の的確な理解と批判を受けることで，公正で民主的な行政を行うことを目的に作られた法律を情報公開法という。国民は Web や印刷物等で公開されている内容を見ることができ，企業だけでなく行政機関に対しても情報の公開を求めることができる。

> **例）情報公開法の特例**
> ・個人情報などは開示されない。
> ・国会や裁判所や地方公共団体には適用されない。地方公共団体については，各地方公共団体が制定した情報公開条例が適用される。

・練習問題・

● 1　次の個人情報の安全措置について，説明文に適した管理名を解答群から選び，記号で答えなさい。
1　情報システム室の IC カードなどによる入退室管理の実施。
2　アクセス制御やシステム記録の監視の実施。
3　事故発生時の連絡体制や発生への対処の整備。
4　安全管理にかかわる従業員の役割，責任についての教育訓練の実施。
　　ア　組織的安全管理　　イ　人的安全管理　　ウ　物理的安全管理　　エ　技術的安全管理

● 2　次の労働契約類型について，説明文に適した契約名を解答群から選び，記号で答えなさい。
1　労働契約や就業規則にそった一般的な雇用形態。
2　ある物を寄託者のために保管することを約束し，その物を受け取ることによって成立する契約。物品の保管契約のこと。
3　仕事の完成という結果に対して責任を負う形態。ミスがあった場合，やり直しや損害賠償の責任（瑕疵担保責任）を負う。
4　一定の行為を行う事に対して責任を負う形態。善管注意義務さえ果たしていれば，その結果として委託者の意にそわないことがあっても責任は問われない。
　　ア　委任契約　　イ　請負契約　　ウ　寄託契約　　エ　雇用契約

● **3** 次の説明文に適したものを解答群から選び，記号で答えなさい。

1 親会社が業務の一部あるいは全部を別の会社に委託したとき，委託された業者を保護する法律。

2 製品の欠陥と使用マニュアルの不整備によって消費者の生命，身体及び財産に損害を被ったとき，製造者や販売者の責任を追及するための法律。

3 個人情報の漏えい対策などに適切な対策を設けている業者を認定する制度。

4 企業活動に対して法令で定められている他に，社会規範として定められているもの。

ア　ガイドライン　　イ　下請法　　ウ　PL法　　エ　プライバシーマーク

● **4** 派遣先事業主 A，派遣元事業主 B，派遣労働者 C の関係において，労働者派遣法に基づく労働者派遣契約の関係で正しいものはどれか。

ア　A と B 間の契約　　イ　A と B と C 間の共同契約
ウ　B と C 間の契約　　エ　A と C 間の契約

● **5** A さんは X 社とのオペレータ派遣契約によって，自部門の工数管理システムを運用している。派遣社員の T さんから，作業環境についての苦情が寄せられた。A さんの対応として，適切なものはどれか。

ア　T さんには，現場での苦情は X 社に報告すべきで，A さんの部門には申し出ないように注意する。

イ　苦情の内容を X 社と協議して対応策を検討し，対応する。

ウ　事前打合せ時に確認していない内容については対応しないと説明し，対応しない。

エ　内容を内部で十分検討し，対処してから，X 社に費用を請求する。

◉ 5-2-5 ● 標準化

情報技術の国際的な互換性や可用性を高めるために，各分野で標準化（規格化）が進められている。標準化により品質の向上や効率化が図られ，情報技術の発展が一層進められることになる。標準化には次のようなものがある。

1. 国際標準

(1) ISO

▶ ISO　国際標準化機構：International Organization for Standardization

工業標準化を進める国際機関。各国の標準化機関によって構成されている。1947 年に設立され，140 を超える国が参加している。

①品質マネジメントシステム（ISO 9000 シリーズ）

ISO9000 の主たる目的は，顧客満足度の向上を目指した**品質マネジメントの規格**を提供することにある。

> **例）** ISO9001 では次のような標準規格を提供している。
> ・顧客との契約の履行に関する規定
> ・品質管理の効率を高めるための情報の共有化に関する規定
> ・経営者の品質マネジメントの構築・実施・改善に対する詳細を公表する義務に関する規定。
> ・個別製品の実現計画や規格要求事項に適合しているかを確認する内部監査に関する規定。
> ・当該組織の規模，活動の種類に応じ，適切な範囲と詳しさで文書化することを規定。

②環境マネジメントシステム（ISO 14000 シリーズ）

ISO14000 の主たる目的は，企業の活動・製品及びサービスによって生じる環境への影響を改善するため，**環境保全に対する社会の要求に応える規定を提供すること**にある。ただし，評価に関する具体的な取り決めはないが，外部機関による評価が可能である。審査登録機関が第三者として審査登録制度に基づき組織を審査し適合している場合は，登録証書(ISO14001 の認証)が発行される。有効期間は概ね登録日から 3 年間である。

③社会的責任に関する手引（ISO 26000 シリーズ）

ISO26000 の主たる目的は，組織の持続可能な発展への貢献を助けることおよび組織が法令遵守以上の活動に着手することにあり，これを奨励している。あらゆる組織を対象に，以下の原則と中核主題を設定している。

・**原則**：説明責任，透明性，倫理的な行動，ステークホルダの利害の尊重，法の支配の尊重，国際行動規範の尊重，人権の尊重
・**主題**：組織統治，人権，労働慣行，環境，公正な事業慣行，消費者課題，コミュニティへの参画およびコミュニティの発展

④情報セキュリティマネジメントシステム（ISO/IEC 27000 シリーズ）
（ISMS：Information Security Management System）

組織の情報セキュリティマネジメントシステムの要求事項を定めた国際標準規格で，次の内容を主たる目的としている。

・組織を取りまくリスクの変化への対応
・情報セキュリティ要求を満たす組織の能力評価基準など

JIS 版として，JIS Q 27000〜JIS Q 27002 がある。

（2）IEC

電気，電子，通信，原子力などの分野で各国の規格・標準の調整を行う国際機関。ISO の電気・電子部門を担当している。

▶ IEC　国際電気標準会議：International Electrotechnical Commission

（3）IEEE

電気・電子分野における国際標準を制定した世界最大の学会。米国電気学会と無線学会の合併により発足した。

▶ IEEE　電気電子学会：Institute of Electrical and Electronic Engineers

① **IEEE802.3**　Xerox 社と Hewlett Packard 社の一部門が考案した LAN 規格。CSMA/CD 方式のアクセス制御を採用しているほとんどの LAN は IEEE802.3 である。

② **IEEE1394**　コンピュータと周辺機器を接続する規格として規格化されている。家電製品の家庭内 LAN や，ディジタルビデオカメラの外部出力端子に採用されている。

（4）その他の国際標準規格

① **W3C（World Wide Web Consortium）**

WWW で利用される技術の標準化を進める団体。

② **ASCII（American Standard Code for Information Interchange）**

ANSI（米国規格協会）によって制定された文字コードの規格で，7 ビットコードと 1 ビットの誤りコードで表現されている。

③ Unicode
ISO/IECで制定した文字コードの国際規格で，すべて２バイトで表現される。
④ ISBN（国際標準図書番号：International Standard Book Number）
世界共通で図書（書籍）を特定するための番号。

2. 国内標準（JIS（日本工業規格：Japan Industrial Standard））
工業標準化法に基づいて，すべての工業製品について定められた日本の国内規格。情報技術関連の内容はxシリーズとして別にまとめられている。
① JISQ 9001
品質マネジメントシステムの国際規格であるISO9001を普及するため，日本工業規格（JIS）として公示されている。
② JISQ 15001（個人情報保護マネジメントシステム−要求事項）
事業者が業務上取り扱う個人情報を，安全で適切に管理するための標準規格で，日本工業規格の１つ。個人情報を取得するときは，本人から同意を得ること，個人情報保護のための組織を設けること，定期的な見直しと改善のためのシステム（個人情報保護マネジメントシステム）を持つことなどを求めている。
③ JIS2004（JIS X 0213：2004）
JIS（日本工業規格）の一部として定められた拡張文字コード規格。JIS第三水準文字・JIS第四水準文字を含む4344文字を追加した文字コードである。
④ ITガバナンス（統治・支配・管理/JIS Q 38500）
ITガバナンスの主たる目的は，企業が自社の情報システムへの投資効果・リスクを継続的に最適化し，IT戦略を一定のルールに従ってコントロールする組織的・戦略的な仕組みを作らせることにある。また，組織のガバナンスを実施する経営者層に対し，経営者としての役割を定義している。
- **評価**：現在と将来のITの利用について評価する
- **指示**：ITの利用が組織のビジネス目標に合致するよう，計画とポリシーを策定し実施する
- **モニタ**：ポリシーへの準拠と計画に対する達成度をモニタする

▶ **ITにおける身近な標準化の例**

①バーコード

②QRコード

▶ **JANコード**

国コード（2桁）
企業コード（7桁）
商品コード（3桁）
チェックコード（1桁）

3. 業界標準（デファクトスタンダード：De facto Standard）
特定の企業やグループなどが採用した仕様が広く利用されるようになり，事実上の業界標準になったものを**デファクトスタンダード**という。公的な標準化団体がデファクトスタンダードとなった仕様を，公的な標準規格として追認することもある。

> **例）** PCのOSのWindows，インターネット通信プロトコルのTCP/IPなどが業界標準の一例である。

4. フォーラム標準
特定分野に関係する企業や専門家等が集まってフォーラム（話し合いの場）を結成し，フォーラム内で合意して作成された標準のことを**フォーラム標準**という。加盟企業内に適用される標準であり，比較的スピードが速い特徴がある。

> **例）** IEEE（アイトリプルイー）やDVDフォーラム
> MPEG規格，DVD規格がある。

● **1** 国連が中心となり，持続可能な世界を実現するために設定した 17 のゴールから成る国際的な開発目標はどれか。 (R2 秋 IP)

　　ア　COP21　　イ　SDGs　　ウ　UNESCO　　エ　WHO

● **2** 次の特徴にあてはまる文字コードを語群から選び，記号で答えなさい。

1 全角文字と半角文字を 2 バイトで表現する。

2 拡張 2 進化 10 進符号。1 文字を 8 ビットで表現する。

3 ANSI（米国規格協会）が制定。7 ビットに 1 ビットの誤り検査用ビットを付加した 8 ビットで 128 種類の英数字を表現する。

4 ISO（国際標準化機構）が制定。世界中の文字を統一する目的で規格化が進められており，1 文字を 2～4 バイトで表現する。

5 JIS（日本工業規格）が制定。英数字やカタカナを 8 ビットで，漢字を 16 ビットで表現する。

6 JIS コードを改良したもので，すべての文字を 16 ビットで表現する。

　　ア　EBCDIC　　　　　イ　JIS コード　　　ウ　Unicode
　　エ　ASCII コード　　　オ　EUC　　　　　　カ　シフト JIS コード

● **3** 標準化団体に関する記述に対して，適切な組織名を語群から選び，記号で答えなさい。

1 国際標準化機構：工業及び技術に関する国際規格の策定と国家間の調整を実施している。

2 電気電子学会：アメリカに本部をもつ電気工学と電子工学に関する学会である。LAN，その他のインタフェース規格の制定に尽力している。

3 米国規格協会：アメリカ国内の工業分野の規格を策定する民間の標準化団体であり，アメリカの代表として ISO に参加している。

4 国際電気通信連合，電気通信標準化部門：電気通信の標準化に関して勧告を行う国際連合配下の機関である。

　　ア　IEEE　　イ　ITU-T　　ウ　ISO　　エ　ANSI

● **4** 企業が ISO 9001 を導入することによって期待できるメリットのうち，適切なものはどれか。 (H28 春 IP)

　　ア　企業の貿易手続が標準化され，効率の向上や非関税障壁の減少につながる。
　　イ　業界で技術仕様が標準化され，製品の品質の向上や市場の拡大が進む。
　　ウ　情報資産の取扱方法が標準化され，情報セキュリティの品質が向上する。
　　エ　品質管理に関する業務運営が標準化され，管理の質や効率が向上する。

● **5** X さんは，ディジタルカメラで撮影した画像を記録媒体に保管し，その記録媒体をプリンタに差し込んで印刷を行った。その際，ディジタルカメラのメーカを意識することなく印刷することが可能であった。このことは，画像データに関するどのような技術的前提によるものであるか。 (H31 春 IP)

　　ア　コモディティ化　　イ　ネットワーク化
　　ウ　標準化　　　　　　エ　ユビキタス化

1. 特許法における特許権の存続期間は出願日から何年か。ここで，存続期間の延長登録をしないものとする。 (H30 春 IP)

  ア　10 イ　20 ウ　25 エ　30

2. 情報を縦横 2 次元の図形パターンに保存するコードはどれか。 (R1 秋 IP)

  ア　ASCII コード イ　G コード ウ　JAN コード エ　QR コード

3. 著作権法によって保護の対象と成り得るものだけを，全て挙げたものはどれか。 (R3 春 IP)

 a　インターネットに公開されたフリーソフトウェア
 b　データベースの操作マニュアル
 c　プログラム言語
 d　プログラムのアルゴリズム

  ア　a，b イ　a，d ウ　b，c エ　c，d

4. 情報の取扱いに関する不適切な行為 a～c のうち，不正アクセス禁止法で定められている禁止行為に該当するものだけを全て挙げたものはどれか。 (R2 秋 IP)

 a　オフィス内で拾った手帳に記載されていた他人の ID とパスワードを無断で使い，ネットワークを介して自社のサーバにログインし，サーバに格納されていた人事評価情報を閲覧した。
 b　自分には閲覧権限のない人事評価情報を盗み見するために，他人のネットワーク ID とパスワードを無断で入手し，自分の手帳に記録した。
 c　部門の保管庫に保管されていた人事評価情報が入った USB メモリを上司に無断で持ち出し，自分の PC に直接接続してその人事評価情報をコピーした。

  ア　a イ　a，b ウ　a，b，c エ　b，c

5. プロバイダが提供したサービスにおいて発生した事例 a～c のうち，プロバイダ責任制限法によって，プロバイダの対応責任の対象となり得るものだけを全て挙げたものはどれか。 (R3 IP)

 a　氏名などの個人情報が電子掲示板に掲載されて，個人の権利が侵害された。
 b　受信した電子メールの添付ファイルによってマルウェアに感染させられた。
 c　無断で利用者 ID とパスワードを使われて，ショッピングサイトにアクセスされた。

  ア　a イ　a，b，c ウ　a，c エ　c

6. フレックスタイム制の運用に関する説明 a～c のうち，適切なものだけを全て挙げたものはどれか。 (H30 秋 IP)

 a　コアタイムの時間帯は，勤務する必要がある。
 b　実際の労働時間によらず，残業時間は事前に定めた時間となる。
 c　上司による労働時間の管理が必要である。

  ア　a，b イ　a，b，c ウ　a，c エ　b

7. 次の事例のうち，個人情報保護法の規制の対象にならないものはどれか。　(H30 秋 IP)

　ア　金融商品販売会社の社員が，有名大学の卒業生連絡網を入手し，利用目的を公表又は本人に通知することなく，電話で金融商品の勧誘をした。

　イ　自治会の会長が，高層マンション建築の反対署名活動で収集した署名者宛てに，自らが経営する商店の広告用チラシを送付した。

　ウ　自動車修理工場の社員が，故障車のレッカー移動の際に知った顧客情報を基に，後日，その顧客宅に代理店契約している衛星放送の勧誘に訪れた。

　エ　徘徊（はいかい）していた認知症の老人が所持していたクレジットカードを基に，警察が本人の身元を特定して老人を自宅に送り届けた。

8. 健全な資本市場の維持や投資家の保護を目的として，適切な情報開示のために整備されたものはどれか。　(H28 春 IP)

　ア　クーリングオフ制度　　　イ　製造物責任法
　ウ　内部統制報告制度　　　　エ　不正アクセス禁止法

9. 世界の主要な言語で使われている文字を一つの文字コード体系で取り扱うための規格はどれか。　(H25 春 IP)

　ア　ASCII　　　　　　　　　イ　EUC
　ウ　SJIS（シフト JIS）　　　エ　Unicode

10. 次の記述 a〜c のうち，勤務先の法令違反行為の通報に関して，公益通報者保護法で規定されているものだけを全て挙げたものはどれか。　(H31 春 IP)

　a　勤務先の同業他社への転職のあっせん
　b　通報したことを理由とした解雇の無効
　c　通報の内容に応じた報奨金の授与
　　ア　a，b　　　イ　b　　　ウ　b，c　　　エ　c

11. PL 法（製造物責任法）の保護の対象はどれか。　(H26 春 IP)
　ア　小売業者　　　イ　消費者　　　ウ　メーカー　　　エ　輸入業者

12. グリーン IT の考え方に基づく取組みの事例として，適切なものはどれか。　(H26 秋 IP)
　ア　LED の青色光による目の疲労を軽減するよう配慮したディスプレイを使用する。
　イ　サーバ室の出入口にエアシャワー装置を設置する。
　ウ　災害時に備えたバックアップシステムを構築する。
　エ　資料の紙への印刷は制限して，PC のディスプレイによる閲覧に留めることを原則とする。

6章 経営戦略

6-1 経営戦略マネジメント

ビジネスにおける環境変化などに適応し，企業の企業理念に基づいて，目的を達成するための中長期的な計画や方針を経営戦略という。

この節のまとめ

経営戦略の分析

- ● SWOT 分析
- ● PPM 分析（プロダクトポートフォリオマネジメント）
- ●成長マトリックス

マーケティング

- ●プロダクトライフサイクル

ビジネス戦略と目標・評価

- ●バランススコアカード
- ●バリューエンジニアリング

経営管理システム

- ● SCM
- ●意思決定支援システム
- ●バリューチェーン

1. コアコンピタンス

競争優位性を作り出すための, 他社がまねできない核となる競争力や自社独自の経営資源など, その企業ならではの中核的な力のことを**コアコンピタンス**という。ブランド力や技術開発力などがある。

▶競争優位
市場での競争上の優位性。

▶コアコンピタンス
Core（核）
Competence（資産, 能力）

トン骨軒
うちは豚骨で勝負するぞ！！

2. アウトソーシング

コスト削減やコアビジネスに集中するために専門的能力やノウハウを持った業者に外注することを**アウトソーシング**という。目的はコスト削減, 外部の資源利用などである。例えば, 情報処理部門を持たない企業が, 外部に情報処理の業務を委託する場合などである。

▶アウトソーシング
Out（外へ）
Sourcing（資源を求めること）

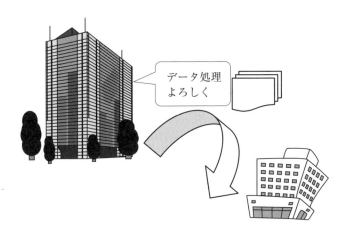

データ処理
よろしく

3. ファブレス

工場を持たない会社の形態を**ファブレス**という。製品の企画設計や開発は自社で行い, 製造はアウトソーシングするメーカー, または, ビジネスモデルである。例えば, 薄型テレビを生産する新興家電企業などがある。

▶ファブレス
Fabrication（製造）
Facility（施設, 設備）
Less（ない）

4. アライアンス

もともとは「同盟」という意味であり, 企業どうしの提携を意味することを**アライアンス**という。資本関係を伴うものとしては合併・買収（M&A）があり, 資本関係を伴わないものには, 生産提携（OEM）や販売・開発・物流提携などがある。

▶アライアンス：Alliance（同盟）
▶コンプライアンス
企業が法律などの基本的なルールに従って活動をすること。

▶ディスクロージャ
企業の経営状況を外部に公開すること。

▶M&A
Mergers（合併）
Acquisitions（吸収）

5. M&A

M&A とは企業の企業合併（複数の企業が一つの企業となること）や，企業買収（ある企業が他の企業の株式を買い取り子会社にすること）をいう。

←強い	提携の強度		弱い→
合併・買収 （M&A）	持ち株会社	資本参加	生産提携（OEM） 販売連携

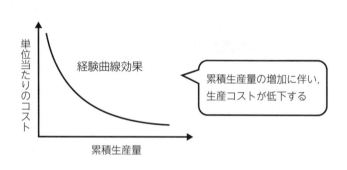

経験曲線効果

累積生産量の増加に伴い，生産コストが低下する

（縦軸）単位当たりのコスト　（横軸）累積生産量

①イノベーション

これまでにない新しいサービスや商品などを生み出すことである。

②ニッチ戦略

大企業が扱わない小さなマーケットをターゲットとして，新たなニーズや市場に商品やサービスの提供を行う経営戦略である。

③規模の経済

生産規模を増加させることにより，利益効率を高め，費用を減少させることである。

④経験曲線

規模の経済により，生産量が増えるに伴い，コストが一定の割合で低下していくという曲線をいう。

⑤垂直統合

開発，生産，販売，サービス提供などの業務を一つの企業がすべて行うビジネスモデルである。原料調達工程（川上工程）と最終製造工程（川下工程）の統合なども垂直統合である。

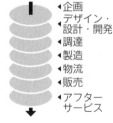

垂直統合型

企画
デザイン・設計・開発
調達
製造
物流
販売
アフターサービス

⑥コモディティ化

ある製品などについて，メーカー間に機能や品質に差異がなく，汎用化，均一化していくこと。

⑦ベンチマーキング

自社の商品やサービスなどと，成功を収めている他企業の商品やサービスとを比較し，他企業の優位点をもとに自社の商品やサービスを改善し，競争力の改善を行う分析手法である。

⑧ロジスティクス

さまざまな経営資源を適切に配置して企業全体としての効率性を高めるため，原材料の調達から生産，販売に至るまでの物の流れ（物流）の計画・管理などを最適化することである。

⑨カニバリゼーション

自社の新製品が，自社の既存製品のシェアを奪ってしまうことであり「共食い」が語源である。

6. TOB（Takeover Bid　株式公開買い付け）

企業買収の１つで，買収対象企業の取得株価，取得株式数などの条件を公開して不特定の投資家から株式を買い集める方法である。対象企業の経営陣が買い付けに賛同している友好的 TOB と，対象企業の経営陣が買い付けに反対している敵対的 TOB がある。

7. MBO（Management Buyout）

企業買収の１つで，自社の経営陣が株主からの影響を排し迅速な経営を行うため，金融機関などから金融支援を受け，株式市場などから撤退するために自社の株式を買い上げること。

8. 同質化戦略

競争力のある企業が用いる戦略の１つで，革新的な技術や商品などで差別化を図ろうとする追随する企業に対して，資本力を武器にそれと同じような商品を販売することで，追随する企業の差別化戦略を無力化する戦略である。

9. ブルー・オーシャン戦略

競争者のいない新たな市場を生み出すことで，顧客に新たな付加価値商品を提供することで利益の最大化を図る戦略である。新たな市場を創造することにより，他社と競合なく事業展開を図ることができる。

10. ESG（Environment Social Governance，環境・社会・ガバナンス）投資

持続可能な世界に向けて長期的成長に重要な環境・社会・ガバナンスの３視点を重視している企業を投資対象として選ぶこと。

◉6-1-2 ● 経営戦略の分析

企業理念に基づいた経営戦略を実現したり，他社と自社の比較や外部環境分析することにより，自社の競争優位分析ツールとして SWOT 分析，PPM 分析，成長マトリックスなどを用いる。

1. SWOT 分析

企業の強み，弱み，機会，脅威を縦軸と横軸で表す分析を SWOT 分析という。自社の内部環境（経営資源）と外部環境（経営環境）を概念的に知るための分析手法である。

内部環境は，人，モノ，資金，情報などの強みと弱み，外部環境は，経済情勢，技術革新，同業他社，顧客や市場などの機会と脅威で分析する。

▶SWOT 分析
強み（Strength）
弱み（Weakness）
機会（Opportunity）
脅威（Threat）

▶内部環境
強み…商品企画開発力が高い
弱み…利益率が低い
▶外部環境
機会…景気が好転
脅威…低価格化競争

	内部環境	
	強み（Strength）	弱み（Weakness）
機会（Opportunity）	強みと機会を生かす 独自商品生産	弱みを改善する M&A で自社の弱点を克服
脅威（Threat）	同業他社の進出に独自 性能の追加で対抗	生産からの撤退

■飲食店の SWOT の例

S（強み） 腕のよい料理人が多数いる 店の名前が，広く知られている 原材料を低価格で仕入れるルートがある	W（弱み） フロアスタッフの教育がシステム化されていない メニューの改善が進んでいない
O（機会） 消費者のグルメ志向が進んでいる インターネットで飲食店の口コミページが増えた	T（脅威） インターネットの口コミページ増加 同じコンセプトの店舗が近隣に出店 高級な輸入食材が値上がりしている

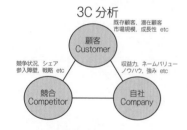

3C 分析

3C 分析は，主に顧客・市場を中心とした環境分析，SWOT 分析は，3C 分析などで得た外部環境の結果を受けて，自社の戦略を検討する環境分析である。

Customer（顧客），Competitor（競合）
Company（自社）

・練習問題・

● 1　SWOT 分析は，企業の戦略立案の際に，機会と脅威，強みと弱みを検討する分析手法である。強みと弱みの評価の対象となるものはどれか。 （サンプル）

　ア　競合する企業の数　　　　　　　　イ　自社の商品価格
　ウ　ターゲットとしている市場の伸び　エ　日本経済の動向

● 2　SWOT 分析で把握できるものはどれか。 （H21 秋 IP）

　ア　経営環境　　　イ　事業戦略
　ウ　事業目標　　　エ　事業領域

● 3　企業の経営戦略策定に使用される SWOT 分析において，外部環境分析の観点はどれか。 （H21 春 IP）

　ア　機会・脅威　　　イ　資源・技術
　ウ　市場・顧客　　　エ　強み・弱み

2. PPM分析（プロダクトポートフォリオマネジメント）

　成長性とシェアから事業を戦略的に決定する手法を**PPM分析**という。事業を，相対的な市場占有率（シェア）を横軸に，市場の成長率を縦軸にとる。花形製品，金のなる木，問題児，負け犬の4つのポジションに分類し，今後中心とすべき事業を分析し，投資や経営戦略などを決定する。

▶PPM
Products（製品）
Portfolio Management

花形製品	問題児
キャッシュ　In　大 キャッシュ　Out 大	キャッシュ　In　小 キャッシュ　Out 大
トータル　プラスまたはマイナス	トータル　マイナス
金のなる木	負け犬
キャッシュ　In　大 キャッシュ　Out 小	キャッシュ　In　小 キャッシュ　Out 小
トータル　プラス	トータル　プラスまたはマイナス

（縦軸：成長率　高←→低）　（横軸：シェア　高い←→低い）

①「花形製品」

　相対的なシェア，市場の成長率がともに高い。
シェアを維持・拡大するために投資が必要であり，収益は大きくなる傾向がある。成長・成熟事業である。

②「金のなる木」

　相対的なシェアは高く，市場の成長率は低い。
シェアが高いために，資金がかからず大量のキャッシュを生み出している収益率の高い事業。成長率が低いので過度な投資を控えることにより，重要な資金源となる。成熟事業である。

③「問題児」

　相対的なシェアは低く，市場の成長率は高い，資金の流出が大きい事業。将来の成長が見込めるので，投資継続の必要がある育成事業である。

④「負け犬」

　相対的なシェア，市場の成長率がともに低い。
投資以上の収益が見込めなければ，撤退や縮小が必要。すでに勝負がついておりその業界でトップになれなかった衰退事業である。

　企業はいかに問題児を花形や金のなる木に育てていくかが重要であり，そのためには金のなる木で余った資金を，問題児のために投入することが必要になってくる。また，一般的に新規事業は，問題児からスタートして花形製品，金のなる木を経て負け犬へと推移していく場合が多い。

3. VRIO分析

　VRIO分析とは，経済的価値(Value)，希少性(Rarity)，模倣可能性（Imitability)，組織(Organization)の4視点に自社の経営資源が当てはまるかどうかをYESかNOで判断し，例えばすべてYESがついた経営資源は「持続的な競争優位性」と判断する。

- **経済的価値**（Value）：現有の経営資源があれば売り上げが伸びるか
- **希少性**（Rarity）：現有の経営資源は業界で希少性があるか
- **模倣可能性**（Imitability）：現有の経営資源が簡単に模倣されないか
- **組織**（Organization）：組織の基本方針が確立されているか

・練習問題・

● **1** プロダクトポートフォリオマネジメント(PPM)における "花形" を説明したものはどれか。

（H19 春 AD）

ア　市場成長率，市場占有率ともに高い製品である。成長に伴う投資も必要とするので，資金創出効果は大きいとは限らない。

イ　市場成長率，市場占有率ともに低い製品である。資金創出効果は小さく，資金流出量も少ない。

ウ　市場成長率は高いが，市場占有率が低い製品である。長期的な将来性を見込むことはできるが，資金創出効果の大きさは分からない。

エ　市場成長率は低いが，市場占有率は高い製品である。資金創出効果が大きく，企業の支柱となる資金源である。

● **2** プロダクトポートフォリオマネジメントでは，縦軸に市場成長率，横軸に市場占有率をとったマトリックス図を四つの象限に区分し，製品の市場における位置付けを分析して資源配分を検討する。四つの象限のうち，市場成長率は低いが市場占有率を高く保っている製品の位置付けはどれか。

（H21 春 IP）

ア　金のなる木　　　イ　花形製品　　　ウ　負け犬　　　エ　問題児

● **3** プロダクトポートフォリオマネジメント(PPM)マトリックスの a，b に入れる語句の適切な組み合わせはどれか。

（H21 春 IP）

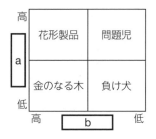

	a	b
ア	売上高利益率	市場成長率
イ	売上高利益率	市場占有率
ウ	市場成長率	売上高利益率
エ	市場成長率	市場占有率

● **4** 図に示すマトリックス表を用いたポートフォリオ類型によって，事業計画や競争優位性の分析を行う目的はどれか。

（H19 秋 AD）

ア　目標として設定したプロモーション効果を測定するために，自らの置かれた立場を客観的に評価する。

イ　目標を設定し，資源配分の優先順位を設定するための基礎として，自らの置かれた立場を評価する。

ウ　目標を設定し，製品の品質を高めることによって，市場での優位性を維持する方策を評価する。

エ　目標を設定するために，季節変動要因や地域的広がりを加味することによって，市場の変化を客観的に評価する。

● 5 事業を図の a〜d に分類した場合，a に該当するものはどれか。 （H20 春 AD）

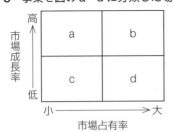

ア 現在は大きな資金の流入をもたらしているが，同時に将来にわたって資金の投下も必要である。

イ 現在は資金の主たる供給源の役割を果たしており，新たに資金を投下すべきではない。

ウ 事業としての魅力はあり，資金投下を行えば，将来の資金供給源になる可能性がある。

エ 事業を継続させていくための資金投下の必要性は低く，将来的には撤退を考えざるを得ない。

4. 成長マトリックス

成長マトリックスとは，経営学者の H.I. アンゾフによって提唱された戦略立案モデルであり，成長戦略の方向性を分析・評価するためのツールである。製品と市場を軸にした 2 次元の表を作り，成長のための戦略を，市場浸透，製品開発，市場開拓，多角化の 4 つに分類し，事業の成長戦略を分析，計画する。

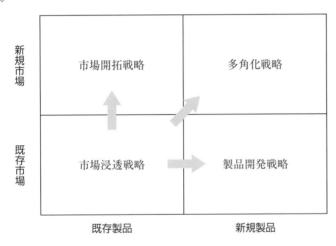

（1）OEM

他社ブランドの製品を製造する企業，または，委託を受けた相手先のブランドで完成品や部品を供給すること。ディジタルビデオなどの家電製品や自動車業界などで行われている。

▶OEM

Original（オリジナル）
Equipment（装置）
Manufacturer（製造）

ワタシは A 社（OEM 元）のクルマだよ。

ボクは B 社（OEM 先）のクルマだよ。会社は違っても中身は一緒だね。

企業などが顧客を満足させるための商品やサービスを提供するため，製品やサービス，アイディアなどを企画し，実行するプロセスである。

商品企画・開発・設計，ブランディング，市場調査・分析，広告・宣伝・広報，営業，販売促進，流通などの活動を含む広い概念である。

1. マーケティングミックス

マッカーシーの 4P として広く知られる概念を**マーケティングミックス**という。製品やサービスを最大限顧客に伝えるためのマーケティングに必要な考え方であり，製品・サービス(Product)，価格(Price)，流通(Place)，プロモーション(Promotion)の 4 つの要素である。

▶**市場調査(マーケットリサーチ)**
顧客のニーズや競合他社の販売戦略などを調査すること。

▶**販売計画**
どのような顧客にどのような商品やサービスをどのような方法で販売するかを決めること。

▶**仕入計画**
どこから，どれくらい，どんな商品を仕入れるかを決めること。

▶**製品計画**
販売計画に基づいて生産量や時期を決めること。

製品・サービス	Product	製品やサービス，デザイン ブランド，品質
価格	Price	価格，割引 支払条件，信用取引
流通	Place	販売チャンネル，輸送 在庫，流通範囲，立地，品揃え，
プロモーション	Promotion	販売促進，広告 ダイレクトマーケティング

2. 販売促進

販売促進とは，消費者の購買意欲を引き出す取り組み全般を指す。各種セールス活動，広告・宣伝，イベント，キャンペーン，試供品提供，ポイント制導入，割引券配布などがある。

3. 顧客満足度

企業が提供する製品やサービスと，実際に顧客が感じた満足の度合いを**顧客満足度**という。顧客は商品やサービスなどに何らかの面で満足を感じたときに購入するという考えに基づいた結果などで分析する。

▶**顧客満足度**
Customer（顧客）
Satisfaction（満足）

4. ワントゥワンマーケティング

顧客一人ひとりの個性や価値観に基づき，それぞれのニーズに合致するように個別の販売促進活動を行うことを**ワントゥワンマーケティング**という。

5. ジャストインタイム生産方式

必要な商品を，必要なときに，必要な量だけ生産する在庫最小化のための生産方式を**ジャストインタイム生産方式**という。カンバン方式とも呼ばれる。

6. マーケティング基礎
(1) UX（UserExperience）

商品やサービス利用の際，利用者(User)が感じる「使い勝手が良い」「気持ち良い」「楽しい」などの認識や体験(Experience)などの価値を捉える考え方である。

(2) 4C

企業の販売戦略を購買者視点から下記の4観点から分析するものである。

Customer value（顧客価値），Cost（顧客負担），Communication（対話），Convenience（利便性）。販売者の視点である4Pは購買者視点で下記のように対応する。

- ・製品（Product）→顧客価値（Customer value）
- ・価格（Price）→顧客コスト（Customer cost）
- ・流通（Place）→利便性（Convenience）
- ・プロモーション（Promotion）→コミュニケーション（Communication）

(3) RFM（Recency：最終購買日，Frequency：購買頻度，Monetary：累計購買金額）分析

最終購買日，購買頻度，累計購買金額の3つの観点により，購買行動分析を行う手法である。この3観点をもとにグループ化を行い，グループに適したマーケティング分析を行う。

(4) オピニオンリーダー

製品やサービスに関する感想や意見が人々の購買活動に影響を与える人々のことで，芸能人や有名ユーチューバーなどが挙げられる。

(5) オムニチャネル

例えば大手コンビニなどの店舗販売と，インターネットでのオンライン店舗の販売を連携させた，「あらゆる」（オムニ）と「接点」（チャネル）の造語である。

(6) ブランド戦略

自社の商標などを活用することにより，商品やサービス，または自社に対するイメージ向上に努めることで，商品やサービスなどに対する付加価値を高めようとする戦略である。

(7) ポジショニング

自社や競合他社がシェアなどにおいて，どのような立ち位置（ポジション）にあるのかを分類することによって販売戦略などを計画する分析手法である。分類区分には，リーダー，チャレンジャ，ニッチャ，フォロワがある。

7. マーケティング手法
(1) セグメントマーケティング

対象となるマーケットを購買する層やユーザといった層に分割（セグメント）化し，それぞれのセグメントに適したマーケティングを行うこと。

(2) ダイレクトマーケティング

広告やさまざまなメディアを通して企業が顧客と直接つながり，購入を促し，売上高などをデータとして分析するマーケティング手法である。

（3）クロスメディアマーケティング

テレビや新聞などのマスメディア，Web サイト，メルマガ，紙のダイレクトメールなどのさまざまなメディアを組み合わせて行うマーケティング戦略をいう。

（4）インバウンドマーケティング

自社の商品やサービスに関して興味を持ってくれそうな顧客に対し，SNS やブログ，Web ページなどにより発信を行い，顧客を呼び込むマーケティング手法である。

これに対して，不特定多数に向けた配信により顧客を呼び込むマーケティング手法を，アウトバウンドマーケティングという。

（5）プッシュ戦略

流通業者に経済的なメリットを提供することで，商品の積極的な販売促進活動をさせる戦略のことをいう。

（6）プル戦略

▶マーケティングミックスの 4P の 1 つであるプロモーション戦略の 1 つ。

広告・宣伝などにより消費者に直接的に広告し，自社商品を購買するようにさせる戦略のことである。

8.　Web マーケティング
（1）インターネット広告

Web サイトや SNS，スマートフォンのアプリケーションなどに表示される広告をいう。

（2）オプトインメール広告

ユーザが，メールを受け取ることを承諾（オプトイン）した場合に，送信される広告メールをいう。

反対に，オプトアウトメールとは，ユーザがメールを受け取ることへ確認をすることなく，送信される広告メールである。

（3）バナー広告

Web ページに貼り付けられた広告画像（バナー）を利用者がクリックすると，その広告主の Web ページが表示される広告手段である。

（4）リスティング広告（検索連動型広告）

検索キーワードや検索結果に応じた広告を表示（リスティング）する広告手段である。

（5）SEO（Search Engine Optimization：検索エンジン最適化）

検索エンジン（Search Engine）の検索されたリストにおいて，上位に表示されるように Web ページやサイトを最適化（Optimization）すること。

(6) アフィリエイト

個人の運営する Web サイトで，企業の商品やサービスを紹介し商品やサービスが売れた場合に，個人運営 Web サイトに対して広告報酬を支払うという仕組みである。

(7) レコメンデーション

購入履歴や利用履歴などのデータを利用して，利用者の趣向にあいそうな商品やサービスを薦める(レコメンデーション)仕組みである。

(8) ディジタルサイネージ

屋外広告やスーパーの棚などで，ディスプレイを使って広告などを発信するメディアをいう。

9. 価格設定
(1) スキミングプライシング

新商品の販売の初期に価格を高めに設定し，だんだん低価格化させ，費用を早い段階で回収しようとする価格戦略である。上澄み吸収価格ともいう。

(2) ペネトレーションプライシング

新商品の販売の初期に価格を低めに設定し，早い段階でのシェア獲得をしようとする価格戦略である。市場浸透価格戦略ともいう。

▶スキミングプライシング ⇔ ペネトレーションプライシング

(3) ダイナミックプライシング

繁忙期や閑散期などの宿泊料金などのように，需要に応じて価格を変動させることである。

10. プロダクトライフサイクル

プロダクトライフサイクルは，導入期→成長期→成熟期→衰退期という 4 つの段階を経る，商品が市場に投入されてから姿を消すまでの流れをいう。PPM(プロダクトポートフォリオマネジメント)も，この考え方を基としている。
①**導入期**…新商品であるため消費者の認知度が低い。大掛かりなプロモーションが必要となりコストがかかる。
②**成長期**…ある程度消費者に認知され，マーケティングコストが低くなり利益率向上が見込める。競合他社も現れ価格競争が起こる。
③**成熟期**…商品も各社ほぼ差異がなくなり安定化する。競合商品での差別化が困難となり，その他のプロモーションなどの新たなマーケット戦略が必要となる。
④**衰退期**…商品の魅力がなくなり徐々に市場から姿を消す。

■プロダクトライフサイクル

	売上・利益	競合他社	PPM での該当
導入期	低	なし	問題児
成長期	高	多数参入	花形製品
成熟期	安定	徐々に減少	金のなる木
衰退期	低下	減少	負け犬

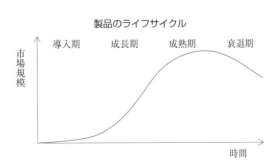

製品のライフサイクル

1. バランススコアカード

経営分析を4つのビジョンや経営戦略（①顧客，②財務，③業務プロセス，④学習と成長）の視点から分析するマネジメント手法を**バランススコアカード**（BSC）という。

▶BSC

Balanced Score Card

業務の内容や製品の品質（プロセスの視点），企業の持つ資産（アイディア，ノウハウ）や従業員の意識・能力を加味した業績評価を行うことで，企業の持つ有形・無形の資産，未来への投資などを含めた今を総合的に評価する。

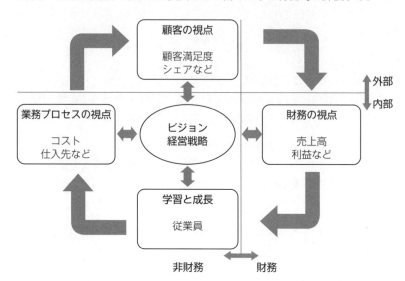

■バランススコアカードの分析手順

STEP1	STEP2	STEP3	STEP4
企業のビジョンを実現可能な目標にする	ビジョンと業務指標を関係付ける	業務達成のためのビジネス計画を立てる	実施後，戦略の修正を行う

▶CSF

Critical（重要）

Success（成功）

Factors（要因）

2. CSF（重要成功要因）

経営戦略などを実施する際，その目標や目的を達成する上で決定的な影響を与える要因のことや，何が重要な成功要因かを明確にすることを **CSF** という。

■重要成功要因の洗い出し手順

STEP1	STEP2	STEP3
経営戦略を達成するための要因をより多く取り出す	取り出した要因の中から最重要なものをいくつか選択する	上記要因が，経営戦略の実現のために関連があった場合は，重要成功要因とする

3. バリューエンジニアリング

バリューエンジニアリングとは，製品やサービスなどの価値を，機能ごとに明確化し，必要となるコストを最適化することにより，価値の向上を図る手法である。

▶バリューエンジニアリング
Value（価値）
Engineering（仕組み）

$$価値（VALUE）＝\frac{機能（FUNCTION）}{コスト（COST）}$$

4. KGI（Key Goal Indicator：重要目標達成指標）

売上高や契約数など，ビジネスにおける到達目標(Goal)を，測定することのできる数値などを指標(Indicator)で表したもの。

5. KPI（Key Performance Indicator：重要業績評価指標）

経営戦略などが目標実現に向かって，進捗しているかを点検するための指標をいう。

実施状況を測る先行指標と，到達の度合いを測る結果指標の2種類がある。

・練習問題・

● 1　ワントゥワンマーケティングを説明したものはどれか。　　　　　（サンプル）
ア　市場シェアから企業の地位を想定し，その地位に合った活動を行う。
イ　市場という集団を対象とするのではなく，個々の顧客ニーズに個別に対応する。
ウ　セグメントのニーズに合った製品やマーケティングミックスを展開する。
エ　単一製品を，すべての顧客を対象に大量生産・大量流通させる。

● 2　ジャストインタイム生産方式を説明したものはどれか。　　　　（H21 春 IP）
ア　1人又は数人の作業員が，生産の全工程を担当する方式
イ　顧客からの注文を受けてから，生産を開始する方式
ウ　生産開始時の計画に基づき，見込み数量を生産する方式
エ　必要な物を，必要なときに，必要な量だけ生産する方式

● 3　プロダクトライフサイクルに関する記述のうち，最も適切なものはどれか。　（H21 春 IP）
ア　導入期では，キャッシュフローはプラスになる。
イ　成長期では，製品の特性を改良し，他社との差別化を図る戦略をとる。
ウ　成熟期では，他社からのマーケット参入が相次ぎ，競争が激しくなる。
エ　衰退期では，成長性を高めるため広告宣伝費の増大が必要である。

● 4　バランススコアカードの視点は，財務，顧客，業務プロセスと，もう一つはどれか。　（サンプル）
ア　学習と成長　　イ　コミュニケーション　　ウ　製品　　エ　強み

◉ 6-1-5 ● 経営管理システム

経営戦略実現のため，情報技術を活用するためのシステムである。代表的なものに SFA，CRM，SCM，バリューチェーンマネジメント，ナレッジマネジメントなどの活用がある。

▶SFA
Sales（営業）
Force（力）
Automation（自動化）

1. SFA

営業活動にインターネットやモバイルなどの IT 技術を活用して，営業効率及び質を高め，売上高や利益増加につなげようとする仕組みを SFA という。

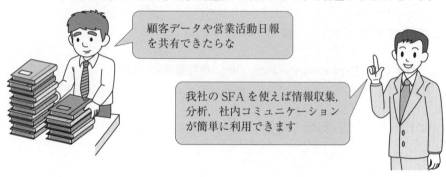

▶CRM
Customer（顧客）
Relationship（関係）
Management（管理）

2. CRM

商品やサービスを提供する企業が顧客との間に，長期的なおかつ継続的な信頼関係を構築し，その価値と効果を最大化することで，顧客の利益と企業の利益を向上させることを目指す経営手法のことを CRM という。ダイレクトメールやポイントカードなどの管理，コールセンターでの顧客対応などが挙げられる。

▶SCM
Supply（供給）
Chain（連鎖）
Management（経営手法）

3. SCM

製造業や流通業において，原材料や部品の調達から製造，流通，販売という，生産から消費にいたる商品供給の流れを，供給の連鎖ととらえる。それに関連する部門や企業の間で情報を相互に共有，管理することで，全体の工程の最適化を目指す戦略的な経営手法を SCM という。

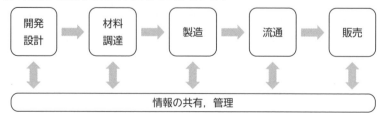

4. 意思決定支援システム

蓄積された経営情報を，コンピュータを使って検索や分析，シミュレーションなどを行う。このコンピュータ活用により，意思決定の速度や質の向上を図る意思決定を支援する情報システムを，**意思決定支援システム**（DSS）という。

▶DSS
Decision（決定）
Support（支援）System

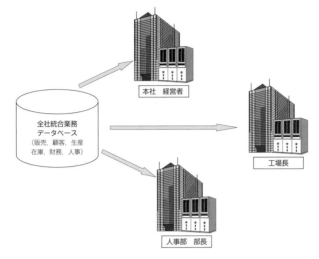

5. バリューチェーンマネジメント

企業の活動を機能ごとに主たる活動とその他の側面の活動に分け，顧客に提供する製品やサービスの利益がどの活動で生み出されているのか分析する手法を**バリューチェーンマネジメント**（VCM）という。また，企画，開発，仕入れ，生産，販売といった業務の流れを価値の連鎖として，業務改善を図る経営手法をいう。

▶VCM
Value（価値）
Chain（鎖，連鎖）
Management（経営手法）

■バリューチェーン

6. ナレッジマネジメント

組織全体の持つ知識や情報を共有し，交換や創造，活用を行うことにより，業績を上げようという経営手法を**ナレッジマネジメント**（KM）という。

▶ナレッジマネジメント
Knowledge（知識）
Management（経営手法）

7. 経営管理
（1）TQC（TotalQuality Control：全社的品質管理）

品質管理（Quality Control）に関するさまざまな手法を総合的に全社的（Total）に行い，従業員の総力を結集してその企業の実力向上を目指すものである。

(2) TQM（Total Quality Management：総合的品質管理）

品質管理（Total Quality）に関するさまざまな手法の維持，向上，改善を全社的に行うことで，経営環境の変化に適した組織運営（Management）を目指すものである。

▶企業（Enterprise），資源（Resource），計画（Planning）

(3) ERP（Enterprise Resource Planning：企業資源計画）パッケージ

購買，生産，在庫，物流，販売，会計，給与などの企業全体の経営資源（Resource）を，統合的に管理・運営し，効率的な経営計画を行うという手法である。

(4) シックスシグマ

商品やサービスなどの欠陥を減らすため，原因の特定などを行い不良率の引き下げを目指す，統計データを活用した改善の手法をいう。もともとは統計用語で 100 万回に 3.4 回起こる確率のこと。

(5) TOC（Theory Of Constraints：制約理論）

製造工程の全体の中で，制約（Constraints）となっている個所を特定し，その箇所を重点的に改善することで収益の最大化を図ることを目的とした管理理論（Theory）である。

・練習問題・

● 1　SCM を説明したものはどれか。 (サンプル)

　ア　顧客に関係する部門が情報共有しながら，顧客とのやり取りを一貫して管理することで，顧客との関係を強化し，企業収益の向上に結びつけていく手法である。

　イ　個々の社員がビジネス活動から得た客観的な知識や経験・ノウハウなどを，ネットワークによって企業全体の知識として共有化する手法である。

　ウ　販売，生産，会計，人事などの業務で発生するデータを統合データベースで一元管理し，各業務部門の状況をリアルタイムに把握するための手法である。

　エ　部品の調達から製造，流通，販売に至る一連のプロセスに参加する部門と企業間で情報を共有・管理することで，業務プロセスの全体最適化を目指す手法である。

● 2　顧客や市場からのさまざまな情報を取り込み，その情報を多様な目的で迅速に活用することで顧客との密接な関係を維持し，企業収益の拡大を図る経営手法はどれか。 (H20 秋 AD)

　ア　CRM　　　　　イ　ERP　　　　ウ　MRP　　　　エ　SCM

● 3　CRM を説明したものはどれか。 (H19 春 AD)

　ア　卸売業者・メーカーが，小売店の経営活動を支援してその売上と利益を伸ばすことによって，自社との取引拡大につなげる方法である。

　イ　企業全体の経営資源を有効かつ総合的に計画・管理し，経営の効率化を図るための手法である。

　ウ　企業内のすべての顧客チャネルで情報を共有し，サービスのレベルを引き上げて顧客満足度を高め，顧客ロイヤルティの最適化に結びつける考え方である。

　エ　生産，在庫，購買，販売，物流などのすべての情報をリアルタイムに交換することによって，サプライチェーン全体の効率を大幅に向上させる経営手法である。

6-2 技術戦略マネジメント

技術戦略マネジメントは，①他社に真似できない経営資源や独自技術を持つこと，②開発や販売の時期など他社との競合戦略，③顧客からの意見を生かした製品を作り出すなど企業の技術的な経営戦略である。

◎ 6-2-1 ● 技術開発戦略の立案・技術開発計画

1. シナリオライティング

仮説に従って，将来を予測し，複数の代替案を作成することでリスク管理（危機の分散化）することを**シナリオライティング**という。

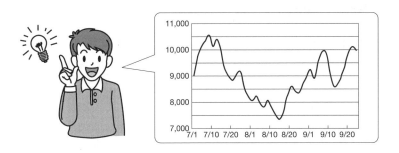

2. デルファイ法

あるテーマについての専門家の意見を求め，意見を取りまとめる。さらに同じ質問を別の専門家に対して行い，再度意見を取りまとめる。この過程を数回繰り返し意見を一定の範囲に収束させる。これにより，より精度の高い予測を得ようとする手法を**デルファイ法**という。

▶**デルファイ法**：Delphi Method

3. トレーサビリティ

食品や工業製品などの調達から加工，生産，販売までの履歴をあとから追跡できるようにするシステムを**トレーサビリティ**という。

4. トレンド分析

データの時間的な変化に着目し，その変化の原因となる事象を推測する分析手法のことを**トレンド分析**という。

これからのトレンドは
ミニバンで
ハイブリッドだね！

5. MOT（Management Of Technology：技術経営）

技術を事業の核とする企業が，イノベーション（技術革新）によって真新しい価値を創出し，企業を成長させる経営の考え方のこと。

▶技術ポートフォリオ

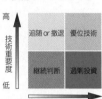

※技術重要度は，市場状況，当該
技術の成熟度となる場合もある

6. 技術ポートフォリオ

横軸に自社の技術水準，縦軸に技術の重要度などの指標により4つのマトリックスに分類し，市場における自社の技術の位置づけを示すもの。PPMは，自社の製品の位置づけを表している。

7. 特許戦略

会社を成長させていくため，自社が保有している特許をどのように活用して，また，どの分野に適用するのかを分析すること。

8. 技術予測手法

製品やサービスなどを対象とする分野において，横軸に時間の経過をとり，実現が期待されている技術やサービスなどの将来的な展望や進展目標を時系列で表した図表のこと。

9. プロセスイノベーション

商品開発や配送方法などで，独自の工程（プロセス）を構築することで競争優位を達成する技術革新（イノベーション）のこと。

10. プロダクトイノベーション

他社と差別化できる商品（プロダクト）を開発・販売することで，競争優位を達成する技術革新（イノベーション）のこと。技術面・ニーズ面・商品コンセプト面などで差別化を図る。

11. オープンイノベーション

異企業間の共同研究や産学連携などにより，自社以外（オープン）の新たな技術やアイディアを取り入れ，これまでにない革新的（イノベーション）な商品やサービス，ビジネスモデルなどを作り出すことである。

12. 技術開発をする際の困難さの表現

魔の川・死の谷・ダーウィンの海とは，企業における技術経営（MOT）上の概念の１つで，企業が新たな技術を研究し，産業として成立させるまでの過程を①研究，②開発，③事業化，④産業化の４段階に分けた際に，各段階から次の段階へ移行する際に立ちはだかる困難さをいう。

(1) 魔の川

研究開発におけるプロジェクトが基礎的な①研究から製品化を目指す，②開発へと進めるかどうかの困難さのことである。

(2) 死の谷

②開発へと進んだプロジェクトが，③事業化へ進めるかどうかの困難さである。

生産ラインを確保したり，流通チャネルを準備するための資金や人材などの経営資源を適切に調達することが必要とされるため，死の谷は深い。

(3) ダーウィンの海

③事業化されて市場に投入された新製品やサービスが，既存製品や競合他社との競争，消費者の認知や評価などにより市場に定着する困難さをいう。

13. ハッカソン

プログラマーやシステム開発者が，設定された課題解決をテーマとし，短期集中的にソフトウェアの開発を行うイベントである。

14. キャズム

新しい製品やサービスの広がりが一時的に伸び悩む『溝』のことである。

15. イノベーションのジレンマ

優良な企業が，革新的な技術の追求よりも，既存技術にこだわることにより，結果的に市場でのシェアの確保に失敗する現象である。

16. デザイン思考

利用者のニーズに基づき，製品やサービスをデザインすることである。

17. ペルソナ法

年齢・性別・職業などの要素により，サービスや商品を利用すると想定される人物のモデルを設定して，商品開発やマーケティングを行う方法である。

18. バックキャスティング

目標となる未来を設定し，そこから逆算して現在に向けて解決策を考える思考方法。

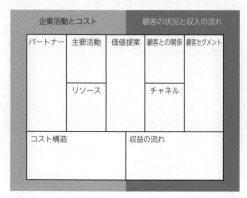

企業活動とコスト			顧客の状況と収入の流れ	
パートナー	主要活動	価値提案	顧客との関係	顧客セグメント
	リソース		チャネル	
コスト構造			収益の流れ	

19. ビジネスモデルキャンバス

　顧客セグメント，顧客との関係，チャネル，価値提案，収益の流れ，主要活動，リソース，パートナー，コスト構造の9要素を図に整理して，ビジネスモデルを把握するためのフレームワークである。

20. リーンスタートアップ

　限られた資源（リソース）の中で効率的かつスピーディに起業したり，新規事業を立ち上げたりすることを指す。リーンとは，無駄がないという意味である。

21. APIエコノミー

　インターネットを介して，さまざまな事業者が提供するサービスを連携させて，より付加価値の高いサービスを提供する仕組みである。API（Application Programing Interface）とは，あるソフトウェアから別のソフトウェアの機能を呼び出す仕組みである。

22. VC（Venture Capital：ベンチャーキャピタル）

　未上場のベンチャー企業の株式を取得し，ベンチャー企業が上場した際に株式を売却することにより値上がり益を目指す投資会社や投資ファンドをいう。

23. CVC（Corporate VentureCapital：コーポレートベンチャーキャピタル）

　投資が本業としていない企業が，自社の製品やサービスなどとの相乗効果に期待して，新商品を開発した新興企業（ベンチャー企業）などに投資を行う活動組織をいう。

・練習問題・

● 1　技術開発戦略の立案に必要となる将来の技術動向の予測などに用いられる技法であり，複数の専門家からの意見収集，得られた意見の統計的集約，集約された意見のフィードバックを繰り返して意見を収束させていくものはどれか。　　　　　　　　　　　　　　　　　　　　　　　（サンプル）
　ア　シナリオライティング　　イ　デルファイ法
　ウ　ブレーンストーミング　　エ　ロールプレイング

● 2　トレーサビリティシステムの特徴はどれか。　　　　　　　　　　　　　　　　　　　（サンプル）
　ア　医療診断などの専門的知識を必要とする分野で，専門的知識をデータベース化又はプログラム化してコンピュータに解決策を推論させる。
　イ　小売店の店頭で欠品が起こらないように，逐次ハンディターミナルから発注情報を取引先に伝達する。
　ウ　食品などの生産・流通にかかわる履歴情報を消費点から生産点にさかのぼって追跡できる。
　エ　対話形式で，非定型的な経営上の問題解決のための意思決定を支援する。

6-3 ビジネスインダストリ

● 6-3-1 ● ビジネスシステム

物流業・卸売業・小売業などの流通業が使う情報システムを流通情報システムという。また，銀行・証券・保険業などの金融機関が使う情報システムを金融情報システムという。

1. 代表的なビジネス分野におけるシステム

（1）GIS（Geographic Information System：地理情報システム）

地図に，位置情報を持ったデータを結びつけることにより，視覚的にわかりやすい情報を提供する技術である。例えば，カーナビの地図に表示される建物には，その建物名，サービス内容，営業時間といった属性情報がある。

（2）ETC（Electronic Toll Collection：自動料金収受）システム

（3）スマートグリッド（次世代送電網）

供給・需要の両面からリアルタイムにエネルギー状況を把握し，効率良く電気の流れを最適化する送電網。

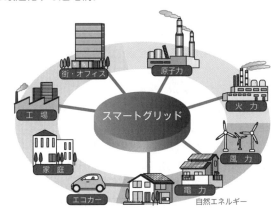

（4）CDN（Content Delivery Network）

物理的にサーバを分散させ，コンテンツをユーザに近づけることでウェブコンテンツを効率的かつスピーディーに配信できるように，工夫されたネットワークのこと。

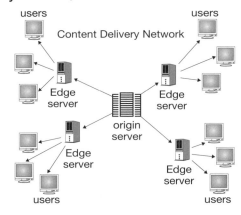

(5) ディジタルツイン

　現実世界から集めた膨大なデータを IoT や AI，AR などの技術を用いてディジタル空間にまるで双子であるかのように，コンピュータ上に再現することができる技術のことで，さまざまなシミュレーションを行うことができ，将来予測することができる。

(6) サイバーフィジカルシステム（Cyber Physical System）

　IoT により物理的（フィジカル）にデータを収集し，サイバー空間のディジタルツインにより得られた結果を，物理的（フィジカル）にフィードバックするような一連のサイクル。例えば自動運転では，各種センサがさまざまな情報（フィジカル）を収集し，AI・IT 技術（サイバー）が分析した上で，車を完全に制御（フィジカル）して動かすなどである。

(7) ブロックチェーンの活用

①トレーサビリティ確保

　データの分散管理が可能であり，データ書き換えが不可能なブロックチェーンを活用してトレーサビリティ（追跡できるようにすること）を確保する。

②スマートコントラクト

　ブロックチェーンを利用して行われる，さまざまな取引を自動的に実行することである。

　自動販売機は，お金を入れて商品を選択すると商品売買取引が自動的に完結するという，スマートコントラクトの身近な例である。

2. 行政分野におけるシステム

(1) 住民基本台帳ネットワークシステム

　利便性の向上と国および地方公共団体の行政の合理化を図るため，全国共通の本人確認ができるシステムである。住民基本台帳ネットワークシステムの情報は，氏名，住所，生年月日，性別，マイナンバー，住民票コードなどである。

　また，国民健康保険，後期高齢者医療，介護保険，国民年金の資格確認や児童手当の受給資格確認，印鑑登録等に関する事務がオンラインで行える。

(2) 電子入札

　紙による入札の一連の流れを，安全かつ公平なインターネットを介して実行すること。メリットとして，事務処理の効率化，コストの削減，競争性の向上などがある。

(3) マイナンバー

　固有の個人番号により，①行政を効率化し，②国民の利便性を高め，③公平公正な社会を実現する社会基盤をいう。

　また，マイナンバーカードとは，プラスチック製の IC チップ付きカードで氏名，住所，生年月日，性別，マイナンバー（個人番号）と顔写真が掲載されている。身分証明書として利用できるほか，自治体サービス，各種行政手続きのオンライン申請などさまざまなサービスで利用できる。コンビニなどで住民票などの各種証明書の取得も可能となる。

(4) マイナポータル

　政府が運営するオンラインサービスであり，マイナンバーカードをキーとして子育てや介護をはじめとする，行政手続きの検索やオンライン申請がワンストップでできたり，行政機関からのお知らせを受け取れたりする，自分専用のサイトである。

(5) 電子申請

　紙によって行われている申請や届出などの行政手続きを，インターネットを利用して自宅や会社のパソコンなどから行えるようにするものである。

(6) 緊急速報

　気象庁が配信する緊急地震速報や津波警報，災害・避難情報，特別警報などをメールなどにより一斉に通知するサービスである。

(7) J アラート

　弾道ミサイル攻撃に関する情報や緊急地震速報，津波警報，気象警報などの緊急情報を，人工衛星や地上回線を通じて全国の都道府県，市町村等に送信し，市町村防災行政無線等を自動で起動することにより，人手を介さず瞬時にアラート(警報)を伝達するシステムである。

3. 代表的なソフトウェアパッケージ
(1) 業務別ソフトウェアパッケージ

　生産管理，在庫管理，会計管理，販売管理などに利用されるソフトウェアパッケージをいう。例えば，会計管理ソフトウェアパッケージでは，取引データを入力することで，財務諸表や経営分析に関する資料が自動的に生成される。

(2) 業種別ソフトウェアパッケージ

　病院や金融業などの業種で利用されるソフトウェアパッケージをいう。病院などでは，病気の種類や程度による医療費の算出や国民健康保険に関する計算など業種ごとの独自の手続きをシステム化したものである。

4. AI（Artificial Intelligence：人工知能）の利用と活用
(1) 人間中心の AI 社会原則（人間中心の原則）（政府　公表）

　「AI–Ready な社会」を実現し，AI の適切で積極的な社会実装を推進するためには，各ステークホルダが留意すべき基本原則であり，AI の利用は，憲法および国際的な規範の保障する基本的人権を侵すものであってはならない。

(2) 人間中心の AI 社会原則（公平性・説明責任・透明性の原則）

　「AI–Ready な社会」においては，AI の利用によって，人々が，その人の持つ背景によって不当な差別を受けたり，人間の尊厳に照らして不当な扱いを受けたりすることがないように，公平性および透明性のある意思決定とその結果に対する説明責任(アカウンタビリティ)が適切に確保されるとともに，技術に対する信頼性(Trust)が担保される必要がある。

(3) 信頼できる AI のための倫理ガイドライン（EU　公表）
（Ethics guidelines for trustworthy AI）

EU が公表した，開発者が守るべき 7 つの重要項目。

①人の監督　②堅固な安全性　③プライバシーとデータのガバナンス　④透明性　⑤多様性，非差別，公平性　⑥社会および環境の幸福　⑦説明責任

(4) 人工知能学会倫理指針（人工知能学会　公表）

人工知能学会は，自らの社会における責任を自覚し，社会と対話するため，会員の倫理的な価値判断の基礎となる倫理指針を定めた。

(5) 特化型 AI

画像認識や音声認識，自然言語処理，推論（囲碁・将棋・チェス）の対戦ができる AI（人工知能）や掃除など，特定の内容に関する思考・検討だけに優れている人工知能。

(6) 汎用 AI

特定の課題にのみ対応するのではなく，人間と同じようにさまざまな課題を処理可能な人工知能を指す。

(7) AI による認識

顔認証システムなどの物体の認識や，医用画像診断。

(8) AI による自動化

例）
- RPA（Robotic Process Automation）活用による定形処理の自動化
- 農業での自動耕運ロボットや栽培マシン
- 食品や部品などを扱う工場で，良品・不良品を見分ける画像処理技術を用いた品質検査
- 無人レジ店舗

(9) AI アシスタント

音声を認識して対話形式で質問やお願いに対応するサービスであり，スマートスピーカーが代表的である。キーボード入力に代わり，音声だけでスマホなどへ指示を行うことが可能。

(10) AI によるビッグデータの分析

例）
- ディジタルマーケティングでの活用
  膨大な顧客データをもとにターゲットを分析したり，カスタマーサービスの自動化を図る。
- 自動運転
  AI により，周囲の状況をセンサなどによりリアルタイムで収集したり，GPS 情報などにより自動運転を行う。

(11) 教師あり学習による予測（売上予測, り患予測, 成約予測, 離反予測）

情報を読み込ませる際に，正解や不正解という情報を加えておくことにより，たくさんのデータの学習を繰り返すことで，正解や不正解を適切に予測できるようになること。

(12) 教師なし学習によるグルーピング（顧客セグメンテーション，店舗クラスタリング）

データどうしの類似性により，似たものどうしを同じグループに入れるようにデータをグループ化するクラスタリングを行う。例えば，購入商品や来店時間などのデータをもとに，類似の購買行動をクラスタリングし，顧客をグループ化する。

(13) 強化学習

データ出力を価値化し，その価値を最大化するためアルゴリズムを最適化すること。例えば，株式の売買での利益を最大化するためにどのタイミングで売るべきか，また，ゲームで最も高いスコアを出すためにはどうするかなどの判断処理が強化学習に該当する。

(14) データのバイアス

AIのためのデータが偏見を含んでいて，判定結果にも偏見が反映されること。

①統計的バイアス

データ収集の際，集めやすいデータが優先されてしまい，データが現実を正しく反映していない場合の偏見。

②社会の様態によって生じるバイアス

社会的に少数派に対する偏見を反映したデータを与えた場合の偏見。

③AI利用者の悪意によるバイアス

例えば，チャットボットなどで悪意を持った質問を入力することにより，AIが偏った学習をしてしまう状態を指す。

④アルゴリズムのバイアス

偏りのあるデータをAIに学習させてしまうことで，偏りのある結果を出してしまうこと。

(15) AIサービスの責任論

①トロッコ問題

多数の人を助けるためなら，1人を犠牲にしてもよいかという倫理的なジレンマを問う思考をいう。

5. ビジネスシステム

(1) 流通情報システム

宅配便の配送状況管理や配送時間管理など，販売者から消費者へ商品輸送などを業務で活用されている。

(2) 金融情報システム

株式などのオンライントレードなど，迅速で正確な業務で活用されている。

(3) 応用システム

ビジネスのさまざまなシーンでの IT を組み合わせたビジネスシステム。

(4) ITS（Intelligent Transport Systems：高度道路交通システム）

道路交通情報通信システム（VICS）や高速道路の ETC（ノンストップ自動料金収受システム）などが，交通渋滞解消のため活用されている。

(5) セルフレジ

商品の読み取りから支払いまでを自分で行うレジシステムである。

(6) スマートグリッド

オンラインで，供給・需要の双方から電力量などの利用状況を管理できる送電網のことである。

(7) 業務別ソフトウェアパッケージ

会計，営業支援，販売管理ソフトウェアなどがある。

(8) 業種別ソフトウェアパッケージ

金融，医療，製造，運輸向けソフトウェアパッケージなどがある。

(9) AI 利活用ガイドライン

総務省が定めた社会で AI を良い形で共有するための基本原則である。

・練習問題・

● 1　次に示す標準 JAN コード（13 けた）で，上位 2 けた目までは何を表しているか。

例）4934567890124

ア　国コード　　イ　商品アイテムコード　　ウ　商品メーカーコード　　エ　チェックディジット

● 2　JAN コード中にデータとして組み込まれている情報はどれか。　　　　　　　　（H22 春 IP）

ア　商品の製造会社　　イ　商品の製造工場　　ウ　商品の流通経路　　エ　商品の製造日

● 3　MRP（Material Requirements Planning）システムを導入すると改善が期待できる場面はどれか。

（H18 春 FE）

ア　図面情報が電子ファイルと紙媒体の両方で管理されていて，設計変更履歴が正しく把握できない。

イ　製造に必要な資材及びその必要量に関する情報が複雑で，発注量の算出を誤りやすく，生産に支障をきたしている。

ウ　設計変更が多くて，生産効率が上がらない。

エ　多品種少量生産を行っているので，生産設備の導入費用が増加している。

● 4　銀行・商店などと提携したカード会社が会員に発行するカードであり，買い物の時点では現金を支払わずに，カードを提示するだけでよく，カード会社と会員である消費者との間の契約に基づいて，後日決済するものはどれか。　　　　　　　　（サンプル）

ア　ID カード　　イ　クレジットカード　　ウ　デビットカード　　エ　プリペイドカード

◉ 6-3-2 ● エンジニアリングシステム

1. 代表的なエンジニアリングシステム

情報技術を活用して，設計や製造工程および在庫管理などでの自動化およびコンピュータ化を図ることであり，CAD，CAM，CIM，FA がある。

(1) CAD（Computer Aided Design）

コンピュータ支援による設計を CAD という。

(2) CAM（Computer Aided Manufacturing）

CAD で作成されたデータを活用し，コンピュータ支援により製造を行うことを CAM という。

▶CAM の M は，Manufacturing（製造）の意味である。

(3) CIM（Computer Integrated Manufacturing）

製造業で導入されているコンピュータを活用した統合生産管理システムのことを CIM という。

▶CIM
Computer
Integrated（統合）
Manufacturing（製造）

(4) FA（Factory Automation：ファクトリーオートメーション）

コンピュータ制御による産業用ロボットを用いて，生産の自動化を図るシステムを FA という。

▶FA
Factory（工場）
Automation

(5) コンカレントエンジニアリング（Engineering）

開発工程における，設計から生産にまでのそれぞれの工程を同時(Concurrent)に行うことで，期間短縮や生産効率を向上させる手法である。

▶コンカレントエンジニアリング

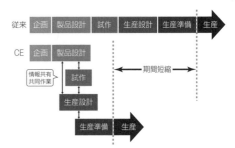

(6) シミュレーション（simulation）

実物そっくりのモデルを用い，自動車の衝突実験など現実では難しい実験などを行うことをいう。物理的なものを用いず主にコンピュータを用いて再現することもできる。

(7) センシング技術

センサを用いて空間位置や時間，温度，音などを人間が扱いやすい情報に置き換え，計測・判別すること。車などでの距離センサ，GPS，温度センサなどが具体例である。

2. 生産方式

(1) JIT（Just In Time：ジャストインタイム）

必要なモノを，必要なときに，必要な量だけ生産するという，トヨタ自動車の生産方式である。在庫と生産を最適化することができる。(6-1-3 の 5. 参照)

(2) FMS（Flexible Manufacturing System：フレキシブル生産システム）

NC 工作機械，自動搬送装置，自動倉庫などを結合し，コンピュータで集中管理することで多品種少量生産に柔軟（フレキシブル）に生産を自動化するシステムである。

(3) MRP（Material Requirements Planning：資材所要量計画）

計画(Planning)に合わせ，必要な資材(Material)の量(Requirements)を算出し，これをもとに製造，在庫，発注，納品を総合的に支援する生産システムである。

(4) リーン生産方式

生産工程の無駄を取り除く(リーン)ために，トヨタ自動車の生産方式をもとに在庫や開発期間，人などあらゆるものをできるだけ削減する生産方法である。

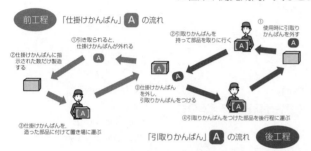

前工程　「仕掛けかんばん」 A の流れ

①引き取られると，仕掛けかんばんが外れる
②仕掛けかんばんに指示された数だけ製造する
③仕掛けかんばんを，造った部品に付けて置き場に運ぶ

①使用時に引取りかんばんを外す
②引取りかんばんを持って部品を取りに行く
③仕掛けかんばんを外し，引取りかんばんをつける
④引取りかんばんをつけた部品を後行程に運ぶ

「引取りかんばん」 A の流れ　後工程

(5) かんばん方式

JIT を実現するためトヨタ自動車が生み出した方式で，後工程から前工程への生産指示や，前工程から後工程への運搬指示のためにかんばんと呼ばれる伝票を用いる生産方式である。

6-3-3 ● e ビジネス

1. 電子商取引（EC：Electronic Commerce）

ネットワーク上で商品やサービスを売買することを**電子商取引**といい，e コマース，EC などともいう。電子商取引では無店舗販売ができるために，経費を低減でき，少ない投資で事業に参入することができる。

(1) ロングテール

あまり売れていない商品でも，品数を幅広く取りそろえることで大きな売上となること。実店舗での販売では販売スペースの関係などから売れない商品を置くことはできないが，電子商取引では取り扱いが可能となる。

▶ロングテール

図は売上の降順に並べた図である。ロングテールは長い(long)尾(tail)なので，赤い部分(売上の少ない商品群)を意味している。

(2) フリーミアム（Freemium）

基本的なサービスや製品を無料で提供し，さらに高度な機能や特別な機能は有料にすることで収益を得るビジネスモデル。

▶フリーミアム

無料(Free)とプレミアム(割増料金：Premium) の造語。ネットゲームなどでよく見かける。

(3) O2O（Online to Offline）

Web サイトや，SNS などのオンライン上で情報を発信し，オフラインである実店舗へ誘導するマーケティング手法。

(4) EDI（電子データ交換：Electronic Data Interchange）

契約書や商取引に関する文書をネットワークを通じてやりとりする仕組み。

(5) フィンテック（FinTech）

金融サービスとテクノロジーの融合により誕生した新しい金融サービス。

▶フィンテック

金融(Finance)と技術(Technology)の造語。

(6) EFT（電子資金移動：Electronic Fund Transfer system）

現金や手形，小切手などの紙による手段を用いずに，ネットワークを通じて送金や決済を行うシステム。

(7) クラウドファンディング（crowdfunding）

　資金調達の手段の１つで，インターネットを通じて不特定多数に呼びかけ，趣旨に賛同する方から資金調達する。

(8) e マーケットプレイス

　インターネット上で売り手と買い手を結びつける電子的な取引市場。インターネット上に設けられた企業間取引を行うシステム。

(9) インターネットトレーディング

　オンライントレードともいい，インターネットを利用して株式や商品先物，外国為替などの取引を行うサービス。

(10) エスクローサービス

　売買取引時に信頼の置ける中立的な第三者が間に入り，取引の安全性を保証するサービス。例えば，売買が成立すると，仲介者は購入者から金銭を預かり，購入者が商品を確認後に販売者へ金銭を渡す。

(11) IC カード・RFID 応用システム

　RFID とは IC タグに登録された情報を無線電波によって IC タグに接触することなく読み書きできる仕組みである。IC タグを全ての商品に貼ることで，在庫管理の効率化や，会計の効率化などが図られている。また，キャッシュレス決済との組み合わせによる無人店舗の実用化のための実証実験が行われている。

(12) クラウドソーシング（crowdsourcing）

　業務をインターネット上の不特定多数の人に公募し，業務を委託すること。

(13) アカウントアグリゲーション

　Web 上で提供されている複数の銀行や証券会社の口座情報を，一度の認証で一括して参照できるサービス。

(14) eKYC（electronic Know Your Customer）

　オンライン上での本人確認のこと。銀行口座の開設や，クレジットカードの新規取得などで使用されている。

(15) AML・CFT（マネーローンダリング・テロ資金供与対策：Anti Money Laundering・Countering the Financing of Terrorism）

　マネーローンダリングとは，犯罪行為によって得た収益を合法的な手段に見せかけ，出所を分かりにくくする行為である。また，テロ資金供与とは，テロ行為を行うための資金をテロリストへ提供することである。犯罪者やテロリストにつながる資金を断つことは国際社会が取り組まなくてはならない重要な課題である。日本では金融庁が 2018 年に「マネー・ローンダリング及びテロ資金供与対策に関するガイドライン」を策定・公表するとともに，2021 年には「マネロン・テロ資金供与対策ガイドラインに関するよくあるご質問（FAQ）」を策定し，金融機関に求める対策の明確化を行っている。

▶クラウドファンディング
群衆(crowd)と資金調達(funding)の造語。

▶オンラインモール
インターネット上に複数の店舗が集まった Web サイト。電子商店街ともいう。

▶電子オークション
インターネット上にオークションの場を提供するサービス。

▶インターネットバンキング
銀行の取引サービスをインターネット上で利用できるもの。

▶クラウドソーシング
群衆(crowd)と委託(sourcing)の造語。

◉6-3-4 ● IoTシステムと組み込みシステム

1. IoTを利用したシステム

IoTは，モノがインターネットに接続されて，お互いが通信し合うことで，モノの状態や動きを検知し操作する技術の総称である。エアコンや冷蔵庫などの各種家電や，自動車・バス，工場の装置・設備など，さまざまなモノにIoT技術が活用されている。IoTがもたらす効果として制御・監視・最適化・自律化があげられる。

▶IoTの機能
①モノを操作する（制御）
②モノの状態を知る（監視）
③モノの動きを検知する（最適化）
④モノどうしで通信する（自律化）

①外出先から家のエアコンを ONにする

②家族の様子を見守る

③バスのリアルタイムの 運行状況を把握する

インターネット

④室内の照明を自動で ON・OFFにする

（1）スマートデバイス

さまざまな機能を持つデバイスの総称をいい，メガネ型の**スマートグラス**，スピーカ型の**スマートスピーカ**などがある。

VR（Virtual Reality）

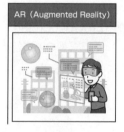

AR（Augmented Reality）

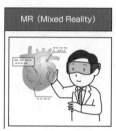

MR（Mixed Reality）

① VRグラス（Virtual Reality：仮想現実）

現実にはないものをあたかもそこにあるように映像で表示する。

② ARグラス（Augmented Reality：拡張現実）

現実空間の物体や床，壁などを認識した上で，バーチャルな物体や情報を，現実に重ねて表示する。

③ MRグラス（Mixed Reality：複合現実）

現実空間と仮想空間を融合させ，相互に影響し合うことができる世界を表現する。ARでは現実空間に追加されたバーチャル情報に触れられないが，MRでは触れることや動かすことができる。

④スマートスピーカ

対話型の音声操作に対応したAIアシスタント機能を持つスピーカのこと。基本的にできることは，音楽の再生，家電との連携，検索・情報の収集，読み上げ，データの送信，Webショッピング，タイマー，カレンダーなどがある。

(2) CASE

CASEとは，「Connected（コネクテッド）」「Autonomous（自動運転）」「Shared & Service（シェアリング & サービス）」「Electric（電動化）」の頭文字を取って作られた言葉である。

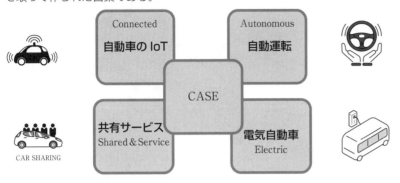

①コネクテッド（Connected）

自動車にセンサが搭載され，インターネットを介して常に外部とつながることで，運転中のさまざまなデータを測定，蓄積してAIの分析により，事故や渋滞情報の通知が可能になる。ICT端末としての機能を有する自動車を総じて**コネクテッドカー**と呼ぶ。

②自動運転（Autonomous）

人間が運転する必要のない自動走行できる車両を実現する機能のこと。自動運転では，センサが道路状況などを感知してAIが判断・操作する。

③シェアリング & サービス（Shared & Service）

カーシェアリングなどアプリを使って利用者が予約をして利用するサービス。バスや電車などの公共交通機関を利用する際，移動ルートを最適化するなど，交通手段の種類に関わらず，利用者の視点や社会の視点から，次世代のモビリティ全体のサービスの普及を目的とした**MaaS**などがある。

④電動化（Electric）

電動化により，センサや情報システムなどを活用したコネクテッド化や自動化との連携が促進される。また給電や充電の心配がない**ワイヤレス給電技術**の普及によって，利便性の高い快適な生活が実現する。

(3) マシンビジョン

マシンビジョン（Machine Vision）とは，産業機器に視覚と視覚情報を判断する能力を与える技術をいい，自動検査，プロセス制御，ロボットのガイドなどに使われる。マシンビジョンシステムは，主として人間が行ってきた目視検査を自動化して，読み取る，見分けるといった限定された作業を高速で実行する。

▶ **自動運転のレベル**

レベル0　後方検知器の搭載程度
レベル1　ブレーキの自動化
レベル2　加速・減速・ハンドル操作など部分的な自動化
レベル3　人間の補助を必要とする自動化
レベル4　特定の場所において人間の補助が不要な自動化
レベル5　場所や状況の制限がない完全自動化

▶ **MaaS**（Mobility as a Service）

電車

タクシー
経路検索

バス

自家用車

予約
MaaS
支払
配車手配

レンタカー

配車サービス

カーシェア

自転車シェア

（4）HEMS（Home Energy Management System）ヘムス

　家電や電気設備をつないで，電気やガスなどの使用量をモニタ画面などで「見える化」し，家電機器を自動制御することで，家庭で使うエネルギーを節約するための管理システムを HEMS という。

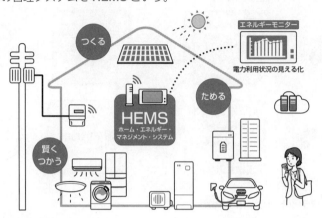

2．組み込みシステム

　携帯電話や**携帯情報端末**をはじめ，テレビや洗濯機といった家電・自動車・産業用ロボットなどに組み込まれているコンピュータシステムのこと。これらの機能は，本体内部の回路に組み込まれたソフトウェアの一種である**ファームウェア**によって制御される。

（1）ロボティクス

　ロボティクスとは，ロボットの設計・製作・制御に関する産業全般の総称をいい，クラウドサービスを中心に，AI を組み入れたロボットの活用範囲が広がっている。製造業における加工・組立作業などにロボットを活用する**スマートファクトリ**では人間に代わって作業の自動化が進んでいる。また，産業用のドローンを活用した**スマート農業**，**スマート物流**，衛星通信を活用した**スマート水産**など，さまざまな分野でシステム化されている。

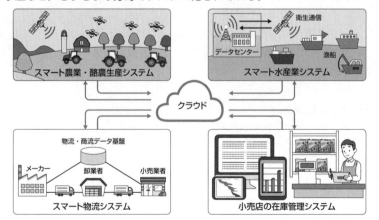

▶ロボティクス
ロボット工学。ロボットの構想，設計，製造，運用などを対象とした工学の一分野。

▶ドローン
人が乗る事ができないような小さなサイズで遠隔操作が可能な飛行物体をドローンという。
警備・エンターテイメント・保守点検・農業・物流・製造（ファクトリ）と活用は広がっている。

6-4 システム戦略

経営戦略を実現するためには，システム戦略（情報システム戦略）との連携が欠かせない存在となっている。そのため，業務プロセス（仕事の手順）の再構築のために BPR を活用したり，E-R 図や DFD といったモデリング技法を活用する。

◎ 6-4-1 ● 情報システム戦略

1. エンタープライズサーチ（Enterprise Search）

エンタープライズサーチとは，組織内のさまざまな場所に保存されているディジタルデータを，保管場所を気にすることなく素早く検索するシステム。企業内検索ともいう。検索対象となる場所は，社内サーバだけでなく，クラウド上のデータなども含まれる。

2. エンタープライズアーキテクチャ（EA：Enterprise Architecture）

エンタープライズアーキテクチャ（EA）とは，組織の業務手順や，資源配置，情報システムなどの最適化を進めて効率化を図るための設計手法。変化が激しく先行きが不透明な環境の中では，組織全体から無理や無駄を無くして最も経営上の効果が上がる状態にする必要がある。そのためには，必要な資産や活動を戦略的に重要な領域に集中させる必要がある。このことを企業の**全体最適化**という。EA は 4 つの階層から構成される。

3. SoR（Systems of Record）

SoR とは，データを正確に記録することを目的としたシステムのことで，会計や人事情報，受発注管理や製造管理などのシステムをいう。SoR は業務の根幹を担う重要なシステムで，データを記録・蓄積し，そのデータを活用して運用する。SoR は長期間に渡り稼働し，障害が発生した場合にも素早く復旧できるように設計されている。

4. SoE（System of Engagemenet）

SoE とは，企業と顧客を繋げることを目的としたシステムで，CRM や電子メール，SNS を使ったシステム，メッセージアプリケーションなどが該当する。参加者を増やすことで多くのデータが収集でき，それを元に顧客と関係性を強めた活動が行えるようになる。SoE では利用者の求めるサービスが常に変化するため，短期間での開発や，システムの修正を頻繁に行う必要が生じる。

◎ 6-4-2 ● 業務プロセス

1. E-R 図

データを実体（entity）とその関係（relationship）という概念で実社会の関連を表した図を E-R 図といい，データベース設計の際に用いる。
詳細は，p.93 参照。

▶エンタープライズアーキテクチャの 4 階層
①**ビジネスアーキテクチャ**（Business Architecture）
ビジネスの設計思想と基本構造。
②**データアーキテクチャ**（Data Architecture）
データの設計思想と基本構造。
③**アプリケーションアーキテクチャ**（Application Architecture）
アプリケーションの設計思想と基本構造。
④**テクノロジーアーキテクチャ**（Technology Architecture）
IT 基盤の設計思想と基本構造。

▶SoI（System of Insight）
SoR や SoE で得たデータを分析することで，顧客の潜在的な需要を発見したり，提案したりする。Web サイトで表示されるレコメンド機能などが該当する。レコメンド機能とは，「この商品を購入している方は××を購入しています」のようなページのこと。

▶E-R 図
Entity Relationship

2. DFD（Data Flow Diagram）

業務をデータの流れに着目して，データの源泉・吸収，データフロー，プロセス（処理），ストア（蓄積）を記号化して表す図を **DFD** という。

名称	データフロー	処理 （プロセス）	データストア （ファイル）	データの 源泉と吸収
記号	→	○	＝	□

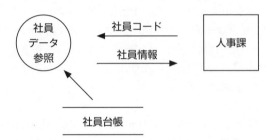

▶**BPMN**（Business Process Model and Notation）
ビジネスプロセスをワークフローとして表記する方法。ビジネスプロセスを誰もが容易に理解できることを目的として4種類の記号で表記する。

▶**ワークフロー**
業務で行われる手順や，やりとりの流れ，または，それを図式化したもの。

3. BPR（Business Process Reengineering）

企業活動に関するある売上などの目標を設定し，その達成のための業務の内容，流れ，組織を最適化または，再設計することを **BPR** という。

4. BPM（Business Process Management）

企業運営を分析，設計，実行，モニタリング，改善，再構築という経営サイクルに分割し，手続きの改善をするための経営改善，業務改善手法を **BPM** という。

5. RPA（Robotic Process Automation）

RPA とは，PC 上で行う業務を自動化するテクノロジー。データの入力作業や転記作業，データの複写，指定した Web サイトから情報の収集などの定型業務を自動化するのに向いている。

6. BYOD（Bring Your Own Device）

BYOD とは，社員が個人で所有している PC やタブレット，スマートフォンなどの情報端末を業務に使用する利用形態をいう。社員は使い慣れている端末を業務で使え，企業側は端末を購入する費用を削減できるというメリットがあるが，セキュリティ上の問題などへの対策が必要となる。

7. M2M（Machine to Machine）

M2M とは，人間を介さずに機械どうしが直接ネットワークで接続して情報交換をし，自動的に制御を行う仕組み。

8. シェアリングエコノミー

シェアリングエコノミー とは，個人や企業が保有する物や場所，技能やノウハウなどの売買や貸し借りを仲介するサービス。

9. 情報銀行

情報銀行とは，個人情報は特定の企業の物ではなく，その人自身の物であるという考え方から，個人が自分の情報を利用しても良い企業や目的を決めた上でデータを提供し，そのデータを活用した企業が見返りとして，その人にあったサービスや商品を提供する枠組み。情報銀行は，個人情報（ライフログ）を蓄積し管理するシステムである **PDS** を利用して，個人とのデータ活用に関する契約に基づき，第三者へデータを提供する。

▶ライフログ
その人の生活の記録をディジタルデータにしたもの。

▶PDS（Personal Data Store）

◎6-4-3 ● ソリューションビジネス

企業の情報システムなどの問題を解決し提案することをソリューションという。具体的にはビジネス情報通信ネットワークを活用して，顧客企業へ業務に適したアプリケーションを貸し出すサービスや情報システム環境を貸し出すサービスなどがある。

1. SI（System Integration）

情報システムの企画から設計，開発，構築，導入，保守，運用までをすべて請け負うサービスや業者をいう。

2. クラウドコンピューティング

クラウドコンピューティングとは，インターネット上でプロバイダが提供する，ソフトウェアやデータ，サーバなどの資源を利用する方法である。利用する形態により，SaaS や ASP などがある。

3. SaaS（Software as a Service）

一般ユーザがネットワーク経由でソフトウェアを利用できるサービスである。

4. PaaS（Platform as a Service）

Web 開発者がネットワーク経由で開発ツールを利用できるサービスである。

5. IaaS（Infrastructure as a Service）

システム開発者がネットワーク経由でサーバや数種類の OS を利用できるサービスである。

6. DaaS（Desktop as a Service）

仮想デスクトップサービスとも呼ばれ，クラウドと接続し，どの端末からでも同じデスクトップ環境を利用できるサービスである。

7. ASP（アプリケーションサービスプロバイダ）

ビジネス用のアプリケーションソフトを，インターネット上で貸し出す事業者のことを **ASP** という。Web ブラウザなどを通じて，ASP 事業者サーバ上のアプリケーションソフトを利用する。

8. ホスティングサービス

インターネット上のサーバの一部を貸し出しするサービスを**ホスティングサービス**という。

9. ハウジングサービス

顧客のサーバ自体を，ネットワーク環境の整った場所に設置するサービスを**ハウジングサービス**という。災害や地震などの天災，防犯上のメリット，電源，回線面の安定などのメリットがある。

10. オンプレミス

企業などが情報システムを自社内に設置し，管理・運用も自社で行うこと。

▶SaaS
Software
as a Service（サービスとしての）

▶ASP
Application Service（アプリケーションサービス）
Provider（提供者）

▶ホスティングサービス
Hosting（もてなす，宿主）
Service

▶ハウジングサービス
Housing（住まわす）
Service

反対に自社外での情報システム運用には，クラウドサービス，ハウジングサービスおよびホスティングサービスなどがある。

11. PoC（Proof of Concept）

例えば新たなモデルシステムを試験的に運用し，その有効性を検証するように，新しい概念（Concept）を証明（Proof）するために行われるものである。

12. SOA

実際の処理の単位に合わせて作られたソフトウェアを，部品や機能としてネットワーク上に公開し，これらを相互に組み合わせることにより，柔軟なシステムを構築しようという仕組みを **SOA** という。

自社内で運用

オンプレミス型

クラウドサービス事業者が運用

クラウド型

▶**SOA**
Service-oriented（サービスに基づいた）
architecture（設計，仕組み）

■ソリューションビジネス

ホスティングサービス	顧客に自社のサーバの一部を貸し出すサービス
ハウジングサービス	顧客のサーバを自社に設置し管理するサービス
SaaS（サーズ） ASP（アプリケーションサービスプロバイダ）	ソフトウェアをインターネット経由で顧客に提供するサービス

・練習問題・

● 1　自社の情報システムを，自社が管理する設備内に導入して運用する形態を表す用語はどれか。

（H31 春 IP）

ア　アウトソーシング　　　　　　　イ　オンプレミス
ウ　クラウドコンピューティング　　エ　グリッドコンピューティング

● 2　クラウドコンピューティングの説明として，最も適切なものはどれか。　　　（R3 春 IP）
ア　システム全体を管理する大型汎用機などのコンピュータに，データを一極集中させて処理すること
イ　情報システム部門以外の人が自らコンピュータを操作し，自分や自部門の業務に役立てること
ウ　ソフトウェアやハードウェアなどの各種リソースを，インターネットなどのネットワークを経由して，オンデマンドでスケーラブルに利用すること
エ　ネットワークを介して，複数台のコンピュータに処理を分散させ，処理結果を共有すること

● 3　SaaS の説明として，最も適切なものはどれか。　　　（H29 秋 IP）
ア　インターネットへの接続サービスを提供する。
イ　システムの稼働に必要な規模のハードウェア機能を，サービスとしてネットワーク経由で提供する。
ウ　ハードウェア機能に加えて，OS やデータベースソフトウェアなど，アプリケーションソフトウェアの稼働に必要な基盤をネットワーク経由で提供する。
エ　利用者に対して，アプリケーションソフトウェアの必要な機能だけを必要なときに，ネットワーク経由で提供する。

6-5 システム企画

6-5-1 ● システム企画の流れ

システム企画では，次の図のように，システム化計画を策定してから，計画実現に必要なシステムの要件定義を行い，最後に要件定義を実現するための機材やソフトウェアを調達するための調達計画を策定して，実施を行う。

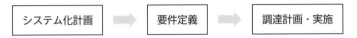

システム化計画 ➡ 要件定義 ➡ 調達計画・実施

1. システム化計画

システム化したい業務の分析を行い，開発の手順や，費用，開発日程などを決定することを**システム化計画**という。スケジュールや計画体制，リスクの大きさを算定する「リスク分析」（リスクアセスメント），費用に対して，効果がどれほどあったのかを分析することである「費用対効果」，「システムの適用範囲」，「企画プロセス」などを考慮することが必要である。

2. 要件定義

現在の業務プロセスを分析（現状分析）し，コンピュータシステム化した場合に必要となる機能や性能を定義することを**要件定義**という。その際，「利用者の要求の調査」，「調査内容の分析」，「現行業務の分析」，「業務要件の定義」，「機能要件・非機能要件の定義」，「要件の合意」を確認する必要がある。

3. 調達計画・実施

（1）RFI（Request For Information：情報提供依頼）

企業が情報システムの導入や業務委託を行う場合，提案依頼書（RFP）に先立ち，要求をとりまとめた資料を業者に提示することにより，最新動向などの情報の提供を要請することを RFI という。

▶RFI
Request（要求）
For Information（情報に対する）

（2）RFP（Request For Proposal：提案依頼書）

情報システムを導入する場合，発注業者に具体的な提案を依頼する文書を RFP という。内容は，システムの基本方針やシステム概要，納入条件などを記載した文書である。

▶RFP
Request（要求）
For Proposal（提案に対する）

■調達の手順

STEP1	STEP2	STEP3	STEP4	STEP5
RFI（情報提供依頼書）の作成	RFP（提案依頼書と見積書）の依頼	業者からの提案書と見積書の入手	発注企業選定	契約締結

値段や品質だけでなく，環境に優しいシステムを提供する業者から調達することである「グリーン調達」やデータの共有，AI の開発の促進を図ることを目的に経済産業省が策定したガイドラインである「AI・データの利用に関する契約ガイドライン」に考慮する必要がある。

● **1** 情報リテラシを説明したものはどれか。 (H21 春 IP)

　ア　PC 保有の有無などによって，情報技術をもつ者ともたない者との間に生じる，情報化が生む経済格差のことである。

　イ　PC を利用して，情報の整理・蓄積や分析などを行ったり，インターネットなどを使って情報を収集・発信したりする，情報を取り扱う能力のことである。

　ウ　企業が競争優位を構築するために，IT 戦略の策定・実行をガイドし，あるべき方向へ導く組織能力のことである。

　エ　情報通信機器やソフトウェア，情報サービスなどを，障害者・高齢者などすべての人が利用可能であるかを表す度合いのことである。

● **2** システム化計画の立案に含まれる作業はどれか。 (サンプル)

　ア　機能要件の定義

　イ　システム要件の定義

　ウ　ソフトウェア要件の定義

　エ　全体開発スケジュールの検討

● **3** 図のソフトウェアライフサイクルを，運用プロセス，開発プロセス，企画プロセス，保守プロセス，要件定義プロセスに分類したとき，a に当てはまるものはどれか。 (サンプル)

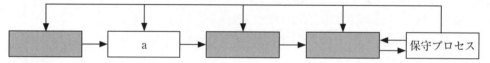

　ア　運用プロセス

　イ　開発プロセス

　ウ　企画プロセス

　エ　要件定義プロセス

● **4** ソフトウェアやサービスの取引契約内容の不透明さを取り除くために，発注者が提案依頼書に記載すべき項目はどれか。 (サンプル)

　ア　開発工数

　イ　システムの基本方針

　ウ　プログラム仕様書

　エ　見積金額

● 6-5-2 ● システム活用促進・評価

1. システム活用促進

(1) ゲーミフィケーション

　商品やサービスへの興味を抱かせ，より多く利用促進させるために，ゲームのランキングやレベル設定など，ゲーム的な要素を取り入れることである。

(2) ディジタルディバイド

　情報技術(IT)が利用できる国や年代などと，利用できない国や年代などとの間で生じる格差(ディバイド)のことである。

(3) 費用対効果分析

　費用に対して，どれほど効果があるのか分析することである。

(4) メンテナンスコスト

　電気代や人件費などシステムの維持や管理に必要な費用のことである。

(5) 利用者満足度調査

　システムの満足度を測定するために行う調査である。

(6) システムライフサイクル

　システムの企画から開発，運用，保守までの流れである。

(7) レガシーシステムの廃棄・刷新

　陳腐化(レガシー・遺産)した過去のシステムを廃棄し，新たなシステムに置き換え(刷新)をすることである。

1. B社は図のような流れで情報システムを調達した。a に当てはまるものはどれか。 (H22 春 IP)

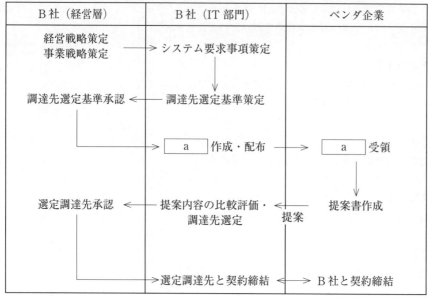

ア NDA　イ RFI　ウ RFP　エ SLA

2. 経営戦略が策定され，その戦略の一つに"営業部門の組織力強化"が掲げられた。この戦略を実現するための情報システムとして，適切なものはどれか。 (H22 春 IP)

ア MRP システム　イ POS システム
ウ SCM システム　エ SFA システム

3. "モノ"の流れに着目して企業の活動を購買，製造，出荷物流，販売などの主活動と，人事管理，技術開発などの支援活動に分けることによって，企業が提供する製品やサービスの付加価値が事業活動のどの部分で生みだされているかを分析する考え方はどれか。 (H22 春 IP)

ア コアコンピタンス　　　　イ バリューチェーン
ウ プロダクトポートフォリオ　エ プロダクトライフサイクル

4. 性別，年齢，国籍，経験などが個人ごとに異なるような多様性を示す言葉として，適切なものはどれか。 (H30 春 IP)

ア グラスシーリング
イ ダイバーシティ
ウ ホワイトカラーエグゼンプション
エ ワークライフバランス

5. ASP の説明として，適切なものはどれか。 (H22 春 IP)

 ア インターネットに接続できる通信回線を提供する事業者，又はそのサービス形態

 イ 会員になったユーザが閲覧できる，閉じたコミュニティを形成するインターネットサービス

 ウ サーバ上のアプリケーションソフトウェアを，インターネット経由でユーザに提供する事業者，又はそのサービス形態

 エ 情報システムをハードウェアやソフトウェアといった製品からの視点ではなく，ユーザが利用するサービスという視点から構築していこうとする考え方

6. 事業環境の分析などに用いられる 3C 分析の説明として，適切なものはどれか。 (R1 秋 IP)

 ア 顧客，競合，自社の三つの観点から分析する。

 イ 最新購買日，購買頻度，購買金額の三つの観点から分析する。

 ウ 時代，年齢，世代の三つの要因に分解して分析する。

 エ 総売上高の高い順に三つのグループに分類して分析する。

7. イノベーションのジレンマに関する記述として，最も適切なものはどれか。 (R1 秋 IP)

 ア 最初に商品を消費したときに感じた価値や満足度が，消費する量が増えるに従い，徐々に低下していく現象

 イ 自社の既存商品がシェアを占めている市場に，自社の新商品を導入することで，既存商品のシェアを奪ってしまう現象

 ウ 全売上の大部分を，少数の顧客が占めている状態

 エ 優良な大企業が，革新的な技術の追求よりも，既存技術の向上でシェアを確保することに注力してしまい，結果的に市場でのシェアの確保に失敗する現象

8. 製品開発のライフサイクルにおいて，技術開発や製品の機能設計，ハードウェア設計，試作，製造準備といった作業工程のうち，同時にできる作業は並行して進め，手戻りや待ちをなくして製品開発期間を短縮する方法はどれか。 (H24 春 IP)

 ア インダストリアルエンジニアリング イ コンカレントエンジニアリング

 ウ バリューエンジニアリング エ リバースエンジニアリング

9. 企業の経営状況を外部に公開することを何というか。

 ア 株式公開 イ 企業格付け ウ コンプライアンス エ ディスクロージャ

10. 消費財メーカーにおける BSC（バランススコアカード）で，顧客の視点に関する業績評価指標として，最も適切なものはどれか。 (H22 春 IP)

 ア 開発効率 イ キャッシュフロー ウ 市場占有率 エ 特許取得件数

11. TOB の説明として，最も適切なものはどれか。 (H26 秋 IP)

 ア 経営権の取得や資本参加を目的として，買い取りたい株数，価格，期限などを公告して不特定多数の株主から株式市場外で株式を買い集めること

 イ 経営権の取得を目的として経営陣や幹部社員が親会社などから株式や営業資産を買い取ること

 ウ 事業に必要な資金の調達を目的として，自社の株式を株式市場に新規に公開すること

 エ 社会的責任の遂行を目的として，利益の追求だけでなく社会貢献や環境へ配慮した活動を行うこと

12. 人口減少や高齢化などを背景に，ICT を活用して，都市や地域の機能やサービスを効率化，高度化し，地域課題の解決や活性化を実現することが試みられている。このような街づくりのソリューションを示す言葉として，最も適切なものはどれか。 (R1 秋 IP)

　　ア　キャパシティ

　　イ　スマートシティ

　　ウ　ダイバーシティ

　　エ　ユニバーシティ

13. 勤務先の法令違反行為の通報に関して，公益通報者保護法で規定されているものはどれか。

(H30 春 IP)

　　ア　勤務先の監督官庁からの感謝状

　　イ　勤務先の同業他社への転職のあっせん

　　ウ　通報したことを理由とした解雇の無効

　　エ　通報の内容に応じた報奨金

14. CSR に基づいた活動として，最も適切なものはどれか。 (H21 秋 IP)

　　ア　原材料の使用量を減らすとともに，消費電力を少なくした製品を提供する。

　　イ　自社製品に新しい機能を付加し，他社製品と差別した製品を提供する。

　　ウ　セル生産方式を導入し，市場の多様なニーズに合わせた製品を提供する。

　　エ　他企業の買収によって，自社がもっていなかった製品を提供する。

15. データマイニングとは，データベースに蓄積されている大量のデータに対し，統計やパターン認識などの手法を用いることによって，認識されていなかった規則性や関係性を導き出す技術である。データマイニングの応用分野として，最も適切なものはどれか。 (H21 秋 IP)

　　ア　顧客に応じた商品の推薦

　　イ　生産計画に基づく製造機械の割当て

　　ウ　店舗別商品カテゴリ別の売上高の集計

　　エ　累積購買金額による優良顧客の抽出

16. 複数の企業がアライアンスによって連携して活動する際に，軽減が期待できるリスクとして，最も適切なものはどれか。 (H21 秋 IP)

　　ア　事業投資リスク

　　イ　情報漏えいリスク

　　ウ　人材流出リスク

　　エ　不正リスク

17. ハウジングサービスについて説明したものはどれか。　(H21 秋 IP)

ア　サービス提供事業者が，インターネット経由で業務ソフトウェアを提供するサービス

イ　サービス提供事業者が，ほかの企業の情報システムに関する企画や開発，運用，管理，保守業務を行うサービス

ウ　サービス提供事業者が，利用者に自社の建物内に設置したサーバや通信機器を貸し出すサービス

エ　サービス提供事業者が，利用者の通信機器やサーバを自社の建物内に設置し運用するサービス

18. 製品と市場が，それぞれ既存のものか新規のものかで，事業戦略を市場浸透，新製品開発，市場開拓，多角化の四つに分類するとき，市場浸透の事例に該当するものはどれか。　(H30 春 IP)

ア　飲料メーカが，保有技術を生かして新種の花を開発する。

イ　カジュアル衣料品メーカが，ビジネススーツを販売する。

ウ　食品メーカが，販売エリアを地元中心から全国に拡大する。

エ　日用品メーカが，店頭販売員を増員して基幹商品の販売を拡大する。

19. A社では企業理念に基づいてビジネス戦略を策定し実行するための手順を考えた。重要成功要因の抽出，ビジネス環境の分析，ビジネス戦略の立案，ビジョンの設定を図のように順序付けて行うとき，図の④で行うものはどれか。　(H21 秋 IP)

ア　重要成功要因の抽出　　イ　ビジネス環境の分析
ウ　ビジネス戦略の立案　　エ　ビジョンの設定

20. IoT に関する記述として，最も適切なものはどれか。　(R1 秋 IP)

ア　人工知能における学習の仕組み

イ　センサを搭載した機器や制御装置などが直接インターネットにつながり，それらがネットワークを通じて様々な情報をやり取りする仕組み

ウ　ソフトウェアの機能の一部を，ほかのプログラムで利用できるように公開する関数や手続の集まり

エ　ソフトウェアのロボットを利用して，定型的な仕事を効率化するツール

21. CRM の導入効果として，最も適切なものはどれか。　(H21 秋 IP)

ア　売掛金に対する顧客の支払状況を把握しやすくなる。

イ　顧客が発注してから納品するまでの時間を短縮しやすくなる。

ウ　顧客に対するアプローチ方法を営業部門全体で共有しやすくなる。

エ　顧客のニーズや欲求に対する理解が深まり長期的な関係を築きやすくなる。

22. 自動車メーカー A 社では，近い将来の戦略を検討するため自社の強みと弱み，そして，外部環境の機会と脅威を整理した。この結果を基に，強みを活用して脅威を克服する対策案として，適切なものはどれか。

(H28 春 IP)

	強み	弱み
内部環境	・強力なブランドイメージ ・多方面にわたる研究開発の蓄積	・熟練工の大量定年退職
	機会	脅威
外部環境	・金利低下による金融緩和	・石油価格の高騰 ・環境保護意識の浸透

ア　熟練工の定年を延長，又は再雇用を実施する。

イ　低金利で資金を調達し，石油を大量に備蓄する。

ウ　電気自動車の研究開発を推し進め，商品化する。

エ　ブランドイメージを生かして販売力を強化する。

23. 製品やサービスの価値を機能とコストの関係で把握し，体系化された手順によって価値の向上を図る手法はどれか。

(H21 秋 IP)

ア　重要成功要因　　　　　イ　バリューエンジニアリング

ウ　バリューチェーン　　　エ　付加価値分析

24. 小売業のビジネス戦略の立案において，"優良顧客の維持" が CSF（Critical Success Factor）として設定された。この CSF の達成度を評価するために用いる分析として，最も適切なものはどれか。

(H26 春 IP)

ア　顧客別の RFM 分析　　イ　新規顧客のデモグラフィック分析

ウ　新商品の POS 分析　　エ　店舗別商品別売上高の ABC 分析

25. IC カードと磁気カードの偽造に対する安全性の比較に関する記述のうち，適切なものはどれか。

(H21 秋 IP)

ア　IC カードは，IC チップへの情報の格納や情報の暗号化を行っているので，磁気カードに比べて偽造されにくい。

イ　IC カードは，情報の記録に二次元コードを使うので，磁気カードに比べて偽造されにくい。

ウ　磁気カードは，磁気ストライプに情報を格納しており，IC カードに比べて情報を保護する仕組みが複雑で偽造されにくい。

エ　磁気カードは，情報の記録にバーコードを利用しており，IC カードに比べて偽造されにくい。

26. EC サイトに関連するマーケティング施策のうち，マーケティングミックスを構成する 4P の Place に関連するものはどれか。

(H21 秋 IP)

ア　EC サイトでの販売に際し，EC サイト専用の商品を開発した。

イ　EC サイトへの来訪者を増加させるために，検索連動型広告を活用した。

ウ　従来，代理店を通じて販売していた商品の EC サイトでの直販を開始した。

エ　販売代理店の手数料が不要になったので，EC サイトで直販する商品の価格を下げた。

27. 技術開発戦略の立案，技術開発計画の策定などを行うマネジメント分野はどれか。　　　（H30 春 IP）

ア　M&A
イ　MBA
ウ　MBO
エ　MOT

28. コンプライアンス経営を説明したものはどれか。　　　（H21 春 IP）

ア　株主に対して企業活動の正当性を保持するために，経営管理が適切に行われているかどうかを監視し，点検する。
イ　株主やそのほかの利害関係者に対して，経営活動の内容，実績に関する説明責任を負う。
ウ　企業倫理に基づき，ルール，マニュアル，チェックシステムなどを整備し，法令や社会規範を遵守した企業活動を行う。
エ　投資家やアナリストに対して，投資判断に必要な正確な経営情報を適時に，かつ継続して提供する。

29. システム開発に関する RFP（Request For Proposal）の提示元及び提示先として，適切なものはどれか。　　　（H21 春 IP）

ア　情報システム部門から CIO に提示する。
イ　情報システム部門からベンダに提示する。
ウ　情報システム部門から利用部門に提示する。
エ　ベンダから CIO に提示する。

30. 情報技術を利用して顧客に関する情報を収集，分析し，長期的視点から顧客と良好な関係を築いて自社の顧客として囲い込み，収益の拡大を図る手法はどれか。　　　（H21 春 IP）

ア　BSC　　　イ　CRM
ウ　ERP　　　エ　PPM

31. A 社は競合する他社とのポジショニングの分析を行った。3 社の中で A 社が最高の評価を得るには，A 社のブランドの評価項目は，最低何ポイントが必要か。

なお，各評価項目の最低値は 1 ポイント，最高値は 10 ポイントとし，それぞれの評価項目の重み付けをした合計値で各社の評価を行うものとする。　　　（H28 秋 IP）

評価項目	重み	A 社	B 社	C 社
営業力	1	10	9	6
価格	4	10	7	9
品質	3	6	10	7
ブランド	2		6	10

注記　網掛けの部分は，表示していない。

ア　6　　　イ　7　　　ウ　8　　　エ　9

32. SaaS を説明したものはどれか。 (H21 春 IP)

ア　コンピュータ設備の利用をサービスとして提供し，使用料を課金する。

イ　情報システム部門の機能の一部を受託し，業務委託料を課金する。

ウ　ソフトウェアの機能を複数の企業にインターネット経由でサービスとして提供し，使用料を課金する。

エ　ソフトウェアをダウンロードさせる対価としてライセンス料を課金する。

33. 業務プロセスのモデルを説明したものはどれか。 (H21 春 IP)

ア　システム開発でプログラム作成に必要なデータ，機能などを記載したもの

イ　システム開発を外部委託するときの提案依頼に必要な条件を明示したもの

ウ　システム化の対象となるビジネスの活動やデータの流れを明示したもの

エ　システムの開発，運用，保守に必要な組織，資源などを記載したもの

34. サプライチェーンマネジメントの効果はどれか。 (H21 春 IP)

ア　小売店舗などの商品の販売情報を即時に知ることができる。

イ　知識や知見をデータベース化し，ビジネス上で効果的に活用できる。

ウ　調達から製造，物流，販売までの一連のプロセスを改善し，納期，コストの最適化を図ることができる。

エ　電話，FAX，電子メールなど多様な手段による顧客からの各種問合せに対し，即時に対応することができる。

35. コンピュータなどの情報機器を使いこなせる人と使いこなせない人との間に生じる，入手できる情報の質，量や収入などの格差を表す用語はどれか。 (H30 春 IP)

ア　ソーシャルネットワーキングサービス

イ　ディジタルサイネージ

ウ　ディジタルディバイド

エ　ディジタルネイティブ

36. BPR を説明したものはどれか。 (H21 春 IP)

ア　顧客のニーズにきめ細かく対応し，顧客の利便性と満足度を高めるために，企業の情報システムを再構築すること

イ　企業の活動を，調達，開発，製造，販売，サービスといった側面からとらえ，情報システムを再構築すること

ウ　企業の業務効率や生産性を改善するために，既存の組織やビジネスルールを全面的に見直して，再構築すること

エ　企業の戦略を，四つの視点(財務の視点，顧客の視点，業務プロセスの視点，学習と成長の視点)から再評価し，再構築すること

37. 企業の業務と情報システムの現状を把握し，目標とするあるべき姿を設定して，全体最適を図りたい。このときに用いられる手法として，適切なものはどれか。 (H28 春 IP)

ア DOA(Data Oriented Approach)　　イ EA(Enterprise Architecture)

ウ OOA(Object Oriented Analysis)　　エ SOA(Service Oriented Architecture)

38. 経営理念を説明したものはどれか。 (H21 春 IP)

ア 企業が活動する際に指針となる基本的な考え方であり，企業の存在意義や価値観などを示したもの

イ 企業が競争優位性を構築するために活用する資源であり，一般的に人・物・金・情報で分類されるもの

ウ 企業の将来の方向を示したビジョンを具現化するための意思決定計画であり，長期・中期・短期の別に策定されるもの

エ 企業のもつ個性，固有の企業らしさのことで社風とも呼ばれ，長年の企業活動の中で生み出され定着してきたもの

39. システム開発における要件定義プロセスを説明したものはどれか。 (H21 春 IP)

ア 新たに構築する業務，システムの仕様，及びシステム化の範囲と機能を明確にし，それらをシステム取得者側の利害関係者間で合意する。

イ 経営事業の目的，目標を達成するために必要なシステムの要求事項をまとめ，そのシステム化の方針と実現計画を策定する。

ウ システム要件とソフトウェア要件を定義し，システム方式とソフトウェア方式を設計して，システム及ソフトウェア製品を構築する。

エ ソフトウェア要件どおりにソフトウェアが実現されていることやシステム要件どおりにシステムが実現されていることをテストする。

40. 企業の情報戦略を策定する場合，最も考慮すべき事項はどれか。 (H21 春 IP)

ア IT 技術の進化　　　　　イ 経営戦略との整合性

ウ 現行システムとの整合性　エ ライバル企業の情報戦略

41. 地震，洪水といった自然災害，テロ行為といった人為災害などによって企業の業務が停止した場合，顧客や取引先の業務にも重大な影響を与えることがある。こうした事象の発生を想定して，製造業の X 社は次の対策を採ることにした。対策 a と b に該当する用語の組合せはどれか。 (H28 秋 IP)

〔対策〕

a 異なる地域の工場が相互の生産ラインをバックアップするプロセスを準備する。

b 準備したプロセスへの切換えがスムーズに行えるように，定期的にプロセスの試験運用と見直しを行う。

	a	b
ア	BCP	BCM
イ	BCP	SCM
ウ	BPR	BCM
エ	BPR	SCM

1 から 35 まではストラテジ系の問題です。

1. 顧客ニーズの谷間ですきまとなっている市場に焦点を合わせた事業を展開することによる競争優位を図る戦略は何か。

ア　プッシュ戦略　　イ　ニッチ戦略　　ウ　プル戦略　　エ　ブランド戦略

2. マーケティング力のポジショニング分析による，自社の位置づけは上位から何番目か。なお，数値は 5 が最も大きいものとする。

	重み	自社	A	B	C
品質	5	3	3	4	3
価格	4	4	4	3	2
ブランド力	3	3	4	2	2
営業力	3	2	3	3	3

ア　1　　イ　2　　ウ　3　　エ　4

3. 製品やサービスなどの機能を分析し，最低のコストでそれらの機能を実現する手法はどれか。

ア　SCM　　　　　　　　　イ　バリューチェーン
ウ　バリューエンジニアリング　　エ　ナレッジマネジメント

4. あるテーマについての専門家の意見を求め，意見を取りまとめる。さらに同じ質問を別の専門家に対して行い，再度意見を取りまとめる。この過程を数回繰り返し意見が一定範囲に収束する。これにより，より確度の高い予測を得ようとする手法を何というか。

ア　シナリオライティング　　イ　トレンド分析
ウ　トレーサビリティ　　　　エ　デルファイ法

5. バランススコアカードの経営分析の 4 つのビジョンや戦略に当てはまらないものを選べ。

ア　顧客　　イ　学習と成長　　ウ　財務　　エ　企画

6. PPM は，縦軸の市場成長率と横軸の市場占有率により製品の市場におけるポジションを 4 つの区分に分類している。この中で，市場成長率は高く，市場占有率は低い製品のポジションはどれか。

ア　負け犬　　イ　問題児　　ウ　金のなる木　　エ　花形製品

7. 特定秘密の漏えいを防止し，国と国民の安全を確保することを目的とし，我が国の安全保障に関する情報のうち特に秘匿することが必要であるものの保護に関し，必要な事項を定めた法律はどれか。

    ア　サイバーセキュリティ基本法
    イ　特定秘密保護法
    ウ　不正競争防止法
    エ　マイナンバー法

8. RFID(IC タグ)の特徴はどれか。

    ア　汚れに強く，梱包の外からも記録されたデータを読み取れる。
    イ　GPS を利用し，位置情報を表示する。
    ウ　大量の情報を扱い，記録に外部記憶媒体を使用する。
    エ　プラスチック製のカードに埋め込まれ，専用読取装置にて読み込む。

9. 営業活動にインターネットやモバイルなどの IT 技術を活用して，営業効率および質を高め，売上高や利益増加につなげようとする仕組みはどれか。

    ア　BSC　　イ　MRP　　ウ　BPM　　エ　SFA

10. コアコンピタンス経営を説明したものはどれか。

    ア　他社に真似できない，企業独自のノウハウや技術などの強みを核とした経営を行う。
    イ　優れた業績を上げている企業との比較分析から，自社の経営革新を行う。
    ウ　迅速な意思決定のため，組織の階層をできるだけ少なくした平型の組織構造によって経営を行う。
    エ　企業内に散在している知識共有を図り，全体の問題解決力を高める経営を行う。

11. ブロックチェーンの活用事例として，最も適切なものはどれか。　　　　　　　　　　(R1 秋 IP 改題)

    ア　運転手が関与せずに，自動車の加速，操縦，制動の全てをシステムが行う。
    イ　オフィスの自席にいながら，会議室やトイレの空き状況がリアルタイムに分かる。
    ウ　銀行のような中央管理者を置かなくても，分散型の合意形成技術によって，取引の承認を行う。
    エ　自宅の PC から事前に入力し，窓口に行かなくても自動で振替や振込を行う。

12. 製品の企画設計や開発は自社で行い，製造はアウトソーシングする工場を持たない会社のことを何というか。

    ア　OEM　　イ　ファブレス　　ウ　データマイニング　　エ　ベンダ

13. 企業内で，新規事業を実施する部門や組織を編成し，その活動を本社が全面的にバックアップしていく組織構造はどれか。

  ア　マトリックス組織　　イ　事業部制組織　　ウ　社内ベンチャ組織　　エ　職能別組織

14. 新規顧客を開拓するよりも，既存の顧客の満足度を高めるために，顧客との関係を構築することに力を置いた経営手法はどれか。

  ア　PPM　　イ　CSF　　ウ　CSR　　エ　CRM

15. ISO が定めた品質マネジメントシステムの国際規格はどれか。

  ア　ISO 9000　　　　　　　　イ　ISO 14000
  ウ　ISO/IEC 20000　　　エ　ISO/IEC 27000

16. ソフトウェアライフサイクルプロセスを開発プロセス，企画プロセス，要求定義プロセス，運用プロセス，保守プロセスに分類した場合，下記の（1）にあてはまるものは何か。

| 企画プロセス | → | | → | （1） | → | | → | |

  ア　開発プロセス　　　　イ　運用プロセス
  ウ　要求定義プロセス　　エ　保守プロセス

17. ジャストインタイムの生産方式の目的として，適切なものはどれか。

  ア　情報の一元化　　イ　材料費の削減
  ウ　SCM の実現　　エ　工程間在庫の最小化

18. バリューチェーンを説明したものはどれか。

  ア　企業の戦略を，財務，顧客，業務プロセス，学習と成長の4つの視点から評価し，再構築すること。
  イ　企業の活動を，調達，開発，製造，販売といった側面からとらえ，情報システムを再構築すること。
  ウ　顧客の利便性と満足度を高めるために，企業の情報システムを再構築すること。
  エ　生産効率改善のため，既存の組織やルールを見直して，再構築すること。

19. RFP を説明したものはどれか。

  ア　システム開発から運用保守に要する費用を明示した文書。
  イ　業者に最新動向などの情報を依頼する文書。
  ウ　業者に予算やシステム要件，納期などの条件を提示し，提案書の作成を依頼する文書。
  エ　業者が発注者に提出する文書。

20. ある市場が今後，縮小，現状維持，拡大する場合の商品 A，B，C の利益が表のとおり見込まれており，縮小，現状維持，拡大する確率がそれぞれ 0.1 0.5 0.4 であるとき，どの商品の予想利益が最高となるか。ここで，商品の予想利益は利益の期待値からコストを差し引いたものとし，各商品 A，B，C のコストは，それぞれ 20 億円，10 億円，15 億円とする。

単位　億円

商品	縮小	現状維持	拡大
A	30	60	80
B	40	30	100
C	20	70	70

ア　A　　　イ　B
ウ　C　　　エ　A，B，C すべて同じ

21. 経営戦略などを実施する際，その目標や目的を達成する上で決定的な影響を与える要因のことや重要な成功要因を明確にすることを何というか。

ア　SFA　　　イ　CSF
ウ　RFID　　　エ　RFP

22. 仮説に従って，将来を予測し，複数の代替案を作成することで予見できる危機を分散化することを何というか。

ア　デルファイ法　　　　イ　トレンド分析
ウ　シナリオライティング　　エ　ブレーンストーミング

23. 企業の経営手法のうち，CRM に関係するものはどれか。

ア　営業担当者が保有している営業ノウハウ，顧客情報及び商談情報を営業部門で共有し，営業活動の生産性向上を図る仕組みを整備する。
イ　顧客情報や購買履歴を顧客と接する全ての部門で共有し，顧客満足度向上を図る仕組みを整備する。
ウ　スケジュール，書類，伝言及び会議室予約状況を，部門やプロジェクトなどのグループで共有し，コミュニケーションロスを防止する。
エ　法令遵守を目指した企業倫理に基づく行動規範や行動マニュアルを制定し，社員に浸透させるための倫理教育を実施する。

24. 株式公開を説明したものはどれか。

ア　企業買収の手法で，自社株と被買収企業株を交換すること。
イ　未上場の自社の株式を証券市場に流通させること。
ウ　株主ではない経営の専門家に経営を委ねること。
エ　企業が互いに株式を購入し，保有し合うこと。

25. 経営組織のうち，マトリックス組織はどれか。

ア　営業，製造といった職能別の単位で社内を分割すること。
イ　社内を小集団に分け，相互作用させながら活動する。
ウ　製品や市場別に組織を分け，それぞれに権限と目標を与える。
エ　二つの異なる組織に社員が属することにより，必要に応じて業務に柔軟に対応すること。

26. EC(Electronic Commerce)における B to C に該当するものはどれか。

ア　バーチャルカンパニー　　イ　バーチャルモール
ウ　GPS　　　　　　　　　　エ　EDI

27. 次に示す標準 JAN コード(13 けた)で，3〜7 けた目(下線部)は何を表しているか。
JAN コード：49<u>34657</u>890124

ア　アイテムコード　　　　イ　国コード
ウ　チェックディジット　　エ　メーカーコード

28. ソフトウェアの必要な機能を必要な分だけサービスとして利用できるようにしたインターネット経由でのサービス形態を何というか。

ア　SaaS　　　　　　　　イ　ASP
ウ　ホスティングサービス　　エ　ハウジングサービス

29. 資材の調達から製造，在庫管理，流通，販売にいたる流れを，コンピュータを用いて総合的に管理することで，余剰な在庫を削減し，納期やコストの最適化を図る手法はどれか。

ア　VE　　イ　EOS
ウ　SCM　エ　SFA

30. 最終製品の納期と製造量に基づいて，製造に必要な構成部品の在庫量の最適化を図りたい。この目的を実現するための施策として，最も適切なものはどれか。

ア　SFA システムの構築　　イ　POS システムの構築
ウ　MRP システムの構築　　エ　CRM システムの構築

31. PPM（Product Portfolio Management）で"金のなる木"と呼ばれる領域の特徴として，適切なものはどれか。

 ア　市場占有率が高く，事業拡大のための積極的な投資を必要としないので，収益源となる。

 イ　市場の成長と高い占有率によって大きな売上がもたらされるが，競争力維持のために継続的な投資を必要とする。

 ウ　市場の成長率及び市場占有率がともに低く，長期的なビジネスの期待を掛けられないので，撤退も検討しなければならない。

 エ　市場は成長しているが占有率が低く，今後の収益の柱となる事業に育てるために積極的な投資を必要とする。

32. RFM分析はどれか。

 ア　PERTで示されたプロジェクトの全作業における作業ごとの作業時間と作業間の順序関係から，最短のプロジェクト期間を求める。

 イ　購入累積金額，直近の購入日，購入頻度から，ダイレクトメールを送付する顧客を抽出する。

 ウ　商品ごとの過去10年間の年間販売実績額と今後の商圏人口変化の予測パターンから，向こう3年間の販売予測額を求める。

 エ　複数の機械の平均故障発生時間間隔と平均修理所要時間，修理担当者数を算出式に入力して，平均修理待ち時間を求める。

33. eラーニングに関する記述として，最も適切なものはどれか。　　　　　　（R1 秋 IP 改題）

 ア　営業，マーケティング，アフタサービスなどの顧客に関わる部門間で情報や業務の流れを統合する仕組み

 イ　コンピュータなどのディジタル機器，通信ネットワークを利用して実施される教育，学習，研修の形態

 ウ　組織内の各個人がもつ知識やノウハウを組織全体で共有し，有効活用する仕組み

 エ　大量のデータを人間の脳神経回路を模したモデルで解析することによって，コンピュータ自体がデータの特徴を抽出，学習する技術

34. 自分のサイトやブログなどで，広告主の商品やサービスを紹介することで，商品の売り上げがあった場合に，広告収入として報酬を受け取れる仕組みはどれか。

 ア　アフィリエイト　　イ　エスクロー
 ウ　逆オークション　　エ　ソーシャルネットワーキングサービス

35. インターネットを利用した広告において，あらかじめ受信者からの同意なしに，広告メールを送るものはどれか。

 ア　アフィリエイト広告　　　イ　オーバーレイ広告
 ウ　オプトアウトメール広告　　エ　オプトインメール広告

36.
図の作業について，全体の作業終了までの日数は何日か。

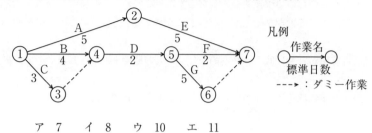

ア　7　　イ　8　　ウ　10　　エ　11

37.
ある作業を 10 人のグループで開始し，6 か月経過した時点で全体の 50％ が完了していた。残り 3 か月で完了させるためには何名の増員が必要か。ここで，途中から増員するメンバーの作業効率は最初から作業している要員の 80％ とし，最初の 10 人のグループの作業効率は残り 3 か月も変わらないものとする。

ア　12　　イ　13　　ウ　14　　エ　15

38.
次の記述は外部設計と内部設計について説明したものである。適切なものはどれか。

ア　外部設計ではプログラム分割を行い，内部設計ではプログラムごとの DFD を作成する。

イ　外部設計ではデータの洗い出しと論理データの決定を行い，内部設計では物理データ構造，データの処理方式やチェック方式などを決定する。

ウ　外部設計は要求定義に基づいた，内部設計では基本計画に基づいた設計が行われる。

エ　外部設計はコンピュータ側から見たシステム設計であり，内部設計はユーザ側から見たシステム設計である。

39.
プロジェクトの立ち上げから実行における工程で，（4）で行われる作業はどれか。

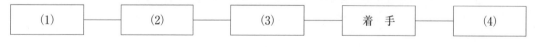

ア　進捗管理　　イ　スケジュール立案　　ウ　プロジェクト目標の明確化　　エ　予算立案

40.
開発システムで実現する機能や性能について記述したものはどれか。

ア　業務記述書　　　　イ　業務の流れ図
ウ　スプレッドシート　エ　要件定義書

41. インシデント管理についての記述で，最も適切なものはどれか。

    ア　再発防止を目的とした根本的解決を，復旧に優先して実施する。

    イ　サービスの中断時間を最小限に抑えて速やかに回復し，可能な限り迅速にサービスを復旧させる。

    ウ　発生した問題によって生じた変更を，効果的かつ効率的に実施する。

    エ　利用者に対する唯一の窓口として，どのような問合せにも対応することによってサービスを確実に提供する。

42. インターネットへの接続を仲介して，ホスティングサービスやオンラインストレージサービスを提供する業者はどれか。

    ア　システムインテグレータ　　イ　アウトソーシング

    ウ　サービスデリバリ　　　　　エ　サービスプロバイダ

43. SLA について説明したものはどれか。

    ア　IT サービスの管理・運用規則に関するベストプラクティス（優れた事例）を，包括的にまとめたフレームワーク

    イ　企業が競争優位性を構築するために，IT 戦略の策定・実行をガイドし，あるべき方向へ導く組織能力

    ウ　企業が情報システムや IT サービスなどを調達する際，発注先となる IT ベンダに具体的なシステム提案を要求した仕様書

    エ　サービスを提供するプロバイダが，品質を保証するため，提供するサービスの水準を明確に定義した合意書

44. 内部統制は，組織が健全かつ効率的に運営され，業務を遂行する上でコンプライアンスを守るための基準や業務手続を定め，管理・監視を行うマネジメントである。これらの実施と最終的な責任を負う者はだれか。

    ア　システム監査人　　イ　業務実施部門の部長

    ウ　企業の経営者　　　エ　内部監査人

45. 監査を，業務監査，システム監査，情報セキュリティ監査に分類したとき，情報セキュリティ監査はどれか。

    ア　財務諸表がその組織体の財産，損益の状況などを適正に表示しているかを評価する。

    イ　情報セキュリティ確保の観点も含めて，情報システムに関わるリスクに対するコントロールが，リスクアセスメントに基づいて適切に整備・運用されているかを評価する。

    ウ　情報セキュリティに関わるリスクのマネジメントが効果的に実施されるように，リスクアセスメントに基づく適切なコントロールの整備，運用状況を評価する。

    エ　組織の製造，販売などの会計業務以外の業務全般についてその遂行状況を評価する。

46. ITサービスマネジメントにおけるサービスデスクの事例はどれか。

ア　障害再発防止に向けて，アプリケーションの不具合箇所を突き止めた。

イ　ネットワーク障害によって電子メールが送信できなかったので，電話で内容を伝えた。

ウ　プリンタのトナーが切れたので，トナーの交換を行った。

エ　利用者からの依頼を受けて，パスワードの初期化を行った。

47. あるアプリケーションプログラムの，ファンクションポイント法によるユーザファンクションタイプごとの測定個数及び重み付け係数は，次の表のとおりである。このアプリケーションプログラムのファンクションポイント数はいくらか。ここで，複雑さの補正係数は 0.75 とする。

ユーザファンクションタイプ	個数	重み付け係数
外部入力	2	4
外部出力	2	4
内部論理ファイル	1	8
外部インタフェースファイル	0	5
外部参照	1	4

ア　20　　イ　21　　ウ　22　　エ　23

48. ソフトウェア開発におけるプロセスの予定所要工数，及び現在の各プロセスの進捗率は表のとおりである。予定どおりの所要工数で完了まで進むものとして，開発の完了を100%としたとき，現在の全体の進捗率(%)はいくらか。

	予定所要工数（時間）	現在の進捗率（％）
要求定義	300	100
システム設計	500	60
プログラミング	800	40

ア　17.4　　イ　47.5　　ウ　50.5　　エ　57.5

49. 要件定義の段階で行う作業はどれか。

ア　新たに構築する業務とシステムの仕様を明確化し，システム化範囲を明示する。

イ　顧客が記述したニーズに合ったソフトウェアを開発する。

ウ　事業の目的，目標を達成するために必要なシステム化目標を立案する。

エ　ソフトウェア製品の運用及び利用者に対する運用支援を行う。

50. ITサービスマネジメントのベストプラクティスを集めたフレームワークはどれか。

ア　ITIL　　　イ　JIS Q 15001　　　ウ　ISO 14001　　　エ　ISO 27001

51.
プロジェクトマネジメントの知識エリアには，プロジェクト人的資源マネジメント，プロジェクトスコープマネジメント，プロジェクトタイムマネジメント，プロジェクト品質マネジメントなどがある。プロジェクトスコープマネジメントで行う作業はどれか。

　ア　プロジェクト成果物に関する詳細な記載内容の記述
　イ　プロジェクト成果物を事前に定めた手順に従って作成しているかどうかのレビューの実施
　ウ　プロジェクト成果物を作成するための各メンバの役割と責任の定義
　エ　プロジェクト成果物を作成するためのスケジュールの作成及び進捗の管理

52.
あるシステムにおいて，利用者からの操作方法の問合せが多く，開発者がその対応をしている。利用者からの要求に対応する改善方法として，適切なものはどれか。

　ア　電子メールで操作方法の問合せや仕様確認を受け付け，開発担当者が時間のあるときに対応する。
　イ　仕様確認については問合せボックスを設けて直接入力してもらい，定期的に回答する。
　ウ　ヘルプデスクに問合せ窓口を一本化し，同じような質問に関しては，問答集を作成して公開する。
　エ　ヘルプデスクに問合せ窓口を一本化し，対応についてはヘルプデスクの判断で回答する。

53.
システム開発のプロセスには，ソフトウェア要件定義，ソフトウェア方式設計，ソフトウェア結合テスト，ソフトウェア導入，ソフトウェア受入れなどがある。システム開発の関係者を開発者側と利用者側に分けたとき，ソフトウェア要件定義で実施する作業はどれか。

　ア　開発が完了したソフトウェアを，開発者側が本番環境に配置する。
　イ　開発者側が利用者側にヒアリングを行って，ソフトウェアに要求される機能，性能を明確にする。
　ウ　ソフトウェアが要件を満たしていて，利用できる水準であることを，利用者側が確認する。
　エ　既に決定しているソフトウェア要件を，具体的にどのように実現させるかを決定する。

54.
ウォータフォールモデルで開発を行うプロジェクトにおいて，システム要件定義の不具合を後続の工程で発見した。不具合を発見した工程のうち，不具合の修正や修正に伴う手戻りが最も多い工程はどれか。

　ア　システム設計　　イ　プログラミング　　ウ　テスト　　エ　ソフトウェア受入れ

55.
メールシステムに関するサービスマネジメントのPDCAサイクルのうち，A(Act)に該当するものはどれか。

　ア　メールシステムの応答時間を短縮するために，サーバ構成の見直しを提案した。
　イ　メールシステムの稼働率などの目標値を設定し，必要な資源を明確にした。
　ウ　メールシステムの障害回数や回復時間を測定して稼働率を算出し，目標値との比較を行った。
　エ　メールシステムの設計内容に従って，ファイルの割当てなどのシステムのセットアップ作業を実施した。

56.
DNS キャッシュポイズニングに関する記述として，適切なものはどれか。

ア キーボードから入力された情報を監視・記録するソフトウェア。

イ DNS サーバに登録されている IP アドレスとドメインを書き換え，別の IP アドレスの Web サイトへ誘導する手口。

ウ Web サイトにアクセスすると，本人の知らないうちに不正なソフトウェアなどをインストールさせる攻撃手法。

エ コンピュータを管理者権限で遠隔操作できるソフトウェア。

57.
次の論理演算のうち，演算結果が 1 になるものはいくつあるか。

Ⅰ 1 AND 0   Ⅱ NOT (0)   Ⅲ 1 NOR 0   Ⅳ 1 OR 0

ア 0　イ 1　ウ 2　エ 3

58.
複数のハードディスクで運用しているシステムの一部を SSD(Solid State Drive)に置き換えるとき，最も効果的なものはどれか。

ア Web ブラウザなどのアプリケーションプログラムで一時的に書き出される作業ファイルの保存領域を置き換える。

イ OS やアプリケーションプログラムを格納したディスクを置き換える。

ウ ハードディスクと比較して振動や衝撃に弱いので，振動や衝撃の加わることのない部分での使用に限定する。

エ ユーザが作成したデータを保存するディスクを SSD に置き換える。

59.
Web ブラウザ上で一時的に使用する Cookie の役割として適切なものはどれか。

ア ユーザの識別や，現在表示している Web ページに関する情報等を記録するファイルである。Cookie の読み書きを禁止することで，Web ページの遷移がうまくできないことがある。

イ Cookie は，コンピュータウイルスに感染した証明となるファイルなので，一切記憶できないようにした方がよい。

ウ Web ページを表示するためのファイルで，さまざまなタグを組み合わせて構成されている。

エ ユーザの PC にある個人情報を Web サーバへ送信するファイルなので，個人情報を送信したくない場合には，使用を禁止した方がよい。

60.
A，B，C，D の 4 名のユーザが互いに公開鍵暗号化方式を用いて情報を送受信する。暗号化に用いる鍵の種類は全部で何種類必要か。

ア 1 種類　イ 2 種類　ウ 4 種類　エ 6 種類

61. A列の学生コードは，以下のように入学年度，学部コード，連番から構成されている。セル C2 に入力する計算式はどれか。

[学生コードの構成]

・左端から4けた：入学年度

・左端から5，6けた目：学部コード

・右端から3けた：連番

	A	B	C	D
1	学生コード	入学年度	学部コード	連番
2	201009001	2010	9	1
3	201008001	2010	8	1
4	200901023	2009	1	23
5	200913050	2009	13	50

ア　整数部（A2－B2＊100000/1000）　　イ　（A2－B2＊100000)/1000

ウ　A2－B2＊100000/1000　　　　　　エ　整数部（(A2－B2＊100000)/1000）

62. OS に関する記述として適切なものはどれか。

ア　業務処理を行うためのざまざまなソフトウェア

イ　電子メールを送受信するためのソフトウェア

ウ　セキュリティホールを塞ぐために提供されるソフトウェア

エ　ハードウェアや各種ソフトウェアを管理するソフトウェア

63. あるシステムの運転状況が図に示すとおりのとき，このシステムの稼働率を求めよ。

経過時間

| 稼働中 100 時間 | | 稼働中 300 時間 | | 稼働中 100 時間 | |
| 故障中 10 時間 | | 故障中 5 時間 | | 故障中 5 時間 |

ア　83.5%　　イ　91.2%　　ウ　96.2%　　エ　98.5%

64. IMAP の説明に関する記述として，適切なものはどれか。

ア　電子メールを送信，転送するプロトコル。

イ　画像ファイルなどの添付ファイルを電子メールで送信するプロトコル。

ウ　メールサーバから利用者の端末に電子メールを転送するプロトコル。

エ　電子メールを読み書きするのに使用するソフトウェア。

65. 関係型データベースのテーブルが正規化していない場合の記述として，適切なものはどれか。

ア　集計処理をすることができない。

イ　重複したデータがいくつもでき，データの矛盾が発生しやすい。

ウ　データの削除ができない。

エ　データの整列が遅くなる。

66.
A，B という名の複数ディレクトリが図に示す構造で管理されている。現在のカレントディレクトリが※のとき，■のファイル C を指定するのはどれか。

[指定方法]
(1) 「ディレクトリ名/…/ファイル名」のように，経路上のディレクトリを順に「/」で区切って並べた後にファイル名を指定する。
(2) 1 階層上のディレクトリは「..」で表す。
(3) 「/」から記述を始めたときは，ルートからの経路を表す。

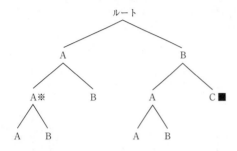

ア　../../B/C　　イ　A/A/B/C　　ウ　/B/A/C　　エ　../B/C

67.
ファイルサーバの運用管理に関する記述 a ～ d のうち，セキュリティ対策として有効なものだけをすべて挙げたものはどれか。
a．利用者のパスワードを単純で短くする。
b．許可された IP アドレスの PC だけからアクセスできるように設定する。
c．すべてのユーザにサーバへアクセスできる権限を与える。
d．サーバのアクセスログを取得し，定期的に監査する。

ア　a，b，d　　イ　a，d　　ウ　b，c　　エ　b，d

68.
4 進数の 21 を 2 進数で表したものはどれか。

ア　1001　　イ　10001　　ウ　10101　　エ　100001

69.
クロスサイトスクリプティングとは，Web サイトの脆弱性を利用した攻撃である。クロスサイトスクリプティングに関する記述として，適切なものはどれか。

ア　データベースに連携している Web ページのユーザ入力領域に悪意ある SQL コマンドを埋め込み，サーバ内のデータを盗み出す。
イ　サーバとクライアント間の正規のセッションに割り込んで，正規のクライアントに成りすますことで，サーバ内のデータを盗み出す。
ウ　Web ページに，ユーザの入力データをそのまま表示するフォーム又は処理があるとき，第三者が悪意あるスクリプトを埋め込むことでクッキーなどのデータを盗み出す。
エ　電子メールを介して偽の Web サイトに誘導し，個人情報を盗み出す。

70. プライベートIPアドレスに関する記述のうち，適切なものはどれか。

ア　インターネット上で重複を許さないIPアドレス。

イ　同一社内などのローカルなネットワーク内であれば自由に使ってよい。

ウ　プライベートIPアドレスは，NICへ申請し取得することができる。

エ　IPアドレスの枯渇問題に対応するために，128ビットに拡張したIPアドレス。

71. 耐タンパ性の説明として適切なものはどれか。

ア　机上を整理整頓し，重要書類などを放置したまま席を離れないなどにより，第三者への情報漏洩を避けるためのルール。

イ　ソフトウェアやハードウェアに記憶されているデータの改ざんや読み取りなどを防ぐセキュリティレベルを表す指標。

ウ　共通鍵暗号方式と公開鍵暗号方式の両方の方式を組み合わせて使用する方式。

エ　私物のパソコンやタブレット端末などが，決められた手続きを経ずに業務で使用されていること。

72. フェールセーフの考え方として，適切なものはどれか。

ア　故障などでシステムに障害が発生した際に，被害を最小限にとどめるようにシステムを安全な状態にする。

イ　人間がシステムの操作を誤ってもシステムの安全性と信頼性を保持する。

ウ　システムに故障が発生する確率を限りなくゼロに近づけていく。

エ　障害の影響を最小限に抑えるために，機器の多重化などの仕組みを作る。

73. アルゴリズムを記述する3つの基本構造を表しているものはどれか。

ア　選択・分散・再計算　　　イ　順次・選択・再計算

ウ　順次・繰り返し・再帰　　エ　順次・選択・繰り返し

74. LPWAに関する記述のうち，適切なものはどれか。

ア　省電力で長距離通信が可能だが通信速度は低速。広域に設置されたセンサからの情報収集などで利用される。

イ　Bluetoothの拡張仕様で，通信距離は近距離に限定されるが消費電力が大変少ない通信方式。

ウ　第5世代の移動体通信技術。高速化や低遅延，省電力などの特徴がある。

エ　身の周りのあらゆるモノがインターネットにつながる仕組み。

75. リスクに備えて損害保険に加入した。この対応が当てはまるものはどれか。

ア　リスク低減　　イ　リスク保有　　ウ　リスク回避　　エ　リスク移転

76. 音声を 1 秒間に 11,000 回サンプリングを行い，サンプリングした値を 8 ビットのデータとして記録する。1 分間記録したときのデータの容量は何 K バイトか。

ア 5,280 K バイト　　イ 88 K バイト　　ウ 0.66 K バイト　　エ 660 K バイト

77. ルータの説明として適切なものはどれか。

ア IP アドレスをもとにしてフレームを中継する。
イ MAC アドレスをもとにしてフレームを中継する。
ウ データの信号波形を成形・増幅して物理層での中継を行う。
エ ディジタル伝送回線と端末間の信号形式の変換を行う。

78. 個人の指紋や虹彩などの人的特徴を用いた認証システムはどれか。

ア ワンタイムパスワード　　イ バイオメトリクス認証
ウ DMZ　　　　　　　　　　エ ファイアウォール

79. コンピュータシステムのコストのうち，ランニングコストに含まれないものはどれか。

ア オペレータ費用　　イ 設備維持費　　ウ ソフトウェア購入費　　エ リース機器

80. デュプレックスシステムに関する記述として，適切なものはどれか。

ア 複数のコンピュータを直列に接続して，機能を分担するシステムのことである。
イ 1 台のコンピュータに複数のマイクロプロセッサを搭載し，並列処理ができるシステムのことである。
ウ 障害時に，予備のコンピュータに切り替えて処理を継続するシステムのことである。
エ 2 系統のコンピュータが，互いに処理結果を照合しながら同一処理を行うシステムのことである。

81. 100 M ビット/秒の伝送速度の LAN を使用して，2 G バイトのファイルを転送するのに必要な時間はおおよそ何秒か。ここで，1 G バイト＝10^9 バイトとする。また，LAN の伝送効率は 80％とする。

ア 20 秒　　イ 25 秒　　ウ 160 秒　　エ 200 秒

82. DHCP に関する記述として，適切なものはどれか。

ア PC 起動時に自動的に IP アドレスを割り振るプロトコル。
イ インターネットを通じて，PC の内部時計の時刻を調整するプロトコル。
ウ インターネットを通じて，他の PC をリモートコントロールするプロトコル。
エ インターネットを通じて，他の PC とファイルの送受信を行うプロトコル。

83. 情報セキュリティマネジメントシステムにおける可用性に関する説明として，適切なものはどれか。

　ア　許可された人に限定して情報資産を利用させる。
　イ　情報資産は正確なものであり，正確さが損なわれないようにする。
　ウ　情報資産を管理しすぎて利用できなくなることを防ぎ，利便性にも配慮した管理を行う。
　エ　企業内の情報資産を，どのようなリスクから，どのようにして守るかの基本的な考え方と具体的な対策。

84. ハードディスクのバックアップを行う。次のうち，必ずバックアップをすることが望ましいものはどれか。

　ア　OS のシステムファイル。
　イ　自身が業務で作成したデータファイル。
　ウ　インターネットからダウンロードした統計ファイル。
　エ　アプリケーションソフトが処理の途中で自動的に作成した作業用ファイル。

85. 情報漏えいの観点から PC を廃棄するときの対応として適切なものはどれか。

　ア　廃棄された PC の情報が 2 度と見られないように，ディスプレイを物理的に破壊した。
　イ　今まで契約していた ISP との契約を解除し，新しい ISP と契約し直した。
　ウ　ハードディスクから情報が漏えいしないように，PC 本体からハードディスクを取り出し，物理的に破壊した。
　エ　主記憶装置に記憶されている重要情報が盗まれないように，PC 本体から主記憶装置を取り出し，物理的に破壊した。

86. 社内の機密情報が外部へ漏えいしないために，特定した機密情報が外部へ流出する恐れのある操作などが行われたときに，操作をブロックするなどを対策を行うことを表したものはどれか。

　ア　MDM　　イ　BYOD　　ウ　DLP　　エ　SSO

87. DBMS において，同じデータを複数のプログラムが同時に更新しようとしたときに，データの矛盾が生じないようにするための仕組みとして適切なものはどれか。

　ア　排他制御　　イ　ロールバック　　ウ　E-R 図　　エ　デッドロック

88. 次の①から③で利用されるプロトコルの組み合わせとして，適切なものはどれか。

① ネットワークを通じた他の端末にあるファイルを送受信する。

② メールを該当するメールサーバへ転送する。

③ コンピュータの内部時計をネットワークを通じて調整する。

	①	②	③
ア	FTP	SMTP	NTP
イ	FTP	NTP	POP
ウ	SMTP	NTP	FTP
エ	POP	FTP	NTP

89. ファイルで管理されていた受注データを，受注に関する情報と商品に関する情報に分割して，正規化を行った上で関係データベースの表で管理する。正規化を行った結果の表の組合せとして，最も適切なものはどれか。ここで，同一商品名で単価が異なるときは商品番号も異なるものとする。

受注データ

受注番号	発注者名	商品番号	商品名	個数	単価
T0001	山田花子	M0001	商品1	5	3,000
T0002	木村太郎	M0002	商品2	3	4,000
T0003	佐藤秋子	M0001	商品1	2	3,000

ア

受注番号	発注者名		
商品番号	商品名	個数	単価

イ

受注番号	発注者名	個数
商品番号	商品名	単価

ウ

受注番号	発注者名	商品番号	個数	単価
商品番号	商品名			

エ

受注番号	発注者名	商品番号	個数
商品番号	商品名	単価	

90. 認証技術を，所有物による認証，身体的特徴による認証および知識による認証の三つに分類したとき，分類と実現例①～③の適切な組合せはどれか。

① ID，パスワードによる認証

② 指紋による認証

③ ICカードを用いた認証

	①	②	③
ア	所有物による認証	身体的特徴による認証	知識による認証
イ	所有物による認証	知識による認証	身体的特徴による認証
ウ	知識による認証	所有物による認証	身体的特徴による認証
エ	知識による認証	身体的特徴による認証	所有物による認証

91. マルウェアに関する説明a～cとマルウェアの分類の適切な組合せはどれか。

a．利用者の知らぬ間にインストールされ，個人情報などを収集し，勝手に外部に送信するプログラム。

b．正常稼働しているように見せかけ，アクセス権の不正取得やパスワードの改ざんなどを実行するプログラム。

c．コンピュータシステムに外部から不正にログインするために仕掛けられた侵入路。

	a	b	c
ア	スパイウェア	トロイの木馬	バックドア
イ	スパイウェア	バックドア	トロイの木馬
ウ	ボット	スパイウェア	バックドア
エ	ボット	トロイの木馬	スパイウェア

92. キューとスタックの二つのデータ構造がある。次の手続きを順に実行した場合，最後に変数 x に代入されるデータはどれか。

ここで，

　データ n をスタックに挿入することを，push(n)

　スタックからデータを取り出すことを，pop()

　データ n をキューに挿入することを，enq(n)

　キューからデータを取り出すことを，deq()　とそれぞれ表す。

```
push(a)
push(b)
enq(pop())
enq(c)
push(d)
x ← pop()
```

　　　ア　a　　イ　b　　ウ　c　　エ　d

93. オープンソースソフトウェア(OSS：Open Source Software)に関する記述として適切なものはどれか。

　　　ア　ソースコードを公開しなくてもよい。
　　　イ　公開されているソースコードを改変し，再配布してもよい。
　　　ウ　開発者は特定の個人や団体に対して利用を制限することができる。
　　　エ　必ず無料配布しなければならない。

94. 拡張現実(AR：Augmented Reality)に関する記述として適切なものはどれか。

　　　ア　実際の風景などの映像にコンピュータグラフィックを重ね合わせて表示する技術。
　　　イ　コンピュータ上に人工的な環境を作り出し，あたかも実際に存在するような感覚を体験できる技術。
　　　ウ　メインメモリの容量よりも大きなメモリを必要とするプログラムも実行できるようにする技法。
　　　エ　複数の透明なシートに画像を貼り付けたり描いたりし，これを重ね合わせることで，1枚の合成画像を作成するための機能。

95. 携帯電話回線などの設備を自社では持たずに，他社の設備を借りてサービスを提供する事業者として適切なものはどれか。

　　　ア　LTE　　イ　ASP　　ウ　ISP　　エ　MVNO

96. キャリアアグリゲーションに関する記述として適切なものはどれか。

ア スマートフォンなどの無線LANの機能を利用して，パソコンやタブレットなどからインターネットに接続できる機能。

イ スマートフォンや携帯電話で通話やデータ通信を行うために必要なICカード。電話番号や契約者の情報が記録されており利用者を特定できる。

ウ インターネット上に接続されたファイルを保存するためのサーバをユーザに貸し出すサービス。

エ 無線通信を高速化する手法の一種で，複数の搬送波を同時に利用可能。

97. 感染するとファイルを暗号化して使用不能にしたりし，元に戻すために身代金を要求してくるマルウェアの一種は次のうちのどれか。

ア ランサムウェア　　イ キーロガー　　ウ ボット　　エ スパイウェア

98. 無線LANの暗号化方式はどれか。

ア IMAP4　　イ WPA2　　ウ PKI　　エ DHCP

99. 標的型攻撃に関する記述として適切なものはどれか。

ア Webページにあるリンクや電子メールに記載されているURLを1回クリックしただけで，一方的に契約が完了された旨のメッセージなどが表示され，高額な支払いを要求してくること。

イ 人間の心理的な隙や行動のミスにつけ込み，重要な情報を盗み出すこと。

ウ セキュリティホールが発見されてから修正プログラムが提供されるまでの間に，そのセキュリティホールを攻撃されること。

エ 特定の企業や官公庁を狙い撃ちにした攻撃の一種で，多くは不正プログラムが添付された偽装メールの送信から始まることが多い。

100. 多要素認証に該当するものはどれか。

a 指紋認証を行った後，顔認証を行う。

b PINコードの入力による認証後，パスワードを入力して認証する。

c 指紋認証を行った後，パスワードを入力して認証を行う。

d ICカードによる認証後，顔認証を行う。

ア a　　イ b　　ウ c, d　　エ a, c, d

●写真協力（五十音順）

ASUS JAPAN 株式会社

NEC ソリューションイノベータ株式会社

FCNT 株式会社

エレコム株式会社

キヤノンマーケティングジャパン株式会社

サンワサプライ株式会社

ソニー株式会社

株式会社ソニー・インタラクティブエンタテインメント

富士通株式会社

富士通クライアントコンピューティング株式会社

ブラザー工業株式会社

スピードマスター

ITパスポート試験テキスト＆問題集　七訂版

表紙・本文デザイン　難波　邦夫

2023 年 4 月 10 日　初版第 1 刷発行	著作者　ITパスポート試験教育研究会
2023 年 12 月 10 日　　　第 2 刷発行	発行者　小田　良次

●本書に関するご質問・ご不明点につきましては，書名・該当ページとご質問内容を明記のうえ，FAX または書面にてお送りください。なお，ご質問内容によっては回答に日数をいただく場合がございますので，あらかじめご了承ください。
FAX：03-3238-7717

＜無断複写・転載を禁ず＞

印刷所　壮光舎印刷株式会社

発行所　実教出版株式会社

〒 102-8377　東京都千代田区五番町 5 番地
電　話〈営　業〉（03）3238-7765
　　　〈高校営業〉（03）3238-7777
　　　〈企画開発〉（03）3238-7751
　　　〈総　務〉（03）3238-7700
https://www.jikkyo.co.jp/

ISBN　978-4-407-35942-8　　C3004　　Printed in Japan

スピードマスター

ITパスポート試験 テキスト&問題集

解答・解説
実教出版

1章 コンピュータシステム

1-1 コンピュータの構成要素

・練習問題・（p.10）

1 GPU（Graphics Processing Unit）は，PC などにおいて画像処理を専門に担当するハードウェア部品。

　ア　AR（Augmented Reality）は拡張現実のこと。

　イ　DVI（Digital Visual Interface）は，コンピュータとディスプレイを接続するインタフェース規格。

　エ　MPEG（Moving Picture Experts Group）は，動画の圧縮符号化に関する規格。

　▶答　ウ

2 DRAM・SRAM 共に電源供給が無くなると記憶情報も失われる揮発性メモリ。

　DRAM は主記憶装置に，SRAM はキャッシュメモリに使用される。

　▶答　イ

3 ア　容量の大きさは，1次キャッシュより2次キャッシュの方が大きい。

　イ　CPU がデータを読み出すとき，初めに1次キャッシュメモリにアクセスし，データが無い場合は2次キャッシュメモリにアクセスする仕組みだが，2次といえども主記憶メモリよりは高速である。

　エ　キャッシュメモリには使用頻度の高いデータが格納される。プログラム開始時に全てのデータが存在している必要はない。

　▶答　ウ

4 ア　使用する USB 規格の転送速度によって決まる。

　イ　クロックの間隔が短いことは，単位時間に多くの動作を行えるため，短い時間で処理できる。

　ウ　クロックは記憶装置ではない。プログラムカウンタが該当する。

　▶答　エ

・練習問題・（p.14）

1 次の手順で計算する。

　①1回転あたりの時間＝60÷4200≒0.014
　　　　　　　　　　　　　＝14 ms

　②平均回転待ち時間＝14 ms÷2＝7 ms

　③平均待ち時間＝5 ms＋7 ms＝12 ms

　▶答　ウ

2 次の手順で計算する。

　①1ブロックのバイト数＝500×50＝25000

　②1ブロックを格納するために必要なセクタ数

　　　＝25000÷512≒49 セクタ

　③1シリンダに格納できるブロック数

　　　＝25×20÷49≒10.2

　④50万件のレコードを格納するために必要なブロック数

　　　＝500000÷50＝10000

　⑤50万件のレコードを格納するために必要なシリンダ数

　　　＝10000÷10.2≒980

　▶答　ウ

3 イ　CD-RW は書き換えが可能。ディスク上の記録素材をレーザで熱して結晶構造を変えることによって記録する。

　ウ　DVD-RAM は書き換えが可能。記録面の材料にアモルファス金属を使用している。

　エ　DVD-ROM は読み取り専用。読み取りピットを型版にして，プレスと張り合わせで生産する。

　▶答　ア

4 DVD は，ディスクを読み取るレーザ光線の波長が短いため，大容量化を可能にしている。

　▶答　エ

・練習問題・（p.24）

1 ア　IoT サーバの役割。

　イ　IoT サーバの役割。

　ウ　温度センサの役割。

　▶答　エ

2 イ　NFC の通信範囲は狭いため無線 LAN には使用できない。

　ウ　IrDA（Infrared Data Association）の説明。

　エ　GPS（Global Positioning System）の説明。

　▶答　ア

3 イ　IrDA の説明。

　ウ　SATA や USB などの説明。

　エ　Bluetooth や Wi-Fi などの説明。

　▶答　ア

4 ア　ホログラムやレンチキュラーの説明。

　ウ　曲面印刷の説明。

　エ　プロジェクションマッピングの説明。

　▶答　イ

確認問題（p.25）

1 ア　Graphics Processing Unit。画像処理を専門に担当するハードウェア部品。

イ Solid State Drive。フラッシュメモリを用いる補助記憶装置のひとつ。

ウ コンピュータ内で処理するプログラムとそのデータを一時的に記憶しておく装置。

▶答 エ

2 キャッシュメモリ → 主記憶 → SSD → HDD の順に短い。

▶答 ウ

3 ア ドメイン名・ホスト名を IP アドレスに変換するサーバ。

イ ファイルの送受信を行うサーバ。

ウ Web ページ等の配信を行うサーバ。

▶答 エ

4 ア 入れ替え処理の頻度は減らない。

イ 仮想記憶は補助記憶装置上に確保されるため，容量を増やしても解決しない。

エ 容量を増やすのは主記憶装置。

▶答 ウ

5 ア 正しい。端末や場所を問わず利用可能。

イ 正しい。無料で容量を提供するサービスがある。

ウ 正しい。アクセス権の設定で，複数人で共有できる。

エ 不適切。オンラインストレージの容量を増やすには有料の契約などが必要である。

▶答 エ

6 ア ETC との無線通信は，車両に特化した無線通信を利用する。

イ エアコンのリモコンは，赤外線を利用する。

ウ カーナビの位置計測は，GPS を利用する。

▶答 エ

7 ア GPS の活用事例。

イ HTTPS の活用事例。

ウ バイオメトリクス認証の活用事例。

▶答 エ

8 三つの衛星を利用して，衛星と受信端末の距離を算出し，距離の交点によって位置を確定する方法。

▶答 ウ

9 イ デバイスドライバは OS に組み込まれるもので，アプリケーションと別であり再インストールは不要。

ウ 削除は可能。

エ 機種が異なる場合，台数分インストールが必要である。

▶答 ア

10 GPS(Global Positioning System)は，電波の発信時刻と受信端末の受信時刻の差や電波の速度から，衛星と受信端末の距離を算出する。それを 3 つの衛星で行いその距離の交点で位置を特定する。

▶答 ウ

1-2 ソフトウェア

・練習問題・ (p.38)

1 ア ソースコードが公開されていたとしても，OSS としてライセンスされているものを除き，複製，改変，再頒布等は認められない。

イ 著作権は放棄されていない。著作権が放棄されているソフトウェアのことを，パブリックドメインソフトウェアという。

ウ 利用実績が多い代表的な OSS は団体や法人により作成されていることが多い。

▶答 エ

2 ① 正しい

② Internet Explorer(IE)は Microsoft 社が開発している Web ブラウザ。

③ OSS では，OpenOffice などがある。

▶答 ア

3 オーサリングツールとは，画像，音声，文字などの素材となるさまざまなデータを編集して，1 つのコンテンツを作成するためのソフトウェアのこと。

▶答 ア

4 ① 式 "条件付個数(B2：D2，＞15000)" は，セル B2 ～ D2 の中で 15000 より大きな値をもつセルの個数を返す。

② 式の複写によりセル E4 に格納される式は "条件付個数(B4：D4，＞15000)" になる。

③ 20,000 30,000 が該当するので表示される値は 2 となる。

▶答 ウ

5 ア 原則サポートは受けられない。OSS の販売元が有償サポートを行っている場合がある。

イ ソースコードは公開されており，脆弱性においては他と同様である。

ウ 原則保証は受けられない。OSS の販売元が損害補償を行っている場合がある。

▶答 エ

確認問題 (p.42)

1 ア OS とアプリケーションプログラム間のインタフェースは OS ごとに異なる。

ウ OS はファイルの文字コードを自動変換する機能を持たない。OS に依存する辞書機能により，文字コード種別の違いを意識しなければならない。

エ OS のソースコードの公開は義務付けられていない。

▶答 イ

2 ア CPU を交換しても，入れ替え処理は行われる。

イ　仮想記憶は補助記憶装置上に確保されるため，容量を増やしても解消されない。

エ　主記憶装置の容量を増やさない限り解消されない。

　　▶答　ウ

3　OS から見た実行単位であるプロセスの処理単位をスレッドという。複数のスレッドに細分化することで並行処理が可能になり処理効率が上がる。

ア　マルチコアプロセッサの説明。

イ　仮想記憶の説明。

エ　ストライピングの説明。

　　▶答　ウ

4　イ　データベースの設計手法。データを二次元表の形式で表現する。

ウ　複数のディスクにデータを分散保存することで，アクセス性能を向上させる手法。

エ　プログラムやデータの優先度に応じて，主記憶と補助記憶に随時入れ替えて，主記憶を効率的に管理する手法。

　　▶答　ア

5　起動される順番は次のとおり。

　　BIOS　→　OS　→　デバイスドライバ　→　アプリケーションソフト

　　BIOS（Basic Input/Output System，バイオス）。パソコン起動後，ROM から読みだされた BIOS は各部のハードウェアを認識・確認して OS に引き継ぐ。OS は起動後，メモリにロードされ，周辺機器の組み込みソフト（デバイスドライバ）を起動する。最後に利用するアプリケーションソフトを起動する。

　　▶答　ア

6　「D$2」を「$D$2」と記述すると，D 列の参照先が固定される。したがって，E5 の計算式は「B5＊(1.0 ＋ D2)」になり，600×(1.0＋0.05)の計算結果は 630 になる。

　　▶答　ウ

7　ア　HTML の見出しやヘッダー情報など Web ページの文書構造を形作るための仕様のこと。

イ　ディスプレイの画像を静止画や動画として取り込み保存すること。

エ　定型的な文書など，あらかじめ記述されたデータのこと。

　　▶答　ウ

8　イ　ソースコードとともに実行形式による配布も可能。

ウ　それぞれの製品が独自に定める利用条件によって多様なライセンス形態がある。

エ　利用分野での制限はなく企業での利用も可能。

　　▶答　ア

9　Firefox：Mozilla Foundation が開発した Web ブラウザ。

Linux：世界的に利用されている OS。

PostgreSQL：カリフォルニア大学バークレー校で開発されたデータベース管理システム。

Thunderbird：Mozilla Foundation が開発したメールソフト。

　　▶答　ウ

10　マルチタスクとは，複数のタスクを同時に実行する仕組みのこと。実際には一つの CPU でこなせるタスクは一つずつであるため，OS が短い周期でタスクを切り替えることで，複数のタスクを同時処理しているように見せかけている。マルチタスクにすることで，利用者にとってはシングルタスク時よりもシステムの反応性がよくなったと感じられる。

ア　コンピュータによって作り出された仮想現実（Virtual Reality）の世界を，CG などを使用して実際の世界のように作り出す技術。

イ　一つのプロセッサに二つの CPU（コア）を搭載したプロセッサの形態。

ウ　同じ処理を 2 組のシステムで同時に行い，その結果を照合しながら処理する形態。

　　▶答　エ

2章 ─コンピュータはどうして動くのか

2-1　コンピュータの考え方

・練習問題・　(p.47)

1　(1) 2 進数の 10110 を 10 進数に変換するには，2 進数とそれぞれのけたの重みをかけ算した和を求める。

16	8	4	2	1	←重み
×	×	×	×	×	
1	0	1	1	0	
‖	‖	‖	‖	‖	
16	＋	4＋2		＝22	

　　▶答　22

(2) 2 進数の 10110 を右端から 4 けたずつ区切り，それぞれを 10 進数に変換したものをつなげる。なお，10 を超えた場合には，10 ＝ A，11 ＝ B，12 ＝ C，13 ＝ D，14 ＝ E，15 ＝ F に置き換える。

　　1　　　0110　←右端から 4 けたずつに区切る

　　1　　　6　←10 進数に変換する。

　　▶答　16

(3) 10 進数の 382 を 2 進数に変換するには，以下のように行う。

3

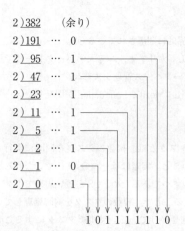

2) 382 　（余り）
2)191 … 0
2) 95 … 1
2) 47 … 1
2) 23 … 1
2) 11 … 1
2) 5 … 1
2) 2 … 1
2) 1 … 0
2) 0 … 1

1 0 1 1 1 1 1 1 0

▶答　101111110

(4) (3)で2進数の値が101111110なので，2と同様に右端から4けたずつに区切り10進数に直す。

1　0111　1110　←右端から4けたずつ区切る
1　7　　14　　←10進数に変換する
　　　　　E　　←10以上はA～Fに置き換える

▶答　17E

(5) 16進数のF4Cを2進数に変換するには，16進数の各けたを4けたの2進数に変換してつなげればよい。

F　　4　　　C
15　　4　　　12　←Fは15，Cは12を意味する
1111　0100　　1100　←4けたの2進数に変換

▶答　111101001100

(6) 2進数の値は(5)で求めているので，(1)と同じ方法で10進数に変換する。

2048 1024 512 256 128　64　32　16　8　4　2　1
　×　　×　　×　 ×　 ×　　×　 ×　 ×　×　×　×　×
　1　　1　　1　 1　 0　　1　 0　 0　1　1　0　0
　‖　　‖　　‖　 ‖　　　　‖　　　　　　‖　‖
2048＋1024＋512＋256　＋　64　＋　　8＋4
　　　　　　　　　　　　　　　　＝3916

▶答　3916

・練習問題・ (p.48)

1　**1**　2進数は2になると次のけたへ繰り上がる点に注意。
①10進数の36を2進数に変換する。→ 100100
②2進数の1101＋100100を行う。

　　1 1　　　　←繰り上がり
　　1 1 0 1
＋1 0 0 1 0 0
　1 1 0 0 0 1

2　2進数の引き算で，上位のけたから借りるときには2であることに注意。

$$\begin{array}{r}{}^{\nearrow 2}\ {}^{\nearrow 2}\\ +0 +0\\ -\quad 1\ 0\ 1\\ \hline 1\ 0\ 1\end{array}$$

▶答　**1** 110001　**2** 101

2　**1**　2進数では，1ビット左にシフトするたびに2倍になる。したがって，3ビット左シフトした場合には，$2×2×2＝8$倍である。

2　10進数では，1けた右にシフトするたびに$\frac{1}{10}$倍になる。したがって，2けた右シフトした場合には，$\frac{1}{10}×\frac{1}{10}＝\frac{1}{100}$倍である。

3　以下のようになる。

| | | 1 | 0 | 0 | 1 | もとの数：9 |
| 1 | 0 | 0 | 1 | 0 | 0 | 2ビット左へシフト後：36 |

▶答　**1** 8倍　**2** $\frac{1}{100}$倍　**3** 100100

・練習問題・ (p.52)

1　Nビットで表すことのできる組み合わせは，2^Nである。したがって，最初に$2^N≧200$になるNを求めればよい。$2^8＝256$なので，最低8ビット必要である。

▶答　8ビット

2　2の補数は，もとのビット列を反転させた後，1を加えればよい。

01100011 … もとの数
10011100 … もとの数を反転(1の補数)
＋　　　　1
10011101 … 1の補数に1を加えた結果(2の補数)

▶答　10011101

3　固定小数点数値で負の数は，一番左端のビット(最上位ビット)が負を意味する1になっているものである。

▶答　イ

4　ASCIIコードはアメリカの標準文字コードで，7ビットの文字コード。表現できる文字は英数字と記号のみ。

▶答　ウ

・練習問題・ (p.54)

1　(1)　入力1と入力2の両方が1のときのみ，演算結果が1になっていることから，論理積(AND)だと分かる。

(2)　入力1か入力2のいずれかに1があると，演算結果はすべて1になっていることから，論理和(OR)だと分かる。

(3)　入力が1つで，演算結果は入力と反対になっていることから，否定(NOT)である。

▶答　(1)ウ　(2)イ　(3)ア

2　論理演算は，以下のように各けたごとに行う。

　　　　 1　0　1
AND　0　1　1
　　　　 0　0　1

▶答　001

3 1 AND 1 OR 0 を行う。論理和（OR）と論理積（AND）では，論理積（AND）の方が優先されるので，

　① 1 AND 1 を行う。演算結果は 1

　② ①の演算結果 OR 0 を行う。

　　1 OR 0 なので，演算結果は 1。

　▶答　1

2-2　数学の応用

・練習問題・（p.57）

1 平均値は，合計÷標本数なので，

　$(8+2+2+4+3+3+4+6+6+2) \div 10 = 4$

　▶答　4

2 メジアンは，データを昇順に整列したとき，ちょうど中央に位置する値なので，データを整列する。この問題では，標本数が偶数のために，中央に位置する 3 と 4 の平均になる。

　　2　2　2　3　$\boxed{3\ 4}$　4　6　6　8
　　　　　　　　　　↑

　　　　　　$(3+4) \div 2 = 3.5$

　▶答　3.5

3 モードは，最も出現頻度の高い値なので，3 回出現している 2 になる。

　▶答　2

4 分散は，以下のように計算する。

　①平均値を求める。**1**の解答から 4

　②各データの値と平均値の差を求める。

　　　　4　-2　-2　0　-1　-1　0　2　2　-2

　③ ②で求めた平均値の差を 2 乗する。

　　　　16　4　4　0　1　1　0　4　4　4

　④ ③で求めた値の平均を計算する。

　　　$(16+4+4+0+1+1+0+4+4+4) \div 10 = 3.8$

　▶答　3.8

2-3　アルゴリズムとプログラミング

・練習問題・（p.63）

1 1 オ　2 イ　3 ウ　4 ア　5 エ　6 カ

確認問題（p.74）

1 10 進数の 155 を 2 進数に変換するには，以下のように行う。

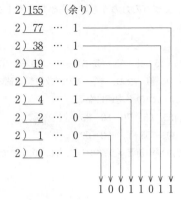

　▶答　ア

2
```
      1011
  ×   101
      1 ←（繰上がり）
     1011
    1011
   110111
```

　▶答　エ

3 負の整数を 2 の補数で表現する n けたの固定小数点数が表現できる範囲は，以下の公式で求めることができる。

　　　$-2^{n-1} \sim +2^{n-1}-1$

　この問題では，n=8 なので，$-2^7 \sim +2^7-1$ となり，$-128 \sim +127$ が正解である。

　▶答　ウ

4 2 の補数は，もとの 2 進数を反転させて 1 を加えたものである。

```
  01101010 … もとの数
  10010101 … 反転後（1の補数）
+        1
  10010110 … 1の補数に1を加えた
```

　▶答　イ

5 論理積（AND）の真理値表は以下のとおりである。

入力1	入力2	入力1と入力2の演算結果
1	1	1
0	1	0
1	0	0
0	0	0

　真理値表の入力 1 の部分と，演算結果を注目すると以下のことが分かる。

・入力 1 が 0 のときの演算結果は必ず 0 になる。

・入力 1 が 1 のときの演算結果は入力 2 と同じになる。

　以上のことから，2 進データ X との AND 演算の結果を見ていくと，上位 4 ビットは全て 0 なので，上位 4 ビットの演算結果は 0 になる。また，下位 4 ビットはすべて 1 なので，2 進データ X の値がそのまま残る。

　▶答　ウ

6 OR回路は，2つの入力のうちどちらかにでも1が
あれば1を出力する。

▶答　ア

7 平均値：$(35+45+45+55+65+70+80+85) \div 8 = 60$

メジアン：中央値。なお，データの個数が偶数個の
ときは，中央の2つの平均値になる。

35　45　45　$\boxed{55 \quad 65}$　70　80　85

中央$(55+65) \div 2 = 60$

したがって，平均値とメジアンはともに60なので，
差は0である。

▶答　ア

8 図2は図1が2つ連続しているので図2を右から順
に計算する。

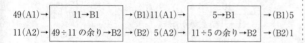

したがって，B2の値は1となる。

▶答　ア

9 隣接行列を見ながら，ア〜エのグラフが正しいかを
確認していく。

手順1

隣接行列のaの行を見る。1が立って
いるのはbだけなので，aとbはつながっ
ていることが分かる。ア〜エのすべてが
つながっているので，現時点ではすべて
正しい。

```
  abcdef
a 010000
b 101100
c 010110
d 011000
e 001001
f 000010
```

手順2

隣接行列のbの行を見る。1が立って
いるのはacdなので，bとa，bとc，b
とdがつながっているグラフが正しい。

```
  abcdef
a 010000
b 101100
c 010110
d 011000
e 001001
f 000010
```

ア：bとa，bとdのみ　　正しくない
イ：bとa，bとc，bとd　　正しい
ウ：bとa，bとc，bとd　　正しい
エ：bとa，bとc，bとd　　正しい

手順3

隣接行列のcの行を見る。1が立って
いるのはbdeなので，cとb，cとd，c
とeがつながっているグラフが正しい。
なお，アはすでに不正解なので除外する。

```
  abcdef
a 010000
b 101100
c 010110
d 011000
e 001001
f 000010
```

イ：cとb，cとeのみ　　正しくない
ウ：cとb，cとd，cとe　　正しい
エ：cとb，cとd，cとe　　正しい

手順4

隣接行列のdの行を見る。1が立って
いるのはbcなので，dとb，dとcがつ
ながっているグラフが正しい。なお，ア，
イはすでに不正解なので除外する。

```
  abcdef
a 010000
b 101100
c 010110
d 011000
e 001001
f 000010
```

ウ：dとb，dとc　　正しい

エ：dとb，dとc，dとe　　正しくない

したがって，ウが正解となる。

▶答　ウ

10 キューは先入先出（First In First Out）のデータ構
造である。

▶答　イ

11 ア　PUSH a→POP→PUSH b→POP→PUSH c
　　　→POP　の順

イ　PUSH a→PUSH b→POP→POP→PUSH c→POP
　　の順

ウ　この順番で取り出せない

エ　PUSH a→PUSH b→PUSH c→POP→POP→POP
　　の順

▶答　ウ

12 キューは，先に入ったデータから順に取り出す。
問題では，最初に8が，2番目に1が入力されている
ので，2回目の取り出しでは2番目に入力された1が
取り出される。

▶答　ア

13 現在レタスの次が大根，その次がほうれん草であ
る。大根を削除するということは，レタスの次をほう
れん草にすればよいので，レタスの次のポインタをほ
うれん草のアドレスである120に変更すればよい。

▶答　エ

14 順次は上から順に処理を行う構造である。

▶答　ア

15 問題文の説明から，引数numが3であれば，☆★
☆と出力することが分かる。また，引数numの値が
0以下ならば何も出力しないことも分かる。

解答群を見ると，いずれも $\boxed{a}$ から $\boxed{b}$ の間で
処理を繰り返していることが分かる。なお，繰り返し
ている処理は☆と★を交互に1文字ずつ出力する処理
である。

問題文の説明からnumが0以下のときには，$\boxed{a}$
と $\boxed{b}$ の間の処理を1度も実行しないので，1度も
処理を実行しない可能性があるのは，前判定型繰り返
しのウかエであることが分かる。

ウとエの違いはcntの値がnum以下の間繰り返す
か，numより小さい間繰り返すかの違いなので，ト
レースをしてどちらが正解か確認する。

num=3で，初期値として　cnt=0　　starColor="SC1"
として実行する。

1回目　cnt=0　で　num=3　なので，ウ・エともに
　　　　実行する。

・☆を出力　　　・starColor="SC2"　　　・cnt=1
となる。

2回目　cnt=1　で　num=3　なので，ウ・エともに
　　　　実行する。

― 6 ―

・★を出力　　　・starColor="SC1"　　　・cnt=2

となる。

3回目　cnt=2　で　num=3　なので，ウ・エともに実行する。

・☆を出力　　　・starColor="SC2"　　　・cnt=3

となる。

※ここまでで☆★☆と出力されたので，もう繰り返す必要はない。

4回目　cnt=3　で　num=3　なので，ウは実行し，エは実行しない。

つまり，4回目を実行しないエが正解となる。

▶答　エ

3 章 ─ 情報メディア

3-1　マルチメディア技術

・練習問題・（p.82）

1 1ケ 2エ 3オ 4カ 5イ 6ウ 7キ 8コ 9ア 10ク

・練習問題・（p.84）

1 サンプリング（標本化）周期を短くすると，よりなめらかになり，量子化の段階数を増やすと，より詳細な音程が表現できる。

▶答　イ

確認問題（p.87）

1 ア　ファックスソフトの拡張子は awd

ウ　カラー静止画像の圧縮形式には，JPEG，GIF，PNG などがある。

エ　動画ファイルの圧縮形式には，MPEG，WMV，AVI などがある。

▶答　イ

2 加法混色は，ディスプレイなどに用いられ，基本色を黒とし，レッド（Red），グリーン（Green），ブルー（Blue）の3原色を用い，各色をそれぞれ0～255までの256段階で表現（1バイト）する。すべてが最小（R=0，G=0，B=0）の場合は黒，すべてが最大（R=255，G=255，B=255）の場合は白となる。

▶答　ウ

3 ディジタルサイネージ（Digital Signage）は，電子看板である。ディスプレイなどにリアルタイムに映像や情報を表示する広告のことである。スーパーなどのPOP 用の小型ディスプレイや屋外大型ビジョンなど

がある。

ア　ブラウザに，Web サーバからの情報を一時的に保存する仕組み。

イ　Web サイトの見出しや要約などを記述するフォーマットであり，Web サイトの更新情報の公開に使われる。

エ　情報を活用できる環境や能力の差によって，待遇や収入などの格差が生じること。

▶答　ウ

4 静止画…GIF，JPEG

動画…MPEG

音声…MP3

▶答　イ

5 ア　HTTP である。

イ　SGML が HTML の文法の基になった。

ウ　HTML を拡張して XML になった。

▶答　ウ

6 RGB は，光の3原色と呼ばれ，赤，緑，青の3つで構成され，ディスプレイで色を表現するためなどに用いられている。また，色の表現は加法混合とも呼ばれている。それぞれの色に2ビットが割り当てられると64色$(2^2 \times 2^2 \times 2^2)$，4ビットでは4096色$(2^4 \times 2^4 \times 2^4)$，8ビットになると1677万7216色$(2^8 \times 2^8 \times 2^8)$となる。

一方，色の3原色とはシアン，マゼンタ，イエローである。カラープリンタなどで色を表現するためなどに用いられている。また，減色混合とも呼ばれている。

▶答　エ

7 CPRM（content protection for recordable media）とは，DVD などの記録メディア向けに著作権を守るための暗号。

DVD などの記録メディアなどの著作権を保護するため，コピー制限機能などを有する著作権保護技術である。

ア　AR（Augmented Reality…拡張現実）

ウ　HDMI（High-Definition Multimedia Interface）

テレビとハードディスク，ノート PC とプロジェクタなどを接続する，映像や音声を一本にまとめた通信規格。

エ　MIDI（Musical Instrument Digital Interface）

シンセサイザなどの電子楽器の演奏データや電子音源を機器間でディジタル転送するための規格。

▶答　イ

8 XML は HTML を拡張して作られているので HTML と同じくタグで囲む。

▶答　ウ

9 最終的な倍数をxとすると，

$300 \times 600 \times 24 = 4{,}320{,}000$ ビット

$150 \times 300 \times \ 8 = \ \ 360{,}000$ ビット

$360,000 \times x = 4,320,000$

$$x = 360,000/4,320,000 = 1/12$$

　▶答　ア

10　拡張現実（Augmented Reality）とは，映像などに，コンピュータが作り出す情報を重ね合わせて表示する技術。

ア　仮想記憶

ウ　音声認識

エ　人工知能（AI）

　▶答　イ

11　DRM とは，ディジタルコンテンツの著作権を保護し，利用や複製を管理・制限する技術の総称。

ア　MPEG（Moving Picture Experts Group）

ウ　BML（Broadcast Markup Language）

エ　ドルビーディジタル（Dolby Digital）や DTS（Digital Theater Systems）

　▶答　イ

12　減法混色はプリンタで用いられ，基本色を白とし，シアン（Cyan），マゼンタ（Magenta），イエロー（Yellow）を加えていくことで色を表現する。すべてが最小の場合には基本色である白，すべてが最大の場合は黒となる。

　▶答　ウ

13　サンプリング周波数が 2 倍になると，データ量は 2 倍になる。

　▶答　ウ

14　音声信号はなめらかな曲線なのでエは除かれる。あとは，ディジタル化した音声信号の値の近くをすべて通る曲線を選べばよい。

　▶答　イ

3-2　データベース

確認問題（p.101）

1　データウェアハウスとは，企業戦略や意思決定支援をするために，大量のデータを統合したデータベースである。

　▶答　イ

2　ア　PERT 図の説明。

イ　E-R 図の説明。

ウ　構造化をフローチャートで表すことの説明。

エ　状態遷移図の説明。

　▶答　イ

3　ア　オブジェクト指向のクラス化である。

イ　ネットワーク型データベースである。

ウ　階層型データベースである。

　▶答　エ

4

　▶答　イ

5　ア　主キーには NULL 値を設定できない。

イ　更新しても値が一意であれば更新できる。

ウ　主キーは他の表の外部キーから参照することができる。

エ　関係データベースは，1 行（レコード）を一意に識別できるように，ある列または複数の列を組み合わせて主キーを設定する。

　▶答　エ

6　インデックスとは，探したいデータ項目と探したいレコードのデータベースでの格納位置情報で構成されており，インデックスによりデータの格納位置を特定し，その位置のデータベースのレコードに直接アクセスすることで，検索速度を上げることができる。

　▶答　ア

7　データの追加・削除により，データベースの記録領域が断片化（フラグメンテーション）を起こし，アクセス時間が長くなる。

　▶答　イ

8　処理結果一覧

トランザクション名	コミット後のデータ
トランザクション 1	データ A
トランザクション 2	データ B
トランザクション 3	データ A　データ B
トランザクション 4	データ A

　上記のように，トランザクション 3 のコミット後にデータ A とデータ B が残っている。

　これは，トランザクション 4 の途中で障害が発生したため，トランザクション 3 のコミット時点（またはトランザクション 4 の開始時点）までロールバックされたことを示している。

　▶答　エ

9　表 3 は，表 1 の品名と価格，表 2 の棚番号を使うため，品名コードをキーに表 1 と表 2 を結合する。次に品名コード，品名，価格，メーカー，棚番号からなる結合された表から，品名，価格，棚番号を射影する。

　▶答　イ

10　ア　更新処理を中断して参照させると，更新情報が反映されない。

イ　更新中の最新のデータを参照させると，更新中のデータが更新できない。

エ　更新を破棄して更新前のデータを参照させると，更新が未実施となる。

▶答　ウ

11 仕入先と発注の関係は1対多であり，一つの発注に対し一つの仕入先が対応する。

▶答　エ

12 イとウ　アプリケーションサーバ

エ　コミュニケーションサーバ

▶答　ア

13 ア　データベースのインデックス（索引）が記録されたファイル

イ　ある時点のデータベースをバックアップしたファイル

エ　メモリ上で実行可能なプログラム

▶答　ウ

14 実行順番は以下の通り。

①　E-R図により，業務分析を行う（概念モデル作成）。

②　テーブルを構成するデータ項目を洗い出す。

③　テーブルを定義する（論理モデル作成）。

▶答　イ

15　①　$5+10=15$

②　$5-1=4$

③　$15 \rightarrow$ データ1

④　$4 \rightarrow$ データ1

▶答　ア

16 エッジコンピューティングは，利用端末と近接させた処理装置を複数分散配置し，それぞれの地点でデータ処理を行うことが期待される。サーバの負荷低減とIoTシステムのリアルタイム性向上のメリットがある。

ア　複製のサーバを常に同期させて運用する。…レプリケーション

ウ　サーバ間の通信負荷の状況に応じて，ネットワークの構成を自動的に最適化する。…SDN（Software Defined Networking）

エ　少ない電力で稼働させて，一般的な電池で長期間の連続運用を行う。…LPWA（Low Power, Wide Area），BLE（Bluetooth Low Energy）

▶答　イ

3-3　コンピュータシステム

・練習問題・　（p.110）

1　6　図から直列のシステムであることが分かるので，稼働率は，90％×80％で求める。

7　図から並列のシステムであることが分かるので，稼働率は，$1-((1-90\%) \times (1-70\%))$で求める。

▶答　1イ　2オ　3カ　4ア　5①ウ②エ

6ク　7キ

・練習問題・　（p.116）

1　1エ　2ウ　3カ　4イ　5ア　6ク　7シ　8キ

9コ　10サ　11ケ　12セ　13ソ　14チ　15ツ

3-4　ネットワーク

・練習問題・　（p.125）

1　1カ　2イ　3シ　4サ　5オ　6エ　7チ　8コ

9セ　10ス　11キ　12ア　13ウ　14ク　15タ

16ツ　17ケ　18テ

・練習問題・　（p.129）

1　1ウ　2オ　3エ　4イ　5ア　6カ

2　①送信するデータ量をビットで求める。

2Mバイト×8＝16Mビット＝16,000Kビット

②実質の伝送速度を求める。

100Kbps×0.8＝80Kbps

③①と②から送信に要する時間を求める。

16,000Kビット÷80Kbps＝200秒

▶答　200秒

3　1イ　2ウ　3ア

3-5　セキュリティ

・練習問題・　（p.136）

1　1ウ　2キ　3コ　4カ　5エ　6イ　7ケ　8ア

9オ　10ク　11シ　12ソ　13セ　14ス　15サ

・練習問題・　（p.139）

1　1オ　2カ　3エ　4ア　5ウ　6イ

・練習問題・　（p.146）

1　1カ　2ア　3ウ　4キ　5エ　6オ　7イ

確認問題　（p.147）

1　稼働率は，MTBF÷（MTBF＋MTTR）で求める。

ア　$100÷(100+10)≒90.9\%$

イ　$200÷(200+20)≒90.9\%$

ウ　$50÷(50+40)≒55.6\%$

エ　$200÷(200+10)≒95.2\%$

▶答　エ

2　稼働率0.9の装置を2台直列に接続した場合の稼働率＝$0.9×0.9=0.81$

稼働率0.9の装置を3台直列に接続した場合の稼働率＝$0.9×0.9×0.9=0.729$

3台直列に接続する場合は2台の場合の稼働率に0.9（$1-10\%$）を掛けるので10％下がる。

▶答　ウ

3　a　同じ処理を2系統が別々に行い，結果を照合しながら処理を進める。障害発生時には障害の生じた系統を切り離して処理を継続するので，サービス停止時間はない。

b　現用系が処理を行い，片系は現用系に障害が発生してから起動するため，サービス停止時間は長い。

c　現用系が処理を行い，片系はいつでも処理を引き

継げるようにシステムを起動して待機する。コールドスタンバイよりは停止時間は短いが，デュアルシステムよりは長い。

　▶答　ア

4 応答時間とは，クライアントが処理を依頼してから，処理結果の出力が始まるまでの時間をいう。サーバまでデータを送信する時間が短くなるか，サーバの処理時間が短縮することで応答時間は短くなる。したがって，aとdが正しい。

　▶答　イ

5 ア　フェールセーフの説明。
　ウ　ダウンサイジングの説明。
　エ　フォールトトレラントシステムのフェールソフトの説明。

　▶答　イ

6 ア　フェールセーフの説明。
　イ　フォールトアボイダンスの説明。
　エ　フールプルーフの説明。

　▶答　ウ

7 イ　ブレードサーバの説明。
　ウ　スタンドアロンの説明。
　エ　デュアルシステムの説明。

　▶答　ア

8 ア　主に動画データをダウンロードしながら再生する方式。
　イ　広告を大きなディスプレイなどで表示する。
　ウ　周辺装置をコンピュータに接続すると必要なデバイスドライバのインストールや設定を行う機能。
　エ　マイグレーション（migration）は移行や移転という意味がある。

　▶答　エ

9 TCOは，そのシステムの構築にかかる初期費用と，システムの稼働に必要な費用を足したものである。①と②はどちらもシステムの構築や，システムの稼働に必要な費用ではないので，TCOから除く。

　▶答　エ

10 ア　MACアドレスは，NICに工場出荷時点で割り振られた固有の番号のために，特定のMACアドレス以外からの接続ができなくすることで第三者からの接続を防止することができる。
　イ　通信内容を暗号化することで，盗聴の防止となる。
　ウ　パーソナルファイアウォールは，個々のコンピュータを守るセキュリティ対策ではあるが，無線LANのセキュリティ対策ではない。
　エ　ESSID（Extended Service Set Identifier）は，無線LANのアクセスポイントに設定する識別名である。アクセスポイントをステルス化するとアクセスポイントの識別名がリストに表示されなくなるため

に，ESSIDを知らない人間は指定することができなくなる。

　▶答　ウ

11 WPA3は，無線LANを暗号化して通信するためのセキュリティに関する規格で，WPA2の後継バージョンである。IEEE802.11ax（Wi-Fi6）から採用された。

　▶答　エ

12 ア　インターネットサービスプロバイダ。インターネットへの接続サービスを提供する事業者。
　イ　番号ポータビリティ。今の電話番号をそのまま他の回線事業者へ乗り換えられるサービス。
　エ　オープンソースソフトウェア。ソフトウェアのソースコードが無償で公開され，改良や再頒布を許可されているソフトウェア。

　▶答　ウ

13 イ　Home Energy Management System。家庭内の電気機器を一括管理して使用料や稼働状況を把握し，電力使用の最適化を図るシステム。
　ウ　Natural User Interface。人間が普段行っている動作と同じように，自然な動作で端末の操作を行うインタフェース。
　エ　Power Line Communications。電力線を通信回線として利用する技術。

　▶答　ア

14 ア　機械学習の説明。
　ウ　ブロックチェーンの説明。
　エ　WPA2やWPA3の説明。

　▶答　イ

15 DHCPは，IPアドレスを自動的に割り振るプロトコルである。

　▶答　ア

16 ア　ネットワークを通じて他の端末へファイルを送受信するためのプロトコル。
　ウ　メール受信のプロトコル。
　エ　メール送信のプロトコル。

　▶答　イ

17 メールソフトの設定で必要なものは，メールを送信するSMTPサーバの設定と，メールをメールボックスから受信するためのPOPまたはIMAPの設定である。なお，POP3はPOPプロトコルのVer3を意味する。

　▶答　エ

18 CGI：Webサーバが，ブラウザからの要求に応じてプログラムを実行する仕組み。
cookie：Webサーバから端末へ送られる小さなファイル。Webサイトの情報や利用者の情報などが一時的に保存されている。

CSS：HTMLで書かれたページをWebブラウザやメーラーにどのように表示するかを定義するための言語。

RSS：Webサイトの更新情報などを配布するためのデータ形式。

したがって，aがcookie，bがRSSになる。

▶答　エ

19 ア　漢字やひらがなも使用できる。

イ　電子メールアドレスの @ 以降はドメイン名である。

ウ　個人でも取得可能。

▶答　エ

20 ア　LANインタフェース（NIC）に振られた識別番号をMACアドレスという。

イ　インターネットにつながった機器はIPアドレスで識別される。

エ　無線LANを識別する名前をESSIDという。

▶答　ウ

21 a　受信がPOP3，送信がSMTP。

b　メーリングリストは，メーリングリストを行うサーバへ届いたメールを登録されているメールアドレス宛に送信するので，メンバ全員のメールアドレスが表示されたりはしない。メーリングリストではなく，メーラのCcに全員のメールアドレスを入力して送信したときには，bのような状態になる。

▶答　エ

22 ア　特定のサーバに対して，多数のコンピュータから同時にアクセスし，サーバのサービスを停止させる攻撃。

ウ　入力欄にデータベースを操作する言語であるSQLを入力し，Webサイト側が想定していないSQLを実行させることで，情報の流出などを引き起こさせる攻撃。

エ　有名企業になりすましたメールを送付して偽サイトへと誘導し，個人情報を不正に盗むこと。

▶答　イ

23 ア　Remote Access Tool。

イ　Virtual Private Network。仮想専用線。一般的なインターネット回線を利用して作られる仮想の専用線。

ウ　周辺機器を制御するためのプログラム。

エ　マルウェアの一種で，感染するとコンピュータ内のデータを暗号化して使えなくし，元に戻すためには身代金を払うように迫るもの。

▶答　ア

24 ①クロスサイトスクリプティングの説明

②BOTの説明。（BOTの機能を持つコンピュータウイルスの説明）

③トロイの木馬の説明

標的型攻撃：特定の企業または個人に限定して，さまざまな手口で攻撃を行い，システムへの侵入や破壊，情報の不正入手を行うこと。

▶答　イ

25 情報セキュリティマネジメントシステム（ISMS）では，保護すべき情報資産について機密性，完全性，可用性をバランスよく維持することで，情報セキュリティの向上を図るとしている。また，上記の3つに加えて，真正性，責任追跡性，否認防止，信頼性の4つが加えられた。

▶答　ア

26 リスクアセスメントは，どのようなリスクがあり，それがどれほどの脅威なのかを特定するもので，リスク特定→リスク分析→リスク評価の順に行う。

▶答　イ

27 不正のトライアングルとは，米国の組織犯罪研究者ドナルド・R・クレッシーが提唱した理論で，以下の3つが全てそろった場合に不正が発生しやすいというものである。

①動機（プレッシャー）：本人が不正をするための動機。

②機会：不正の実行が可能な状況。

③正当化：倫理観の欠如や不正な行動が適切であると正当化する姿勢や心情。

▶答　ウ

28 二段階認証は認証を2回連続で行うことである。

ア　画面に表示されたゆがんだ文字をCAPTCHAといい，人間とロボットを区別するための対策である。したがって，認証はIDとパスワードの入力の1回である。

イ　入室時の認証は生体認証の1回しかしていない。

ウ　IDとパスワードで1回目の認証の後に，秘密の質問への回答という2回目の認証を行っている。

エ　画面は切り替えているが，結局IDとパスワードでの認証しかしていない。

▶答　ウ

29 ア　所持品による認証。

イ　ニーモニック認証とは，文字の代わりに画像などの組み合わせをパスワードとするもの。したがって，画像の組み合わせを覚えておく必要があるので知識による認証。

ウ　バイオメトリクス認証とは生体認証ともいう。個人の身体的・行動的特徴による認証。

エ　知識による認証。

▶答　ウ

30 ペネトレーションテストとは，ネットワークシステムに対して実際に侵入を試み，脆弱性の有無を検査するテストをいう。

▶答　ア

31 検疫ネットワークの説明文である。

ア　ファイアウォールによりインターネット（外部ネットワーク）とLAN（内部ネットワーク）のどちらからも隔離された区域。WebサーバやメールサーバなどのＷｅｂサーバやメールサーバなどのように、外部・内部の両方からのアクセスがあるサーバなどを設置する場所。

イ　不正侵入検知システム。通信回線を監視し、ネットワークへの侵入を見つけて管理者へ通報するシステム。

エ　外部ネットワークと内部ネットワークの間に設置し、外部ネットワークからの不正アクセスや攻撃から内部ネットワークを保護するためのソフトウェアやハードウェア。

▶答　ウ

32 耐タンパ性とは、機器やシステムの内部の情報を外部から解析や改変されることを防ぐ能力をいう。今回はIoTデバイスの耐タンパ性なので、IoTデバイス内部の情報を守ることになる。イは内部情報を守るためのセキュリティチップを使うので安全である。

▶答　イ

33 公開鍵暗号方式は、暗号化には受信者側の公開鍵を使い、復号には受信者側の秘密鍵を使う。

▶答　イ

34　ア　アクセス権制御。

イ　ウイルス対策ソフトでのウイルスチェックで確認。

ウ　暗号化

▶答　エ

35 PCI DSS（Payment Card Industry Data Security Standard）とは、クレジットカード会員の情報を保護することを目的に定められたクレジットカード業界の情報セキュリティ基準。

▶答　イ

4章 —システム開発とマネジメント

4-1　システム開発

・練習問題・（p.159）

1　ア　ソフトウェア受入は、完成したシステムを業務環境でテストする工程。

イ　作成されたソフトウェアやシステムの適格性を確認する工程。

ウ　プログラム言語を用いて、ソフトウェアコードを作成する工程。

▶答　エ

2 ソフトウェア詳細設計の次に実施する作業は「ソフトウェアコード作成及びテスト」になる。したがって、プログラミングを行う。

▶答　エ

3　ア　システム方式設計では、システム要件をハードウェア、ソフトウェア、手作業で行うかを決定する。

イ　システム要件定義では、システムの具体的な利用方法、システムの機能や能力、システムテストの項目などを決定する。

ウ　ソフトウェア方式設計では、アルゴリズムなどプログラミングの設計、単体、結合テストの項目などを決定する。

エ　ソフトウェア要件定義では、ソフトウェアの機能・能力、データベース要件、ソフトウェアテストの項目などを決定する。

▶答　ア

4　イ　経営目標はシステム化計画を作成する前に決定する事項。

ウ　設計工程で決定される事項。

エ　設計工程で決定される事項。

▶答　ア

5　ア　システム要件定義に含まれる作業。

イ　ソフトウェア方式設計に含まれる作業。

エ　ソフトウェア要件定義に含まれる作業。

▶答　ウ

6 単体テストは、プログラム単体での動作を確認するために行われるテストである。指定された条件を与えたときに期待通りの結果を得られるかなど、すべての命令を実行するホワイトボックステストが行われる。

ア　結合テストの説明。

イ　システムテストの説明。

ウ　承認テストまたは運用テストの説明。

▶答　エ

・練習問題・（p.167）

1　1サ　2ケ　3イ　4オ　5エ　6キ　7ウ　8ク

・練習問題・（p.171）

1　1エ　2オ　3ケ　4コ　5キ　6ウ　7ク
8ア

2 関連する入力項目は隣接するように配置する。

イ　コマンド入力は、操作に慣れたユーザ向けであり、初心者にはマウス操作などのGUI環境が効果的である。

ウ　エラーメッセージは、エラーの内容がわかるように表示する。

エ　詳細な表示は、かえって煩わしい場合もある。

▶答　ア

確認問題（p.172）

1　イ　プログラム上の手続きをいくつかの単位に分け、段階的に詳細化した構造で記述する手法。

ウ　業務の処理手順に着目して実施する手法。

エ　システム開発の早い段階でシステムの試作品をつくり，利用者と確認しながら進めていく開発手法。

▶答　ア

2　ソフトウェア保守の対象は運用開始後のシステム/ソフトウェアであり，テストは対象外。

▶答　エ

3　開発効率を高めるためには，各工程内において前工程との関連についてレビューやテストを繰り返し，品質を確保する必要がある。そのためには「a, b, c, d」のすべての工程で品質管理を行う必要がある。

▶答　ア

4　システムに要求される機能，性能を明確にする。

ア　ソフトウェア受入れで実施する。

イ　システム結合テストで実施する。

エ　プログラミングおよび単体テストで実施する。

▶答　ウ

5　共通フレームでは，システム開発等に係る作業項目を，プロセス，アクティビティ，タスクの階層構造で定義している。

ア　作成する文書の規定は行っていない。

ウ　ソフトウェアの尺度については共通フレームの利用者が決定する。

エ　システムの企画・要件定義などを対象としている。ハードウェアの構成の検討・導入，運用・保守だけに留め，開発の作業項目は定義していない。

▶答　イ

6　完成済のプログラムの保守性や効率性を改善する目的で行われる技術。

ア　プログラムを記述する前に，求める機能のテストケースを作成する開発手法。

イ　1人がプログラムコードを入力し，もう1人がチェックしながら補佐する役割を交代しながら進める手法。

ウ　既存ソフトウェアの動作を解析するなどして，製品の構造を分析し，そこから製造方法や動作原理，設計図，ソースコードなどを調査する技法。

▶答　エ

7　イ　開発を上流から下流に一方向に進める開発モデル。

ウ　コンピュータの実現すべき機能に注目して，ソフトウェアの構造を決定する開発手法。

エ　既存ソフトウェアの動作や構造を分析し，設計図，ソースコードなどを調査する技法。

▶答　ア

8　プロトタイプ(Prototype)とは，開発の初期段階で，作成される簡易的な試作品のこと。

ア　BI(ビジネス・インテリジェンス)ツールの説明

イ　DFDの説明

ウ　ユースケースの説明

▶答　エ

9　受入れテストは，発注側主導で行われ，成果物が要求事項を満たしているかを確認するテスト。

イ　二つ以上のモジュールを組み合わせて，モジュール間のインタフェースに関するエラーを検出するテスト工程。

ウ　システムテストは，開発したシステムが要件を満たしているか検証するために行われるテスト。委託開発では委託先で実施される。

エ　単体テストは，プログラムがモジュール単位で正常に動作するかを確かめるテスト。

▶答　ア

10　ソフトウェアの本番導入に当たっては，人員，予算，整備，スケジュールなどの実施体制を記載した導入計画書を作成し，事前に承認を得ておく必要がある。

▶答　イ

4-2　ITにかかわるマネジメント

・練習問題・ (p.178)

1　1キ　2イ　3オ　4ケ　5ウ　6ア　7コ　8エ　9カ　10ク

・練習問題・ (p.181)

1　1ケ　2キ　3ア　4オ　5ウ　6カ　7ク　8エ　9コ　10イ

・練習問題・ (p.183)

1　1ウ　2エ　3ア　4イ

確認問題 (p.184)

1　イ　場合によっては，計画よりも遅れていても隠しているかも知れないために，開発担当者の話を鵜呑みにしない。進捗報告書などを精査して，問題点などを認識した上で報告する。

ウ　口頭だけでは聞いていなかったという問題が発生することもあるので，必要に応じて文書にて連絡する。

エ　定期的に実施する会議には，必ずしも全員が参加する必要はない。

▶答　ア

2　問題のアローダイアグラムに最早日数と最遅日数を入れたのが以下の図である。Fは13日目から実施すればよいので，CからFまでは，10日までならば間に合うことがわかる。したがって，6+4日で最大4日まで許容できる。

なお，Cの最遅日数4は，Dが7日には開始する必要があるためである。

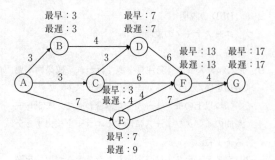

最早：3 最遅：3（B）
最早：7 最遅：7（D）
最早：13 最遅：13
最早：17 最遅：17

▶答　エ

3 WBSとは作業分解図といい，プロジェクト全体を細かな作業に分解した構成図である。WBSは作業名や成果物の記載のみのため，WBSで定義した作業内容と作業の意味を明確にするための補助文書が必要となる。この補助文書をWBS辞書という。

▶答　エ

4 WBSは，作業範囲を明確にするために作業内容を細分化した階層図である。この細分化は，スケジュール作成ができ，コストの見積もりができるレベルまで行う。

▶答　ア

5 プロジェクトの成功は，コスト・時間・範囲の3つの制約から，各プロジェクトでの優先順位を考慮して最も品質がよくなるようにバランスを取る必要がある。

イ　品質を高めるには，開発時間は長くし丁寧に作り込みを行えばよいが，そのためには，当然コストが上昇する。しかし，予算には限りがあるために互いにバランスを取る必要がある。

ウ，エ　正比例にも，反比例の関係にもならないので，どちらにも注目する必要がある。

▶答　ア

6 ア　プロジェクトタイムマネジメントの説明。
イ　プロジェクトスコープマネジメントの説明。
ウ　プロジェクトコストマネジメントの説明。

▶答　エ

7 プロジェクトコストマネジメントは，限られた予算内でプロジェクトを完了させるために，コストを見積もり，プロジェクトの進行に合わせて修正しながら，予算内でプロジェクトを完了させる管理活動である。解答群の中でコストについて触れているのはエしかなく，内容も人件費というコストの見積もりについてなのでエが正しい。

▶答　エ

8 サービスサポートには以下の5つのプロセスと，1つの機能（ヘルプデスク）がある。

・インシデント管理：応急対応
・構成管理：ハードウェア・ソフトウェアの管理

・問題管理：システムにある継続的な問題の対応
・リリース管理：新システムへの対応
・変更管理：システムに対する変更要求へ対応したシステム変更への対応

▶答　イ

9 イ　SLCP（共通フレーム）の説明。
ウ　CMMI（統合能力成熟度モデル）の説明。
エ　PMBOKの説明。

▶答　ア

10 この問題では新しいサーバを本稼働しているシステムに組み入れる作業をしている。このような実際に稼働しているシステムに，新しい機器やプログラムなどを提供する作業はリリース及び展開管理で行う。

▶答　エ

11 SLA（サービスレベル契約）はITサービスを提供する事業者とITサービスの利用者との間で，ITサービスの内容や範囲，品質に関して契約を結ぶことである。

ア　SLAの条文例
イ　秘密保持契約の条文例
ウ　請負契約の条文例
エ　著作権帰属契約の条文例

▶答　ア

12 ファシリティマネジメントは，使用する施設や機器，利用者の環境を最適化するための経営活動である。この場合，設置場所が水漏れの恐れがあれば，そのために，使用する機器に障害が発生する可能性が高く，サーバの環境によいとはいえない。そのために，環境を最適なものにするために，配水管を避けたといえる。

▶答　ウ

13 システム監査は，組織内で使用している情報システムを対象に，情報システムの信頼性や安全性，効率性などを，独立した立場の人が点検・評価し，問題点の指摘や改善策の勧告を行うものである。

▶答　エ

14 システム監査は，この監査の目的や対象範囲，スケジュールなどを計画立案する監査計画に基づき，予備調査→本調査→評価・結果→報告→改善指導の順で行われる。

▶答　イ

15 a　正しい
b　内部統制の考え方として，法令順守や社会規範への適合は大切である。
c　正しい
d　上場の有無に関わらず取り組む必要がある。

▶答　ア

16 システム監査人には利害関係のない独立した立場の人を選定する。

ア　監査内容から利害関係がない。

イ　設備投資の費用対効果も監査対象なので利害関係がある。

ウ　機能の選定で開発に関わっているので利害関係がある。

エ　開発の中心部門なので利害関係がある。

▶答　ア

17 リスク転嫁とは，リスクを他社などの第三者へ移すこと。例えばリスクが顕在化したときに備えてリスク保険などに加入するなどがある。

▶答　ア

18 内部統制の最終責任者は経営者である。

▶答　ウ

5章─企業と法務

5-1 企業

・練習問題・（p.209）

1 ア　プロジェクトのスケジュール管理に用いられる図法。

ウ　複合グラフで，主に複数の分析対象の中から，重要である要素を識別する図法。

エ　表の縦軸と横軸にいくつかの項目を設定し，各項目どうしの関連性・関連度合いなどを表した分析図。

▶答　イ

2 ア　アローダイアグラム（PERT）の説明。

イ　散布図の説明。

エ　レーダチャートの説明。

▶答　ウ

3 ア　クリティカルパスを求める。

イ　RFM分析が適当。

エ　算出式によって解が得られるため必要ない。

▶答　ウ

4 ア　質より量のルールに則っていない。

ウ　自由奔放な討議にする必要がある。

エ　アイディアに対する批判は禁止される。

▶答　イ

5 ［案1］店舗Dへは倉庫Aの30個，店舗Cへは倉庫Aの5個と倉庫Bの15個を輸送する。

$(4 \times 5) + (2 \times 15) + (2 \times 30) = 110$（万円）

［案2］店舗Dへは倉庫Bの15個と倉庫Aの15個，店舗Cへは倉庫Aの20個を輸送する。

$(4 \times 20) + (2 \times 15) + (1 \times 15) = 125$（万円）

▶答　ウ

・練習問題・（p.215）

1 売上総利益＝3,000（売上高）－1,500（売上原価）＝1,500

営業利益＝1,500－500（一般管理費）＝1,000

経常利益＝1,000－15（営業外費用）＝985（百万円）

▶答　ウ

2 計算式

変動費率＝変動費÷売上高

販売価格/個が300円，変動費/個が100円

変動費率は，$100 \div 300 = 1/3$

損益分岐点売上高＝固定費÷（1－変動費率）

固定費は100,000円

$100,000 \div (1 - 1/3) = 100,000 \div 2/3 = 150,000$（円）

▶答　ア

確認問題（p.216）

1 ア　経営計画を策定する意義。

イ　経営戦略を策定する意義。

エ　経営ビジョンを策定する意義。

▶答　ウ

2 イ　社員個々の資質や才能を育成・維持して，適材適所で活用することを目指す人事管理手法。

ウ　さまざまな情報をコンピュータに学習させ，画像認識や音声認識などに対応する機械学習の手法。

エ　企業の情報，個人のノウハウや経験などを共有して，組織として創造的な活動につなげていく経営管理手法。

▶答　ア

3 BI（Business Intelligence）は，ERP（統合基幹業務システム）やCRM（顧客関係管理）などの業務データを意思決定に活用する手法。

イ　（Business Process Reengineering）既存のルールを見直し，システムを再設計する手法。

ウ　（Enterprise Architecture）組織の改善を目的として最適化，業務とシステムをモデル化した，設計・管理手法。

エ　（Service Oriented Architecture）言語やプラットフォームに依存しないでシステムを構築する手法。

▶答　ア

4 ア　パレート図を使って重点的に管理すべきグループを明らかにする手法。

イ　企業の置かれている内外の経営環境をS（Strength，強み），W（Weakness，弱み・弱点），O（Opportunity，機会），T（Threat，脅威）の4つに分類して客観的に分析する。

ウ　主に大規模開発事業等による環境への影響を事前に調査し，予測，評価を行う手続き。

▶答　エ

5 イ　特性（結果）と要因（原因）の関係を体系的に表した図。

ウ　主に複数の分析対象の中から，重要な要素を表した図。

エ　各点を線で結んだ形状によって，全体のバランス

を比較するのに適した図。

　▶答　ア

6　イ　上位70％を占める要素群をA，70％〜90％の要素群をB，それ以外の要素群をCにグループ分けして，重点的に管理すべきグループを明らかにする手法。

　ウ　複数の異なる性質のものが混ざり合っている調査データの中から類似したものを集めてグルーピングし，個々の分析対象を群に分類して分析する手法。

　エ　システムに変更作業を実施したことによって，正常に機能していた部分に不具合や影響が出ていないかを検証するテスト。

　▶答　ア

7　連結損益計算書は，一会計期間に発生した収入と費用・利益の関係を表す財務諸表のこと。

　ア　連結貸借対照表のうち純資産の変動状況を表したもの。

　イ　一会計期間のおける現金の増減を表したもの。

　エ　決算日における資産と負債，純資産（財政状態）を表したもの。

　▶答　ウ

8　売上高利益率×資本回転率＝資本利益率

　売上高利益率×2.0回＝4％

　売上高利益率＝4÷2＝2％

　▶答　ウ

9　売掛金とは，掛け取引において商品代金を一定期間後に受け取る権利（債権）をいう。

　回収期限を過ぎた売掛金の合計は，A販売部(20)＋B販売部(10)＋C販売部(30)＋D販売部(20)＝80百万円

　入金遅延が61日以上のものは，A販売部(10)＋D販売部(10)＝20

　長期債券率は，20÷80＝0.25→25％

　▶答　エ

10　在庫回転率は，一定期間に在庫が何回転したかを表す指標。在庫回転率＝売上高÷平均在庫高で計算する。年間の値が"4"であれば平均して3カ月に1回在庫が入れ替わっていることを示し高いほどよい。

　ア　平均在庫高の計算式

　イ　総資産回転率の計算式　事業に投資した総資産がどれだけ有効に活用されたかを示す指標

　エ　在庫回転期間の計算式　仕入れからどのくらいの日数で販売できているかをみる指標

　▶答　ウ

11　営業利益は企業の営業活動によって得られた利益のこと。

　ア　売上総利益（粗利益）を求める計算式

　ウ　税引前当期純利益を求める計算式

　エ　当期純利益を求める計算式

　▶答　イ

12　ROE（自己資本利益率）は，自己資本に対する当期純利益の割合を示す指標で，株主の投資額に比してどれだけ効率的に利益を獲得したかを表し，その値が高いほどよい。

　ア　ROA（総資産利益率）は，総資本（自己資本＋負債）に対する当期純利益の割合を示す指標。

　　ROA（％）＝当期純利益÷総資本×100

　ウ　自己資本比率は，総資本に対する自己資本の割合を示す指標。この数値が高い方が財務の健全性が高いと判断される。

　　自己資本比率（％）＝自己資本÷総資本×100

　エ　当座比率は，流動負債に対する当座資産の割合を示す指標。この値が高いほど短期支払い能力は高いと判断される。

　　当座比率（％）＝当座資産÷流動負債×100

　▶答　イ

5-2　法務

・練習問題・　(p.225)

1　1 ア　2 エ　3 イ　4 ウ

2　我が国の特許法においては，二つ以上の同一特許出願が競合した場合，最も先に出願した者が優先的に取り扱われる。

　▶答　エ

3　インターネットで公開されたフリーソフトウェアやソフトウェアの操作マニュアル，データベースは，著作権法において，保護の対象となる。

　著作権法において，プログラムの著作物は保護されるが，プログラム言語やアルゴリズムはプログラム作成の手段にすぎないので保護されない。

　▶答　イ

4　サイトライセンスは，特定の企業や学校などの団体にある複数のコンピュータでソフトウェアの使用を一括して認める契約である。

　ア　企業などソフトウェアの大量購入者向けにマスタを提供し，インストールの許諾数をあらかじめ取り決める契約。

　イ　著作権を保持したままソースコードを公開し，利用者が著作物を利用・再配布・改変することを自由に認めたソフトウェアライセンスの形態。

　エ　ソフトウェアのソースコードを，インターネットなどを通じて無償で公開し利用者がそのソフトウェアの改良，再配布が行えるソフトウェアのこと。

　▶答　ウ

5　他人のパスワードを使って，権限なしにインターネット経由でコンピュータにアクセスする行為，およ

び他人のパスワードを保有者，または管理者に無断で流出させる行為も不正アクセス行為として処罰の対象となる。

　▶答　ウ

・練習問題・（p.233）

1　1ウ　2エ　3ア　4イ

2　1エ　2ウ　3イ　4ア

3　1イ　2ウ　3エ　4ア

4　労働者派遣契約関係が存在するのは，派遣元事業主と派遣先事業主である。

　▶答　ア

5　苦情の内容をX社と協議して対応策をとる。

ア　現場の問題は，現場に報告し検討する。

ウ　事前打ち合わせ以外においても，常に連絡体制を持ち，問題点に対処するのが望ましい。

エ　派遣元にあきらかな瑕疵が認められない場合を除き，費用請求の対象とはならない。

　▶答　イ

・練習問題・（p.237）

1　SDGs（Sustainable Development Goals）とは，持続可能な世界を実現するために採択された国際的な開発目標のこと。

ア　パリ協定。気候変動問題に対する国際的な枠組みを定め，世界の平均気温上昇を産業革命前に比べて1.5℃以内に抑える努力義務が合意されている。

ウ　国際連合教育科学文化機関。教育，科学，文化，コミュニケーション等の分野における国際的な発展と振興を行う国際連合の下に置かれた機関。

エ　WHO（World Health Organization）世界保健機関。

　▶答　イ

2　1オ　2ア　3エ　4ウ　5イ　6カ

3　1ウ　2ア　3エ　4イ

4　ア　TBT協定，または税関手続きの緩和・簡素化策を提供するAEO制度の説明。

イ　技術標準の策定によって得られるメリット。

ウ　ISMS（ISO 27000シリーズ）の導入メリット。

　▶答　エ

5　標準化。製品において，共通の規格・仕様・形式などが定められている。

ア　メーカごとの商品の機能的・品質的な差異がごく僅かとなり，市場の製品が均一化している。

イ　モノどうしや人どうしが何らかの方法でつながっている。

エ　あらゆるものにコンピュータが組み込まれ，人間が意識することなく高い利便性を得られている。

　▶答　ウ

確認問題（p.238）

1　▶答　イ

2　ア　アルファベット，数字，特殊文字および制御文字を含む文字コード。

イ　アナログテレビ放送のチャンネルと放送時間を指定するための最大8桁の文字列。

ウ　商品識別コードおよびバーコードの日本規格。

　▶答　エ

3　プログラム関係の著作物のうち，著作権法による保護の対象外は，

プログラム言語，プロトコルやインタフェース，アルゴリズムや論理手順である。

　▶答　ア

4　a　他人の認証情報を本人に許可なく使用してアクセスしているので該当。

b　不正アクセス行為を行う目的で，他人の認証情報を保管しているので該当。

c　他人の認証情報を利用していない。

　▶答　イ

5　a　正しい。個人の氏名・住所等の公開はプライバシー権の侵害行為に該当するためプロバイダ等の対応責任の対象となる。

b　誤り。ウイルス作成罪の行為。

c　誤り。不正アクセス禁止法の行為。

　▶答　ア

6　a　正しい。コアタイムは必ず勤務しなければならない時間。

b　誤り。残業代を支払う義務があるので上司による労働時間の管理が必要。

c　正しい。上司による労働時間の管理が必要。

　▶答　ウ

7　ア，イ，ウともに，本人の同意を得ることなく目的外に使用しているため規制の対象となる。

エ　人の生命，身体または財産の保護のために必要がある場合であって，本人の同意を得ることが困難であるときは同意が不要となる（個人情報保護法23条）。

　▶答　エ

8　ア　店舗販売以外の訪問販売等で，契約から定められた日数以内に条件を満たせば契約を解除できる制度。

イ　消費者保護を目的とし，製造者の損害賠償責任を定めた法律。

エ　ネットワークの通信において，不正なアクセス行為を規制する法律。

　▶答　ウ

9　ア　7ビット英数字・記号の1文字を表現し，1ビ

トのパリティビットを付加して1バイトで表す文字コード。

イ　UNIX における多言語対応の一環として制定された文字コード。世界標準には対応していない。

ウ　日本語を表すための文字コード。ASCII との混在を可能とした拡張 JIS コード。

　　▶答　エ

10　公益通報を行った労働者は以下の保護を受けられる。

・解雇の無効(第3条)

・労働者派遣契約の解除の無効(第4条)

・降格，減給，派遣労働者の交代，その他不利益な取扱いの禁止(第5条)

　　▶答　イ

11　PL 法は，製造物の欠陥によって生命，身体に被害が生じた際，製造業者の損害賠償責任について定め，消費者の保護を目的としている。

　　▶答　イ

12　グリーン IT の考え方は，地球環境への配慮を情報通信技術にも適用したもの。リサイクル可能なものを使用することで，製造・廃棄・運用における使用電力量を必要最低限に抑える効果がある。

　　▶答　エ

6^章—経営戦略

6-1　経営戦略マネジメント

・練習問題・（p.244）

1　内部環境は，人，商品，資金，情報，価格などの強みと弱みなどである。

　　▶答　イ

2　自社の内部環境(経営資源)と外部環境(経営環境)を概念的に知るための分析手法である。

　　▶答　ア

3　外部環境は，経済情勢，技術革新，同業他社，顧客や市場などを機会と脅威で分析する。

　　▶答　ア

・練習問題・（p.246）

1　「花形」は，市場成長率，市場占有率ともに高い製品である。

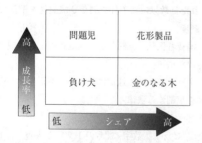

2　市場成長率は低いが市場占有率を高く保っている製品は，「金のなる木」である。

　　▶答　ア

3　「花形」は，市場成長率，市場占有率ともに高い製品である。また，「問題児」は，市場成長率は高く，市場占有率は低い製品である。

　　▶答　エ

4　経営資源配分の優先順位を設定するための基礎として，自社の置かれた立場を評価する。

　　▶答　イ

5　シェアが低く，成長率は高い，資金の流出が大きい事業。将来の成長が見込めるので，投資継続の必要がある育成事業である。

　　▶答　ウ

・練習問題・（p.253）

1　顧客一人ひとりの個性やニーズに合致するように個別の販売促進活動を行うこと。

　　▶答　イ

2　ア　セル生産方式

イ　受注生産方式

ウ　見込み生産方式

　　▶答　エ

3　ア　導入期では，キャッシュフローはマイナスになる。

ウ　成長期は，他社からのマーケット参入が相次ぎ，競争が激しくなる。

エ　導入期には，成長性を高めるため広告宣伝費の増大が必要。

　　▶答　イ

4　経営分析における四つの視点は，①顧客，②財務，③業務プロセス，④学習と成長である。

　　▶答　ア

・練習問題・（p.256）

1　ア　CRM

イ　ナレッジマネジメント

ウ　ERP

　　▶答　エ

2　イ　企業の経営資源を有効活用し，経営を効率化するための統合的なソフトウェア

ウ　資材の注文，納入，出庫を管理する手法

エ　商品供給の流れを相互に共有することで，全体の工程の最適化を目指す戦略的な経営手法

　　▶答　ア

3　ア　リテールサポート

イ　ERP

エ　SCM

　　▶答　ウ

6-2　技術戦略マネジメント

・練習問題・　（p.260）

1　ア　仮説に従って，将来を予測し，複数の代替案を作成することでリスク管理すること。
　　ウ　グループによる発想手段。
　　エ　役割を演じること。
　　▶答　イ

2　テキスト p.257 参照
　　▶答　ウ

6-3　ビジネスインダストリ

・練習問題・　（p.266）

1　JAN コード標準タイプ（13 けた）…国コード 2 けた，メーカーコード 5 けた，商品コード 5 けた，チェックディジット 1 けた
　　▶答　ア

2　1 を参照。
　　▶答　ア

3　MRP は資材所要量計画ともいわれ，生産計画に基づいて必要資材量を求め，資材の注文，納入，出庫を管理する手法をいう。
　　▶答　イ

4　ア　身分証明カードまたは電子マネーカード。
　　ウ　買い物の時点では現金は支払わないが，決済は買い物の時点で行われる。銀行即時引き落としカード。
　　エ　事前に代金を支払って購入した額面だけ買い物ができるカード。
　　▶答　イ

6-4　システム戦略

・練習問題・　（p.276）

1　ア　自社内の業務を外部企業へ委託することをいう。
　　ウ　インターネット上のコンピュータ資源やサービスを利用するシステムの形態をいう。
　　エ　ネットワークを介して複数のコンピュータをまるでひとつのコンピュータのように扱い分散処理を行うシステムをいう。
　　▶答　イ

2　ア　集中処理システム
　　イ　EUC（End User Computing）
　　エ　グリッドコンピューティング
　　▶答　ウ

3　ア　ISP（Internet Service Provider）
　　イ　IaaS（Infrastructure as a Service）
　　ウ　PaaS（Platform as a Service）
　　▶答　エ

6-5　システム企画

・練習問題・　（p.278）

1　ア　ディジタルディバイド
　　ウ　IT ガバナンス
　　エ　アクセシビリティ
　　▶答　イ

2　ア，イ，ウともシステム設計。
　　▶答　エ

3　図の左から，企画プロセス，要件定義プロセス，開発プロセス，運用プロセス
　　▶答　エ

4　提案依頼書（RFP）には，システムの基本方針や調達条件などを記載する。
　　▶答　イ

確認問題　（p.280）

1　RFP（提案依頼書）は，システムの調達に際して，発注元がシステム要件やサービス内容などを提示し，ベンダに対して提案を依頼する文書。
　　ア　NDA（Non Disclosure Agreement）…秘密保持契約
　　イ　RFI…情報提供依頼書
　　エ　SLA（Service Level Agreement）…業者と顧客でのサービス内容，範囲などの取決文書
　　▶答　ウ

2　ア　MRP（資材所要量計画）
　　イ　POS（販売時点情報管理システム）
　　ウ　SCM（供給連鎖管理）
　　▶答　エ

3　ア　コアコンピタンス…自社の得意分野に経営資源を集中する手法
　　ウ　プロダクトポートフォリオ…成長性とシェアから事業を戦略的に決定する手法
　　エ　プロダクトライフサイクル…商品が市場に投入されてから姿を消すまでのプロセス
　　▶答　イ

4　多様性（diversity）とは，多様性，種々，雑多などの意味である。
　　ア　グラスシーリング（glass ceiling…ガラスの天井）とは，昇進する能力ある者が，性別や人種などを理由に，昇進が阻まれているという比喩である。
　　ウ　ホワイトカラーエグゼンプション（white collar exemption）とは，ホワイトカラー労働者を対象とし，労働時間ではなく成果物に対する報酬を支払とすることをいう。
　　エ　ワークライフバランス（work life balance）とは，仕事と生活の調和であり，仕事と生活のバランスをとりながら日々生活しようとする考え方をいう。

5 ア ISP

イ SNS

エ SaaS

▶答 ウ

6 ア ①「顧客」(Customer)分析　②「競合他社」(Competitor)分析　③「自社」(Company)の順に，自社の置かれている状況を分析。

イ 最新購買日(Recency)，購買頻度(Frequency)，購買金額(Monetary)の三つの観点からの分析…RFM分析。

ウ 時代，年齢，世代などの出生年代で分析…コーホート分析。

エ 総売上高の高い順に三つのグループに分類して分析…ABC分析。

▶答 ア

7 イノベーションのジレンマとは，先行する企業が，既存製品の改良を追求することで，他社の後続製品にシェアを奪われてしまうこと。

ア 限界効用逓減の法則

イ カニバリゼーション(共食い)

ウ パレートの法則

▶答 エ

8 ア インダストリアルエンジニアリング(Industrial Engineering)とは，工場などで生産性の向上を図るための研究をいう。

イ コンカレントエンジニアリング(Concurrent Engineering)とは，製品開発において概念設計，詳細設計，生産設計など並行実施できる作業は同時に実施し，スケジュールの短縮やコストダウンなどを図る手法である。

ウ バリューエンジニアリング(Value Engineering)とは，製品やサービスの機能ごとの価値のコストの最適化の向上を図る手法である。

エ リバースエンジニアリング(Reverse Engineering)とは，ハードウェアやソフトウェアを解析することによって，その内部構造などの仕様などを調べる手法である。

▶答 イ

9 ア 株式を株式市場で売買できるようにすること。

イ 民間機関による企業のランク付け。

ウ 企業が法律などルールに従って活動をすること。

▶答 エ

10 ア 業務プロセス

イ 財務

エ 学習と成長

▶答 ウ

11 TOB(Take Over Bid)は株式公開買付けともいい，買収したい会社の株式を，株主から株式市場外で買い集めることである。

イ MBO(Management Buyout)

ウ IPO(Initial Public Offering)。株式公開ともいう

エ CSR(Corporate Social Responsibility)

▶答 ア

12 ICTを全面的に活用した街づくりをスマートシティという。

ア キャパシティは，収容人数などの範囲。

ウ 人種や性別などの違いなどの価値観を取り込み，新たな価値を創造する考え方。

エ ダイバーシティの反対の考え方。単一の価値観で規律を高める考え方。

▶答 イ

13 事業者内部からの通報(いわゆる内部告発)をした以下の公益通報者の保護等を図る法律をいう。

①公益通報をしたことを理由とする解雇の無効・その他不利益な取扱いの禁止。

②(公益通報者が派遣労働者である場合)公益通報をしたことを理由とする労働者派遣契約の解除の無効・その他不利益な取扱いの禁止。

▶答 ウ

14 CSR(Corporate Social Responsibility)とは，企業の社会的責任をいう。

イ 差別化戦略

ウ セル生産方式

エ M&A

▶答 ア

15 イ 生産管理

ウ POS

エ CRM

▶答 ア

16 企業どうしの提携であり，生産提携(OEM)や販売・開発・物流提携，合併・買収(M&A)などがある。

▶答 ア

17 ア SaaSやASP

イ SI(System Integration)

ウ ホスティングサービス

▶答 エ

18 アンゾフの成長マトリックスとは，イゴール・アンゾフ氏によって提唱された，事業の経営戦略に用いられるマトリックスをいう。

製品と市場を2軸とし，その2軸をさらに既存と新規の4区画に分けて表す。

ア 新規市場，新規製品…多角化

イ 既存市場，新規製品…新製品開発

ウ 新規市場，既存製品…市場開拓

エ 既存市場，既存製品…市場浸透

市場

		既存	新規
製 品	既 存	市場浸透	市場開拓
		エ	ウ
	新 規	新製品開発	多角化
		イ	ア

アンゾフの成長マトリックス

▶答　エ

19

▶答　ア

20　ア　AI 学習機能

ウ　API（Application Program Interface）

エ　RPA（Robotic Process Automation）の説明。

▶答　イ

21　ア　会計ソフト

イ　SCM

ウ　SFA

▶答　エ

22　ア　弱みを克服する対策案。

イ　機会を活用して脅威を克服する対策案。

エ　強みを活用しているが，2つの脅威を克服していない。

▶答　ウ

23　ア　CSF

ウ　購買した原材料等に対して，製造・販売・サービスなどの各プロセスにおいて価値（バリュー）を付加していくという考え方の経営手法。

エ　会社が生み出した価値が，関係者にどのように配分されているかを分析すること。

▶答　イ

24　CSF は，重要成功要因といい，ビジネス戦略を実施時，目標達成のための決定的な影響を与える要因に重点的に資源を投下して取り組むべき重要な目標を指す。

ア　Recency は最新の購入年月日，Frequency は購入回数，Monetary は購入金額である。

イ　年齢，性別，居住地域，所得，職業，家族構成などの属性で複数のグループに分け，マーケティング戦略に用いられる。

ウ　POS 分析は，販売時点での売上分析。

エ　項目を大きい順に並べ，上位 70% を占める商品を A，70%〜90% の商品を B，それ以外を C のようにしてグループ化する分析方法。

▶答　ア

25　イ　QR コード

ウ，エ　磁気カードは，IC カードに比べて情報を保護する仕組みが簡単で偽造されやすい。

▶答　ア

26　ア　Product

イ　Promotion

エ　Price

▶答　ウ

27　MOT（Management Of Technology…技術経営）とは，技術開発により事業利益を得ることを目的とし，技術を経営的な視点からマネジメントすることである。

ア　M&A（Mergers and Acquisitions…合併と買収）で，吸収合併や買収により，他社を子会社化し，自社の経営資源とすることで市場競争力強化を図る経営手法。

イ　MBA（Master of Business Administration…経営学修士）

ウ　MBO（Management Buyout）会社の経営陣が株式を市場から買い集めたり，株主より株の譲渡を受けたりすることにより，経営者自らが，オーナーとして経営権を得る手段である。

▶答　エ

28　ア　コーポレートガバナンス

イ　アカウンタビリティ

エ　IR

▶答　ウ

29　ア　提案書または，企画書

ウ　マニュアル

エ　プレゼン

▶答　イ

30　ア　①顧客，②財務，③業務プロセス，④学習と成長の視点から分析するマネジメント手法。

ウ　経営資源を有効活用し，経営を効率化するための統合的なソフトウェア。

エ　成長性とシェアから事業を戦略的に決定する手法。

▶答　イ

31　ポジショニング分析とは，競合商品と自社商品の相対的なポジションについて分析する手法である。価格や品質などを比較・分析することで，自社商品の強みや弱みの位置づけを明らかにする。

評価項目	重み	A 社	B 社	C 社
営業力	1	10	9	6
価格	4	40	28	36
品質	3	18	30	21
ブランド	2		12	20
		68	79	83

B 社の評価の例

営業力（1×9）+価格（4×7）+品質（3×10）+ブランド（2×6）=79

C 社（の評価 83）より A 社の評価を大きくするためには，A 社の「ブランド」を 8 以上にする必要がある。

▶答　ウ

result
21

32 ア　ホスティングサービス
　イ　アウトソーシング
　エ　ASP
　　▶答　ウ

33 ア　プログラム仕様書
　イ　RFP
　エ　システム仕様書
　　▶答　ウ

34 ア　POS
　イ　ナレッジマネジメント
　エ　CTI
　　▶答　ウ

35 ア　ソーシャルネットワーキングサービス（Social
Networking Service）
　イ　従来の看板や紙のポスターの代わりに，液晶ディ
　　スプレイや LED を用いた映像表示装置などのディ
　　ジタル映像機器を使う電子広告媒体。
　エ　生まれたときから，PC やスマートフォン，イン
　　ターネットなどが身の回りにあり，電子機器利用が
　　当たり前という環境で育った世代。
　　▶答　ウ

36 ア　CRM
　イ　SCM
　エ　バランススコアカード
　　▶答　ウ

37 EA とは，組織として業務プロセスや情報システム
の構造，利用する技術などを最適化・体系化したもの
である。EA には，「政策・業務体系」「データ体系」「ア
プリケーション体系」「技術体系」の4つの体系がある。
　ア　データを中心としたシステム設計を行う手法
　ウ　オブジェクト指向の考え方に基づいたシステム設
　　計を行う技法
　エ　アプリケーションなどをコンポーネント化（部品
　　化）し，それらを組み合わせてシステムを作り上げ
　　る設計方法
　　▶答　イ

38 イ　経営資源
　ウ　経営計画
　エ　企業文化
　　▶答　ア

39 ①企画プロセス，②要件定義プロセス，③開発プ
ロセス，④運用プロセス，⑤保守プロセス
　イ　企画プロセス
　ウ　開発プロセス
　エ　開発プロセス
　　▶答　ア

40 膨大な労力と費用を使って導入したシステムが数
年で業務レベルで使えなくなるようでは問題である。

このような状況を回避するために経営戦略との整合性
が必要である。
　　▶答　イ

41 BCP（Business Continuity Plan）とは，企業が自然
災害やテロなどの緊急事態に遭遇した場合，業務中断
に伴うリスクを最小限にとどめ，事業の復旧と再開に
ついて平時から事業継続について戦略的に準備してお
く計画。
　　BCM（Business Continuity Management）とは，策
定された BCP が緊急時に有効に機能するように，教
育や訓練，運用や見直しなどを包括的に行う管理プロ
セス。
　　▶答　ア

模擬試験問題 (p.288)

1 ニッチ戦略：大企業が参集していないニッチ（すき
ま）に市場を絞って営業展開すること。
　　プッシュ戦略：商品などの販売が自社に有利に働く
よう，積極的に商品のプロモーションや販売活動を行
うこと。
　　プル戦略：顧客の購買意欲を引き出し，自社製品を
選択してもらうような広告宣伝などの活動を行うこと。
　　ブランド戦略：顧客が自社製品に持つブランド価値
のイメージを高めるための活動のこと。
　　▶答　イ

2 それぞれの評価に重みをかける。

	重み	自社	A	B	C
品質	5	3	3	4	3
価格	4	4	4	3	2
ブランド力	3	3	4	2	2
営業力	3	2	3	3	3

	重み	自社	A	B	C
品質	5	15	15	20	15
価格	4	16	16	12	8
ブランド力	3	9	12	6	6
営業力	3	6	9	9	9

	自社	A	B	C
合計	46	52	47	38
順位（降順）	3	1	2	4

　　▶答　ウ

3 SCM：生産から消費にいたる商品供給の流れを，供
給の連鎖ととらえ，情報を相互に共有，管理すること。

バリューチェーン：企画，開発，生産，販売といった業務の流れを価値の連鎖として，業務改善を図る経営手法。

ナレッジマネジメント：組織全体の持つ知識や情報を共有することにより業績を上げようという経営手法。
　　▶答　ウ

4 シナリオライティング：仮説に従って，将来を予測し，複数の代替案を作成することでリスクを管理すること。

トレンド分析：データの時間的な変化に着目し，その変化の原因となる事象を推測する分析手法のこと。

トレーサビリティ：製品の調達から加工，生産，販売まで，履歴を追跡できるようにする。
　　▶答　エ

5 バランススコアカード(BSC：Balanced Score Card)：経営分析を四つのビジョンや戦略(①財務，②顧客，③業務プロセス，④学習と成長)の視点から分析するマネジメント手法。
　　▶答　エ

6

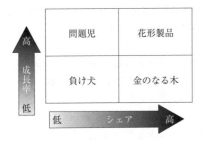

　　▶答　イ

7 ア　我が国における，社会インフラとなっている情報システムや情報通信ネットワークへの脅威に対する防御施策を，効果的に推進するための政府組織の設置などを定めた法律。

ウ　事業間の公正な競争およびこれに関する国際約束の的確な実施を確保するため，不正競争の防止および不正競争に係る損害賠償を目的として設けられた法律。

エ　個人情報の取扱いが安全かつ適正に活用され，利用者の負担の軽減や利便性の向上に必要な事項を定めた法律。
　　▶答　イ

8 RFID(ICタグ)：ID情報を埋め込んだICチップから，無線によってそのデータを読み取る荷札。
　　▶答　ア

9 BSC：経営分析を4つのビジョンや戦略(①財務，②顧客，③業務，④学習と成長)の視点から分析するマネジメント手法。

MRP：生産・在庫管理における手法の1つで，生産計画に基づいた必要資材量を求め，生産計画により資材の注文，納入，出庫を管理する手法。

BPM(Business Process Management)：分析，設計，実行，モニタリング，改善・再構築という経営サイクルを適応し，手続改善をするための経営手法。
　　▶答　エ

10 イ：ベンチマーキング

ウ：フラット型組織

エ：ナレッジマネジメント
　　▶答　ア

11 ア　人工知能

イ　IoT

エ　インターネットバンキング
　　▶答　ウ

12 OEM：相手先企業生産委託。

データマイニング：大量のデータベースから，認識されていなかった規則性や関係性を導き出す技術。

ベンダ：製品の販売を行う会社。
　　▶答　イ

13 マトリックス組織：事業別，職別などの異なる組織を混合した組織。

事業部制組織：運営する事業ごとの組織。

職能別組織：人事，営業，販売といった職能別の組織。
　　▶答　ウ

14 PPM分析(プロダクトポートフォリオマネジメント)：成長性とシェアから事業を戦略的に決定する手法

CSF(重要成功要因)：目標を達成する上で決定的な影響を与える要因

CSR(Corporate Social Responsibility)：企業の社会的責任
　　▶答　エ

15 ア　ISO 9000…企業などの組織の品質マネジメントシステムについての国際標準規格。

イ　ISO 14000…企業などの環境マネジメントシステムについての国際標準規格。

ウ　ISO/IEC 20000…企業などのITサービスマネジメントシステムについての国際標準規格。

エ　ISO/IEC 27000…企業などの情報セキュリティマネジメントシステムについての国際標準規格。
　　▶答　ア

16 ①企画プロセス，②要件定義プロセス，③開発プロセス，④運用プロセス，⑤保守プロセス
　　▶答　ア

17 必要な商品を，必要なときに，必要な量だけ生産する在庫最小化のための生産方式。

▶答 エ

18 ア BSC

ウ CRM

エ BPR

▶答 イ

19 ア：見積書

イ：RFI（request for information：情報提供依頼書）

エ：提案書

▶答 ウ

20 ア A…$30 \times 0.1 + 60 \times 0.5 + 80 \times 0.4 - 20 = 3 + 30 + 32 - 20 = 45$

イ B…$40 \times 0.1 + 30 \times 0.5 + 100 \times 0.4 - 10 = 4 + 15 + 40 - 10 = 49$

ウ C…$20 \times 0.1 + 70 \times 0.5 + 70 \times 0.4 - 15 = 2 + 35 + 28 - 15 = 50$

▶答 ウ

21 SFA：営業活動にIT技術を活用して，売上高・利益増加につなげようとする仕組み。

RFID：ID情報を埋め込んだICチップから，無線によってそのデータを自動認識する技術。

RFP：業者に予算やシステム要件などの条件を提示し，提案書の作成を依頼する文書。

▶答 イ

22 デルファイ法：あるテーマについての専門家の意見を求め，同じ質問を別の専門家に対して行い，取りまとめ，意見を一定の範囲に収束させること。

トレンド分析：データの時間的な変化に着目し，原因となる事象を推測する分析手法。

ブレーンストーミング：数人でアイディアを出し合い，新たな着想を引き出す技法。

▶答 ウ

23 CRM（Customer Relationship Management）

ア SFA（Sales Force Automation）

ウ グループウェア

エ コンプライアンス

▶答 イ

24 ア 株式交換の説明。

イ 株式公開の説明。

ウ 所有と経営の分離の説明。

エ 株式持ち合いの説明。

▶答 イ

25 ア 職能別組織

イ 小集団活動

ウ 事業部制組織

▶答 エ

26 バーチャルカンパニー：複数の企業による仮想の企業として活動する形態。

GPS：全地球測位システム。

EDI：受発注，見積もりなど企業間の標準的な書式を統一して，電子的に交換する仕組み。

▶答 イ

27 JANコード標準タイプ（13けた）

国コード2けた，メーカーコード5けた，商品コード5けた，チェックディジット1けた

▶答 エ

28 ASP（アプリケーションサービスプロバイダ：Application Service Provider）：ビジネス用のアプリケーションソフトを，インターネット上でレンタルする事業者のこと。

ホスティングサービス：インターネット上のサーバの一部を貸し出しするサービス。

ハウジングサービス：顧客のサーバを，回線設備の整った施設に設置するサービス。

▶答 ア

29 VE（バリューエンジニアリング）：製品やサービスの機能を分析し，最低コストで機能を最大限にする手法。

EOS（Electronic Ordering System）…電子発注システム。

SFA（営業支援システム）：IT技術を利用して企業の営業支援を行う情報システム。

▶答 ウ

30 MRP（Material Requirements Planning）は，生産計画により資材の必要量を求め，在庫や発注，納入支援を行う。

ア SFA（Sales Force Automation）は，営業活動にインターネットなどのIT技術を活用し，営業の効率を高める仕組みである。

イ POS（Point Of Sale）は，販売情報をリアルタイムで情報管理するものである。

エ CRM（Customer Relationship Management）は，顧客との情報を管理し，企業活動に役立てるものである。

▶答 ウ

31 通常，PPMはプロダクトライフサイクルと対応し，問題児（導入期）→花形商品（成長期）→金のなる木（成熟期）→負け犬（衰退期）という順番で推移していく。

金のなる木とは，成長率が低く，占有率が高い。市場の成長がないため追加投資がいらず，シェアが高いため安定した利益が見込める。

イ 花形とは，占有率・成長率ともに高く，占有率の維持に資金投入が必要となる。

ウ 負け犬とは，占有率・成長率ともに低く，利益増加が見込めないため，市場からの撤退を検討する。

エ 問題児とは，成長率が高く，占有率が低い。導入期において積極的な追加投資が必要である。

▶答　ア

32 RFM 分析とは，顧客の購買行動を，最終購買日（Recency），購買頻度（Frequency），累計購買金額（Monetary）の3つの指標により分類し，顧客分析を行う。

ア　クリティカルパス

ウ　シミュレーション

▶答　イ

33 ア　CRM システム

ウ　ナレッジマネジメント

エ　ディープラーニング

▶答　イ

34 イ　電子商取引の商品と代金の受け渡しにおいて，売り手と買い手の間に，信頼のおける第三者が介在することによって，取引の安全性を高めるサービス。

ウ　通常のオークションと反対に，買い手が商品の希望価格や購入条件を提示し，売り手が買値を提示することで，最も安い価格を提示した売り手と取引する形態。

エ　Twitter や Facebook，Instagram など，ネット上で友人とのコミュニケーションや趣味などの繋がりによるネットワークを構築するサービスの総称。

▶答　ア

35 ア　アフィリエイト広告とは，商品購入やクリックが発生した件数に応じて広告費用が発生する広告。

イ　オーバーレイ広告とは，Web ページのコンテンツに重なるようにして表示される文字や動画の広告。

エ　オプトインメール広告とは，インターネットを利用した広告において，あらかじめ受信者からの同意を得て，受信者の興味がある分野についての広告メール。

▶答　ウ

36 最遅開始日から最早開始日を引いて，余裕期間がゼロの作業を結んだ日数を計算する。ダミーの作業日数は0日と考える。

作業Dは，作業Bと作業Cが終了しないとできないので，早くても4日目に開始し，6日目に終了する。

作業Gは，6日目に開始すると11日目に終了する。

作業Eは，②の5日後に終了し，作業Fは，⑤の

2日後に終了する。

作業Gが終了するのが11日目なので，すべての作業が終了するのは，11日目となる。

▶答　エ

37 次の手順で計算する。

①6か月間の工数を計算する。

10人×6か月＝60人月（実際には3か月の工数）

②残りの工数を3か月で割り，人数を計算する。

60人月÷3か月＝20人

③不足の人数を計算する。

20－10＝10

④作業効率から実質増員を計算する。

10÷0.8＝12.5人

▶答　イ

38 外部設計は，ユーザの目に映る部分の画面や出力形式の設計を行う。内部設計は，外部設計を基に，プログラムの作成レベルまで，システム内部を詳細に設計する。

ア　DFD を作成するのは，プログラム設計である。

ウ　内部設計は外部設計を基に行われる。

エ　外部設計はユーザから見たシステム設計で，内部設計はコンピュータから見たシステム設計である。

▶答　イ

39 プロジェクト目標の明確化→予算立案→スケジュール立案→着手→進捗管理の順に行う。

イ　スケジュール立案は，プロジェクトの目標が明確になった後に行う。

ウ　プロジェクト目標の明確化が最初に行われる。

エ　予算立案は，プロジェクトの目標が明確になった後に行う。

▶答　ア

40 ア　内部統制の整備で文書化される業務規定やマニュアルのような個々の業務内容についての手順や詳細を示した文書。

イ　業務のプロセスを表した図。

ウ　Microsoft Excel などの表計算ソフトのこと。

▶答　エ

41 ア　再発防止を目的とした根本的な解決は，障害復旧後に行う。

ウ　ソフトウェア，ハードウェアからなる IT サービスの実装変更を確実に実施するのは，変更管理である。

エ　利用者に対する唯一の窓口として，サービスを確実に提供するのは，サービスデスク（ヘルプデスク）である。

▶答　イ

42 サービスプロバイダによる規模は拡大しており，クラウドコンピューティングとして注目されている。

ア　情報システムの構築・導入を一括して請け負うこ

と。

イ　企業などが保有する情報システムの運用・監視・保守を専門業者に任せること。

ウ　IT サービスマネージメントのガイドブックのこと。

▶答　エ

43　SLA(Service Level Agreement)の説明

ア　ITIL(IT Infrastructure Library)である。

イ　IT ガバナンスである。

ウ　RFP(Request For Proposal：提案依頼書)である。

▶答　エ

44　ア　内部統制の整備および運用状況を検討，評価し，必要に応じて，その改善を促す職務を担っているが，最終的な責任までは負わない。

イ　業務実施部門の部長が自ら評価するのは，日常業務の内容である。

エ　内部統制が適切に実施されているか確認するために社内から選ばれた人であるが，内部統制の整備や運用に対して監督責任はない。

▶答　ウ

45　ア　会計監査

イ　システム監査

エ　業務監査

▶答　ウ

46　ア　問題管理

ウ，エ　インシデントおよびサービス要求管理

▶答　イ

47　次の手順で計算する。

①個数と係数を掛け合わせ，合計を計算する。

$2×4+2×4+1×8+0×5+4×1=28$

②合計点に補正係数 0.75 を乗じて求める。

$28×0.75=21$

▶答　イ

48　次の手順で計算する。

①完了時間　$300+500+800=1600$ 時間

②要件定義　$300×1=300$ 時間

③システム設計　$500×0.6=300$ 時間

④プログラミング　$800×0.4=320$ 時間

⑤それぞれの合計時間を求める。

300 時間 $+$ 300 時間 $+$ 320 時間 $=920$ 時間

⑥100％の 1600 時間に対して，920 時間が完了していることから，全体の進捗率は，完了時間の合計を所要工数で割ればよい。$920÷1600×100=57.5％$

▶答　エ

49　要件定義の段階で行う作業では，新たに構築するシステムとその仕様を明確化し，開発範囲を決定する。

イ　開発プロセスで行う作業である。

ウ　企画プロセスで行う作業である。

エ　運用プロセスで行う作業である。

▶答　ア

50　ア　ITIL(Information Technology Infrastructure Library)は，IT サービスマネジメントの優良事例を集めた書籍である。

イ　JIS Q 15001(個人情報保護マネジメントシステム)は，個人情報保護の規格である。

ウ　ISO 14001 は環境マネジメントシステム(Environmental Management Systems)の規格である。

エ　ISO 27001 は情報セキュリティマネジメントシステム(Information Security Management System)の規格である。

▶答　ア

51　イ　プロジェクト品質マネジメントで行う作業である。

ウ　プロジェクト人的資源マネジメントで行う作業である。

エ　プロジェクトタイムマネジメントで行う作業である。

▶答　ア

52　「よくある質問」などの問答集が有効な方法である。

ア　開発の担当者もほかの仕事があるため，電子メールでの対応は十分にとれない。

イ　毎月 1 回の回答では，利用者の立場に立った対応とはいえない。

エ　ヘルプデスクの判断では，間違った対応になる可能性がある。

▶答　ウ

53　ア　ソフトウェア導入

ウ　ソフトウェア受入れ

エ　ソフトウェア方式設計

▶答　イ

54　ウォータフォールモデル：

システム要求定義　⇒　外部設計　⇒　内部設計⇒

ア　システム設計　⇒　イ　プログラミング　⇒　ウ

テスト　⇒　エ　ソフトウェア受入れ　⇒　テスト⇒

運用保守

▶答　エ

55　PDCA は，Plan(計画)→ Do(実行)→ Check(評価)→ Act(見直し・改善)を繰り返すことにより業務改善を継続的に行うマネジメント手法。

イ　Plan

ウ　Check

エ　Do

▶答　ア

56　ア　キーロガーの説明

ウ　ドライブバイダウンロードの説明

エ　RAT の説明

▶答　イ

57 Ⅰ　1　AND　0　＝　0

　　Ⅱ　NOT（0）　＝　1

　　Ⅲ　1　NOR　0　＝　0

　　Ⅳ　1　OR　0　＝　1　したがって，2個

　　　　▶答　ウ

58 SSD はハードディスクと比較して，高速な読み書きが行える。また，物理的に稼働する装置がないために，振動や衝撃にも強い。しかし，現時点では価格が高いために，多くのデータを記憶するにはハードディスクの方が有利である。また，SSD で頻繁に同じ箇所を書き換えるときには，データの消失などの問題が発生することがある。したがって，読み込みが中心の OS やアプリケーションプログラムの起動ディスクに使用するのが最も効果的である。

　　　　　▶答　イ

59 Cookie は，Web ブラウザを通じて訪問したユーザの PC に一時的にデータを書き込んで保存させる仕組みである。1つの Cookie は 4096 バイトのデータを保存できる。Web サイトで表示される Web ページは，表示されるたびに Web サーバと切断される。そのために，同一のユーザが特定の情報を継続して使用して処理を行う場合などには，そのユーザがどのような処理を行っているかを Cookie に保存して，次の処理を行う必要が生じる。

　　　　　▶答　ア

60 公開鍵暗号方式では，送信する相手の公開鍵を用いて暗号化を行う。この場合は，4名に対して送信を行うので，4種類が必要である。なお，共通鍵暗号方式では，A－B，A－C のように送受信する組み合わせの数だけ暗号化に必要な鍵が必要になるので，4名では6種類必要となる。

　　　　　▶答　ウ

61 C2 の学部コードは，

①学生コードから左端4けたの入学年度を削除する。

　学生コード－入学年度×100000

②①で求めた値には，学部コードと3けたの連番があるので，1,000 で除算し連番を取り除く。なお，小数部分になる連番は切り捨てればよい。

　　　　　▶答　エ

62 ア　アプリケーションソフトウェアという。

　　イ　メーラという。

　　ウ　パッチファイルという。

　　　　▶答　エ

63 ①稼働中の時間の総和を求める（MTBF）：100＋300＋100＝500 時間

②故障中の時間の総和を求める（MTTR）：10＋5＋5＝20 時間

③稼働率は，MTBF÷（BTBF＋MTTR）で求めるので，500÷（500＋20）≒0.962　したがって，96.2% となる。

　　　　▶答　ウ

64 IMAP は，メールサーバに届いている電子メールを取り出すのに使用するプロトコルである。

　　ア　SMTP

　　イ　MIME

　　エ　メーラ

　　　　▶答　ウ

65 正規化は，データの重複やデータの更新時に異常が起きづらくなるようにテーブルの構造を整理する作業である。

　　　　▶答　イ

66 ※がカレントディレクトリなので，以下の順に経路をたどる。

　　　.. ／ .. ／ B ／ C

　　　①　②　③　④

①1つ上のディレクトリへ

②もう1つ上のディレクトリへ進みルートへ

③右側のディレクトリBへ

④ファイルCを指定

　　　　▶答　ア

67 a. は誤り。パスワード強度を上げるためには，複雑かつ十分な長さとすることはセキュリティ対策として有効である。

　　b. は正しい。アクセス制限することは，不正アクセス予防対策として有効である。

　　c. は誤り。アクセス権の使用範囲を広げると，セキュリティは低下する。

　　d. は正しい。ログ解析により，不正アクセスを検知することができるので，セキュリティ対策として有効である。

　　　　▶答　エ

68 1けたの4進数は，2けたの2進数と対応している。したがって，4進数の21を2進数に変換するには，各数字を2けたの2進数にすればよい。

　　　2　　　　1　　　…4進数

　　　10　　　01　　　…2進数

　　　　▶答　ア

69 ア　SQL インジェクション攻撃の説明。

　　イ　セッションハイジャック攻撃の説明。

　　ウ　クロスサイトスクリプティング攻撃の説明。

　　エ　フィッシング攻撃の説明。

　　　　▶答　ウ

70 ア，ウはグローバル IP アドレスの説明。

　　エは，IpV6 の説明。

　　　　▶答　イ

71 タンパ（Tamper）とは，機器に手を加えて破壊や改

ざんすることを意味する。耐タンパ性は，それらができないようにするセキュリティレベルを表す指標である。

ア　クリアデスク
ウ　ハイブリッド暗号
エ　シャドーIT
▶答　イ

72　フェールセーフは，障害が発生したときに，安全な方向へ振る考え方。たとえば，石油ストーブが転倒したときに，瞬間的に消火作業に入るのはフェールセーフである。

イ　フールプルーフ
ウ，エ　フォールトトレラントシステム
▶答　ア

73　アルゴリズムは，順次，選択，繰り返しの3つの基本構造ですべて表すことができる。
▶答　エ

74　イ　BLEの説明
ウ　5Gの説明
エ　IoTの説明
▶答　ア

75　ア　リスク発生の可能性や，リスクによる影響を小さくするための対策をとる。
イ　何も対策を取らずにリスクをそのままにする。
ウ　リスクを避けるために事業を中止するなど，リスクそのものが起きないようにする。
▶答　エ

76　1分間＝60秒で，1秒間に11,000回サンプリングをするので，サンプリングの回数は660,000回である。それぞれのサンプリングしたデータは8ビットで記録するので，660,000回×8ビット＝5,280,000ビット＝660,000バイトである。これをKバイトの単位にすると660Kバイトとなる。
▶答　エ

77　ルータはIPアドレスをもとに経路選択，中継を行う。
イ　ブリッジやスイッチングハブ
ウ　リピータ
エ　DSU
▶答　ア

78　バイオメトリクス認証は，人的特徴を用いた認証システムである。
▶答　イ

79　ソフトウェア購入費は，初期コストである。
▶答　ウ

80　ア　タンデムシステム
イ　マルチプロセッサシステム
エ　デュアルシステム

▶答　ウ

81　以下の手順で計算する。
①実質の伝送速度を求める。伝送速度×伝送効率なので，100Mビット/秒×80％＝80Mビット/秒
②送信するファイルのサイズを伝送速度の単位（Mビット）に合わせる。
2Gバイト＝2,000Mバイト＝16,000Mビット
③　①と②から伝送時間を求める。
16,000Mビット÷80Mビット/秒＝200秒
▶答　エ

82　イ　NTP
ウ　TELNET
エ　FTP
▶答　ア

83　ア　機密性の説明
イ　完全性の説明
エ　情報セキュリティポリシの説明
▶答　ウ

84　必ずバックアップを取らなければならないファイルは，そのファイルを失うと，他に存在しないファイルである。したがって，自身が業務のために作成したファイルは，他には存在しないので，必ずバックアップする必要がある。
ア　OSを再インストールすればよい。
ウ　再度インターネットからダウンロードが可能である。
エ　アプリケーションソフトが作成する作業用ファイルは，処理が終了すると通常は自動的に削除されるのでバックアップの必要はない。
▶答　イ

85　情報漏えいの観点から最も注意が必要なものは，外部記憶装置である。したがって，ハードディスクの物理的破壊が最も望ましい。主記憶装置は，電源を切った段階で記憶内容が消去されるので問題ない。
▶答　ウ

86　ア　モバイル端末管理。
イ　個人保有の情報端末を職場に持込み，業務に使用すること。
エ　シングルサインオンの略。1度の認証で複数のサービスを利用できる仕組み。
▶答　ウ

87　同一のデータを同時に更新すると，どちらかの更新作業が反映されないなどのデータの矛盾が生じる。このようなときには，一人がデータの更新作業に入ると，他の利用者が利用できないようにロックをすることで防ぐことができる。これを排他制御という。
▶答　ア

88　①FTPの説明　②SMTPの説明　③NTPの説明

▶答　ア

89　正規化は次のように3段階に行う。

第1正規化：繰り返し項目をなくす。

第2正規化：主キーによって一意に決まる項目を別表に分割する。

第3正規化：主キー以外の項目によって一意に決まる項目を別表に分割する。

① 「受注データ」は繰り返しがない…第1正規化

② 「受注データ」において主キーは「受注番号」であり，主キーが決まれば「商品番号」が一意に特定できる。また「商品番号」が決まれば「商品名」と「単価」が一意に特定できる。このため「商品番号」,「商品名」,「単価」を別表に分割する…第2正規化

③主キー以外の項目によって一意に決まる項目を別表に分割するが該当しない…第3正規化

▶答　エ

90　①　ID，パスワードは，本人の知っている情報であるから，知識による認証である。

②　指紋認証は，指紋は一人ひとり異なるので，身体的特徴である。

③　ICカードは，カードの所有者＝本人であるから，所有物による認証である。

▶答　エ

91　ボットとは，「ロボット」の略称で，インターネットから遠隔操作を行わせるプログラムである。

感染すると勝手に操作され，大量の迷惑メールを発信したりする。

▶答　ア

92

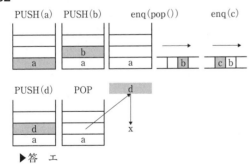

▶答　エ

93　ア　ソースコードを公開しなければならない。

ウ　利用者を差別したり，利用する分野を限定したりしてはいけない。

エ　有償販売や有償によるサポートなども可能である。

▶答　イ

94　イ　仮想現実(VR：Virtual Reality)の説明。

ウ　仮想記憶の説明。

エ　レイヤーの説明。

▶答　ア

95　ア　(LTE：Long Term Evolution)携帯電話などで用いる移動体通信規格の一種。

イ　アプリケーションサービスプロバイダ(ASP：Application Service Provider)

ウ　インターネット接続サービス事業者(ISP：Internet Service Provider)

エ　仮想移動体通信事業者(MVNO：Mobile Virtual Network Operator)

▶答　エ

96　ア　テザリングの説明。

イ　SIMカードの説明。

ウ　オンラインストレージの説明。

▶答　エ

97　イ　キーボードからの入力を監視し記録する。悪用するとスパイウェアの一種となる。

ウ　人間に代わって自動的に実行するプログラム。悪用されるとDoS攻撃のツールとなる。

エ　ユーザの情報を秘密裏に記録し，外部へ流出させる。

▶答　ア

98　ア　メールサーバからメールを受信するためのプロトコル。

ウ　電子署名で用いられる公開鍵と，その鍵の持ち主の正当性を保証するための仕組み。公開鍵基盤ともいう。

エ　ネットワークに接続時にIPアドレスを自動的に割り振るためのプロトコル。

▶答　イ

99　ア　ワンクリック詐欺の説明。

イ　ソーシャルエンジニアリングの説明。

ウ　ゼロデイ攻撃の説明。

▶答　エ

100　多要素認証とは，認証の3要素である「知識」,「所持」,「生体」から複数の要素を使って認証を行うことである。したがって，複数回認証を行っても同じ要素を使った場合には多要素認証とはいえない。

a　指紋認証も顔認証も生体情報による認証であり，1つの要素しか使っていない。

b　PINコードとパスワードはどちらも知識情報による認証で，1つの要素しか使っていない。

c　指紋認証は生体情報による認証であり，パスワード認証は知識情報による認証のため多要素認証である。

d　ICカードは所持情報による認証であり，顔認証は生体情報による認証のため多要素認証である。

▶答　ウ